대학생을 위한 연세한국어

YONSEI KOREAN

for college students

302

KOREAN LANGUAGE INSTITUTE

YONSEI UNIVERSITY PRESS

머리말

연세대학교 한국어학당은 1959년 설립된 한국 최초의 대학 부설 한국어 교육 기관으로서 역사와 명성에 걸맞게 다양한 한국어 교재 편찬 및 관련 연구를 해 옴으로써 한국어 교육을 선도하였습니다. 1960년 『한국어교본 I』 출간 이후 『한국어』, 『한국어 독본』, 『한국어 읽기』, 『한달완성 한국어』, 『100시간 한국어』, 『연세 시사한국어』, 『3주 완성 연세한국어』, 『연세한국어』, 『활용연습』, 『연세 토픽』, 『대학한국어 어휘 · 문법』, 『대학생활을 위한 한국어』, 『대학 강의 수강을 위한 한국어』, 『새 연세한국어』 시리즈 등 260여 권에 달하는 양질의 한국어 주요 교재를 출간해 왔습니다.

연세대학교 한국어학당은 교육 현장의 변화와 한국어 학습자의 다양한 수요에 부응하고자 과정별 맞춤형 교재를 개발하는 데 노력을 기울여 왔으며 이 교재 또한 특수 목적 학습자를 대상으로 하는 맞춤형 교재로 개발되었습니다. 미주 지역 학습자의 요구를 이해하고 최적의 한국어 교수법을 적용하기 위하여 북미권 대학에서 가르친 경험이 있는 한국어 교육 전문가와 본 기관 안팎의 한국어 교육 전문가 십여 명이 본 교재 개발에 참여하였습니다.

이 교재 시리즈는 연세대학교 한국어학당의 표준 한국어 등급뿐만 아니라 유럽공통참조기준 CEFR과 ACTFL 등급 체계를 참고하여 개발되었으므로 해외 대학과 한국어 교육기관의 다양한 교육과정에 적절하게 사용될 수 있습니다. 이 교재 시리즈는 초급과 중급의 단기 과정용 교재로서 총 6단계로 되어 있으며, 각 권은 100시간 미만으로 과정에 따라 유연하게 적용 가능하도록 구성되었습니다. 한국의 실생활에서 자주 사용되는 문형 표현과 주제 어휘가 다양한 문제 해결 상황과 함께 체계적으로 제시되어 있으며, 단원별로 주제와 관련된 한국 문화 및 지역 사회와 함께 할 수 있는 과제 활동이 제안되어 있어서 한국어 실력은 물론 한국 문화에 대한 이해와 참여의 기회를 동시에 높일 수 있습니다. 한국어 학습자를 위하여 자습용 연습 문제와 단원별 새 어휘, 문법, 대화, 읽기, 듣기, 문화 텍스트에 대한 영문 번역을 실어서 학습자의 자기주도적 학습이 가능하도록 기획했습니다. 특히 어휘와 문법뿐만 아니라 말하기, 듣기, 읽기, 쓰기 네 영역을 정확하고 유창하게 학습할 수 있도록 하는 과제를 고르게 배치하여서 단기간에 이해 능력과 표현 기능을 향상시킬 수 있도록 구성하였습니다.

이 교재 시리즈가 연세대학교 한국어학당에서 공부하는 학습자뿐만 아니라 국내와 국외에서 단기간에 한국어와 한국 문화를 배우고자 하는 모든 학습자에게 크게 도움이 되기를 바랍니다. 연세대학교 한국어학당은 앞으로도 전 세계 한국어 학습자의 요구와 기대에 부응하는 교재 개발을 위해 최선을 다할 것입니다.

연세대학교 언어연구교육원
한국어학당 교재편찬위원회

Preface

Established in 1959 as Korea's first university-affiliated Korean language institution, the Yonsei University Korean Language Institute has been leading Korean language education by compiling various Korean language textbooks and conducting related research, befitting its history and reputation. Since the publication of "An Intensive Course in Korean I" in 1960, the institute has published over 260 major high-quality Korean language textbooks, including "Korean," "Readings in Korean," "Korean Reading," "Mastering Korean within a Month," "Korean in 100 Hours," "Yonsei Current Issues and Affairs," "Yonsei Korean in 3 Weeks," "Yonsei Korean," "Yonsei Korean Workbook," "Yonsei TOPIK," "Academic Korean Vocabulary & Grammar," "Korean for University Life," "Academic Korean," and the "New Yonsei Korean" series.

The Yonsei Korean Language Institute has made efforts to develop customized textbooks for each course to meet changes in the educational field and the diverse needs of Korean language learners. This textbook has also been developed as customized teaching material for special-purpose learners. In order to understand the needs of learners in the Americas and apply the optimal Korean language teaching method, more than a dozen Korean language education experts, including those with experience teaching at North American universities and those inside and outside the institute, participated in the development of this textbook.

This textbook series has been developed in reference to the Yonsei University Korean Language Institute's standard Korean language proficiency levels, as well as the Common European Reference Framework for Languages (CEFR) and ACTFL Proficiency Guidelines, to be suitable for various curricula of overseas universities and Korean language institutions. This textbook series is for beginner and intermediate short-term courses, comprised of a total of 6 levels, with each book designed to be applied flexibly in courses of less than 100 hours. Commonly used sentence expressions in everyday life and practical problem-solving scenarios with various topic vocabulary are presented systematically. Each unit is designed to incorporate Korean culture related to the topic and proposes collaborative community engagement activities to enable learners to improve their Korean language proficiency and, at the same time, have more opportunities to understand and participate in Korean culture. For Korean language learners, self-study exercises and English translations of new vocabulary, grammar, dialogues, readings, listening materials, and cultural texts for each unit are included to encourage autonomous learning. Tasks to strengthen not only vocabulary and grammar but also the four areas of speaking, listening, reading, and writing, are strategically placed to allow students to learn accurately and fluently, to ensure the enhancement of comprehension and expression within a short period.

We hope that this textbook series will greatly benefit not only learners studying at the Yonsei University Korean Language Institute, but also all learners, both in Korea and abroad, who wish to learn Korean language and culture in a short period of time. The Yonsei University Korean Language Institute will continue to do its best to develop textbooks that meet the demands and expectations of Korean language learners worldwide.

Yonsei University Language Research and Education Center
Korean Language Institute Textbook Compilation Committee

일러두기

<한국어 301, 302>는 CEFR B, ACTFL Intermediate Mid, High 수준이어서 북미권 대학의 학기별 교육과정과 바로 연계가 가능합니다. 각각 총 10개 과(20개 항)에 실생활에서 자주 사용되는 문형 표현과 주제 어휘가 다양한 문제 해결 상황과 함께 체계적으로 제시되었습니다. 단원별로 주제와 관련된 한국 문화 및 실제적 표현 과제 활동도 있어서 한국어 실력은 물론 한국 문화에 대한 이해와 한국어 담화 공동체 참여의 기회를 동시에 높일 수 있습니다. 해외 한국어 학습자와 유학생들이 이 책으로 재미있게 공부할 수 있도록 교재 뒤에 자습용 연습 문제를 따로 실었고 단원별 새 어휘, 문법, 대화, 읽기, 듣기, 문화 텍스트에 대한 영문 번역도 실었습니다. 이 책의 구성은 다음과 같습니다.

교재 구성

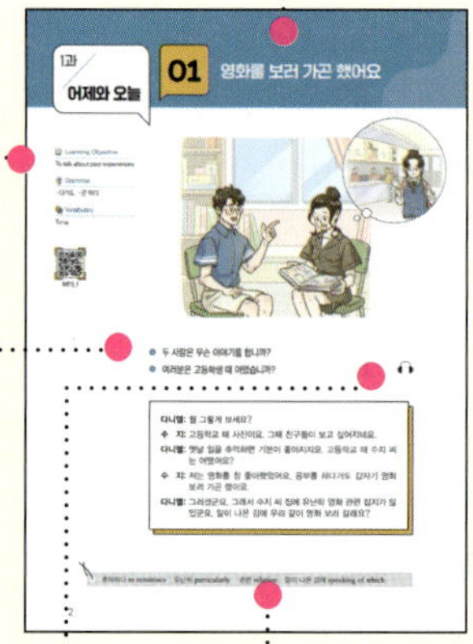

(1) 단원 제목

공부할 주제와 문형 표현이 담겨 있으므로 수업 내용을 미리 추측해 볼 수 있다.

(2) 학습 목표

수업 목표가 영어로 제시되어서 수업 중 무엇에 집중해야 하는지 학생도 알 수 있다.

(3) 도입 질문

그림의 상황에 대한 이해와 관련 의견을 묻는 질문에 대답하며 배경지식을 환기할 수 있다.

(4) 대화

대화를 듣고 따라 하면서 특정 주제 및 상황에 필요한 어휘와 표현을 익힐 수 있다.

(5) 새 어휘

대화에 사용된 새 어휘의 뜻을 교재 하단에서 바로 확인하면서 대화 내용을 유추할 수 있다.

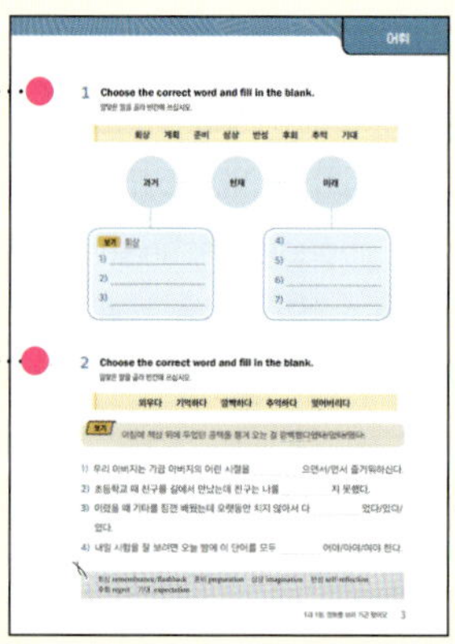

(6) 주제 어휘

학습 목표를 수행할 때 필요한 어휘들을 관련 이미지나 정리된 목록으로 확인할 수 있다.

(7) 어휘 연습

어휘 연습 문제를 풀면서 주제와 관련된 어휘장을 확장하고 문맥에 맞는 형태로 고쳐 쓰는 연습을 할 수 있다.

(8) 문법 연습

그림이나 문장 등의 힌트를 보고 목표 문법을 사용하여 문장을 완성한다. 교재 뒤에 실린 <연습 문제> 부분에서 문장이나 대화 완성하기 활동을 하면서 추가로 더 연습할 수 있다. 문법 옆에 적힌 부록의 페이지를 찾아가면 각 문법에 대한 설명을 읽을 수 있다.

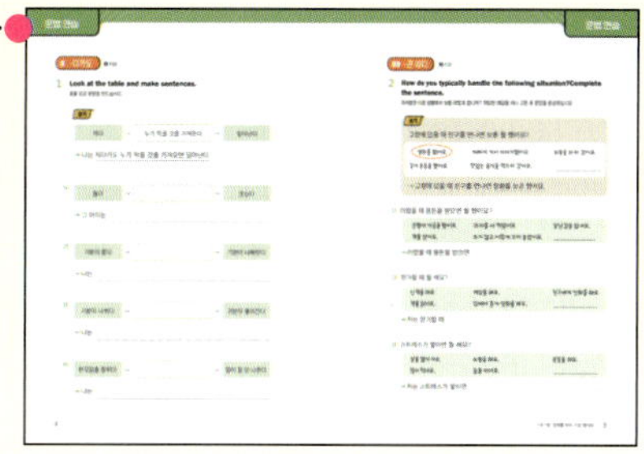

(9) 읽어 봅시다

주제와 관련된 긴 글을 읽고 네 개 질문에 대답한다. 내용 이해도를 묻는 질문 유형은 단답형, 서술형, 4지선다형, OX 문제 등으로 다양하다. 마지막 문제는 읽은 내용과 관련된 주제를 학습자 본인에게 적용시켜 이야기해 보도록 의도되었다.

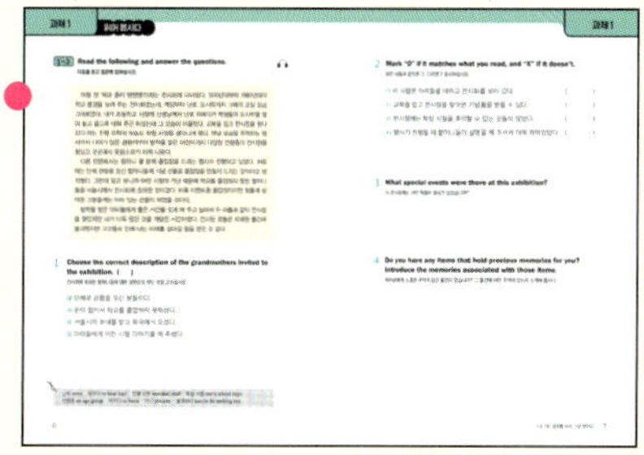

(10) 들어 봅시다

주제와 관련된 대화나 이야기를 듣고 네 개 질문에 대답한다. 들은 내용의 이해도를 묻는 질문은 독해 능력을 묻는 <읽어 봅시다>의 질문 유형과 마찬가지로 다양하고 마지막 문제는 들은 내용과 관련된 주제로 학습자 본인의 이야기를 하도록 의도되었다.

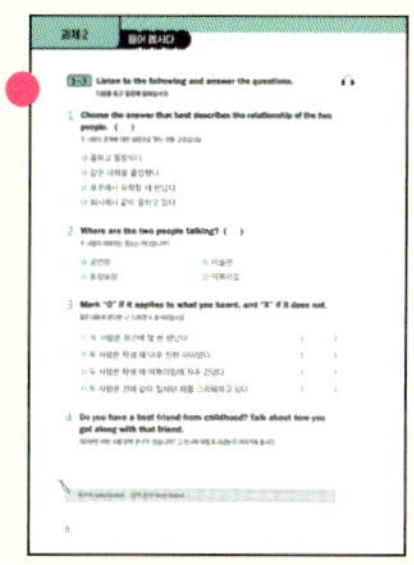

(11) 해 봅시다

교실에서 배운 주제 어휘와 문형 표현을 가지고 교실 안팎의 실제 의사소통 생활에 적용할 수 있는 실천적 과제를 제시하였다.

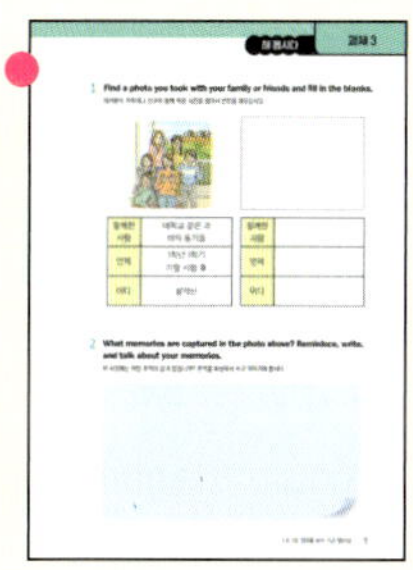

(12) 문화

10개 단원별로 주제와 관련된 한국 문화를 소개하여 학습자의 흥미를 돋우고 학습 의욕을 고취하였다.

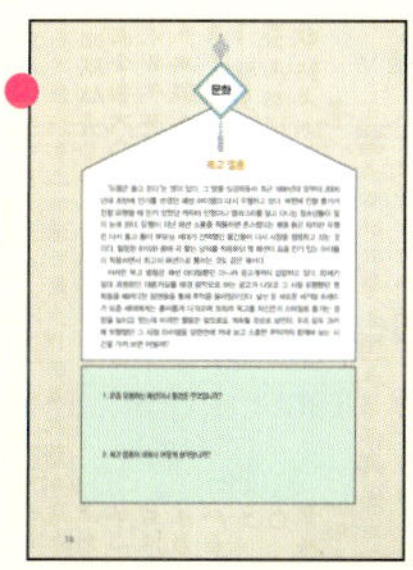

(13) 연습 문제

각 단원의 새 어휘와 문법을 사용해 문장과 대화를 완성하는 연습 활동을 제시하여 학습자가 수업에서 배운 것을 복습할 수 있도록 하였다. 1-5과, 6-10과의 복습문제도 따로 실어서 학생 혼자서 각 단원에서 공부한 주제에 대해 말하기, 쓰기, 듣기, 읽기 영역의 중간시험과 기말시험 준비를 할 수 있다.

(14) 별책

모범답안(문법 연습), 어휘·문법 색인, 문법 설명, 본문 대화, 읽기 및 듣기 지문, 문화 텍스트에 대한 번역을 실었다. 특히 문법 설명 영역에는 단원마다 두 개 문법에 대한 영문 설명과 문장 및 대화문으로 제시된 예문을 제시함으로써 학습자의 자기주도학습에 도움을 주고자 하였다.

Introduction

<Korean 301, 302> are at CEFR B, ACTFL Intermediate Mid, High levels, so they can be directly connected to the semester-based curriculum of universities in North America. There are a total of 10 chapters (20 sub-sections) for each unit, which systematically present frequently used grammatical expressions and real-life problem solving situations that involve various subject-related vocabulary. In addition, each unit includes tasks related to Korean culture and the use of practical expressions. This will not only enhance Korean language skills and understanding of Korean culture, but also provide greater opportunities to participate in Korean language discourse communities. To ensure enjoyable learning for overseas Korean learners and international students, the book includes separate self-study exercises at the end, as well as English translations for unit-specific conversations, new vocabulary, grammar, reading, listening, and cultural texts. The structure of this book is as follows:

Textbook Composition

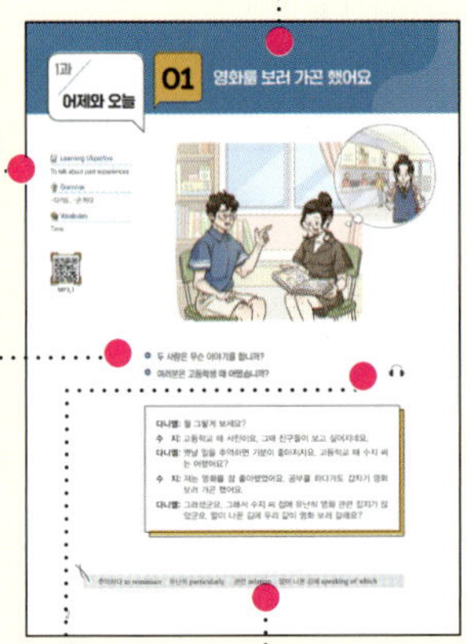

(1) Unit Title

The title contains the topics of study and grammatical expressions, allowing students to anticipate the contents of the class in advance.

(2) Learning Objectives

The objectives of the class are presented in English, enabling students to know what to focus on during class.

(3) Introduction Questions

By answering questions and expressing opinions about the situations depicted in the pictures, students can refresh and strengthen the required background knowledge.

(4) Conversation

By listening to following, and practicing conversations, students can become familiar with the vocabulary and expressions necessary for specific conversations and situations.

(5) New Vocabulary

Students can infer the contents of the conversation by referring to the definitions of newly presented vocabulary directly at the bottom of the textbook.

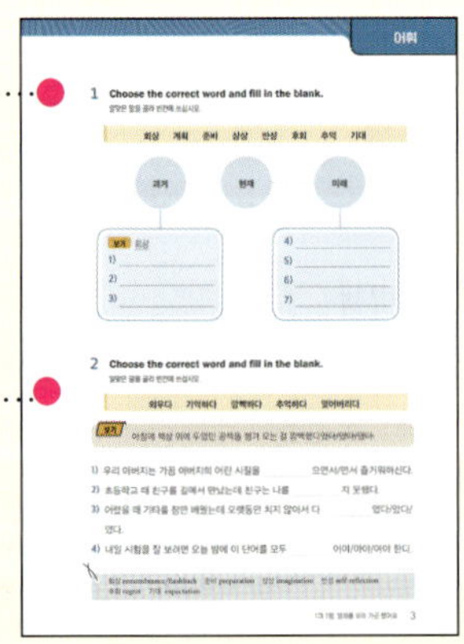

(6) Subject Vocabulary

Students can check the vocabulary necessary to achieve the learning objectives through related images and organized lists.

(7) Vocabulary Practice

By solving vocabulary practice questions, students can expand their vocabulary related to the subject, and practice using them in various contexts.

(8) Grammar Practice

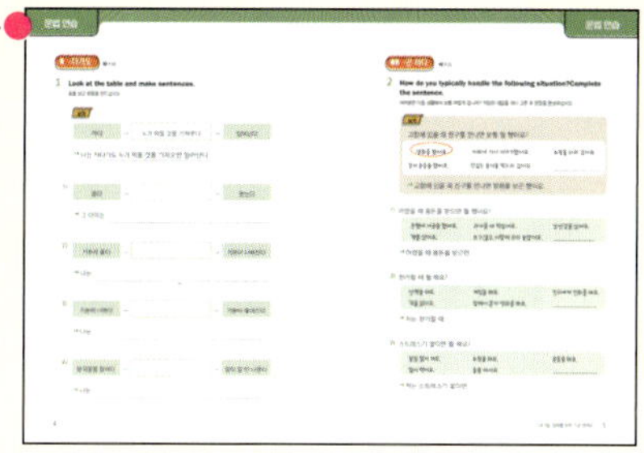

Using hints from pictures or sentences, students will complete sentences using target grammatical expressions. Students have the option to practice more by completing sentences or conversations included in the <Practice Exercises> section at the end of the textbook. In the supplementary book, students can find detailled explanations on each grammar point introduced. The specific page is listed right next to the header for each point.

(9) Let's Read

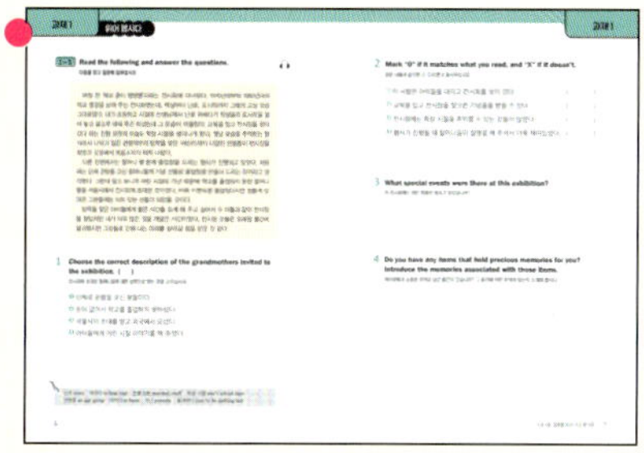

Students read long texts related to the subject, and answer four questions. The type of questions, which test the student's reading comprehension, vary. These include short-answer, descriptive, multiple choice (with four possible answers), and true/false questions. The final question is intends to encourage students to apply the subject of the reading to their own experiences and share their thoughts.

(10) Let's Listen

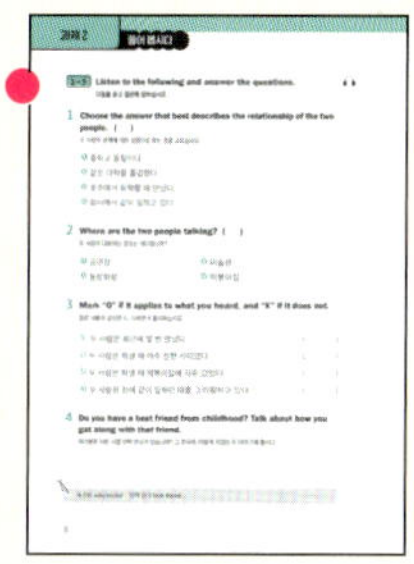

Students listen to conversations or stories related to the topic and answer four questions. The types of questions used to assess comprehension also vary, similar to the reading comprehension questions, and the final question intends to let students share their own stories related to the content and subject of what they heard.

(11) Let's Try

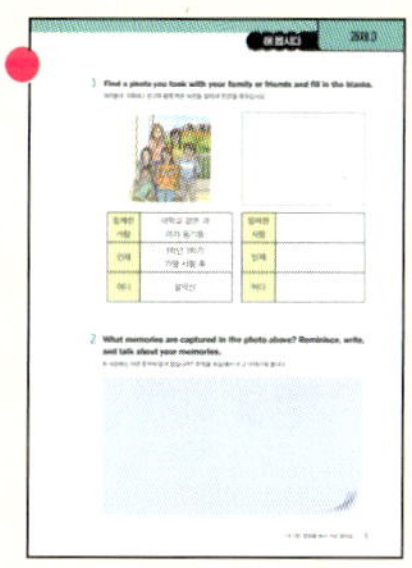

Practical tasks, applying the subject vocabulary and grammatical expressions learned from each unit to real-life communication inside and outside the classroom, are provided.

(12) Culture

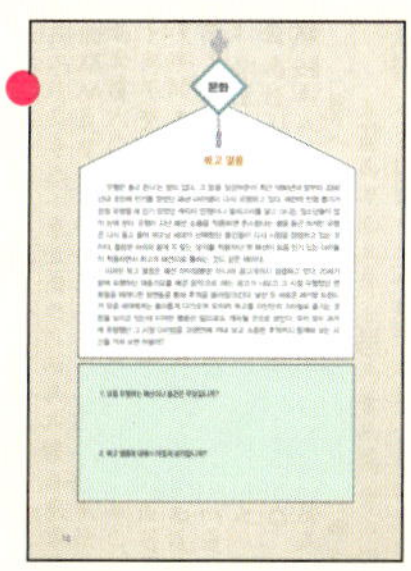

For each of the 10 units, related topics on Korean culture are introduced to stimulate the students' interests and inspire their motivation for learning.

(13) Practice Exercises

Practice activities are provided to allow students to review what they have learned in class by completing sentences and conversations using new vocabulary and grammar from each unit. In preparation for their mid-terms and finals, students can practice speaking, writing, listening, and reading on their own, as theme-matching review questions for units 1-5 and 6-10 are included.

(14) Supplementary Book

Answer keys (grammar practice), vocabulary and grammar index, grammar explanation, text dialogue, reading and listening passages, and translations of cultural texts are also included. Especially notable are the grammar explanation sections, which provide full explanations on the grammar points of each section together with example sentences and dialogues. These are intended to help students who are learning on their own.

단원구성표

과	항	제목	학습 목표	어휘	문법	문화
1과 어제와 오늘	1항	영화를 보러 가곤 했어요	과거 경험을 이야기할 수 있다.	시간 관련 어휘	-다가도 -곤 하다	복고 열풍
	2항	10년 전에는 어땠는데요?	과거와 현재를 비교해서 말할 수 있다.	비교 관련 어휘	전만 해도 -는다고 할 수 있다	
2과 미래와 상상	1항	한국에 오지 않았다면 어땠을까요?	상황을 가정해서 말할 수 있다.	추측 관련 어휘	-었다면 -었을 것이다	재미있는 지명을 가진 곳
	2항	집안일은 물론 아이를 돌보기까지 한대요	미래를 예상해서 말할 수 있다.	미래 생활 관련 어휘	은 물론 -듯이	
3과 나의 생활	1항	살다가 보니 적응이 됩니다	살고 있는 곳을 소개할 수 있다.	주거 환경 관련 어휘	-다가 보니 -긴 하는데	한국의 주거 문화
	2항	저희 어머니나 다름없는 분이에요	과거 상황을 회고해서 이야기할 수 있다.	감정 관련 어휘	-었더라면 이나 다름없다	
4과 성격	1항	수줍음을 많이 타는지 말이 없어요	성격을 묘사해서 말할 수 있다.	성격 관련 어휘	-는지 -다가 보면	면접 합격률 1위 MBTI 유형은?
	2항	일을 시작했다 하면 끝까지 해요	성격과 환경과의 관계에 대해 토론할 수 있다.	환경 관련 어휘	-을 게 아니라 -었다 하면	
5과 일상의 문제	1항	교환을 하고 싶어요	교환이나 환불 상황에 적절한 표현을 말할 수 있다.	교환과 반품 관련 어휘	-기에는 -고 보니	한국 소비자원을 아십니까?
	2항	그렇게 시끄러워서야 어디 쉴 수 있겠어요?	피해 상황에 대해 의견을 말할 수 있다.	피해 관련 어휘	-어서야 어디 -겠어요? -는다고 해도	

과	항	제목	학습 목표	어휘	문법	문화
6과 현대 한국의 문화	1항	스트레스도 풀 겸 노래방에 갈까요?	놀이 문화를 비교하고 소개할 수 있다.	놀이 관련 어휘	-을 겸 -는다던데	한국의 '방' 문화
	2항	이젠 저도 뜨거운 음식에 익숙해졌는걸요	음식문화에 대해 이야기할 수 있다.	맛 관련 어휘	-는걸요 에 비하면	
7과 시간과 변화	1항	무슨 말인지 알아듣기 어렵던데요	인터넷 언어에 대해 이야기할 수 있다.	인용 관련 어휘	-건 -건 -는다고들 하다	한국 최초의 전화기
	2항	기술이 나날이 발전하고 있어요	과거와 현재의 사회 변화에 대해 이야기할 수 있다.	시간 관련 어휘	만 해도 -다가는	
8과 지식과 사회	1항	요즘은 맞벌이를 안 하고서는 생활하기 힘들어요	결혼관에 대해 이야기할 수 있다.	결혼 관련 어휘	에 의하면 -고서는	결혼정보회사
	2항	잘못된 정보로 인해 실수를 하는 수가 있어요	정보 이용 방법에 대해 이야기할 수 있다.	보고서 작성 관련 어휘	만으로는 -는 수가 있다	
9과 지식과 매체	1항	마치 마주 보고 대화하는 것처럼 느껴져요	인터넷 이용에 대해 이야기할 수 있다.	인터넷 관련 어휘	마치 -는 것처럼 -는다고	유익한 생활 정보
	2항	신문을 읽으면 상식이 풍부해져요.	신문의 기능에 대해 토론할 수 있다.	신문 관련 어휘	-는가 하면 -는 게 틀림없다	
10과 생활과 경제	1항	저축 상 타신 걸 축하드립니다	소비 생활에 대해 이야기할 수 있다.	소비와 지출 관련 어휘	-을 따름이다 -으니만큼	쇼핑 트렌드 -가성비-
	2항	신용카드로 결제가 안 되는 바람에 당황했어요	신용카드 사용에 대해 이야기할 수 있다.	신용카드 관련 어휘	-는 바람에 -었으면야	

Contents Map

Unit	Section	Title	Learning Objective	Vocabulary	Grammar	Culture
Unit 1 Yesterday and Today	Section 1	I used to go watch movies	To talk about past experiences.	Time	-다가도 -곤 하다	Traditional cultural experience
	Section 2	What was it like 10 years ago?	To compare the past and the present.	Comparisons	전만 해도 -는다고 할 수 있다	
Unit 2 The Future and Imagination	Section 1	What if you hadn't come to Korea?	To speak hypothetically.	Conjectures	-었다면 -었을 것이다	Change in occupational values
	Section 2	They do all the housework and even take care of the children	To talk about future predictions.	Future life	은 물론 -듯이	
Unit 3 My Lifestyle	Section 1	Over time, I've adapted	To introduce where you live.	Residential environment	-다가 보니 -긴 하는데	Housing culture in Korea
	Section 2	She's like my mother	To talk about the past in retrospect.	Emotions	-었더라면 이나 다름없다	
Unit 4 Personality	Section 1	She seems very shy and doesn't talk much	To describe personality traits.	Personality	-는지 -다가 보면	Toasts
	Section 2	If you start a task, you finish it	To discuss the relationship between personality and environment.	Environment	-을 게 아니라 -었다 하면	
Unit 5 Everyday Issues	Section 1	I want to exchange it	To use appropriate expressions in exchange or refund situations.	Exchange and return	-기에는 -고 보니	Flea market for foreigners
	Section 2	How can I relax when it's so noisy?	To express opinions about a situation of damage.	Damages	-어서야 어디 -겠어요? -는다고 해도	

Unit	Section	Title	Learning Objective	Vocabulary	Grammar	Culture
Unit 6 Modern Korean Culture	Section 1	Shall we go to karaoke to relieve stress?	To compare and introduce recreational culture.	Recreational activities	-을 겸 -는다던데	Popular exercises
	Section 2	I'm used to hot food now	To talk about food culture.	Tastes	-는걸요 에 비하면	
Unit 7 Time and Change	Section 1	It's hard to understand what they're saying	To talk about internet language.	Quotes	-건 -건 -는다고들 하다	Korea's first telephone
	Section 2	Technology is improving day by day	To talk about social changes in the past and present.	Time	만 해도 -다가는	
Unit 8 Knowledge and Society	Section 1	It's hard to live without double income these days	To talk about views on marriage.	Marriage	에 의하면 -고서는	Marriage Information Companies
	Section 2	Mistakes can occur due to misinformation	To talk about how to use information.	Writing reports	만으로는 -는 수가 있다	
Unit 9 Knowledge and Media	Section 1	It feels like we're talking face to face	To talk about internet usage.	Internet	마치 -는 것처럼 -는다고	Internet etiquette
	Section 2	Reading newspapers enriches your imagination	To discuss the function of newspapers.	Newspapers	-는가 하면 -는 게 틀림없다	
Unit 10 Lifestyle and Economy	Section 1	Congratulations on winning the savings award	To talk about consumer life.	Consumption and expenditure	-을 따름이다 -으니만큼	Shopping trend
	Section 2	I was embarrassed because my credit card was declined	To talk about credit card usage.	Credit card	-는 바람에 -었으면야	

차례

등장인물

파커 제임스
신문방송학 전공 3학년

미나미 리사
경제학 전공 2학년

뒤부아 엠마
한국학 전공 1학년

왕 다니엘
생물학 전공 3학년

김선희
법학 전공 대학원생

정서준
기계공학 전공 2학년

이수영
컴퓨터과학 전공 1학년

오수지
건축학 전공 3학년

박지민
경영학 전공 3학년

1과 어제와 오늘

01 영화를 보러 가곤 했어요

Learning Objective

To talk about past experiences

Grammar

-다가도, -곤 하다

Vocabulary

Time

MP3_1

- 두 사람은 무슨 이야기를 합니까?
- 여러분은 고등학생 때 어땠습니까?

다니엘: 뭘 그렇게 보세요?

수 지: 고등학교 때 사진이요. 그때 친구들이 보고 싶어지네요.

다니엘: 옛날 일을 추억하면 기분이 좋아지지요. 고등학교 때 수지 씨는 어땠어요?

수 지: 저는 영화를 참 좋아했었어요. 공부를 하다가도 갑자기 영화 보러 가곤 했어요.

다니엘: 그러셨군요. 그래서 수지 씨 집에 유난히 영화 관련 잡지가 많았군요. 말이 나온 김에 우리 같이 영화 보러 갈래요?

추억하다 to reminisce 유난히 particularly 관련 relation 말이 나온 김에 speaking of which

1 Choose the correct word and fill in the blank.

알맞은 말을 골라 빈칸에 쓰십시오.

회상 계획 준비 상상 반성 후회 추억 기대

과거 — 현재 — 미래

과거:

보기 회상

1) ____________

2) ____________

3) ____________

미래:

4) ____________

5) ____________

6) ____________

7) ____________

2 Choose the correct word and fill in the blank.

알맞은 말을 골라 빈칸에 쓰십시오.

외우다 기억하다 깜빡하다 추억하다 잊어버리다

보기 아침에 책상 위에 두었던 공책을 챙겨 오는 걸 깜빡했다~~었다/았다/였다~~.

1) 우리 아버지는 가끔 아버지의 어린 시절을 ____________ 으면서/면서 즐거워하신다.

2) 초등학교 때 친구를 길에서 만났는데 친구는 나를 ____________ 지 못했다.

3) 어렸을 때 기타를 잠깐 배웠는데 오랫동안 치지 않아서 다 ____________ 었다/았다/였다.

4) 내일 시험을 잘 보려면 오늘 밤에 이 단어를 모두 ____________ 어야/아야/여야 한다.

회상 remembrance/flashback 준비 preparation 상상 imagination 반성 self-reflection
후회 regret 기대 expectation

1 -다가도 P38

1 Look at the table and make sentences.

표를 보고 문장을 만드십시오.

보기

자다	→	누가 먹을 것을 가져온다	→	일어난다

→ 나는 자다가도 누가 먹을 것을 가져오면 일어난다.

1)

울다	→		→	웃는다

→ 그 아이는 ______

2)

기분이 좋다	→		→	기분이 나빠진다

→ 나는 ______

3)

기분이 나쁘다	→		→	기분이 좋아진다

→ 나는 ______

4)

한국말을 잘하다	→		→	말이 잘 안 나온다

→ 나는 ______

01 -곤 하다 P38

2 **How do you typically handle the following situation? Complete the sentence.**

여러분은 다음 상황에서 보통 어떻게 합니까? 적당한 대답을 하나 고른 후 문장을 완성하십시오.

보기

고향에 있을 때 친구를 만나면 보통 뭘 했어요?

영화를 봤어요.	카페에 가서 이야기했어요.	쇼핑을 하러 갔어요.
같이 운동을 했어요.	맛있는 음식을 먹으러 갔어요.	______

→ 고향에 있을 때 친구를 만나면 영화를 보곤 했어요.

1) 어렸을 때 용돈을 받으면 뭘 했어요?

은행에 저금을 했어요.	과자를 사 먹었어요.	장난감을 샀어요.
책을 샀어요.	쓰지 않고 서랍에 모아 놓았어요.	______

→ 어렸을 때 용돈을 받으면 ______

2) 한가할 때 뭘 해요?

산책을 해요.	게임을 해요.	친구에게 전화를 해요.
책을 읽어요.	집에서 혼자 영화를 봐요.	______

→ 저는 한가할 때 ______

3) 스트레스가 쌓이면 뭘 해요?

잠을 많이 자요.	쇼핑을 해요.	운동을 해요.
많이 먹어요.	술을 마셔요.	______

→ 저는 스트레스가 쌓이면 ______

1~3 Read the following and answer the questions.

다음을 읽고 질문에 답하십시오.

며칠 전 '학교 종이 땡땡땡'이라는 전시회에 다녀왔다. 1970년대부터 1980년대의 학교 풍경을 보여 주는 전시회였는데, 책상부터 난로, 도시락까지 그때의 교실 모습 그대로였다. 내가 초등학교 시절에 선생님께서 난로 위에다가 학생들의 도시락을 쌓아 놓고 골고루 데워 주곤 하셨는데 그 모습이 떠올랐다. 교복을 입고 전시장을 왔다 갔다 하는 진행 요원의 모습도 학창 시절을 생각나게 했다. 옛날 모습을 추억하는 행사라서 나이가 많은 관람객부터 방학을 맞은 어린이까지 다양한 연령층이 전시장을 찾았고 곳곳에서 웃음소리가 터져 나왔다.

다른 한편에서는 할머니 몇 분께 졸업장을 드리는 행사가 진행되고 있었다. 처음에는 단체 관람을 오신 할머니들께 기념 선물로 졸업장을 만들어 드리는 것이라고 생각했다. 그런데 알고 보니까 어린 시절에 가난 때문에 학교를 졸업하지 못한 할머니들을 서울시에서 전시회에 초대한 것이었다. 비록 이벤트용 졸업장이지만 힘들게 살아온 그분들께는 의미 있는 선물이 되었을 것이다.

방학을 맞은 아이들에게 좋은 시간을 갖게 해 주고 싶어서 두 아들과 같이 전시장을 찾았지만 내가 더욱 많은 것을 깨달은 시간이었다. 전시된 것들은 오래된 물건에 불과했지만 그것들로 인해 나는 미래를 살아갈 힘을 얻은 것 같다.

1 **Choose the correct description of the grandmothers invited to the exhibition. (　　)**

전시회에 초대된 할머니들에 대한 설명으로 맞는 것을 고르십시오.

① 단체로 관람을 오신 분들이다.
② 돈이 없어서 학교를 졸업하지 못하셨다.
③ 서울시의 초대를 받고 외국에서 오셨다.
④ 아이들에게 어린 시절 이야기를 해 주셨다.

난로 stove　데우다 to heat (up)　진행 요원 marshal/staff　학창 시절 one's school days
연령층 an age group　터지다 to burst　가난 poverty　불과하다 just/to be nothing but

2 Mark "O" if it matches what you read, and "X" if it doesn't.

읽은 내용과 같으면 O, 다르면 X 표시하십시오.

1) 이 사람은 아이들을 데리고 전시회를 보러 갔다. (　　　)

2) 교복을 입고 전시장을 찾으면 기념품을 받을 수 있다. (　　　)

3) 전시장에는 학창 시절을 추억할 수 있는 것들이 많았다. (　　　)

4) 행사가 진행될 때 할머니들이 설명을 해 주셔서 재미있었다. (　　　)

3 What special events were there at this exhibition?

이 전시회에는 어떤 특별한 행사가 있었습니까?

---

4 Do you have any items that hold precious memories for you? Introduce the memories associated with those items.

여러분에게 소중한 추억이 담긴 물건이 있습니까? 그 물건에 어떤 추억이 있는지 소개해 봅시다.

1~3 **Listen to the following and answer the questions.**
다음을 듣고 질문에 답하십시오.

1 **Choose the answer that best describes the relationship of the two people. ( )**
두 사람의 관계에 대한 설명으로 맞는 것을 고르십시오.

① 중학교 동창이다.
② 같은 대학을 졸업했다.
③ 호주에서 유학할 때 만났다.
④ 회사에서 같이 일하고 있다.

2 **Where are the two people talking? ( )**
두 사람이 대화하는 장소는 어디입니까?

① 공연장 ② 미술관
③ 동창회장 ④ 떡볶이집

3 **Mark "O" if it applies to what you heard, and "X" if it does not.**
들은 내용과 같으면 O, 다르면 X 표시하십시오.

1) 두 사람은 최근에 몇 번 만났다. ( )
2) 두 사람은 학생 때 아주 친한 사이였다. ( )
3) 두 사람은 학생 때 떡볶이집에 자주 갔었다. ( )
4) 두 사람은 전에 같이 일하던 때를 그리워하고 있다. ( )

4 **Do you have a best friend from childhood? Talk about how you got along with that friend.**
여러분은 어린 시절 단짝 친구가 있습니까? 그 친구와 어떻게 지냈는지 이야기해 봅시다.

독주회 solo/recital 단짝 친구 best friend

1 **Find a photo you took with your family or friends and fill in the blanks.**

여러분의 가족이나 친구와 함께 찍은 사진을 찾아서 빈칸을 채우십시오.

함께한 사람	대학교 같은 과 여자 동기들
언제	1학년 1학기 기말 시험 후
어디	설악산

함께한 사람	
언제	
어디	

2 **What memories are captured in the photo above? Reminisce, write, and talk about your memories.**

위 사진에는 어떤 추억이 담겨 있습니까? 추억을 회상해서 쓰고 이야기해 봅시다.

1과 어제와 오늘

02 10년 전에는 어땠는데요?

Learning Objective

To compare the past and the present

Grammar

전만 해도, -는다고 할 수 있다

Vocabulary

Comparisons

MP3_2

- 이곳은 예전에 어떤 모습이었을까요?
- 여러분의 고향은 10년 전과 지금의 모습이 같습니까?

수 지: 여기도 많이 변했어요. 10년 전만 해도 이렇게 큰 건물이 없었는데.

다니엘: 10년 전에는 어땠는데요?

수 지: 길 양쪽에 극장이 있었는데 모두 단층 건물이었지요.

다니엘: 그때보다 많이 발전되었다는 말인가요?

수 지: 더 화려해지고 커졌다고 할 수 있지요.

다니엘: 시간이 흐르면 모든 것은 변하니까요.

양쪽 both sides 단층 a one story (building) 발전되다 to be developed 화려하다 to be fancy

1 Choose the correct word and fill in the blank.

알맞은 말을 골라 빈칸에 쓰십시오.

발전하다 좋아지다 향상되다 늘다 변하다 바뀌다

요즘 휴대 전화는 예전보다 기능이 다양해지고 편리해졌어요.

보기 기술이 발전하다

고향에 있을 때는 55kg이었는데 지금은 60kg이에요.

1) 몸무게가 ________

한국에 와서 한국말을 배우면서 한국말을 더 잘하게 되었어요.

2) 한국말 실력이 ________

10년 만에 친구를 만났는데 누구인지 잘 몰랐어요. 키도 크고 더 예뻐졌어요.

3) 친구 모습이 ________

조금 전까지 친구는 슬퍼 보였어요. 지금은 기분이 아주 좋아 보여요.

4) 친구 기분이 ________

전에는 취직을 하고 싶었어요. 지금은 공부를 더 하고 싶어요.

5) 생각이 ________

2 Choose the correct word and fill in the blank.

알맞은 말을 골라 빈칸에 쓰십시오.

10년 전만 10년 전과 10년 전에 비해 10년 전보다 10년 전처럼

보기 현재의 인터넷은 10년 전에 비해 많이 발전했다.

1) 엄마는 ________ 나를 '아기'라고 부르신다.

2) 선생님 모습은 ________ 별로 달라진 것이 없다.

3) 우리 집의 경제 사정은 ________ 나아진 것이 없다.

4) 내 생각에 요즘 사람들의 인간관계는 ________ 못한 것 같다. 사이버 공간에서의 관계를 중요하게 생각하기 때문인 것 같다.

향상되다 to improve 늘다 to grow/increase 바뀌다 to change

전만 해도 P40

1 Look at the picture and make sentences.

그림을 보고 문장을 만드십시오.

보기

1시간 전만 해도 지하철 안이 복잡하지 않았는데…….

1)

2)

3)

4)

02 -는다고/ㄴ다고/다고 할 수 있다

P41

2 Answer the following question.

다음 질문에 대답하십시오.

보기 여러분 고향은 인구가 많습니까?	1억 명쯤 되니까 많다고 할 수 있어요.
1) 여러분 고향의 풍습은 한국과 비슷합니까?	
2) 여러분은 한국 생활에 익숙해졌습니까?	
3) 여러분 고향과 한국은 거리가 가까운 편입니까?	
4) 여러분 고향은 자연환경이 좋습니까?	

1~3 **Read the following and answer the questions.**
다음을 읽고 질문에 답하십시오.

박물관에 가면 옛날 사람들이 사용하던 여러 가지 도구들이 있다. 지금도 사용되고 있어서 익숙한 물건도 있지만 처음 보는 낯선 것들도 있다. 또 본 적은 있지만 어디에 쓰는 물건인지 잘 모르는 경우도 많다. 그러나 관심을 가지고 옛 물건들을 보면 옛사람들의 생활 모습과 지혜를 배울 수 있다. 또 옛날 사람들이 얼마나 자연을 가까이하면서 살았는지도 알게 된다.

맷돌은 시골 할머니 댁에 가면 지금도 볼 수 있다. 이것은 곡식을 갈아 가루로 만들거나, 두부를 만들기 위해 콩을 갈 때 사용했다. 맷돌은 두 개의 둥근 돌을 겹쳐서 올려놓은 것인데, 윗돌에 있는 구멍에 곡식을 넣고 손잡이를 돌리면 돌 사이로 곡식이 갈려 나온다. 요즘의 믹서와 같은 것인데 돌로 갈기 때문에 영양소가 그대로 있고 음식 맛도 좋다.

요즘은 더운 여름철에 선풍기나 에어컨을 켜서 더위를 식힌다. 하지만 에어컨을 오랫동안 켜 놓으면 냉방병에 걸려서 소화가 잘 안 되거나 두통이나 피로를 쉽게 느끼게 된다. 그런데 옛날에는 이런 병이 없었다. 옛날 사람들은 시원한 천으로 만든 옷을 입거나 부채를 부치며 시원하게 여름을 지냈다. 그러나 무엇보다도 더운 여름에 사랑을 받았던 물건은 죽부인이다. 죽부인은 대나무로 만든 부인이라는 뜻으로 더운 여름 밤에 시원하게 자기 위해서 사용했다. 죽부인은 대나무로 만들었는데 그 길이는 사람의 키만큼 길고, 모양은 안기 편한 원통형이었다. 대나무는 만지면 차갑기 때문에 몸에 닿았을 때 시원하다. 게다가 속이 비어 있고 구멍이 많이 있어서 바람이 잘 통한다. 그래서 이것을 안고 자면 시원하게 잘 수 있다.

요즘 옛날 사람들이 사용하던 맷돌이나 죽부인이 잘 팔리고 있다. 더 예쁘고 편리한 물건들이 많이 있지만 느리고 불편한 옛 물건들이 사람들에게 다시 인기를 얻고 있다고 할 수 있다. 이것은 옛날 사람들이 쓰던 물건 속에 삶의 지혜가 담겨 있기 때문이다. 자연을 가까이하면서 삶의 여유를 즐기던 옛사람들의 지혜를 배운다면 우리의 삶이 더욱 풍요로워질 것이다.

도구 tool　맷돌 millstone　갈다 to grind　둥글다 to be round　겹치다 to stack (together)
믹서 blender　영양소 nutrients　식히다 to cool (off)
냉방병 air-conditioningitis (over-exposure to air conditioning)　부치다 to fan (oneself with a fan)
죽부인 body-length tubular frame of woven bamboo　길이 length
원통형 cylindrical type　닿다 to touch, come in contact (with)　통하다 to be ventilated, circulate
풍요롭다 to be rich

1 Write the characteristics of each object.

각 물건의 특징을 쓰십시오.

물건	재료	모양	쓰임
맷돌			
죽부인			

2 Choose the correct description for the old object. (   )

옛날 물건에 대한 설명으로 맞는 것을 고르십시오.

① 맷돌은 지금은 쓰이지 않아서 박물관에서만 볼 수 있다.

② 죽부인은 시원한 천으로 만들어서 여름에 많이 사용했다.

③ 맷돌로 곡식을 갈 때 아랫돌은 돌리지 않고 윗돌만 돌린다.

④ 죽부인은 잘 때 베개로 사용했는데 공기가 잘 통해서 시원했다.

3 Choose an answer different from what you read. (   )

읽은 내용과 다른 것을 고르십시오.

① 옛날 물건들을 통해 옛사람들의 지혜를 알 수 있다.

② 맷돌로 음식을 만들면 영양도 지킬 수 있고 맛도 좋다.

③ 요즘은 냉방 기기를 사용하면서 전에 없었던 병이 생겼다.

④ 옛날 물건이 오늘날에도 사용되는 것은 사용하기 쉽기 때문이다.

4 What old items are still loved in your country today? Talk about it.

여러분 나라에서 지금도 사랑받고 있는 옛날 물건은 어떤 것이 있습니까? 이야기해 봅시다.

들어 봅시다

1~3 **Listen to the following and answer the questions.**
다음을 듣고 질문에 답하십시오.

1 **What are the two people talking about? (   )**
두 사람은 무엇에 대해 이야기하고 있습니까?

① 기술 발전의 문제점
② 요즘 인기 있는 전공
③ 취직하기 어려운 이유
④ 미래에 전망이 좋은 직업

2 **Choose a career that does not have a bright future.**
앞으로 전망이 밝은 직업이 아닌 것을 고르십시오.

① 인공지능 개발자 ② 항공 엔지니어
③ 노후 생활 플래너 ④ 컴퓨터 소프트웨어 개발자

3 **Choose the answer that matches what you heard. (   )**
들은 내용과 같은 것을 고르십시오.

① 여자는 컴퓨터 관련 전공을 공부하고 있다.
② 남자는 지금 미래에 꼭 필요한 직업을 가지고 있다.
③ 여자는 하고 있는 공부가 미래에 도움이 되지 않을 것 같아 걱정한다.
④ 남자는 20년 후의 생활이 지금과 별로 달라지지 않을 거라고 생각한다.

4 **Talk about jobs that existed in the past but are now gone.**
과거에는 있었지만 지금은 없어진 직업에 대해서 이야기해 봅시다.

항공기 aircraft 기관사 engineer 도우미 guide/helper 첨단 cutting edge 전망 view/prospect

1 **What has changed in your hometown compared to the past? Mark the changes with a checkmark (✓) and compare the past and present.**

여러분의 고향은 과거와 비교해서 무엇이 달라졌습니까? 달라진 것에 ✓표시하고 과거와 현재를 비교해 봅시다.

달라진 것	과거	현재
☐ 나라 이름		
☐ 인구		
☐ 패션		
☐ 취미 생활		
☐ 인기 전공		
☐		
☐		
☐		

2 **What do you think about the changes in your hometown? Talk about the positive and negative aspects.**

여러분 고향의 달라진 모습에 대해 어떻게 생각합니까? 긍정적인 면과 부정적인 면을 이야기해 봅시다.

보기

제 고향은 과거보다 인구가 많아졌습니다. 인구가 늘어서 경제적으로는 도움이 된다고 할 수 있지만 도시가 복잡하고 시끄러워져서 안 좋은 점도 있습니다.

문화

복고 열풍

'유행은 돌고 돈다'는 말이 있다. 그 말을 실감하듯이 최근 1990년대 말부터 2000년대 초반에 인기를 얻었던 패션 아이템이 다시 유행하고 있다. 예전에 인형 뽑기가 한창 유행할 때 인기 있었던 캐릭터 인형이나 열쇠고리를 달고 다니는 청소년들이 많이 눈에 띈다. 유행이 지난 패션 소품을 착용하면 촌스럽다는 평을 듣곤 하지만 유행은 다시 돌고 돌아 부모님 세대가 선택했던 물건들이 다시 시장을 점령하고 있는 것이다. 헐렁한 하의와 몸에 꼭 맞는 상의를 착용하던 옛 패션이 요즘 인기 있는 아이돌이 착용하면서 최고의 패션으로 통하는 것도 같은 예이다.

이러한 복고 열풍은 패션 아이템뿐만 아니라 광고계까지 섭렵하고 있다. 20세기 말에 유행하던 대중가요를 배경 음악으로 하는 광고가 나오고 그 시절 유행했던 영화들을 패러디한 장면들을 통해 추억을 불러일으킨다. 낯선 듯 새로운 세기말 트렌드가 요즘 세대에게는 흥미롭게 다가오며 오히려 복고를 자신만의 스타일로 즐기는 경향을 보이고 있는데 이러한 열풍은 앞으로도 계속될 것으로 보인다. 우리 모두 과거에 유행했던 그 시절 아이템을 오랜만에 꺼내 보고 소중한 추억까지 함께해 보는 시간을 가져 보면 어떨까?

1. 요즘 유행하는 패션이나 물건은 무엇입니까?

2. 복고 열풍에 대해서 어떻게 생각합니까?

memo 메모

2과 미래와 상상

01 한국에 오지 않았다면 어땠을까요?

Learning Objective

To speak hypothetically

Grammar

-었다면, -었을 것이다

Vocabulary

Conjectures

MP3_3

- 두 사람은 무슨 이야기를 합니까?
- 여러분이 한국에 오지 않았다면 지금 무엇을 하고 있을까요?

정　희: 시간이 참 빨라요. 어느새 우리가 만난 지 1년이 다 됐네요.

다니엘: 벌써 그렇게 됐군요. 여기에 와서 많은 것을 배웠어요.

정　희: 언제 귀국하세요?

다니엘: 조금 더 여기에 있을 계획이에요. 회사 인턴을 마친 후에 취직을 할 수 있으면 해 보려고요.

정　희: 다니엘 씨가 만약 한국에 오지 않았다면 어땠을까요?

다니엘: 아마 결혼을 했을 거예요. 부모님이 많이 바라셨거든요.

어느새 in no time　귀국하다 to return to one's country　바라다 to want

1 Choose the correct word and fill in the blank.

알맞은 말을 골라 빈칸에 쓰십시오.

가정하다　　상상하다　　추측하다　　예상하다

나는 학생이다. 그러나 만일 내가 선생님이라고 보기 가정해 ~~어/아/여~~ 보면 나는 예의 바른 학생들을 좋아할 것 같다.

나의 꿈은 멋진 피아니스트가 되는 것이에요. 그때를 1) ________________ 으면/면 기분이 좋아져요.

야구 경기에서 어느 팀이 이길지 2) ________________ 어/아/여 보세요.

사고가 일어난 자리에서 발자국이 있는 것으로 보아 누군가 그곳을 다녀갔다고 3) ________________ 을/ㄹ 수 있다.

2 Choose the correct word and fill in the blank.

알맞은 말을 골라 빈칸에 쓰십시오.

사정　　결과　　경우　　상황　　상태

보기 이번 시합의 결과가~~이/가~~ 어떨 것이라고 예상하십니까?

1) 만일 이 실험이 실패했을 ____________ 을/를 가정해 봅시다.

2) 최근에 갑자기 그 환자의 건강 ____________ 이/가 나빠졌다.

3) 그 사람은 집안 ____________ 이/가 어려워서 대학에 진학하지 못 했다.

4) 생존자가 없기 때문에 사고 당시의 ____________ 은/는 추측할 수밖에 없다.

가정하다 to suppose　상상하다 to imagine　추측하다 to guess　예상하다 to expect　사정 situation

-었다면/았다면/였다면

P43

1 This is Maria's diary. Read the diary and complete the sentences.

마리아 씨의 일기입니다. 일기를 읽고 문장을 완성하십시오.

오늘은 엘레나를 만나서 발레를 보러 가기로 약속한 날이었다. 그런데 또 늦어서 엘레나를 기다리게 했다. **보기** 지하철을 탈까 하다가 시간이 넉넉해서 버스를 탔는데 사고가 났는지 차가 너무 밀려서 약속 시간이 지나 버렸다. 엘레나가 너무 오래 기다릴 것 같아서 내려서 택시를 탔다. 1) 다행히 운전사 아저씨가 지름길을 아셔서 많이 늦지 않았다. 내가 늦었는데도 엘레나는 웃으면서 괜찮다고 했다. 역시 착한 엘레나!

한국에 오기 전 같이 학교에 다닐 때 엘레나는 학교에서 가장 발레를 잘하는 학생이었다. 2) 나는 엘레나가 발레리나가 될 거라고 생각했다. 그런데 왜 발레를 그만두었을까? 발레보다 동양 문화를 더 좋아해서일까? 사실 내가 한국말을 공부하고 있는 것도 엘레나 덕분이다. 3) 처음에 나는 한국에 대해 관심이 하나도 없었는데, 동양에 관심이 많은 엘레나한테 여러 가지 이야기를 들으면서 관심이 생겼다. 4) 공연이 끝난 후에 엘레나가 한국 역사 박물관에 가자고 해서 박물관에 다녀왔다. 한국 역사를 알 수 있는 정말 좋은 시간이었다. 둘 다 한국에 있는데도 바빠서 자주 만나지 못하는 것이 안타깝다. 더 자주 만날 수 있었으면 좋겠다.

보기 버스를 타지 않았다면 약속 시간에 늦지 않았을 거예요.

1) ____________________

2) ____________________

3) ____________________

4) ____________________

01 -었을/았을/였을 것이다

P43

2 **Daniel went on a business trip despite feeling sick. The following is a conversation between Lisa and Emma, who are worried about Daniel. Complete the conversation.**

다니엘은 몸이 아픈데도 회사 일 때문에 출장을 갔습니다. 다음은 다니엘을 걱정하는 리사와 엠마의 대화입니다. 대화를 완성하십시오.

리사: 다니엘 씨가 잘 도착했을까?

엠마: 보기 잘 도착했을 거야.

리사: 아픈데 약은 먹었을까?

엠마: 약을 가지고 갔으니까 1) ______________________

리사: 회의 준비는 다 했을까?

엠마: 다니엘 씨는 성격이 꼼꼼하니까 2) ______________________

리사: 다니엘 씨가 괜찮은지 한번 전화해 볼까?

엠마: 지금 거기는 새벽이니까 지금 자고 있을 거야.

리사: 그래? 거기는 벌써 새벽이야? 저녁 식사는 했겠지?

엠마: 걱정하지 마. 3) ______________________

리사: 근데 내가 갖고 싶다고 한 선물은 샀을까?

엠마: 4) ______________________

리사: 내일 아침에는 꼭 전화해 봐야겠다.

엠마: 그래, 그렇게 하자.

1~3 Read the following and answer the questions.

다음을 읽고 질문에 답하십시오.

서울 지하철 2호선에는 왕십리역이 있는데 이 '왕십리'라는 이름에는 재미있는 이야기가 전해진다. 조선을 세운 태조는 새로운 장소로 수도를 옮기려고 했다. 그래서 유명한 스님인 무학대사에게 새 수도를 어디로 옮기는 것이 좋을지 알아보게 했다. 무학대사는 좋은 땅을 알아보기 위해서 이곳저곳을 다녔다. 그러던 어느 날 한 노인이 나타나서 동북쪽을 가리키며 좋은 곳을 찾으려면 여기서부터 십 리를 더 가라고 말한 후에 사라졌다. 알고 보니까 그 노인은 아주 유명한 도선대사였다. 무학대사가 노인의 말대로 동북쪽으로 십 리를 더 가니까 그곳에 정말 좋은 땅이 있었다. 그곳이 바로 지금의 경복궁 자리이다. 그 후 십 리를 더 가라는 뜻으로 '가다'라는 뜻의 '왕'에 십 리를 붙여서 왕십리라 부르게 되었다. 무학대사가 도선대사를 만나지 못했다면 왕십리에 경복궁이 지어졌을지도 모른다. 이와 같이 서울에는 지명과 관계된 여러 가지 이야기가 있다.

한국 사람이라면 누구나 한 번쯤은 들어 봤을 지역 종로에도 이름에 숨겨진 재미있는 이야기가 있다. 종로는 옛날에도 지금과 같이 서울에서 가장 복잡한 곳 중의 하나였다. 또한 궁궐과 가까이 있어서 지위가 높은 사람들도 많이 다녔다. 백성들은 높은 사람들이 말을 타고 이곳을 지날 때마다 땅에 엎드려서 그들이 지나갈 때까지 기다려야만 했다. 그래서 가끔씩은 서서 걷는 시간보다 땅에 엎드린 시간이 더 많을 때도 있었다. 그것이 많이 불편했던 백성들은 종로 바로 뒤쪽에 좁은 길을 만들었다. 그리고 그 길의 이름을 '피맛골'이라고 했는데 피한다는 뜻의 '피'와 말이라는 뜻의 '마'가 합쳐진 것으로 말을 피해 다닐 수 있는 길이라는 뜻이다. 가난한 백성들이 주로 이용했던 이 길은 그 후에 값싸고 맛있는 음식점이 하나둘씩 생겨서 지금까지 맛있는 음식점이 많은 길로 유명하다.

서울에는 이곳들 외에도 재미있는 유래를 가진 장소가 많다. 왜냐하면 서울은 수백 년의 역사를 가지고 있는 도시이기 때문이다. 서울의 이곳저곳을 돌아다니면서 옛날 모습을 상상해 보는 것도 재미있을 것이다.

태조(조선을 세운 왕) King Taejo (the king who founded the Joseon Dynasty)　수도 capital
스님 buddhist monk　지명 place name　백성 subjects/the people　리 unit of distance equal to 0.4km
지위 status　엎드리다 to lie face down　피하다 to avoid　유래 origin

1 Write the origin of the following place names.

다음 지명의 유래를 쓰십시오.

지 명	지명의 유래
왕십리	
피맛골	

2 Why did the people use Pimatgol? (　　)

백성들이 피맛골을 이용하게 된 이유는 무엇입니까?

① 값이 싸고 맛있는 음식점이 많아서
② 궁궐과 가까운 곳에 위치하고 있어서
③ 주로 이용하던 종로가 사람들이 너무 많아 복잡해서
④ 높은 사람이 지나갈 때까지 기다리는 것이 불편해서

3 Mark "O" if it matches the content of the passage and "X" if it doesn't.

읽은 내용과 같으면 O, 다르면 X 표시하십시오.

1) 서울에는 지명의 유래를 찾아볼 수 있는 곳이 많다. (　　　)
2) 조선 태조는 수도를 옮기기 위해 직접 땅을 보러 다녔다. (　　　)
3) 왕십리는 지금의 경복궁 자리에서 십 리 떨어진 곳에 있다. (　　　)
4) 옛날 백성들은 높은 사람이 말을 타고 지나가면 땅에 엎드렸다. (　　　)

4 Are there any place names in your country with interesting origins? Talk about it.

여러분 나라에 재미있는 유래가 있는 지명이 있습니까? 이야기해 봅시다.

1~3 Listen to the following and answer the questions.

다음을 듣고 질문에 답하십시오.

1 What is this story about? (   )

무엇에 대한 이야기입니까?

❶ 살아오는 동안 가장 후회하는 일
❷ 현재의 다른 나를 상상하는 재미
❸ 다른 사람과의 비교가 주는 불행
❹ 우리의 생활을 행복하게 하는 조건

2 Mark "O" if it matches this person's thoughts and "X" if it doesn't

이 사람의 생각과 같으면 O, 다르면 X 표시하십시오.

1) 지금의 나로서 충분히 행복할 수 있다. (   )
2) 대통령의 아들이나 딸로 태어나지 못해 아쉽다. (   )
3) 과거에 태어났다면 지금보다 행복했을 것이다. (   )
4) 천재로 태어났다면 생활이 더 편해졌을 것이다. (   )

3 Write down what you heard.

들은 내용을 쓰십시오.

나에게 행복을 주는 것: ____________________

4 What would it be like if you were the daughter or son of someone very famous?

여러분이 아주 유명한 사람의 딸이나 아들이었다면 어땠을까요?

대통령 the President　태어나다 to be born　천재 genius　결과적으로 consequently

1 What would you be doing now if you hadn't come to Korea? Talk about it.

여러분은 한국에 오지 않았다면 지금 무엇을 하고 있을까요? 이야기해 봅시다.

아르바이트

대학생
(대학원생)

인턴십

봉사활동

여행

2 Imagine and talk about scenarios different from those of people around you.

주변 사람들의 현재와 다른 상황을 가정해서 이야기해 봅시다.

사람	현재 상황	가정
할머니	강아지를 키우고 계신다.	강아지를 키우지 않았다면 너무 외로우셨을 것 같다.

2과 미래와 상상

02 집안일은 물론 아이를 돌보기까지 한대요

Learning Objective

To talk about future predictions

Grammar

은 물론, -듯이

Vocabulary

Future life

MP3_4

- 두 사람은 무슨 이야기를 합니까?
- 미래는 어떤 세상일까요?

제임스: 뉴스 봤어요? 드디어 새로운 가사 로봇이 판매된다고 해요.
리 사: 그래요? 무슨 일을 하는 로봇인데요?
제임스: 집안일은 물론 아이를 돌보기까지 한대요.
리 사: 그래도 로봇이 하는 일이 사람이 하는 것만 할까요?
제임스: 사람이 하듯이 아주 완벽하게 잘한답니다.
리 사: 그런 다양한 기능을 가진 로봇이 나오다니, 세상 참 좋아졌어요.

드디어 finally 가사 housework 판매되다 to be on sale 완벽하다 to be perfect 기능 function

1 Choose the correct word and fill in the blank.

알맞은 말을 골라 빈칸에 쓰십시오.

신기술　신형　신제품　신기록　신상품

물건을 더욱 쓰기 편하게 하기 위해 새로 만든 기능이나 기술을 말해요.

보기 신기술

물건의 모양이 새롭게 바뀌었어요.

1)

운동 경기에서 다른 선수들이 내지 못한 좋은 성적을 냈어요.

2)

이번에 처음 만들어진 물건이에요. 전에 쓰던 물건이나 전에 보던 물건이 아니에요.

3)

2 Choose the correct word and fill in the blank.

알맞은 말을 골라 빈칸에 쓰십시오.

나오다　발표되다　나타나다　밝혀지다　알려지다　발견되다

보기 이번에 신제품이 시중에 나왔어요~~었어요/았어요/였어요~~.

1) 드디어 10년 동안의 연구 결과가 신문에 ________ 었어요/았어요/였어요.

2) 100년 전에 사람들이 쓰던 물건이 ________ 었어요/았어요/였어요.

3) 갑자기 이상한 동물이 집 앞에 ________ 었어요/았어요/였어요.

4) 이번 사건의 범인이 누구인지 ________ 었어요/았어요/였어요.

신기술 new technology　신형 new model　신기록 new record
신제품 new product (newly-launched)　신상품 new product (newly-developed)
발표되다 to be published/announced　밝혀지다 to be revealed　알려지다 to become known
발견되다 to be discovered

은/는 물론 P44

1 Look at the picture and make sentences.

그림을 보고 문장을 만드십시오.

보기

월드컵 경기로 유럽은 물론 한국도 축제 분위기입니다.

1)

생일 파티에 ______________________
선생님도 초대했습니다.

2)

요즘은
____
____

3)

제 동생은
____
____

4)

제주도는
____
____

-듯이 P45

2 Look at the picture and make sentences.

그림을 보고 문장을 만드십시오.

보기

운동을 가뭄에 콩 나듯이 한다.

1)

돈을 ______________________ 쓴다.

2)

땀을 ______________________ 흘린다.

3)

웨이 씨는 ______________________

교실로 들어왔다.

4)

아이는 ______________________

인형을 안았다.

1~3 Read the following and answer the questions.

다음을 읽고 질문에 답하십시오.

여러분이 상상하는 미래의 인간은 어떤 모습인가요? 과학 기술의 발달이 우리 몸을 어떻게 변화시킬까 하는 주제에 대해서 과학자들은 인간 몸의 미래를 다음과 같이 예상하고 있습니다.

가장 실현 가능성이 높을 것으로 예상되는 변화는 운동과 다이어트에 대한 것입니다. 앞으로 10년 내에 우주인 다이어트 기기가 등장해 비만 문제를 해결할 것으로 보입니다. 우주인 훈련 시설과 비슷하게 생겨서 10분만 누워 있으면 한 시간 이상 격렬한 운동을 한 듯이 효과가 나타나는 운동 기구가 등장할 것이라고 합니다. 이 기구는 근육량이 늘어나는 것은 물론 개개인에게 맞는 기초대사량까지 고려하여 신체의 균형을 잡아줄 것으로 보입니다.

또한, 앞으로 15년 후에는 생각만으로 사물을 움직일 수 있을 것으로 예상되고 있습니다. 최근 한 연구 기관에서는 인간과 컴퓨터가 정보를 주고받아 생각만으로 전기 휠체어는 물론 컴퓨터, 텔레비전 등을 마음대로 움직일 수 있게 하는 연구를 하고 있는데 15년 후면 가능할 것으로 보인다고 합니다. 전자 기기를 끄고 켜는 일, 텔레비전 채널을 바꾸고 컴퓨터로 이메일을 보내는 일 등을 생각으로 조정할 수 있는 기술이 등장할 것으로 예상합니다.

그뿐만 아니라 앞으로 20년 후 일어날 예측 가운데 가장 놀라운 것은 치아 건강과 관련된 것입니다. 요즘은 충치가 생기거나 사고로 치아가 부러지면 치아와 비슷한 물질로 치아를 대체하지만 20년 후에는 환자의 치아로 새로운 치아를 만들어 치료를 할 수 있다고 합니다.

이와 함께 2100년 정도에는 모든 질병을 막을 수 있을 것이며 2150년에는 몸의 각 기관을 마음대로 바꿀 수 있는 시대가 열릴 것으로 예상됩니다.

1 Where was this text published? (   )

이 글은 어디에 실린 글일까요?

① 건강 잡지 ② 과학 잡지

③ 경제 잡지 ④ 문화예술잡지

변화하다 to change 기기 equipment 훈련하다 to train 근육량 muscle mass
기초대사량 basal metabolism rate 균형 balance 잡아주다 to hold 휠체어 wheelchair
치아 teeth 물질 material 대체하다 to substitute 질병 disease

2 What is the main idea of this text? (   )

이 글의 중심 내용은 무엇입니까?

① 건강 향상 기술의 한계
② 과거 생활의 회상과 기록
③ 과학 발전을 이끄는 상상력
④ 기술 발전의 긍정적인 면과 부정적인 면

3 Choose what is expected to happen in future society. (   )

미래 사회에서 실현될 것으로 예상되는 일을 고르십시오.

① 매일 체육관에 가지 않아도 운동한 효과를 얻을 수 있다.
② 많은 양의 음식을 먹어도 일정한 체중을 유지할 수 있다.
③ 손으로 직접 들지 않아도 텔레비전을 다른 곳으로 옮길 수 있다.
④ 날마다 이를 닦지 않아도 치아가 건강해지는 치약을 살 수 있다.

4 What do you think the future will look like? Talk about it.

여러분이 생각하는 미래는 어떤 모습입니까? 이야기해 봅시다.

1~3 Listen to the following and answer the questions.
다음을 듣고 질문에 답하십시오.

1 What are the two people talking about? (   )
두 사람은 무엇에 대해 이야기하고 있습니까?

① 미래에 인기가 많을 직업
② 발전이 필요한 전자 기기
③ 이전에 예상된 미래 모습
④ 새로운 이동 수단의 등장

2 Choose the answer that matches what you heard. (   )
들은 내용과 같은 것을 고르십시오.

① 남자는 1965년에 인기가 많았던 전자 기기를 소개하고 있다.
② 여자는 학생이 그린 그림의 의미를 이해하기 어려워하고 있다.
③ 남자가 소개한 그림은 최근 현대 사회의 모습과 비슷한 점이 많다.
④ 그림에 있는 기술과 전지 기기는 모두 현실에서 볼 수 있게 되었다.

3 What did the woman find surprising?
여자는 무엇이 놀랍다고 했습니까?

---

4 What technologies do you think will appear in the future? Talk about it.
미래에는 어떤 기술이 나타날 것 같습니까? 이야기해 봅시다.

화제 topic (of conversation)/viral hit 닮다 to resemble 소형 small 태양열 solar heat
의료 medical treatment 실현 realization/fulfillment

1 What does your "future me" look like?

여러분이 상상하는 '미래의 나'는 어떤 모습입니까?

현재의 내 모습	→	미래의 내 모습
• 한국어를 배우고 있다.		• 한국어를 아주 잘할 수 있다.
•		•
•		•
•		•

2 Write a letter to your future self.

미래의 나에게 편지를 써 봅시다.

미래의 나에게

안녕? 나는 2 ______ 년의 '나'야.

나는 지금 한국어를 공부하고 있는데 너는 한국어를 아주 잘할 수 있게 됐다면서? 한국어로 뉴스도 듣고 아주 어려운 신문 기사도 읽을 수 있게 되었다니 정말 멋있다.

문화

재미있는 지명을 가진 곳

듣기만 해도 웃음이 나오는 재미있는 지명을 가진 지역이 있다. 먼저 전라남도에 이름만 들어도 귀를 의심케 하는 '방광마을'이 있다. 신라 경덕왕 이후에 생긴 지명으로 판관이 살았다고 하여 판관마을이라고 불리다가 방광으로 개칭되었다고 한다. 지리산 근처에 자리 잡은 방광마을 주변에는 아름다운 숲이 조성돼 있어 경치가 좋기로도 유명하다. 울산시에는 마치 다른 나라에 와 있는 듯한 착각을 들게 하는 '발리'를 만나볼 수 있다. 이 지명은 조선 성종 때 한 승려가 바랑(승려가 등에 지고 다니는 자루 모양의 큰 주머니)을 앞산에 묻고 갔다고 해서 '바리방', '발방'으로 불리다가 '발리'가 되었다고 한다. 인도네시아의 유명한 휴양지는 아니지만 이곳 발리 또한 아름다운 정원과 온천이 있어 휴식을 취하기에 더할 나위 없이 좋은 장소이다.

전라북도에 위치한 '대가리'는 머리를 속되게 부르는 말로 웃음을 자아내지만, 클 대(大)에 아름다울 가(佳) 자를 써서 아주 아름다운 마을이라는 뜻을 담고 있다. 멋진 일출과 일몰을 촬영할 수 있는 장소로도 잘 알려져 있다. 이와는 반대로 '사탄마을'이라는 무시무시한 곳도 있다. 전라도에 위치한 이곳은 땅이 원래 모래밭으로 되어 있어 붙여졌다고 한다. 마지막으로 특이한 지명을 가진 지역을 말할 때 빼놓을 수 없는 '방구마을'은 광주광역시에 위치해 있다. 5.18 광주 민주화 운동의 역사를 한눈에 담아 볼 수 있는 곳이며 자연을 즐기며 평온한 분위기에서 산책하고 휴식을 취하고 싶은 여행객들이 많이 찾고 있다고 한다.

1. 여러분이 알고 있는 특별한 지명을 이야기해 봅시다.

2. 여러분이 사는 마을에 이름을 붙여 봅시다.

memo 메모

3과 나의 생활

01 살다가 보니 적응이 됩니다

Learning Objective

To introduce where you live

Grammar

-다가 보니, -긴 하는데

Vocabulary

Residential environment

MP3_5

- 여러분은 어디에 살고 있습니까?
- 지금 살고 있는 곳은 외국인이 살기에 편합니까?

엠　마: 안녕하세요? 이렇게 만나게 돼서 반가워요. 외국 생활이 처음이라고 하던데 불편한 것은 없어요?

마리아: 글쎄요, 처음에는 외국 생활에 겁이 많이 났었는데 살다가 보니 어느 정도 적응이 되는 것 같아요.

엠　마: 다행이네요. 그런데 집이 이태원이라고 하셨지요? 거긴 시내와 가까워서 살기 편하시겠어요.

마리아: 편하긴 한데 좀 시끄러워요. 그래서 다른 데로 옮길까 생각 중이에요.

엠　마: 그럼 저희 집 근처로 오세요. 아주 조용하고 주변에 외국인이 편하게 이용할 수 있는 시설들이 많아요.

마리아: 그래요? 그럼 한번 가 봐야겠군요.

겁 fear　적응 adaptation (to)　시설 facilities

도심 주택가 도시 근교 고층 건물
편의 시설 한적하다 번화하다 쾌적하다

1 **Where do you live now, and where do you want to live in the future? Choose the appropriate word and write it in the blank space.**
지금 살고 있는 곳과 앞으로 살고 싶은 곳은 어떤 곳입니까? 관계있는 말을 골라 빈칸에 쓰십시오.

지금 살고 있는 곳: ________	앞으로 살고 싶은 곳: ________
• •	• •
• •	• •

2 **Choose the correct word and fill in the blank.**
알맞은 말을 골라 빈칸에 쓰십시오.

저는 조용한 주택가보다는 **보기** 고층 건물이나~~이나/나~~ 사람이 많은 **1)** ________는/은/ㄴ 곳을 좋아해서 **2)** ________의 오피스텔에 삽니다. 차가 많아서 좀 복잡하고 시끄럽긴 하지만 근처에 쇼핑센터나 영화관, 은행, 병원 등 **3)** ________이/가 많아 아주 편리합니다.

여기는 제가 사는 곳이에요. 저희 집은 도심에서 좀 떨어진 **4)** ________에 있어요. 시내까지 나가려면 시간이 많이 걸려서 좀 불편해요. 하지만 사람이나 차가 많지 않아 복잡하지 않고 **5)** ________어서/아서/여서 참 좋습니다. 거리도 깨끗하고 공기도 맑아 정말 환경이 **6)** ________습니다/ㅂ니다.

도심 downtown 주택가 residential area 도시 근교 suburbs 고층 건물 high-rise building
한적하다 to be quiet 번화하다 to be busy/bustling 쾌적하다 to be pleasant

-다가 보니

P48

1 **Is there anything you do every day? Fill in the blanks and make sentences.**

매일 하는 일이 있습니까? 빈칸을 채우고 문장을 만드십시오.

매일 하는 일	결과
보기 식사를 불규칙하게 한다.	건강이 많이 안 좋아졌다.
1) 매일 신문을 읽는다.	
2) 매일 쉬지도 못하고 일만 한다.	
3) 한국말 연습을 열심히 한다.	
4) 매일 같은 음식만 먹는다.	

보기 식사를 불규칙하게 하다가 보니 건강이 많이 안 좋아졌어요.

1) 매일 신문을 읽다가 보니 ______________________

2) ______________________

3) ______________________

4) ______________________

01 -긴 하는데/한데 P48

2 Write and discuss the positive and negative aspects of the following topic.

다음 주제에 대해서 좋은 점과 나쁜 점을 쓰고 대화하십시오.

주제	좋은 점	나쁜 점
보기 외국 생활	자유롭다.	외롭다.
1) 인터넷 쇼핑		가끔 화면과 다른 물건이 와서 실패할 때가 있어요.
2) 기숙사	학교에서 가깝다.	
3) 도시 생활		복잡하고 시끄럽다.
4) 친구 ________	친절해서 친구들을 잘 도와 준다.	

보기 외국에서 생활하기가 어때요?

보기 혼자 생활해서 자유롭긴 한데 외로울 때도 있어요.

1~3 **Read the following and answer the questions.**
다음을 읽고 질문에 답하십시오.

태권도는 나의 힘, 나의 기쁨!

나의 하루는 한국의 전통 무술인 태권도와 함께 시작됩니다. 몸이 약해서 시작했던 태권도가 이젠 나의 몸과 마음을 단련하는 생활의 중요한 부분이 되었습니다. 처음 태권도를 배울 때는 몸이 마음처럼 움직이지 않아서 고생을 많이 했어요. 하지만 어려움을 참고 하다가 보니 시간이 지날수록 잘하게 되었고 마음도 안정을 찾을 수 있었지요. 태권도를 배우면서 예전엔 이상하게만 보이던 한국의 문화를 다시 생각해 보고, 한국인의 눈으로 바라볼 수 있게 되었습니다.

처음 한국에 왔을 때는 내가 살아온 환경과 너무 달라서 적응하기가 힘들었습니다. 식사뿐만 아니라 무엇이든지 빨리빨리 하려는 한국인들 틈에서 내가 게을러 보이기까지 했습니다. 또 회사 동료와 한국 음식을 먹으러 갔다가 김치를 먹어 보라고 해서 먹었을 때 정말 매워서 혼이 났던 적도 있었습니다.

가족들과 떨어져 지내는 크리스마스 같은 휴일은 특히 고향 생각이 더 많이 나고 외롭기도 했습니다. 하지만 적응하기 힘들었던 한국에서의 삶도 태권도를 할 때와 같이 자꾸 부딪치고 경험해 보면서 어느덧 나의 일부분이 되어 가고 있습니다. 아직도 가끔 고향 음식이 그립긴 한데 매운 한국 음식도 누구 못지않게 좋아하고 즐기게 됐습니다. 오늘 아침에도 태권도를 하며 한국에서의 활기찬 하루를 시작합니다.

1 **Why did this person start learning Taekwondo? (   )**
이 사람은 왜 태권도를 배우기 시작했습니까?

① 건강해지기 위해서
② 한국 생활이 외로워서
③ 한국 문화에 익숙해지기 위해서
④ 한국의 전통 무술을 배우고 싶어서

무술 martial arts 단련하다 to train 안정 stability 틈 gap/chance 혼이 나다 to have a hard time 부딪치다 to hit/confront 어느덧 before you know it 못지않다 to be as good as/almost equal to 활기차다 to be active

2 What was difficult for this person to adjust to when they came to Korea? Choose all that apply.

이 사람이 한국에 와서 적응하기 힘들었던 것은 무엇입니까? 모두 고르십시오.

□ 태권도 배우기	□ 매운 음식 먹기
□ 빨리빨리 문화	□ 인간 관계 만들기
□ 회사일 배우기	□ 명절 혼자 보내기

3 Choose the answer that matches what you read. (   )

읽은 내용과 같은 것을 고르십시오.

① 한국 친구를 사귀면서 마음이 편해졌다.
② 한국 음식을 먹으면서 몸이 튼튼해졌다.
③ 태권도를 배우면서 한국 문화를 이해하게 되었다.
④ 한국 회사에 다니면서 한국 생활을 즐기게 되었다.

4 Talk about what helped you understand Korean culture.

여러분이 한국 문화를 이해하는 데 도움이 되었던 것에 대해 이야기해 봅시다.

1~3 Listen to the following and answer the questions.
다음을 듣고 질문에 답하십시오.

1 Find descriptions of the neighborhood and connect them.
동네에 대한 설명을 찾아 연결하십시오.

1) 동부이촌동 •	• 한옥이 많이 있는 곳이다.
2) 안국동 •	• 프랑스에 온 것 같은 느낌이 든다.
3) 이태원 •	• 세계 여러 나라의 음식점들이 있다.
4) 서래마을 •	• 일본 사람들에게 고향 같은 곳이다.

2 Choose the answer that matches what you heard. (   )
들은 내용과 같은 것을 고르십시오.

① 세계 여러 나라에 대도시가 많아지고 있다.
② 서울에 외국인이 사는 동네가 점점 늘고 있다.
③ 외국인 관광객에게 인기 있는 곳을 소개하고 있다.
④ 외국인들은 서울에서 복잡한 곳보다 조용한 곳을 좋아한다.

3 Choose a statement made by someone who understood what you heard. (   )
들은 내용을 잘 이해한 사람의 말을 고르십시오.

① "이태원은 쇼핑하기는 좋지만 살기 좋은 곳은 아니구나."
② "한국말을 모르는 일본 사람은 안국동에 살면 편하겠네."
③ "동부이촌동은 시내에서 가까워서 그런지 좀 시끄럽구나."
④ "서울에 있는 프랑스 친구에게 서래마을을 알려 줘야겠다."

4 Are there places in your country where many foreigners live? Introduce what kind of place it is.
여러분 나라에도 외국인이 많이 사는 곳이 있습니까? 어떤 곳인지 소개해 봅시다.

나날이 day by day　증가하다 to increase　간판 sign　표시되다 to be expressed/marked
통하다 to go through/understand　현대식 modern (style)　표지판 sign/notice　공존하다 to coexist

1 Find and introduce information about where you live now.

여러분이 지금 사는 곳에 대한 정보를 찾아서 소개해 보십시오.

사는 곳	서울 서촌(통인동)	
위치	서울 시내, 경복궁 서쪽	
인구	종로구 기준 11만 명	
대표적 장소	통인 시장	
맛집	세연 베이커리	
교육 및 문화 시설	초,중,고등학교, 대학교, 미술관, 박물관	
교통	지하철 경복궁 역, 다양한 시내 버스	
지역 행사	세종 마을 세종 주간 축제	
유명인	시인 이상, 윤동주, 화가 이중섭	
기타	역사가 오래된 동네 한옥 등 서울의 옛 모습이 많이 남아 있음.	

2 Is there a place you would like to live? Talk about it.

여러분이 살아 보고 싶은 곳이 있습니까? 이야기해 봅시다.

3과 나의 생활

02 저희 어머니나 다름없는 분이에요

Learning Objective

To talk about the past in retrospect

Grammar

-었더라면, 이나 다름없다

Vocabulary

Emotions

MP3_6

- 여러분은 인생에서 기억에 남는 때가 있습니까?
- 지금까지 여러분에게 가장 큰 영향을 준 사람은 누구입니까?

엠　마: 제임스 씨, 오늘 저한테 아주 중요한 분을 만나는데 같이 가실래요? 소개해 드리고 싶어서요.

제임스: 엠마 씨가 그렇게 말하니 궁금하네요. 어떤 분인데요?

엠　마: 제가 힘들고 외로울 때마다 큰 도움을 주셨던 분이에요. 그분이 없었더라면 아마 지금의 저도 없었을 거예요.

제임스: 그래요? 엠마 씨의 인생에 아주 큰 영향을 끼치신 분이군요.

엠　마: 네, 그분은 정말 저희 어머니나 다름없는 분이에요.

제임스: 그런 분이 계시다니 엠마 씨가 정말 부러운데요. 가면서 그분에 대해 좀 더 얘기해 주세요.

인생 life　영향 influence　끼치다 to cause/have an effect (on)

궁금하다 뿌듯하다 섭섭하다 안타깝다
초조하다 당황스럽다 부담스럽다 짜증스럽다

1 How would you feel in the following situation? Choose the correct words to fill in the blanks.

다음과 같은 상황에서는 어떤 기분일 것 같습니까? 알맞은 말을 골라 빈칸에 쓰십시오.

대학 생활을 함께 했던 친구들과 헤어졌다.	나에 대한 부모님의 기대가 크다.	에어컨도 없는 사무실에서 일해야 한다.	아르바이트를 해서 내 힘으로 등록금을 벌었다.
보기 섭섭하다	1)	2)	3)

친구의 소식을 10년 동안 듣지 못했다.	버스를 탔는데 지갑이 없다.	취직 시험을 본 후 합격자 발표를 기다리고 있다.	팔을 다쳐서 도와주지 못한다.
4)	5)	6)	7)

뿌듯하다 to be filled with joy/pride 안타깝다 to be regrettable/sad 초조하다 to be anxious
당황스럽다 to be embarrassed 부담스럽다 to be burdensome 짜증스럽다 to be irritated/irritating

2 Write the correct word in the blank space.

빈칸에 알맞은 말을 쓰십시오.

우리 집은 가난했다. 그래서 누나는 중학교를 졸업하고 돈을 벌기 위해 작은 옷 가게에 취직해서 일했다. 부모님은 장남인 내가 성공해야 한다며 나를 서울에 있는 고등학교로 전학을 시키셨다. 나는 이런 부모님의 기대가 너무 **보기** 부담스러웠고 누나에게 미안했다. 그래서 나도 학교를 그만두고 취직을 해야겠다고 생각을 했다.

그런데 어느 날 누나에게서 편지가 왔다. 누나는 내가 1등을 한 성적표만 받으면 누나가 1등한 것처럼 1) ________ 고 아무리 일이 많고 바빠도 전혀 힘들거나 2) ________ 지 않다고 했다. 그리고 서울에서 열심히 공부하고 있을 나를 생각하면 학교에 다니는 누나의 친구들도 전혀 부럽지 않다고 했다. 나는 이런 누나를 실망시키지 말아야겠다고 생각하고 더욱 더 열심히 공부했다. 시험 결과가 발표될 때까지 3) ________ 게 기다렸다. 나는 의대에 입학했고 그 후 의사가 되었다. 내 인생에서 부모님과 누나가 없었다면 의사로 성공한 나도 없었을 것이다. 나에게 누나는 부모님이나 다름없는 사람이다. 누나가 나를 위해 고생을 한 만큼 나도 항상 누나의 행복을 위해 최선을 다할 것이다.

-었더라면/았더라면/였더라면

P51

1 **The following is the story of a successful man. What would have happened if the following events hadn't occurred? Talk about it.**

다음은 성공한 남자의 이야기입니다. 만약 다음과 같은 일이 없었다면 어떻게 되었을까요? 이야기해 보십시오.

저희 부모님이 항상 열심히 일하시는 모습을 보여 주셨기 때문에 저도 열심히 공부할 수 있었습니다. 사회에 나와서 여러 번 실패를 경험했기 때문에 성공의 기쁨도 알게 되었습니다. 또 힘들 때마다 제 옆에는 친구가 있어서 전혀 외롭지 않았습니다. 하지만 부모님이 일찍 돌아가셔서 제가 성공한 모습을 보지 못하신 것이 안타깝습니다. 그리고 젊었을 때 건강에 신경을 쓰지 못해서 지금 제 건강이 많이 안 좋아진 것이 좀 후회스럽습니다.

보기 저희 부모님이 열심히 일하시는 모습을 보여 주지 않으셨더라면 저도 그렇게 열심히 공부하지 않았을 겁니다.

1) 여러 번 실패를 경험하지 않았더라면 ______________________

2) ______________________

3) ______________________

4) ______________________

01 이나/나 다름없다

P51

2 Fill out the chart and talk about it.

표를 채우고 이야기해 보십시오.

부모님이나 친형제와 같다고 생각하는 사람	새것과 같다고 생각하는 물건	거절과 같다고 생각하는 말
보기 우리 고모	1) 작년에 산 옷	2) "한번 생각해 볼게요."
3)	4)	5)

보기

제가 어렸을 때 고모가 저를 키워 주셔서 우리 고모는 저에게 부모님이나 다름없어요.

1) 이 옷은 작년에 샀는데 한 번밖에 안 입어서 ______________________

2) 친구에게 부탁했을 때 "한번 생각해 볼게"라고 대답한 것은

____

3) ______________________

4) ______________________

5) ______________________

1~3 **Read the following and answer the questions.**
다음을 읽고 질문에 답하십시오.

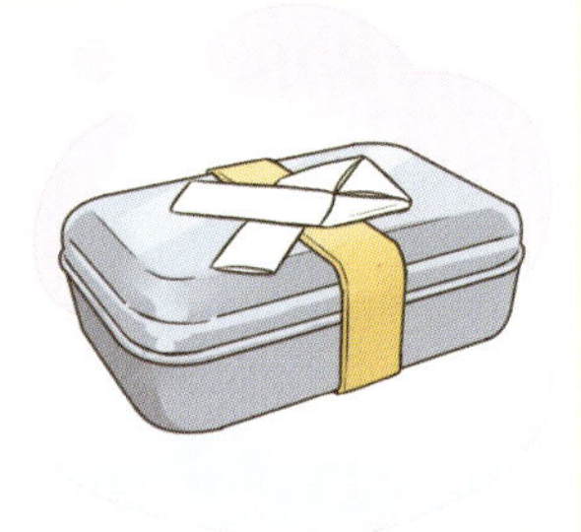

집안이 가난해서 고등학교만 졸업하고 공장에 취직한 한 청년이 있었습니다. 그는 가고 싶은 회사에 취직하지 못했고 하고 싶은 일을 하지 못했기 때문에 매일 술만 마시며 시간과 돈을 낭비했습니다. 회사에 자주 지각하고 열심히 일하지 않았습니다.

이런 그를 안타깝게 바라보는 여자가 있었습니다. 그녀는 착하고 예쁜 여자였습니다. 두 사람이 결혼하게 됐을 때 다들 여자가 아깝다고 했지만 그녀는 그를 정말 사랑했고 자랑스럽게 생각했습니다. 그는 좋은 직업을 가지고 있지 않았지만 정이 많고 자상하며 순수한 사람이었기 때문입니다.

결혼 후 남편은 착한 아내에게 기름때 묻은 옷과 적은 월급봉투를 내놓는 게 늘 미안했고, 아내는 그런 남편의 힘없는 어깨를 보는 게 마음이 아팠습니다. 그래서 매일 아침 그의 도시락에 특별한 반찬 한 가지를 더 싸 주었습니다. 그건 남편에게 용기를 주기 위한 아내의 편지였습니다.

'여보, 나는 당신이 아주 자랑스러워요.'

그는 아내의 편지를 볼 때마다 정말 자랑스러운 남편이 되도록 열심히 일해야겠다고 생각했습니다. 그 후로 그는 눈에 띄게 달라졌습니다. 다른 직원들보다 매일 두 시간씩 일찍 출근해서 공장 여기저기를 청소하기 시작했습니다. 아내는 10년간 계속 사랑의 편지를 썼고 남편도 그런 아내를 실망시키지 않으려고 열심히 일했습니다.

세월이 많이 지난 어느 날, 그날도 열심히 공장을 청소하고 있는데 문이 열리고 사장님이 들어왔습니다.

"내가 10년 전부터 자네를 쭉 지켜봤네."

사장님은 그를 공장의 책임자로 승진시켰습니다. 아내의 사랑이 담긴 도시락 편지가 그를 변화시켰고 자랑스러운 남편이 될 힘을 주었던 것입니다.

이 이야기는 우리 할아버지와 할머니의 사랑 이야기입니다. 할머니의 한결같은 사랑과 정성이 없었더라면 할아버지는 이렇게 훌륭한 남편이 될 수 없었을 겁니다.

자상하다 to be thoughtful　순수하다 to be pure　기름때 oil stain　자랑스럽다 to be proud (of/that)
실망시키다 to disappoint　승진시키다 to promote　한결같다 to be unchanging

1 **What is it about? (　　)**
무슨 이야기입니까?

① 편지가 이어준 두 사람
② 할아버지가 성공한 비결
③ 결혼 후 달라진 부부의 모습
④ 아름다운 사랑을 담은 옛날이야기

2 **What special side dish did the wife pack in the husband's lunch box?**
아내가 남편의 도시락에 싸 준 특별한 반찬은 무엇입니까?

___

3 **Choose the answer that matches what you read. (　　)**
읽은 내용과 같은 것을 고르십시오.

① 청년은 지금의 내 할아버지이다.
② 청년은 사장의 딸과 결혼하게 되었다.
③ 아내는 남편의 공장 청소 일을 도와주었다.
④ 남편은 아내에게 사랑의 도시락을 싸 주었다.

4 **Is there a person or event that significantly impacted your life? Talk about how your life would be different without that person or event.**
여러분의 삶에 큰 영향을 준 사람이나 사건이 있습니까? 그 사람이나 그 일이 없었다면 여러분의 인생이 어떻게 달라졌을지 이야기해 봅시다.

1~3 **Listen to the following and answer the questions.**
다음을 듣고 질문에 답하십시오.

1 Choose an option that is different from what this person thinks. (   )
이 사람의 생각과 다른 것을 고르십시오.

❶ 지금 다니는 학교가 마음에 든다.
❷ 유학 생활이 시간적 여유가 많아서 좋다.
❸ 부모님의 기대가 커서 마음이 편하지 않다.
❹ 처음에 왔을 때 한국어로 말하는 것이 두려웠다.

2 Mark "O" if it applies to what you heard, and "X" if it does not.
들은 내용과 같으면 O, 다르면 X 표시하십시오.

1) 이 사람은 한국 생활에 대부분 적응이 되었다. (   )
2) 이 사람은 한국으로 유학을 온 것을 후회하고 있다. (   )
3) 이 사람은 지금까지 목표가 없어서 힘든 시간을 보냈다. (   )
4) 이 사람은 앞으로 시간을 효율적으로 사용하려고 노력할 것이다. (   )

3 What questions does this person ask themselves these days?
이 사람이 요즘 자신에게 질문하는 것은 무엇입니까?

1) ______________________
2) ______________________
3) ______________________

4 What do you want to achieve in the future while studying abroad?
여러분은 유학 생활을 하면서 앞으로 어떤 것을 이루고 싶습니까?

만족스럽다 to be satisfactory　학위를 따다 to get a degree
정신을 차리다 to come to one's senses/recover consciousness　구체적 detailed　효율적 efficient

1 Introduce memoirs that you know.

여러분이 알고 있는 회고록을 소개해 봅시다.

책 제목	잊혀진 전쟁 1950~53	
글쓴이	최연홍, 이정화, 최학주, 안홍균, 백순, 최재원, 김승곤, 강창욱 (80대 재미 한국인 8명)	
국적	한국	
직업	문학가, 의사, 학자 등	
내용	8명의 소년, 소녀가 10대 때 경험한 한국 전쟁의 이야기이다. 중·고등학교를 마친 후 미국으로 건너가 각 분야에서 성공적으로 활동하고 은퇴한 후 이 책을 썼다. 6.25 전쟁 기간 중 각자 겪었던 일들을 생생하면서도 솔직하게 기록했다.	

2 How has your life been up to now? Write your own memoir.

지금까지의 여러분의 인생은 어땠습니까? 여러분의 회고록을 써 봅시다.

시기	한 일
유치원 때	
초등학생 때	
중학생 때	
고등학생 때	
나의 회고록 (책 제목)	

문화

한국의 주거 문화

서울의 한가운데를 지나는 한강 주변에는 아파트가 많습니다. 그런데 아파트들을 잘 살펴보면 집의 정면이 모두 남쪽입니다. 한국 사람들은 남향집을 좋아합니다. 집 정면의 창문이 남쪽으로 나 있는 남향집은 여름에는 해가 짧게 들어와 덥지 않고 겨울에는 해가 길게 들어와 춥지 않기 때문입니다. 그리고 한국에서는 집을 지을 때 배산임수(背山臨水)인 곳에 지어야 좋다고 했습니다. 배산임수(背山臨水)란 집을 지을 때 뒤에는 산이나 언덕이 있고, 앞에는 강 같은 물이 있어야 한다는 것입니다. 또한 북쪽에 산을 두고 남쪽에 강을 두면 겨울에 북서풍이 부는 것을 막고 여름에 남동풍을 집 안으로 들어오게 할 수 있기 때문에 좋습니다. 이를 위해서는 남쪽에 창문을 내는 것이 좋았지요.

여러분도 지금 살고 있는 집의 창문 방향을 확인해 보세요. 남향입니까?

1. 여러분이 살고 있는 주거 환경에 대해서 이야기해 봅시다.

2. 여러분 고향과 한국의 주거 문화를 비교해서 말해 봅시다.

4과 성격

01 수줍음을 많이 타는지 말이 없어요

Learning Objective

To describe personality traits

Grammar

-는지, -다가 보면

Vocabulary

Personality

MP3_7

- 이 사람들은 성격이 어떨 것 같습니까?
- 성격은 타고나는 것일까요?

리사: 요즘 학교생활이 어때요? 이제 반 친구들하고 많이 친해졌어요?

엠마: 네, 반 친구들이 모두 성격이 좋아서 금방 친해졌어요. 특히 에릭 씨는 성격이 참 좋던데요.

리사: 맞아요. 그 분은 성격이 활달하고 적극적이어서 사람들을 금방 사귀어요.

엠마: 참, 그런데 요코 씨는 어떤 분이에요? 수줍음을 많이 타는지 말이 별로 없어요.

리사: 네, 요코 씨는 낯을 좀 가리는 편이에요. 처음엔 친해지기 어렵지만 지내다가 보면 정이 많은 사람이라는 걸 알게 될 거예요.

엠마: 그래요? 첫인상은 좀 차가워 보였는데 그렇지 않은가 봐요.

활달하다 to be outgoing　적극적 to be active/enthusiastic　수줍음 shyness
낯 가리다 to be shy around strangers　정 affection/attachment　첫인상 first impression

1 Write about your personality and your friend's personality.

여러분의 성격과 친구의 성격을 쓰십시오.

내성적	외향적	느긋하다	명랑하다
소심하다	솔직하다	덜렁거리다	변덕스럽다

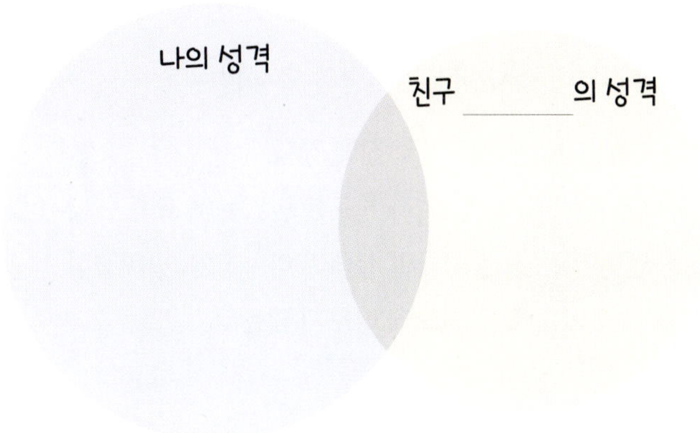

2 What type of personality are you looking for in a partner? Write a message to send to a marriage information company.

여러분은 어떤 성격의 상대방을 찾습니까? 결혼 정보 회사에 보낼 글을 써 보십시오.

보기

안녕하십니까? 저는 경제학 박사 과정에 있으면서 YS전자 인턴 사원인 스물 여섯 살 남자입니다. 제 성격이 좀 소심하고 내성적인 편이기 때문에 명랑하고 외향적인 성격의 여성을 소개 받고 싶습니다. 그리고 제가 꼼꼼한 성격이기 때문에 덜렁거리는 여성보다는 저처럼 꼼꼼한 사람이면 좋겠습니다. 하지만 무엇보다도 솔직한 성격이어야 합니다. 이런 여성을 소개해 주시면 감사하겠습니다.

내성적 introverted　외향적 extroverted　느긋하다 to be relaxed　명랑하다 to be cheerful
소심하다 to be timid　솔직하다 to be honest　덜렁거리다 to be careless
변덕스럽다 to be unpredictable

-는지/은지/ㄴ지

P53

1 These are the recent behaviors of students in the class. Speculate the reasons and discuss them.

요즘 우리 반 학생들의 행동입니다. 이유를 추측해서 대화하십시오.

보기 며칠 전부터 리사 씨에게 연락이 되지 않는다.

1) 제임스 씨는 어제 일찍 집에 갔다.

2) 다니엘 씨는 매일 여자 친구를 만났는데 요즘 만나지 않는다.

3) 엠마 씨는 요즘 한국말 실력이 아주 많이 좋아졌다.

4) 수영 씨는 요즘 학교에 나오지 않는다.

보기

어디가 많이 아픈가?

고향에 돌아갔나?

집에 무슨 일이 있나?

여자 친구하고 싸웠나?

요즘 집에서 열심히 공부하나?

회사 일이 많이 바쁜가?

리사 씨에게 연락해 봤어요?

고향에 돌아갔는지 며칠 전부터 리사 씨에게 연락이 되지 않아요.

02 -다가 보면

P54

2 Fill in the blanks and talk about it.

빈칸을 채우고 이야기해 보십시오.

보기	세상을 살다가 보면	생각하지 않았던 일들을 경험하기도 합니다.
1)	일에 쫓겨 바쁘게 생활을 하다가 보면	
2)	매일 같은 일만 하다가 보면	
3)		여행을 떠나고 싶을 때도 있습니다.
4)		힘들 때도 있습니다.

보기 세상을 살다가 보면 생각하지 않았던 일들을 경험하기도 합니다.

1~3 **Read the following and answer the questions.**
다음을 읽고 질문에 답하십시오.

보이는 마음, 안 보이는 마음

'저 사람은 마음이 크다', '저 사람은 소심한 사람이다' 혹은 '저 사람은 마음이 아주 느긋하다', '저 사람은 마음이 너무 급해서 큰일이다'라고도 말한다. 이러한 말들은 모두 마음의 형태를 나타낸 말인데 누가 '큰 마음, 작은 마음, 긴 마음, 짧은 마음'을 실제로 볼 수 있을까?

또한 공간적인 넓이도 있는지 '너는 마음이 너무 좁아. 좀 더 마음이 넓어야 한다.'는 말을 하기도 한다. '그 사람 참 시원시원하다', '그렇게 답답할 수가 없다', '그분은 마음씨가 따뜻하다', '그렇게 냉랭할 수가 없다.'고 하는 것을 보면 마음에는 온도까지도 있나 보다.

그뿐만이 아니다. '저 사람은 속이 검다', '그녀는 마음이 눈처럼 희다'라고 말하는 것을 보면 빛깔도 있는 것 같다. 또 '장미 같이 저 사람은 아름답긴 하지만 가시가 있다.'고도 하는데 마음에는 가시도 있는 모양이다. 평소에 대화를 하다가 보면 '상냥하다, 무뚝뚝하다', '솔직하다', '침착하다', '가볍다'처럼 마음과 관련된 다양한 표현을 듣게 된다.

오감으로 느낄 수 없는 것은 존재하지 않는다고 한다면 '마음'은 직접 눈으로 볼 수도, 귀로 들을 수도, 코로 냄새를 맡을 수도, 맛볼 수도, 만질 수도 없으니 결국 없다고 해야 옳다. 그런데 살아 있는 사람에게는 마음이란 것이 있다. 더구나 눈에 보이지 않는 마음에 크고 작음과 길고 짧음 등의 형태가 있으니 참 이상한 일이다.

일정한 형태가 없는 것은 반대로 무한한 형태를 나타낼 수도 있다. 공기나 물은 둥글다거나 모났다거나 하는 일정한 모양이 없으므로 둥근 그릇에 담으면 둥근 모양이 되고 네모난 그릇에 담으면 네모의 모양이 된다. 마음은 정해진 형태가 없기 때문에 어떠한 형태로도 될 수 있는 것이다. 마음은 자기 것이기 때문에 자기 스스로 제 마음을 어떠한 모양으로도 만들 수 있다.

'내 이런 마음은 본래 타고난 것이어서 한평생 고쳐지지 않는다.'고 하는 사람이 있지만, 그것은 자기 스스로 자기 마음을 일정한 모양의 틀에 집어넣고 그 형태를 바꿀 수 없다고 생각하여 바꾸려고 하지 않기 때문이다. 본래 마음에는 고정된 형태가 없으므로 자기가 바꾸려고 생각하면 바꿀 수 있는 것이다.

냉랭하다 to be cold 가시 thorn 형태 shape, form 오감 five senses 무한하다 to be infinite
모나다 to be angular/difficult to get along with 틀 framework, outline

1 Write the sequence according to the content you read.

읽은 내용에 맞게 순서를 쓰십시오.

가. 마음은 일정한 형태가 없기 때문에 어떠한 형태로도 될 수 있다.
나. 마음을 표현하는 다양한 말이 있다.
다. 마음을 오감으로 느낄 수 없지만 살아있는 사람에게는 마음이라는 것이 있다.
라. 마음은 자기가 바꾸려고 하면 바꿀 수 있다.

(　　　　　) → (　　　　　) → (　　　　　) → (　　　　　)

2 Using the following, what phrases can be used to express emotions?

다음을 이용해 마음을 표현하는 말에는 어떤 것이 있습니까? 이 글에서 찾아 쓰십시오.

넓이	너는 마음이 너무 좁아.
온도	
빛깔	

3 Mark "O" if it matches the content of the passage and "X" if it doesn't.

읽은 내용과 같으면 O, 다르면 X 표시하십시오.

1) 글쓴이는 타고난 성격은 바꿀 수 없다고 생각한다. (　　　)
2) 속이 검다는 표현은 마음의 공간적인 넓이를 보여준다. (　　　)
3) 오감으로 느낄 수 없는 것은 다양한 표현이 불가능하다. (　　　)
4) 마음은 정해진 모양이 없으므로 어떤 형태로도 표현할 수 있다. (　　　)

4 What does the following mean? Are there any interesting expressions in your country that represent one's emotional state?

다음은 무슨 뜻일까요? 여러분 나라에도 마음의 상태를 나타내는 재미있는 표현이 있습니까?

한국	마음의 문을 열다 / 속이 검다 / 속에 가시가 있다

1~3 **Listen to the following and answer the questions.**
다음을 듣고 질문에 답하십시오.

1 Choose a suitable title for the story. ( )
이야기의 제목으로 알맞은 것을 고르십시오.

① 칭찬이 아이의 성격에 미치는 영향
② DNA가 아이의 성격에 미치는 영향
③ 일상생활이 아이의 성격에 미치는 영향
④ 부모의 성격이 아이의 성격에 미치는 영향

2 Mark "O" if it matches what you heard and "X" if it doesn't.
들은 내용과 같으면 O, 다르면 X 표시하십시오.

1) DNA와 아이의 성격은 영향 관계가 없다. ( )
2) 아이의 성격은 부모의 노력으로 바꿀 수 있다. ( )
3) 부모가 서로 칭찬하는 모습은 아이의 성격에 영향을 미친다. ( )
4) 칭찬을 받는 아이는 자신감은 생기지만 학습 능력은 떨어진다. ( )

3 Write the title of the book introduced.
소개한 책의 제목을 쓰십시오.

____

4 Do you think you can change your personality through effort? Talk about it.
여러분은 노력으로 성격을 바꿀 수 있다고 생각합니까? 이야기해 봅시다.

꾸준히 steadiy 유전 heredity 인자 factor 부정하다 to deny 소극적 to be passive

1 Is there a way to know someone's personality?

다른 사람의 성격을 알 수 있는 방법이 있습니까?

별자리
MBTI
혈액형
띠
관상
타로
기타

2 Talk about the personality of a close friend or family member.

친한 친구나 가족의 성격에 대해 이야기해 봅시다.

사람	성격을 알 수 있는 방법	성격
언니	별자리	언니는 물고기 자리인데 감수성이 풍부하고 다른 사람의 이야기에 공감을 잘한다.

02 일을 시작했다 하면 끝까지 해요

Learning Objective

To discuss the relationship between personality and environment

Grammar

-을 게 아니라, -었다 하면

Vocabulary

Environment

MP3_8

- 사람의 성격은 환경에 따라 달라지는 것일까요?
- 태어난 순서나 기후와 같은 환경은 성격에 영향을 미칠까요?

수지: 어제 생일 파티 정말 즐거웠어요. 어제 보니까 엠마 씨 친구 분이 참 많던데요.

엠마: 제가 사람 만나는 걸 좋아하거든요. 수지 씨도 너무 일만 할 게 아니라 사람들과 모임을 자주 만들어 보세요.

수지: 전 엠마 씨가 참 부러워요. 성격도 명랑하고 처음 만나는 사람들하고도 잘 어울려서 친구가 많잖아요.

엠마: 제가 형제가 많은 집에서 자라다 보니 성격이 그렇게 됐나 봐요.

수지: 전 외동딸로 자라서 다른 사람을 도와주거나 남에게 양보하는 마음이 좀 부족해요. 어릴 때는 친구들하고도 많이 싸웠지요.

엠마: 그래도 수지 씨는 저와는 달리 한번 일을 시작했다 하면 끝까지 열심히 하시잖아요.

즐겁다 to be pleasant/enjoyable　자라다 to grow up　외동딸 only daughter
부족하다 to be insufficient　싸우다 to fight　달리 otherwise/unlike

장남 차남 -남 -녀 부유하다 빈곤하다
습하다 건조하다 서늘하다 쌀쌀하다 화창하다

1 Write vocabulary related to climate, family relationships, and living environment.

다음과 관련된 말을 골라 쓰십시오.

<기후>	<가족 관계>	<생활 환경>
춥다, 덥다, 신선하다	장녀, 외아들	가난하다

2 Do you think personality is influenced by the environment?

여러분은 성격이 환경에 영향을 받는다고 생각합니까? 이야기해 보십시오.

기후	**보기** 저는 사람들의 성격이 기후의 영향을 받는다고 생각합니다. 온화하고 더운 기후의 사람들은 기후의 영향을 받아 성격도 온화하고 느긋하며 추운 지방의 사람들은 부지런하고 적극적인 것을 알 수 있습니다.
가족 관계	
생활 환경	

장남 oldest son 차남 second son -남 -녀 - boy(s) - girl(s) 부유하다 to be wealthy
빈곤하다 to be poor 서늘하다 to be cool/chilly 화창하다 to be sunny

❶ -을/ㄹ 게 아니라

P56

1 Give advice on the issue.

친구의 고민에 대해 조언해 보십시오.

보기

잠이 안 와서 밤늦게까지 텔레비전을 봤는데 오히려 잠이 더 안 오더군요.

→ 잠이 잘 안 올 때는 텔레비전을 볼 게 아니라 조용한 음악을 듣는 게 좋아요.

1) 너무 더워서 에어컨을 오래 켜 놓으니까 머리가 아프더군요.

→ ______________________________

2) 공부를 열심히 하는데도 한국어 실력이 별로 좋아지지 않아요.

→ ______________________________

3) 싸고 좋은 하숙집을 인터넷으로 찾고 있어요.

→ ______________________________

4) 제 방 친구와 성격이 너무 안 맞아서 고민이에요.

→ ______________________________

02 -었다/았다/였다 하면 P57

2 Fill out the chart and make sentences

표를 채우고 문장을 만드십시오.

이름	좋아하는 일	얼마나 합니까?
보기 마이클	운동	세 시간 정도 합니다.
1) 샐리	쇼핑	한 달 월급을 다 쓰기도 합니다.
2) 영수	컴퓨터 게임	
3) 스티븐	노래 부르기	
4) 유카	친구와 이야기하기	

보기 마이클 씨는 운동을 좋아해서 운동을 한번 했다 하면 세 시간 정도 합니다.

1) 샐리 씨는 쇼핑을 너무 좋아해서 ______________________

2) ______________________

3) ______________________

4) ______________________

1~3 **Read the following and answer the questions.**
다음을 읽고 질문에 답하십시오.

Q 작은 일에도 너무 큰 상처를 받습니다. ID: 봄

저는 항상 작은 일에도 쉽게 상처를 받습니다. 어렸을 때 가족의 사랑을 별로 받지 못하고 외롭게 자라서 그런지 상대방의 작은 거절에도 너무나 큰 상처를 받습니다. 거절을 당했다 하면 나를 미워해서 그러는 것 같고 실망하는 마음이 오래 가서 힘듭니다. 이런 제 자신의 성격을 고쳐 보려고 노력하는 중이지만 쉽지 않습니다. 어떻게 하면 좋을까요?

A 타인에게 너무 큰 것을 기대하지 마세요.

봄 님, 쉽게 상처받는 자신의 마음을 알고 개선하고자 하시는군요. 먼저 저 사람이 내게 상처를 준다고 느껴질 때마다 그것이 사실인지 확인해 보십시오. 그 사람을 직접 만나거나 전화로 안부를 물어보면 예상외로 상대방은 봄 님에 대해 어떤 감정도 없을 때가 많습니다. 봄 님이 항상 자기 자신을 생각하듯이 타인들도 저마다 자신을 먼저 생각하기 때문입니다.

또한 우리는 어떤 문제가 생기면 그 원인을 외부에서 찾는 습관이 있습니다. '저 사람이 내게 상처를 주었다', '저 사람이 나를 미워한다'라고 생각합니다. 하지만 그렇게 생각하는 것은 관계의 주도권을 상대에게 넘겨주는 행위입니다. 봄 님은 자신의 삶을 주도적으로 관리하고 이끌어나갈 수 있는 성인입니다. 이렇게 생각을 바꿔보세요. '내가 저 사람에게 상처를 받았다', '내가 저 사람에게 미움을 받는다' 똑같은 현상에 대해 표현만 다르게 한 것이 아닙니다. 상황을 이해하는 기본적인 태도에서 분명히 차이가 납니다. 미움을 받는다는 사실을 알면 원인을 밝혀서 문제를 해결할 수 있습니다. 이런 태도가 인생의 주도권을 쥐고 살아가는 첫걸음입니다.

봄 님은 세상에 대해 너무 큰 것을 기대하고 있습니다. 세상 그 누구도 봄 님이 마음속으로 기대하는 종류의 사랑과 보살핌을 줄 수는 없습니다. 세상으로부터 사랑을 받기를 기대하는 마음이 쉽게 상처를 입는 이유입니다.

봄 님, 문제의 원인이 내면에 있듯이 해결책 또한 우리의 내부에 있습니다. 가장 좋은 방법은 봄 님이 기대하는 그 사랑을 스스로에게 베푸는 것입니다. 좋은 것이 있을 때 남에게 주거나 남의 기쁨을 먼저 생각할 게 아니라 좋은 것일수록 자신에게 주고 자신의 행복과 활기를 느껴 보는 것이 중요합니다. 나를 사랑하지 않는 사람은 남도 사랑할 수 없고 사랑을 받을 수도 없다는 말, 기억하시기 바랍니다.

타인 other people　대수롭다 to be important　개선하다 to improve　외부 the outside
주도권 leadership　보살피다 to look after　내면 the inner side　베풀다 to give/oblige

1 What are Bom's concerns? Write.

봄 님의 고민은 무엇입니까? 쓰십시오.

---

2 Among the following, choose what is different from the counselor's response. (   )

다음 중 상담자의 답변과 다른 것을 고르십시오.

① 타인은 생각보다 나에게 관심이 없다.

② 상처를 주고받으며 사는 게 당연하다.

③ 자신에게 좋은 것을 주고 기쁨을 느끼는 것이 중요하다.

④ 사람들은 문제가 생겼을 때 원인을 외부에서 찾으려고 한다.

3 Mark "O" if it matches the content of the passage and "X" if it doesn't.

읽은 내용과 같으면 O, 다르면 X 표시하십시오.

1) 봄 님은 자신의 문제점을 잘 모르고 있다. (   )

2) 봄 님의 지나친 애정도 상처가 된다고 생각한다. (   )

3) 답변자는 사랑을 받기 위해 노력해야 한다고 말했다. (   )

4) 답변자는 기대가 크면 실망도 크다는 사실을 강조한다. (   )

4 What concerns do you have about your personality? Talk about it.

여러분은 성격에 대해 어떤 고민이 있습니까? 이야기해 봅시다.

1~3 **Listen to the following and answer the questions.**
다음을 듣고 질문에 답하십시오.

1 **Write all the vocabulary related to personality.**
성격과 관계있는 어휘를 모두 쓰십시오.

- 밝다

2 **What effect does sunlight have on a person's personality?**
햇빛은 사람의 성격에 어떤 영향을 미친다고 합니까?

____

____

3 **Mark "O" if it matches what you heard and "X" if it doesn't.**
들은 내용과 같으면 O, 다르면 X 표시하십시오.

1) 기후는 사람의 건강보다 성격에 영향을 더 미친다. (　　)
2) 햇빛이 강한 지역의 사람들은 게으르고 무뚝뚝한 편이다. (　　)
3) 사는 지역의 기후에 따라 사람의 피의 양이 다를 수 있다. (　　)
4) 따뜻한 지역에 사는 사람들은 밖에서의 생활이 많고 활동적이다. (　　)

4 **How do people's personalities differ from region to region in your country? Talk about it.**
여러분 나라에서는 지방마다 사람들의 성격이 어떻게 다릅니까? 이야기해 봅시다.

한대 polar regions　열대 tropical regions　땀샘 sweat gland　끈기가 있다 to be tenacious

1 What do you think influences personality?

여러분은 무엇이 성격에 영향을 미친다고 생각합니까?

2 Discuss the following topic.

다음 주제에 대해 토론해 봅시다.

	그렇다	아니다
• 기후는 사람의 성격에 영향을 미친다.		
• 태어난 순서는 사람의 성격에 영향을 미친다.		
• 살아온 생활 환경은 성격에 영향을 미친다.		
• 태어나면서 성격은 정해진다.		
• 쌍둥이의 성격은 같다.		
• 남자와 여자의 성격은 태어나면서 정해진다.		

문화

면접 합격률 1위 MBTI 유형은?

최근 MBTI가 대세다. 분류 기준에 따라 성격을 16가지 유형으로 나누는데 인터넷으로 쉽게 검사를 해 볼 수 있어 혈액형을 모르는 사람은 있어도 MBTI를 모르는 사람은 거의 없을 정도다.

그런데 재미로 즐기는 정도가 아니라 MBTI가 채용 현장에까지 반영되고 있다. 예를 들어 'MBTI 유형을 소개하고 본인과 적합하다고 생각되는 직무 분야를 작성할 것'을 자기소개서 항목에 필수로 기재하도록 하는 기업도 있다. 합격률이 높을 것 같은 MBTI 유형은 ENFP와 ENFJ이고, 반대로 합격 가능성이 낮을 것 같은 유형으로는 INTP와 INFP 유형이라고도 한다.

하지만 인터넷에 떠도는 MBTI 검사는 신뢰도와 타당성을 확보한 정식 검사가 아니다. 외향적 성격을 뜻하는 'E' 유형이 취업에 유리하다는 말이 있지만 실제 영업 현장에서 내성적 성격(I)이 더욱 더 잘하는 사례가 많다. 기업 채용 면접에서 중요한 요소는 전공의 직무 관련성, 직무 관련 프로젝트, 직무 관련 근무 경험, 직무 관련 전문성, 업무에 대한 이해도 등 직무 적합성이 되어야 할 것이다. 개인의 성향을 채용에 반영하는 것은 조심해야 하지 않을까?

1. 여러분의 MBTI 유형은 무엇입니까?

2. 여러분이 알고 있는 성격 검사나 심리 검사가 있으면 이야기해 봅시다.

memo 메모

5과 일상의 문제

01 교환을 하고 싶어요

Learning Objective

To use appropriate expressions in exchange or refund situations

Grammar

-기에는, -고 보니

Vocabulary

Exchange and return

MP3_9

교환이나 반품이 불가능한 경우

- 제품 불량으로 교환을 하실 때는 같은 제품, 같은 사이즈로만 교환이 가능합니다.
- 반품은 배송 받으신 후 1주일 안에 하셔야 합니다.
- 반품할 때 배송비는 소비자가 부담하셔야 합니다.
- 신중한 구매 부탁드립니다.

- 여러분은 물건을 샀다가 교환하거나 환불받은 적이 있습니까?
- 어떤 경우에 교환이나 환불이 불가능합니까?

고객: 서울전자 고객 센터지요? 지난주에 거기서 벽걸이 텔레비전을 샀는데 교환을 했으면 좋겠어요. 우리 거실에 놓기에는 너무 커서요.

직원: 지난주에 사셨다고요? 이미 설치한 물건은 교환이 안 됩니다.

고객: 산 지 나흘밖에 안 되었는데요. 사용하지도 않았고요.

직원: 설치한 후에는 교환이나 반품은 안 된다고 분명히 말씀드렸을 텐데요.

고객: 다른 방법은 없나요? 설치를 해 놓고 보니 거실 분위기에는 맞지 않아서요. 매장에서 볼 때하고는 다르던데요.

직원: 죄송하지만 지금은 도와 드릴 방법이 없습니다.

전자 electron/electronic　고객 센터 customer service　벽걸이 wall-hanging　설치하다 to install
반품 return　분명히 clearly

교환	구입	규정	반품	배송
판매	하자	환불	품질 보증서	

1 Choose the correct word and fill in the blank.

알맞은 말을 골라 빈칸에 쓰십시오.

보기 물건을 파는 것: 판매

1) 물건을 사는 것: ________
2) 물건의 흠 또는 잘못된 부분: ________
3) 물건을 산 후에 돈으로 바꾸는 것: ________
4) 물건을 산 후에 다른 물건으로 바꾸는 것: ________
5) 어떻게 해야 하는지를 법으로 정해 놓은 규칙: ________
6) 물건을 산 사람에게 그 물건을 보내 주는 것: ________
7) 물건을 산 후에 다시 물건을 판 곳으로 돌려보내는 것: ________
8) 물건을 만든 회사에서 물건을 최소 1년까지 고장 없이 쓸 수 있다는 것을 적어 준 종이: ________

2 Choose the correct word and fill in the blank.

빈칸에 알맞은 말을 쓰십시오.

- 홈쇼핑에서 물건을 산 경우에 30일 안에는 언제든지 **보기** 교환이나~~이나/나~~ 1) ________ 이/가 가능합니다. 옷은 15일 안에만 가능하며 가구는 설치했던 경우에는 불가능합니다. 비싼 제품은 상표와 2) ________ 을/를 반드시 가지고 있어야 가능합니다.
- 백화점에서는 영수증과 물건을 가지고 오면 14일 안에 교환이나 환불이 가능합니다. 그러나 14일이 지난 후에라도 물건에 3) ________ 이/가 있으면 교환이나 환불이 가능합니다.
- 온라인 쇼핑몰에서 물건을 4) ________ 한 경우에도 교환이나 반품이 가능합니다. 그러나 물건을 5) ________ 할 때 드는 비용을 고객이 부담해야 하는 경우가 대부분이므로 제품을 고를 때 주의해야 합니다.

구입 purchase 판매 sale 하자 flaw/defect 품질 보증서 written guarantee of quality/warranty

1 -기에는 P59

1 Look at the picture and complete the conversation.

그림을 보고 대화를 완성하십시오.

보기

가: 우리 모두 여섯 명이니까 피자를 한 판 시키면 되겠지요?

나: 글쎄요, 여섯 명이 먹기에는 좀 적지 않아요?

1)

가: 이것은 제가 시킨 김밥이에요. 둘이 같이 먹으려고 다섯 줄 시켰어요.

나: ______________ 기에는 ______________________

2)

가: 저는 한 달에 용돈 10만 원으로 생활해야 해요.

나: ______________ 기에는 ______________________

3)

가: 저 두 사람은 만난 지 한 달 됐는데 다음 주에 결혼할 거래요.

나: ______________ 기에는 ______________________

4)

가: 저희 아이는 5학년이 되면 유학을 보낼까 해요.

나: ______________ 기에는 ______________________

5)

가: 이 일을 오늘 안으로 다 끝내고 퇴근하세요.

나: ______________ 기에는 ______________________

00 -고 보니

P59

2 Fill in the blank and complete the sentence.

빈칸을 채우고 문장을 완성하십시오.

전	한 일	후
보기 신촌으로 가는 버스인 줄 알았다.	버스를 탔다.	반대쪽으로 가는 버스였다.
1) 처음 보는 사람인 줄 알았다.	그 사람과 인사를 했다.	
2) 이사할 집이 교통이 편리할 거라고 생각했다.	이사했다.	
3) 졸업하기 전에는 빨리 졸업하면 좋을 줄 알았다.	졸업했다.	
4) 친구인 줄 알았다.	어깨를 쳤다.	

보기 신촌으로 가는 버스인 줄 알았는데 버스를 타고 보니 반대쪽으로 가는 버스였어요.

1) 처음 보는 사람인 줄 알았는데 그 사람과 인사를 하고 보니 ______________

____

2) ______________________________

____

3) ______________________________

____

4) ______________________________

____

1~3 Read the following and answer the questions.

다음을 읽고 질문에 답하십시오.

온라인 쇼핑 좋아하세요?

인터넷 쇼핑은 매장까지 안 가도 인터넷만 연결되어 있으면 어디에서든지 마음에 드는 물건을 고를 수 있고 집까지 물건을 배송도 해 주기 때문에 매우 편리하다. 그래서 인터넷 쇼핑을 이용하는 사람들이 늘고 있지만 피해를 입는 소비자도 많아지고 있다.

매장에서 직접 살 수 없다 보니 홈페이지의 광고 내용만을 믿고 치수나 색상을 선택해서 물건을 살 수밖에 없다. 그런데 물건을 받고 보면 품질이나 색상 등이 홈페이지에 올라온 내용과 달라서 반품을 하게 되는 경우가 종종 있다.

온라인 쇼핑몰은 저렴한 가격으로 소비자를 유혹하다 보니 품질이 떨어지거나 하자가 있는 경우가 많고, 물건을 쉽게 살 수는 있는데 교환이나 환불이 되지 않는 경우도 많다. 또한 물건값을 지불한 후 시간이 지나도 배송이 안 되고 판매자와 연락을 해 보면 연결이 안 된다는 사례도 적지 않다.

대부분의 사람들이 인터넷 쇼핑몰에서 피해를 입게 되면 쇼핑몰에 전화를 하거나 게시판에 글을 올려 문제를 해결하려고 하는 경우가 많다. 하지만 쇼핑몰 측에서 무시를 하거나 해결해 주지 않는 경우에는 한국소비자원이나 해당 지역의 소비자 보호센터를 이용해 도움을 청하는 것이 좋다. 만약 쇼핑몰에 속아서 피해를 입었을 경우에는 같은 피해를 입은 사람들과 함께 대응하는 것도 좋은 방법이다.

무엇보다도 이런 일을 당하기 전에 예방하는 것이 더 중요하다. 온라인 쇼핑몰을 이용할 때에는 휴대폰 번호만 올라가 있는 쇼핑몰, 고객 게시판이 없는 쇼핑몰, 고가의 제품을 지나치게 낮은 가격으로 판매하는 쇼핑몰, 현금 결제를 바라는 쇼핑몰은 될 수 있으면 피하는 것이 좋다.

질 quality　색상 color　저렴하다 to be cheap　유혹하다 to tempt　지불하다 to pay
사례 example/case　한국소비자원 Korea Consumer Agency　속다 to be deceived
대응하다 to respond　예방하다 to prevent

1 **Choose the main idea of the passage. (   )**
이 글의 중심 내용을 고르십시오.

① 소비자 보호 센터 이용 방법
② 온라인 쇼핑몰 이용자 증가 원인
③ 인터넷 쇼핑과 매장 쇼핑의 차이점
④ 인터넷 쇼핑의 피해 사례와 예방법

2 **Choose the answer that is different from what you read. (   )**
읽은 내용과 다른 것을 고르십시오.

① 최근 들어 인터넷 쇼핑을 하는 사람이 많아지고 있다.
② 쇼핑몰에 같이 피해를 입은 사람들끼리 공동 대응하는 것이 좋다.
③ 이런 피해를 예방하는 것보다 매장에 가서 직접 사는 것이 안전하다.
④ 값비싼 제품을 너무 싸게 판매하는 쇼핑몰은 이용하지 않는 것이 좋다.

3 **If a consumer has suffered damage from an online shopping mall, where can they seek assistance? Please write.**
온라인 쇼핑몰에서 피해를 입은 경우 소비자가 이용할 수 있는 곳은 어디입니까? 쓰십시오.

______________________, ______________________

4 **Have you ever experienced inconvenience with online shopping? Let's talk about it.**
인터넷 쇼핑으로 불편을 경험한 적이 있습니까? 이야기해 봅시다.

1~3 **Listen to the following and answer the questions.**
다음을 듣고 질문에 답하십시오.

1 Choose the answer that matches what you heard. (　　)

들은 내용과 같은 것을 고르십시오.

① 남자는 백화점에서 망고를 먹어 본 후에 구입했다.
② 남자는 망고의 크기가 달라서 고객 센터에 전화했다.
③ 남자는 어제 백화점에서 망고를 한 상자 배달시켰다.
④ 남자는 오늘 망고를 가지러 백화점에 가지 않아도 된다.

2 Mark all the things that the man should inform the counselor with a checkmark (V).

남자가 상담원에게 알려 줘야 하는 것에 모두 ✓ 표시하십시오.

☐ 이름　　☐ 집 주소　　☐ 전화번호　　☐ 원하는 배달 시간

3 Mark "O" if it matches what you heard and "X" if it doesn't.

들은 내용과 같으면 O, 다르면 X 표시하십시오.

1) 구입한 과일이 생각보다 덜 익어서 먹을 수가 없다. (　　)
2) 이미 교환한 물건이 마음에 안 들어서 환불 요청을 한다. (　　)
3) 문제가 있는 과일을 먼저 반품해야 새 과일을 받을 수 있다. (　　)
4) 남자가 산 과일은 이 백화점에서 교환과 환불이 모두 가능하다. (　　)

4 Have you ever purchased a faulty item? Discuss what you did.

여러분은 문제가 있는 물건을 구입한 적이 있습니까? 어떻게 했는지 이야기해 봅시다.

상하다 go bad/to be rotten　흠 flaw/bruise (in fruits)

1 **Do you have any items purchased through online shopping that you want to exchange or refund? Talk about it.**

구매한 물건 중에서 교환이나 환불을 받고 싶은 물건이 있습니까? 이야기해 보십시오.

보기

인터넷으로 여름에 입을 바지를 한 벌 샀는데 화면으로 본 색과 차이가 있었어요. 그리고 바지가 좀 짧고 생각보다 두꺼웠어요. 그래서 교환하고 싶어요.

2 **Write a post requesting an exchange or refund on an internet customer service center forum, as shown in the example.**

인터넷 고객 센터 게시판에 교환이나 환불을 신청하는 글을 보기 와 같이 써 봅시다.

보기

문의 유형	교환
제　목	바지가 색도 다르고 길이도 짧습니다.
내　용	제가 지난 일요일에 바지를 한 벌 주문했습니다. 그런데 받고 보니 제가 생각했던 색이 아니었고 화면으로 봤던 색과 달랐습니다. 화면으로 볼 때는 밝은 파란색이었는데 실제로 보니까 어두운 남색에 가깝습니다. 그리고 제가 입기에는 바지 길이도 좀 짧은 것 같습니다. 게다가 이번 여름에 입으려고 산 바지인데 여름에 입기에는 좀 두꺼운 것 같습니다. 교환을 하고 싶은데 어떻게 해야 할까요?
나의 email	@

문의 유형	
제　목	
내　용	
나의 email	@

5과 일상의 문제

02 그렇게 시끄러워서야 어디 쉴 수 있겠어요?

Learning Objective

To express opinions about a situation of damage

Grammar

-어서야 어디 -겠어요?, -는다고 해도

Vocabulary

Damages

MP3_10

- 여러분은 많은 사람의 의견을 항상 따라야 한다고 생각합니까?
- 여러 사람의 의견 때문에 여러분이 피해를 본 적이 있습니까?

직원: 여보세요, 연세 아파트 관리 사무소입니다.

주민: 안녕하세요? 전 지난주에 이사 온 사람인데요. 저녁마다 아파트 스피커에서 나오는 음악 소리가 너무 시끄러워서 전화드렸어요.

직원: 죄송합니다. 우리 아파트에서는 그 시간에 산책이나 운동을 하시는 주민들을 위해 음악을 켜 놓습니다.

주민: 그래도 밤 아홉 시까지 음악을 틀어 놓는 건 너무 심하지요. 그렇게 시끄러워서야 어디 집에서 휴식을 취할 수 있겠어요?

직원: 시간은 지난번 주민 회의에서 결정된 겁니다. 전체 회의에서 정해진 것이기 때문에 어쩔 수가 없습니다.

주민: 전체 회의에서 결정되었다고 해도 개인의 피해를 무시하면 안 되지 않습니까?

주민 resident　틀다 to turn on　취하다 to take (a rest)　어쩔 수 없다 to have no choice

1 Choose the correct word and fill in the blank.

알맞은 말을 골라 빈칸에 쓰십시오.

해 손해 영향 피해 받다 보다
입다 주다 끼치다 미치다 입히다

보기	1)	2)	3)
해	손해	영향	피해
입히다	끼치다	미치다	주다
끼치다			
입다			

2 Choose a common word to fill in the blanks.

빈칸에 공통으로 들어갈 말을 쓰십시오.

보기

이번 태풍으로 피해를을/를 입은 주민들이 많다.

단체로 여행할 때 개인행동을 하는 것은 다른 사람에게 피해를을/를 주는 일이다.

1) 유학 생활은 그의 인생에 많은 ________ 을/를 끼쳤다.

폭력적인 영화는 청소년들에게 나쁜 ________ 을/를 줄 수 있다.

2) 외국에서 물건을 수입했는데 잘 팔리지 않아서 1억 원 이상의 ________ 을/를 봤다. 회사 직원의 실수로 회사가 큰 ________ 을/를 입었다.

3) 대기 오염은 사람의 건강에 ________ 을/를 끼칠 수 있다.

겨울철에 갑자기 기온이 내려가 농작물이 ________ 을/를 입는 경우가 있다.

해 harm 손해 harm/damage 보다 to see/have 입다 to suffer 미치다 to affect 입히다 to inflict

-어서야/아서야/여서야 어디 -겠어요?

P62

1 Have a conversation according to the following situation.

다음 상황에 맞게 대화하십시오.

친구의 계획	친구의 계획이 잘 안 될 것 같아요. 왜냐하면…
보기 옷가게를 하려고 한다.	경기가 안 좋다.
1) 외교관이 되고 싶다.	외국어 공부를 싫어한다.
2) 이번 주말에 교외로 놀러 가려고 한다.	차가 많이 밀린다.
3) 시험 공부를 하려고 한다.	밖이 시끄럽다.
4) 아나운서가 되고 싶다.	발음이 정확하지 않다.

보기 저는 다음 달부터 옷가게를 하려고 해요.

보기 요즘처럼 이렇게 경기가 안 좋아서야 어디 가게를 할 수 있겠어요? 경기가 좀 더 좋아지면 하세요.

02 -는다고/ㄴ다고/다고 해도

P62

2 **What would you say in the following situation? Make sentences.**

다음과 같은 상황에 뭐라고 말할 수 있습니까? 문장을 만드십시오.

보기

제가 너무 바빠서 할 일을 못 했어요.

바쁘면 그럴 수도 있지요.

바쁘다고 해도 자기가 할 일은 해야지요.

1) 한국말이 너무 어려워서 포기할까 하는 생각이 들어요.

2) 아이들이 말을 안 들으면 매를 들어서 가르쳐야 합니다.

3) 저는 장남이 부모님을 모셔야 한다고 생각합니다.

4) 직장 상사 때문에 기분이 나빠서 회사를 그만두겠다고 말해 버렸어요.

1~3 **Read the following and answer the questions.**

다음을 읽고 질문에 답하십시오.

- 독자 투고란 -

경고 없는 세상을 꿈꾸며

우리 주변에는 많은 경고문이 있다. 대개 짧은 글이지만 그 속에는 우리가 살아가는 모습이 담겨 있다. 집 앞 골목에서 '쓰레기를 버리지 마시오. 발견 즉시 신고함'이라는 내용의 문구를 만난다. 아무리 귀찮다고 해도 요일과 시간에 맞춰 쓰레기를 내놓아야 하는데 그 규칙을 지키지 않아 주택가 골목길을 지저분하게 만드는 이들에 대한 경고이다.

길을 걷다 보면 여기저기에 '주차 금지'라고 써 놓은 것을 볼 수 있다. 가끔 주차 문제로 싸우는 이들은 "여기 이렇게 써 놓은 거 못 봤어요?", "잠깐 세웠는데 뭘 그러세요?", "잠깐이라니요?", "제가 얼마나 기다렸는지 아세요? 전화번호는 남겼어야지요!" 그러다 금방 싸움으로 바뀌기도 한다. 주차 공간이 부족하기 때문에 자주 일어나는 일들이다.

'낙서 금지! 출입 금지! 촬영 금지!'

내가 가는 길에 경고는 계속 이어진다. 하지만 모두가 딱딱한 말투의 문구는 아니다. 산책을 하러 가는 공원에는 토끼의 귀를 잡아당기고 있는 그림과 함께 '공원의 동물들을 건드리지 맙시다!'라고 쓰여 있는 팻말도 있다. 공원 화장실에서는 '아름다운 사람은 머문 자리도 아름답습니다.'라는 글을 볼 수 있는데 읽는 이의 자존심을 건드려 마음을 움직여 보려는 시도로 보인다. '잔디가 아파요!' 이런 문구를 보고도 아무렇지도 않게 잔디를 밟을 수 있을까? 대학 도서관에 갔더니 한층 세련된 경고문이 붙어 있다.

'도서관에서 음식물을 먹으면 안 된다고요? 네, 그렇습니다. 안 됩니다.'

'일반 열람실에서 노트북 컴퓨터를 쓰면 안 된다고요? 네, 그렇습니다.

안 됩니다.' 이렇게 문답식으로 도서관에서 지켜야 할 것들을 설명하고 있으니 친절해 보이기도 한다.

사람들이 어울려 살아가는 사회에서는 개인의 이익을 위해서나 타인에게 피해를 주지 않기 위해 혹은 모두의 안전을 지키고 가치 있는 것들을 보호할 수 있도록 다양한 경고가 필요할 것이다. 전달하고 싶은 메시지가 있는 이들은 사람들이 잘 따르도록 더욱 설득력 있는 말과 방법을 찾아야 한다. 때로는 엄격하게 때로는 부드럽게 말이다. 앞으로 우리가 사는 사회에서 경고문이 점차 줄어들어 경고가 필요 없는 세상이 되기를 꿈꿔 본다.

경고문 warning　문구 phrase　낙서 scribble/graffiti　꼽다 to pick　호소 to appeal
색다르다 to be different/unusual　잡아당기다 to pull　건드리다 to touch/disturb　팻말 sign
머물다 to stay　세련되다 to be refined　문답식 question-and-answer form　혹은 and/or　따르다 to follow

1 Choose the subject of the passage. (   )

이 글의 주제를 고르십시오.

① 주변에 무엇을 하지 말라고 알리는 문구가 너무 많다.

② 경고문은 딱딱하고 위협적인 표현을 쓰는 게 효과적이다.

③ 현대 사회의 문제점을 해결하려면 더 강력한 경고문이 필요하다.

④ 경고를 할 때 설득력 있는 표현 방법을 찾으려는 노력이 필요하다.

2 Choose the option that is not the purpose of writing a warning sign. (   )

다음 중 경고문을 쓰는 목적이 아닌 것을 고르십시오.

① 자연을 보호하기 위해

② 규칙적인 생활을 하기 위해

③ 사람들의 안전을 지키기 위해

④ 남에게 피해를 주지 않기 위해

3 Mark "O" if it matches what you read and "X" if it doesn't.

읽은 내용과 같으면 O, 다르면 X 표시하십시오.

1) 경고문의 형식이 다양해졌다. (   )

2) 경고문이 사라진 세상이 되기는 어려운 일이다. (   )

3) 주택가에서는 쓰레기 때문에 싸움이 자주 일어난다. (   )

4) 문답식 경고는 위협적이지 않고 세련된 느낌이 있다. (   )

4 Where have you seen any warning signs, and what kind were they? Talk about why such warnings are necessary.

여러분은 어디에서 어떤 경고문을 본 적이 있습니까? 왜 그런 경고문이 필요한지 이야기해 봅시다.

1~3 Listen to the following and answer the questions.

다음을 듣고 질문에 답하십시오.

1 What is it about? (　　)

무엇에 대한 이야기입니까?

① 아파트의 환경을 보호하는 규정
② 부녀회에서 하고 있는 활동 소개
③ 아파트에서 반려동물을 키우는 문제
④ 아파트에서 많이 키우는 반려동물의 종류

2 Summarize two damages mentioned by the women's association president.

부녀회장이 이야기한 피해 두 가지를 정리하십시오.

1) 주거 환경 문제	
2) 위험성 문제	

3 Choose the answer that matches what you heard. (　　)

들은 내용과 같은 것을 고르십시오.

① 부녀회에서 정한 규칙이 별로 효과가 없다.
② 아파트 내에서 반려동물끼리 싸우는 사고가 늘고 있다.
③ 반려동물을 키우는 사람들이 그렇지 않은 사람들보다 많다.
④ 아파트 내에서 개를 데리고 산책하는 것을 금지하고 있다.

4 Are there any issues between neighbors where you live? Talk about it.

여러분이 살고 있는 곳에서는 이웃 간에 어떤 문제가 있습니까? 이야기해 봅시다.

층간 소음 noise between floors　공동생활 communalism/cohabitation　갈등 conflict　말다툼 argument　부녀회 women's society　불평 complaint　공공 public　짖다 to bark　벌금 fine/penalty

1 Are there any inconveniences you experience in your daily life?

여러분이 일상생활을 하면서 불편을 느끼는 점이 있습니까?

장소	길	
불편한 점	길에 버려진 쓰레기가 많아서 길을 걸을 때 불쾌하다.	

2 Create signs or messages to resolve inconveniences.

불편한 부분을 해결하기 위한 표지판이나 문구를 만들어 봅시다.

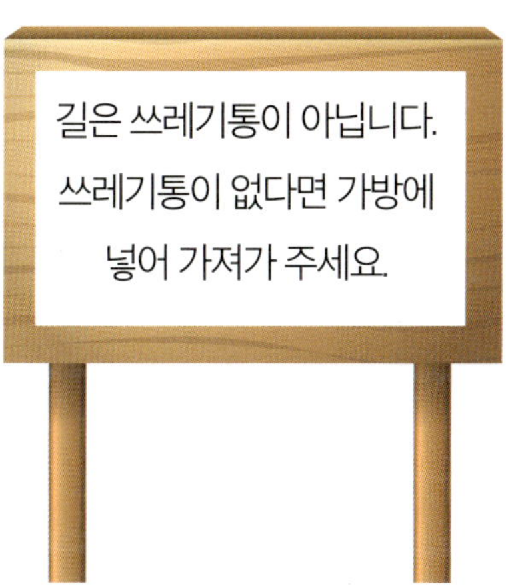

문화

한국 소비자원을 아십니까?

요즘에는 휴대폰 하나로 어떤 물품이든 구매할 수 있고 1인가구가 늘어나면서 마트나 편의점에서 물품을 구매하는 형태도 보편화되고 있다. 이렇게 물품을 구매하고 나서 여러 이유들로 환불이 필요한 때가 있다. 특히 소비자가 전자 상거래를 통해 직접 보고 구매하지 못한 물품일 경우에 환불을 요구하는 경우가 많다.

한국 소비자원은 소비자의 권리를 보호하기 위해 법적으로 이에 대한 규정을 정해 놓은 기관이다. 따라서 판매자가 적법한 환불 요구에 응하지 않을 경우 정당하게 신고를 할 수 있다. 한국 소비자원 홈페이지에 있는 환불 규정을 살펴보고 주문 취소, 반품, 환불이 가능한 경우를 확인할 수 있고 인터넷 쇼핑몰에서 신용카드나 전자 상품권을 결제했을 경우 등 여러 상황도 살펴볼 수 있다. 간단한 문제는 판매자와 구매자 간에 원만하게 합의를 보는 것이 좋겠지만 판매자가 소비자 보호법을 지키지 않을 경우 한국 소비자원을 찾아보는 것도 좋겠다.

1. 한국 소비자원 홈페이지에 들어가서 환불 내용을 확인해 봅시다.

2. 여러분 고향과 한국의 환불 규정의 차이점을 이야기해 봅시다.

memo 메모

6과

현대 한국의 문화

01 스트레스도 풀 겸 노래방에 갈까요?

Learning Objective

To compare and introduce recreational culture

Grammar

-을 겸, -는다던데

Vocabulary

Recreational activities

MP3_11

- 여러분은 친구들과 모이면 어떤 놀이를 합니까?
- 여러분은 특별한 취미나 즐겨하는 놀이가 있습니까?

수영: 시험이 끝났으니 스트레스도 풀 겸 오늘 노래방에 갈까요?

엠마: 네, 좋아요. 한국 사람들은 노래방을 좋아한다던데 수영 씨도 노래방에 자주 가세요?

수영: 친구들을 만나면 영화도 자주 보지만 친구들과 스트레스도 풀 겸 노래방에 갈 때도 많아요.

엠마: 그런 걸 보면 한국 사람들은 노래 부르는 걸 아주 좋아하나 봐요.

수영: 한국 사람들은 모였다 하면 음식도 잘 먹고 신나게 놀아야 모임이 잘 끝났다고 생각하지요. 그런데 즐길 만한 놀이가 그렇게 많지는 않아요.

엠마: 맞아요. 저도 친구들을 만나서 주로 영화를 보거나 차를 마시는 거 말고는 별로 할 게 없어요. 그래서 앞으로 사람들이 즐길 수 있는 놀이 종류나 공간을 더 개발해야 된다고 생각해요.

즐기다 to enjoy　주로 mostly　공간 space　개발하다 to develop

1 The following is a traditional Korean game. Choose the correct words to fill in the blanks.

다음은 한국의 전통놀이입니다. 알맞은 말을 골라 빈칸에 쓰십시오.

윷놀이　제기차기　연날리기　그네뛰기　씨름　널뛰기　줄다리기　강강술래

보기 윷놀이

1)

2)

3)

4)

5)

6)

7)

2 The following is a description of Korean games. Write the correct name of the game.

다음은 한국의 놀이에 대한 설명입니다. 알맞은 놀이의 이름을 쓰십시오.

보기 윷놀이는~~은/는~~ 주로 설부터 대보름 사이에 전국적으로 하는 놀이입니다. 설날에 가족들이 모여 두 편 또는 세 편으로 나누어서 놉니다.

1) ________ 은/는 여자들이 둥글게 손을 잡고 원을 만들어 노래하면서 춤을 추는 여자들의 놀이입니다.

2) ________ 은/는 발로 제기를 차 올리는 놀이로 음력 설 전후 겨울에 남자아이들이 하던 놀이입니다.

3) ________ 은/는 여러 사람이 두 편으로 나누어 큰 줄을 양쪽에서 잡고 상대편을 자기 쪽으로 끌어당기면 이기는 놀이입니다.

4) ________ 은/는 명절 때 여자들이 즐기던 놀이로 두 사람이 긴 판의 양 끝에 올라서서 한 사람씩 하늘로 뛰어오르는 놀이입니다.

윷놀이 a game of "yut"　제기차기 a game of kicking "jegi"　연날리기 kite-flying　그네뛰기 swing jumping
씨름 Korean wrestling　널뛰기 Korean seesaw　줄다리기 tug-of-war　강강술래 Korean circle dance

1 -을/ㄹ 겸

P65

1 Choose sentences from [가] and [나] to make a conversation.

[가]와 [나]에서 문장을 골라 대화를 만들어 보십시오.

[가]	[나]
보기 시내에 나갔다가 왔어요.	친구를 만나다
	바람을 쐬다
1) 여행을 가려고 해요.	머리를 식히다
	경험을 쌓다
2) 찜질방에 가요.	구경을 하다
	스트레스를 풀다
3) 아르바이트를 해요.	한국 문화 체험을 하다
	돈을 벌다
4) 백화점에 가요.	친구 생일 선물을 사다
	옷 구경을 하다
	사우나를 하다

어제 왜 시내에 갔다가 왔어요?

친구도 만날 겸 바람도 쐴 겸 시내에 나갔다가 왔어요.

01 -는다던데/ㄴ다던데/다던데 P65

2 Write what you heard about each country and ask questions.
각 나라에 대해 들은 것을 쓰고 질문해 보십시오.

보기 한국	매운 음식을 좋아한다.
1) 베트남	대중교통 수단으로 자전거를 많이 이용한다.
2) 일본	온천을 즐긴다.
3) 러시아	
4) 친구의 나라 ______	

		그렇다	아니다
보기	한국 사람들은 매운 음식을 좋아한다던데 정말 그래요?	☐	☐
1)	______________________	☐	☐
2)	______________________	☐	☐
3)	______________________	☐	☐
4)	______________________	☐	☐

1~3 **Read the following and answer the questions.**

다음을 읽고 질문에 답하십시오.

즐거운 엠티

7월 26일 날씨 무더움

어제 1박 2일로 과 동기 엠티를 다녀왔다. 평소 수업하고 아르바이트 등으로 바빠서 얼굴 보기도 어려웠던 동기들과 오랜만에 즐거운 시간을 보냈다. 족구, 닭싸움, 수건돌리기를 하면서 저녁 내기도 하고 늦은 밤에는 방에서 진실게임을 하면서 깔깔 웃기도 했다. 게임과 놀이를 하다가 보니 어린 시절이 생각났다.

나는 어렸을 때 형들하고 밖에 나가서 노는 것을 좋아했다. 여동생하고 누나는 인형 놀이를 좋아해서 항상 인형을 가지고 소꿉놀이를 하곤 했다. 가끔 같이 놀 때는 학교 놀이를 했는데, 제일 큰 누나는 항상 선생님 역할을 했고 나와 다른 형제들은 모두 학생 역할을 했다.

초등학교 때는 수업이 끝난 후 학교에 남아서 자주 놀았는데 우리는 항상 운동장에서 놀거나 산에 가서 뛰어놀곤 했다. 그리고 여자 아이들은 고무줄 놀이를 하거나 소꿉놀이를 많이 했다.

중학교 때는 친구들과 시간을 보낼 겸 운동 시합을 자주 했다. 축구 시합을 하다가 바지가 찢어져 어머니께 많이 혼났던 기억이 난다. 학교에서 소풍을 가면 수건돌리기나 닭싸움을 하며 재미있게 놀았다.

고등학교에 들어가면서 점점 놀 수 있는 시간이 부족해졌다. 그러다가 우연히 아버지에게서 바둑을 배우게 되었다. 친구들 중에는 할아버지에게서 장기를 배우는 아이들도 있었다.

대학교에 들어가면서 고향을 떠나 서울로 오게 되었다. 첫 학기에는 신입생 환영회, 과별 모임 등으로 친구들과 어울릴 일이 많았다. 도서관에서 공부를 하다가 피시방에 가서 시간을 보내는 경우도 있었는데 여러 가지 게임을 하며 머리를 식히기도 했다. 그러다가 가끔 엠티나 여행을 가게 되면 다시 가끔 어렸을 때 했던 놀이를 하게 되는 것이다. 다음 달 동아리 엠티 때는 모두 같이 고무줄놀이를 해 볼까?

족구 foot volleyball　닭싸움 chicken fight　수건돌리기 drop-the-handkerchief　내기 bet　역할 role
고무줄놀이 jump rope　소꿉놀이 playing house　깔깔 (to laugh) cheerfully

1 What kind of game did this person play? (   )

이 사람은 어떤 놀이를 했습니까? 쓰십시오.

1) 어렸을 때:

2) 초등학교 때:

3) 중학교 때:

4) 고등학교 때:

2 Choose the answer that matches what you read. (   )

읽은 내용과 같은 것을 고르십시오.

① 이 사람은 엠티를 가서 일기를 쓰고 있다.

② 이 사람은 여자 형제와 노는 것을 더 좋아했다.

③ 이 사람은 대학생이 된 후에는 피시방에서 게임을 하기도 했다.

④ 이 사람은 어렸을 때부터 지금까지 같은 놀이를 계속 즐기고 있다.

3 What did they enjoy playing at the MT? Write it all down.

엠티에서 즐긴 놀이는 무엇이었습니까? 모두 쓰십시오.

______________, ______________, ______________, ______________

4 What games did you play as a child? Talk about it.

여러분은 어린 시절에 어떤 놀이를 했습니까? 이야기해 봅시다.

1~3 Listen to the following and answer the questions.
다음을 듣고 질문에 답하십시오.

1 What are the two people talking about? Choose. (   )
무엇에 대한 이야기입니까?

① 한국의 전통 문화
② 계절을 즐기는 방법
③ 주말에 놀러 갈 장소
④ 설악산까지 가는 방법

2 Mark "O" if it matches what you heard and "X" if it doesn't.
들은 내용과 같으면 O, 다르면 X 표시하십시오.

1) 남자는 서울에서 공연을 보고 싶어 한다. (   )
2) 시청 광장에서 케이팝 공연이 열릴 예정이다. (   )
3) 두 사람은 붐비지 않는 장소로 함께 놀러 가기로 했다. (   )
4) 단풍 축제는 단풍을 구경하면서 여러 이벤트를 즐길 수 있다. (   )

3 What events are at the festival? Write.
축제에는 어떤 이벤트가 있습니까? 쓰십시오.

단풍 구경, ________, ________, ________

4 What festival do you want to go to? Talk about it.
여러분은 어떤 축제에 가고 싶습니까? 이야기해 봅시다.

전환 reversal/switch　몰리다 to flock/rush　불꽃놀이 fireworks　시식 tasting (food)
시음 tasting/sampling (drink)

1 What games did you often play when you were young?

여러분은 어릴 때 어떤 놀이를 자주 했습니까?

놀이 이름	
누구와 함께	
언제	
어떻게	

2 Introduce a play or game that is popular in your country.

여러분 나라에서 즐겨 하는 놀이나 게임을 소개해 봅시다.

나라	이름	준비물	방법
한국	끝말잇기	특별한 준비물이 없이 언제 어디서든 할 수 있다.	한 사람이 어떤 단어를 말하면 다음 사람이 앞에서 말한 사람의 단어 끝소리로 시작하는 단어를 이어 말한다.

6과 현대 한국의 문화

02 이젠 저도 뜨거운 음식에 익숙해졌는걸요

Learning Objective

To talk about food culture

Grammar

-는걸요, 에 비하면

Vocabulary

Tastes

MP3_12

- 위 음식은 어느 나라 음식입니까?
- 각 나라 음식은 어떤 특징이 있습니까?

선 희: 뜨거우니까 천천히 조심해서 드세요.

제임스: 네, 고마워요. 하지만 이젠 저도 뜨거운 음식에 많이 익숙해졌는걸요. 한국 사람들은 맵고 뜨거운 음식을 아주 잘 먹는 것 같아요.

선 희: 그래서 뜨거운 음식을 먹을 때는 후후 불어 가면서 먹어야 해요. 그러다 보면 먹을 때 소리가 나기도 하지요.

제임스: 그리고 먹으면서 시원하다고 말할 때는 재미있어요. 어떻게 뜨거운 음식을 먹는데 시원하다고 하는 거지요?

선 희: 그건 맵고 뜨거운 음식을 먹으면서 땀을 흘리고 나면 기분이 상쾌해지기 때문에 그런 것 같아요. 저도 어렸을 때는 몰랐는데 지금은 그 기분을 알 수 있어요.

제임스: 한국에 처음 왔을 때에 비하면 한국 문화를 많이 이해하게 됐지만 아직 그런 느낌까지는 완전히 알기 어려워요.

후후 to huff/blow　흘리다 to shed/spill　완전히 completely

달콤하다	씁쓸하다	짭짤하다	매콤하다	새콤하다
담백하다	고소하다	느끼하다	떫다	비리다

1 Choose the correct word and fill in the blank.

알맞은 말을 골라 빈칸에 쓰십시오.

보기 땅콩이나 깨의 맛 [고][소][하][다]

1) 익지 않은 감의 맛 [ ][ ]

2) 익지 않은 생선의 냄새 또는 맛 [ ][ ][ ]

3) 기름기가 많다. [ ][ ][ ][ ]

4) 기름기가 별로 없고 맛이 깨끗하다. [ ][ ][ ][ ]

5) 맛이 좋을 정도로 좀 달다. [ ][ ][ ][ ]

6) 맛이 좋을 정도로 좀 맵다. [ ][ ][ ][ ]

7) 맛이 좋을 정도로 좀 시다. [ ][ ][ ][ ]

8) 맛이 좋을 정도로 좀 짜다. [ ][ ][ ][ ]

9) 약간 쓴 맛이 있다. [ ][ ][ ][ ]

달콤하다 to be sweet 씁쓸하다 to be bitter 짭짤하다 to be salty 매콤하다 to be spicy
새콤하다 to be sour 담백하다 to be light/clean (in taste) 고소하다 to be nutty 느끼하다 to be oily
떫다 to be slightly acidic or bitter 비리다 to be fishy

2 The following is a text introducing a dish. Write the correct words in the blanks.

다음은 요리를 소개하는 글입니다. 빈칸에 알맞은 말을 쓰십시오.

보기

치즈 떡볶이

보기 매콤한은/ㄴ 떡볶이의 맛과 1) ________은/ㄴ 단호박의 만남!! 여기에 치즈의 2) ________은/ㄴ 맛이 더해져서 정말 맛있답니다.

해물 된장찌개

한국인의 힘! 구수한 된장찌개. 새우, 조개, 꽃게를 넣어 보세요. 해물이 많이 들어가 국물이 느끼하지 않고 3) ________습니다/ㅂ니다. 참, 해물은 물이 끓을 때 넣어야 4) ________지 않습니다.

감자튀김

누구나 좋아하는 간식이죠. 소금을 뿌리면 5) ________어서/아서/여서 술안주로도 좋습니다. 튀긴 후 기름은 완전히 빼 주세요. 그래야 6) ________지 않습니다.

녹차

녹차 드시고 건강도 지키세요. 느끼한 음식을 먹은 후 녹차를 마시면 입안이 깨끗해지는 것 같죠. 또 녹차의 7) ________은/ㄴ 맛과 8) ________은/ㄴ 맛은 위를 보호한대요.

-는걸요/은걸요/ㄴ걸요

P67

1 Answer the following question.

다음 질문에 대답하십시오.

보기 한국어 실력이 많이 좋아지셨어요?

1) 주말에는 한가하지요?

2) 시험 준비는 다 하셨어요?

3) 제가 지난번에 부탁한 일을 다 끝내셨어요?

4) 새로 시작한 아르바이트 카페는 분위기가 좋아요?

그랬으면 얼마나 좋겠어요?
아직도 뉴스를 들으려면 많이 힘든걸요.

●● 에 비하면 P68

2 **Fill in the table and have a conversation.**

표를 채우고 대화하십시오.

	비교1	비교2
보기 건강이 좋은 편이에요?	나이	10년 전
1) 요즘 아이들이 놀 시간이 많아요?	스마트폰이 없었던 때	다른 나라
2) 월급이 많아요?	일	이전 직장
3) 집이 좋아요?	집값	
4) 한국 생활이 편해졌어요?	처음 한국에 왔을 때	

건강이 좋은 편이에요?

나이에 비하면 그렇게 건강한 편은 아니에요. 운동을 해야 할 것 같아요.

1~3 **Read the following and answer the questions.**
다음을 읽고 질문에 답하십시오.

음식 속에 숫자가 있다

옛날에 비하면 요즘 우리는 음식을 먹으면서 그 음식에 어떤 의미가 담겨 있는지 잘 생각하지 않는 것 같다. 그런데 음식에 관한 책들을 읽다 보면 우리 조상들은 특별한 의미를 담아 음식을 만들어 먹었다는 것을 알 수 있다. 특히 음식의 숫자와 색과 관련된 의미는 정말 흥미롭다.

특히 우리 조상들은 특별한 날에 만든 떡은 가족끼리만 먹는 것이 아니라 이웃들과 나누어 먹어야 한다고 생각하여 명절이나 생일, 결혼식 날에 반드시 떡을 준비했다. 예를 들어 아이가 태어난 지 100일째 되는 날에는 백일 떡을 했는데 백일 떡은 백 집에 돌려야 아이가 건강하게 오래 살 수 있다고 믿었다.

예로부터 아홉이라는 숫자는 완전하고 충만하다는 것을 상징하며 부와 행운을 나타내기도 한다. 한국에서는 대보름날에 아홉 가지 나물을 먹는 풍습이 있다. 한국에서 아홉은 모든 걱정을 이겨낸다는 의미를 가지고 있었다. 보름밥을 먹는 것도 그해에 풍년이 들어 굶지 않고 배부르게 잘 지낼 수 있기를 바라는 마음을 표현한 것이다. 또한 이날은 세 집 이상 성이 다른 집에서 지은 밥을 먹어야 그 해에 운이 좋다고 하여 하루 세 번 먹는 밥을 아홉 번 먹기도 했다. 혼례를 올릴 때는 폐백 음식으로 아홉 가지 음식을 담은 구절판을 마련했다. 구절판은 육류, 해조류, 견과류의 특성과 모양을 살려 아홉 개의 나무 칸을 하나의 큰 그릇에 끼워 넣어서 만든다. 노란색, 붉은색, 녹색, 흰색, 검정색의 음식이 골고루 들어가게 만든 구절판의 음식은 8칸에 나누어 넣은 음식 재료를 가운데 칸에 있는 밀전병에 싸 먹는다. 여기에는 서로 생각이 다른 사람들도 화합한다는 상징적인 의미가 있어서 구절판은 오래전부터 정치가들의 회식에서 빠지지 않는 음식이었다고 한다.

이러한 음식들을 보면 우리 조상들이 숫자뿐만 아니라 색, 영양까지 생각하며 음식을 해 먹었다는 것을 알게 된다. 예로부터 음식은 단순히 배를 채우는 용도만이 아니라 여러 의미를 담아온 것이다.

충만하다 to be full/abundant　대보름 full moon/Daeboreum (the day of the first full moon of the lunar year)　풍년 a year of abundance　폐백 a traditional ceremony to pay respect to the groom's family by the newly-wedded couple right after their wedding　구절판 a platter of nine delicacies　해조류 seaweed/marine plants　견과류 nuts　밀전병 wheat pancake　화합하다 to harmonize/unite　상징적 symbolic

1 The following are foods with special meaning. Complete the table.

다음은 특별한 의미가 담겨 있는 음식입니다. 표를 완성하십시오.

음식 이름	관계있는 숫자	음식에 담겨 있는 의미
백일 떡		
대보름 나물		
구절판		

2 Find and write three types of food that go into Gujeolpan.

구절판에 들어가는 음식의 종류 세 가지를 쓰십시오.

__________, __________, __________

3 Mark "O" if it matches what you read and "X" if it doesn't.

읽은 내용과 같으면 O, 다르면 X 표시하십시오.

1) 숫자 100은 부와 행운을 상징한다. ( )

2) 특별한 날에 먹는 음식 중에 떡이 빠지지 않는다. ( )

3) 요즘 사람들은 옛날보다 음식의 의미를 중요시한다. ( )

4) 최근의 영화를 보면 조상들의 음식 문화를 알 수 있다. ( )

4 Introduce some foods from your country that have special meaning.

여러분 나라의 음식 중에서 특별한 의미가 담겨 있는 음식을 소개해 봅시다.

1~3 Listen to the following and answer the questions.

다음을 듣고 질문에 답하십시오.

1 Write the number indicating which country the food culture being described is from.

어느 나라의 음식 문화에 대한 설명인지 번호를 쓰십시오.

음식 재료와 조리 방법
① 천연조미료를 사용한다.
② 떡, 국수, 두부 등 곡물을 이용한 조리법이 발달했다.
③ 다양한 소스가 발달했다.
④ 조리 기구가 간단하다.
⑤ 저장 식품이 많이 발달했다.
⑥ 지방에 따라 다양한 요리가 발달했다.
⑦ 음식의 대부분이 기름에 튀기거나 조리거나 볶는 음식이다.
⑧ 포도주, 치즈, 빵 등이 발달했다.
⑨ 음식 재료의 자연적인 모양과 색을 살려서 요리한다.
⑩ 장식을 하기 때문에 음식의 모양이 화려하다.

한국	일본	중국	프랑스
②, ____	____, ____	____, ____, ____	____, ____, ____

식혜 sweet rice punch　곡물 grain　저장 식품 preserved food　한약 herbal medicine　천연 natural
녹말 starch　시각적 visual　공식적 to be official/formal

2 Write down the number of the country's dining etiquette.

어느 나라의 식사 예절인지 번호를 쓰십시오.

식사 예절
① 음식이 처음부터 상에 차려져 나온다.
② 생선을 먹을 때는 머리 쪽에서 꼬리 쪽으로 먹는다.
③ 초대했을 때 주인은 문 쪽에 앉고 손님은 안쪽에 앉힌다.
④ 국그릇을 입에 대고 국물을 마신다.
⑤ 전통적으로는 식사 중에 이야기를 하지 않는다.
⑥ 아침 식사를 중요하게 생각한다.
⑦ 식사 시간이 길고 대화를 많이 하면서 식사를 즐긴다.
⑧ 탕을 먹을 때는 숟가락을, 밥을 먹을 때는 젓가락을 사용한다.
⑨ 큰 접시에 나온 음식을 각자 개인 접시에 나누어 먹는다.
⑩ 식사 시간을 중요하게 생각하여 점심시간이 두 시간이다.

한국	일본	중국	프랑스
①, ____, ____	____, ____	____, ____, ____	____, ____

3 Talk about the dining etiquette in your country.

여러분 나라의 식사 예절에 대해 이야기해 봅시다.

1 What do you consider to be Korea's special food?

여러분이 생각하는 한국의 특별한 음식은 무엇입니까?

음식 이름	팥빙수	
사진		
재료	얼음, 팥, 떡, 과일, 젤리, 시럽, 우유 등	
맛있게 먹는 방법	좋아하는 과일을 올려서 먹으면 더 맛있게 먹을 수 있다.	
기타	여름뿐만 아니라 사계절 내내 인기가 있다. 얼음 팥빙수도 있고 우유얼음으로 만든 빙수나 과일빙수도 있다.	

2 Would you like to introduce any special dishes from your country to Korea? Talk about it.

한국에 소개하고 싶은 여러분 나라의 특별한 음식이 있습니까? 이야기해 봅시다.

문화

한국의 '방' 문화

한국을 대표하는 문화 중 하나는 '방' 문화다. 한국의 방 문화는 접근성이 높은 번화가에서 저렴한 가격으로 다양한 문화적 욕구를 충족시킬 수 있는 일상적인 문화 소비 공간의 특성을 가지고 있다. 주변을 둘러보면 거의 모든 건물에서 '방'을 하나 이상 찾을 수 있다.

가장 많이 눈에 띄는 노래방은 많은 사람들이 들어갈 수 있는 대형 노래방부터 혼자 노래하기 좋은 동전 노래방까지 다양하다. 서류 작업이나 영상 감상에도 적합하지만 컴퓨터 게임에 초점이 맞추어져 있기 때문에 피시(PC)방에서 시간을 보내는 어린이나 청소년들이 많다. 친구들이나 연인들의 데이트 장소로 인기 있는 보드게임 카페와 제한된 시간 내에 단서를 발견하여 추리를 통해서 밀실을 탈출하는 방 탈출 카페도 많아졌다.

카페 분위기에서 만화책이나 잡지, 소설을 읽고 다양한 음식까지 주문해서 먹을 수 있는 만화방도 여기저기에 있다. 그리고 한국 드라마에도 자주 등장하는 한국의 방 문화 중의 대표는 찜질방이다. 목욕, 사우나, 마사지, 식당, 수면실, 작은 만화방, PC방까지 한 곳에 갖추고 있어 남녀노소가 즐길 수 있을 뿐만 아니라 식혜와 냉커피, 구운 달걀을 먹으며 수건으로 양머리를 하고 하루를 푹 쉬는 찜질방은 외국인 관광객이 뽑은 이색 체험 1위이다.

1. 여러분은 한국에서 어떤 '방'을 이용해 보았습니까?

2.여러분 고향에는 어떤 놀이 공간이 있는지 이야기해 봅시다.

memo 메모

7과 시간과 변화

01 무슨 말인지 알아듣기 어렵던데요

Learning Objective

To talk about internet language

Grammar

-건 -건, -는다고들 하다

Vocabulary

Quotes

MP3_13

- 위 내용은 어디에서 볼 수 있습니까? 무슨 뜻일까요?
- 여러분 나라에도 휴대 전화나 이메일에서 사용하는 특별한 말이 있습니까?

수　지: 며칠 전에 버스를 타고 가면서 고등학생들이 하는 말을 우연히 듣게 되었는데 정말 알아듣기 어렵던데요. 세대 차이를 많이 느꼈어요.

다니엘: 아니, 뭐라고들 했는데 세대 차이가 난다고 그러세요?

수　지: 대화 내용은 주로 인터넷이나 연예인 이야기인데 사용하는 단어들을 많이 못 알아듣겠던데요. 게다가 서로 이야기하면서도 동시에 휴대 전화로 문자를 주고받는 모습도 놀라웠어요.

다니엘: 요즘 새롭게 나오는 인터넷 용어들은 이해하기가 좀 어려워요.

수　지: 다니엘 씨 나라에서도 세대 간에 쓰는 말이 달라요?

다니엘: 한국이건 다른 나라건 다 마찬가지일 거라고 생각해요. 좀 더 있으면 세대간 번역이 필요하다고들 할지도 모르지요.

세대 차이 generation gap　용어 term　간 between　마찬가지이다 to be the same

거절하다　격려하다　고백하다　권하다
농담하다　재촉하다　칭찬하다　비난하다

1 Choose the correct word and fill in the blank.

알맞은 말을 골라 빈칸에 쓰십시오.

보기

그 친구는 일을 좀 도와 달라는 나의 부탁을 시간이 없어서 그럴 수 없다고 [거][절][했][다]

1) 학업 문제 때문에 고민하고 있는 나에게 친구가 진학 상담실에 한번 가 보라고 [ ][ ][ ].

2) 그 친구는 시험에 떨어져서 낙심하고 있는 나에게 다음에는 꼭 붙을 수 있을 거라고 [ ][ ][ ][ ].

3) 선배는 나의 글을 보더니 정말 글을 잘 썼다고 [ ][ ][ ][ ].

4) 사람들은 정부가 문제를 해결하지 못해서 이런 상황까지 오게 되었다고 정부를 [ ][ ][ ][ ].

5) 친구는 비행기 출발 시간이 얼마 안 남았으니까 나한테 빨리 서두르라고 [ ][ ][ ][ ].

6) 그 남자는 그동안 짝사랑했던 여자에게 용기를 내서 사랑한다고 [ ][ ][ ][ ].

거절하다 to refuse　격려하다 to encourage　농담하다 to joke　재촉하다 to urge/hurry
칭찬하다 to praise　비난하다 to criticize

2 The following are manners necessary for conversation. Write the correct words in the blanks.

다음은 대화할 때 필요한 예의입니다. 빈칸에 알맞은 말을 쓰십시오.

사람들은 칭찬받기를 좋아합니다. 따라서 그 사람의 잘못된 점을 **보기** 비난하기보다는 그 사람의 장점이나 잘한 일을 1) ____________ 는/은/ㄴ 것이 좋습니다. 칭찬을 할 때는 진심을 담아 칭찬을 해야 합니다. 진심이 담기지 않은 칭찬은 오히려 상황을 더 나쁘게 할 수도 있습니다. 성공을 한 사람의 뒤에는 항상 칭찬하고 용기를 주는 부모님이 계십니다. 시험을 못 봤거나 실패했을 때, 앞으로 더 잘할 수 있을 것이라고 2) ____________ 으면/면 그 사람에게는 그 말이 큰 힘이 될 겁니다.

거절할 때도 기술이 필요합니다. 부탁을 받았을 때, 부탁을 들어주기 어려운 경우에는 그 자리에서 바로 3) ____________ 는/은/ㄴ 것이 좋습니다. 대답을 미루면 쓸데없이 기대를 하게 하니까요. 그러나 친구가 음식을 먹어보라고 4) ____________ 을/ㄹ 때 '나는 이 음식 싫어해'라고 직접적으로 거절하는 것은 상대방의 기분을 상하게 할 수도 있습니다.

또 유머는 사람들의 기분을 즐겁게 합니다. 하지만 지나친 농담은 상대방의 기분을 나쁘게 할 수도 있습니다. 따라서 5) ____________ 을/ㄹ 때는 분위기에 맞춰서 상대방의 기분을 생각해 가며 해야 합니다.

-건 -건

P71

1 Read the following and answer the question.

다음을 읽고 질문에 대답하십시오.

이 사람은 영화배우인 제 친구 김소희예요.

아주 성실하지요. 소희는 자신의 역할이 작아도 열심히 영화를 찍습니다. 영화를 찍지 않을 때도 항상 촬영장에 나와서 다른 사람이 연기하는 걸 보지요. 또 자신의 촬영이 늦게 있는 날에도 제일 먼저 촬영장에 도착합니다. 그리고 기쁠 때도 슬플 때도 항상 웃는 얼굴이어서 남을 즐겁게 하지요. 게다가 제 친구는 아주 효녀예요. 바쁠 때도 부모님께서 걱정하실까봐 자주 전화를 드려요.

보기 김소희 씨는 역할이 클 때만 영화를 찍어요?

1) 김소희 씨는 영화를 찍지 않는 날에는 촬영장에 안 옵니까?

2) 소희 씨는 촬영이 늦게 있는 날은 좀 늦게 오기도 하지요?

3) 소희 씨는 자기 기분이 별로 안 좋을 때는 잘 안 웃어요?

4) 소희 씨는 바쁘면 부모님께 연락을 안 하지요?

보기 아니요, 제 친구 소희는 역할이 크건 작건 항상 열심히 영화를 찍어요.

-는다고들/ㄴ다고들/다고들 하다 P71

2 Answer according to the situation.

상황에 맞게 대답하십시오.

보기 신혼여행을 가려고 하는데 어디가 좋을까요?

1) 추석인데 부모님께 어떤 선물을 하면 좋을지 모르겠어요.

2) 요즘 너무 피곤해서 주말에는 잠만 자고 싶어요.

3) 입사 시험에 떨어지고 나니까 다시 시험을 볼 용기가 안 나요.

4) 내일부터 외국어를 배우기로 했는데 잘 배울 수 있을까요?

사람들의 얘기로는…

- 제주도가 신혼여행지로 좋다.
- 시작이 반이다.
- 피곤할수록 운동을 해야 한다.
- 실패는 성공의 어머니이다.
- 나이 드신 분은 건강식품을 좋아하신다.
- 시간이 약이다.
- 요즘은 선물로 현금을 좋아한다

보기 사람들이 신혼여행지로는 제주도가 좋다고들 해요. 제주도로 가 보세요.

1~3 **Read the following and answer the questions.**
다음을 읽고 질문에 답하십시오.

요즘 청소년들은 인터넷 채팅, 에스엔에스(SNS), 이메일, 문자 메시지 등을 이용하면서 독특한 언어를 사용하고 있다. 이러한 통신 언어의 특징을 살펴보면 다음과 같다.

첫째, 통신 언어는 실제 말하는 것을 그대로 흉내 내어 소리 나는 대로 적는 경우가 많다. 예를 들어 '좋아'를 소리 나는 대로 '조아'로 적거나 '그런데'를 줄여서 '근데'로 적는다.

둘째, 통신 언어에는 그것을 쓰는 사람의 개성을 그대로 보이거나 자신들만의 통신 언어를 사용해서 서로가 아주 친하다는 것을 표시한다고들 한다. 예를 들어 웃음소리를 'ㅎㅎ, ㅋㅋ'로 한다거나 새로운 단어를 만들기도 한다.

셋째, 문자로 이야기할 때는 표정도 볼 수 없고 상대방의 느낌을 알 수 없기 때문에 이것을 대신하기 위해 이모티콘을 사용하기도 한다. 지금 화가 나 있다거나 웃는 표정 등을 -_-^ , ^_^ 등의 기호를 이용해 표시하기도 한다.

이밖에 이러한 통신 언어의 특성이 어우러져서 다양한 신조어들이 매일 생겨나고 있다. 말을 글로 빠르게 전달하기 위해서 줄임말을 많이 사용하는데 초성만을 나열하여 의미를 전달하기도 한다. 예를 들어 '인정'을 'ㅇㅈ'으로 표현한다. 또한 '오저치고' '오늘 저녁은 치킨 고(go)'와 같이 말을 줄이기 위해서 한국어와 외국어를 섞기도 하는 등 점점 다양해지고 있다.

이러한 통신 언어가 나타나게 된 이유는 빨리 자신의 생각이나 느낌을 전하기 위해서라고 할 수 있다. 또 청소년들이 그들만의 문화를 만들고 자신들끼리만 그 문화를 함께 나누고 친밀감을 느끼기 위해서라고 할 수 있다.

이러한 통신 언어에 대해 어떤 사람들은 한국어의 문법이 파괴되고 어른들과 청소년들이 서로의 생각을 이해할 수 없게 될 것이라고 걱정하기도 한다. 또 어떤 사람들은 통신 언어는 청소년의 개성을 나타내는 것이고 생각이나 느낌을 아주 짧게 전할 수 있기 때문에 오히려 효율적이라고 한다.

그러나 통신 언어가 일상적인 언어에까지 영향을 미치고 있는 것은 큰일이라고 할 수 있다. 초등학생들은 편지나 일기, 일상생활에서 통신 언어를 그대로 사용하기도 하고 통신 언어를 많이 사용하는 학생들의 경우에는 생각하는 능력이 단순해지고 짧아질 수도 있다.

독특하다 to be unique/unusual　흉내 imitation　개성 individuality　어우러지다 to mix (with)
신조어 neologism　전달하다 to deliver　줄임말 abbreviation　초성 initial sound
나열하다 to list　친밀감 intimacy　파괴되다 to be destroyed　단순하다 to be simple

1 What are the characteristics of communication (internet) language?

통신 언어의 특징은 무엇입니까?

	특징	예
첫째		
둘째		
셋째		
기타		

2 State two reasons why communication languages emerged.

통신 언어가 나타나게 된 이유를 두 가지 쓰십시오.

1)

2)

3 Select the writer's thoughts on communication language. (　　)

통신 언어에 대한 글쓴이의 생각을 고르십시오.

① 통신 언어는 개인의 개성을 표현할 수 있어서 좋다.

② 통신 언어는 생각을 짧게 전할 수 있어서 효율적이다.

③ 통신 언어를 많이 사용하면 생각하는 능력이 부족해질 수 있다.

④ 통신 언어 때문에 어른들과 청소년들의 소통이 어려워질 것이다.

4 What do you think about communication language? Talk about it.

여러분은 통신 언어에 대해 어떻게 생각합니까? 이야기해 봅시다.

	그렇다	아니다
1) 통신 언어는 특별한 세대만 사용하는 언어이기 때문에 곧 없어질 것이다.	☐	☐
2) 통신 언어도 또 다른 언어이기 때문에 없어지지 않을 것이다.	☐	☐
3) 통신 언어는 되도록 사용하지 않는 것이 좋다.	☐	☐
4) 서로 친밀감을 느끼기 위해 통신 언어를 적당히 사용하는 것도 좋다.	☐	☐

1~3 **Listen to the following and answer the questions.**
다음을 듣고 질문에 답하십시오.

1 **What is it talking about? (　　)**
무엇에 대해 이야기하고 있습니까?

① 인터넷 대화방의 문제점
② 인터넷 언어폭력과 예절
③ 인터넷 게임과 언어 습관
④ 인터넷 게시판 이용 방법

2 **What is the purpose of the "positive comment" movement? Find it in the passage and write it down.**
선플 운동의 목적은 무엇입니까? 이 글에서 찾아서 쓰십시오.

____

3 **Choose the answer that matches what you heard. (　　)**
들은 내용과 같은 것을 고르십시오.

① 여자는 인터넷을 이용하면서 언어폭력 피해를 입은 적이 있다.
② 인터넷 언어폭력을 줄이려면 직접 얼굴을 보고 대화해야 한다.
③ 인터넷을 사용하는 나이가 어릴수록 언어폭력 문제가 심각하다.
④ 인터넷 예절 교육은 좋은 습관을 위해 어렸을 때부터 해야 한다.

4 **What language etiquette should be observed on internet forums or chat rooms? Talk about it.**
인터넷 게시판이나 대화방에서 지켜야 할 언어 예절은 어떤 것이 있을까요? 이야기해 봅시다.

언어폭력 verbal violence　선플 운동 Positive Comment Movement　상처 injury/wound
선하다 to be good　댓글 comment　꾸준하다 to be steady　교육 education　홍보 public relations
괴로워하다 to be tormented (by)　고통 pain　참여하다 to participate　절실히 desperately
발생하다 to occur　마주 보다 to face each other

1 Let's introduce some neologism and their meanings.

여러분이 알고 있는 신조어와 그 뜻을 소개해 봅시다.

신조어	의미	사용 예
믿거	믿고 거른다	약속 안 지키는 사람은 믿거
스몸비	스마트폰 좀비	요즘 길에 스몸비가 많으니까 부딪히지 않게 조심해야 돼.
좋댓구알	좋아요, 댓글, 구독, 알림설정	제 방송이 마음에 들었다면 좋댓구알 부탁합니다.
ㅈㅂㅈㅇ	정보 좀요	
당모치	당연히 모든 치킨은 옳다	

2 What are neologism you frequently use? Let's talk about why we use neologism.

여러분이 자주 사용하는 신조어는 무엇입니까? 왜 신조어를 사용하는지 이야기해 봅시다.

memo 메모

7과 시간과 변화

02 기술이 나날이 발전하고 있어요

Learning Objective
To talk about social changes in the past and present

Grammar
만 해도, -다가는

Vocabulary
Time

MP3_14

- 인간의 생활에 편리함을 가져다 준 것들은 어떤 것이 있습니까?
- 앞으로 어떤 것들이 인간의 생활을 편리하게 할 것 같습니까?

엠마: 지난주에 발표 자료를 준비하기 위해서 "미래의 생활"이라는 전시회에 다녀왔어요.

서준: 그래요? 기술이 나날이 발전하고 있으니까 미래에는 우리 생활이 더욱 더 편리해질 것 같은데 뭐 특별한 게 있었어요?

엠마: 신기한 게 많았어요. 냉장고만 해도 지금보다 더 편리해져서 냉장고 문을 열지 않고도 안에 뭐가 있는지 알 수 있어요.

서준: 어떻게 그럴 수 있지요?

엠마: 냉장고 문에 안에 있는 재료의 목록뿐만 아니라 소비 기한, 산지 같은 정보가 표시돼요. 게다가 재료가 다 떨어지면 주문까지 할 수 있도록 해 줘요.

서준: 아니! 이렇게 세상이 변해 가다가는 사람들이 할 일이 너무 없어지는 거 아니에요?

기술 skill/technique　목록 inventory　소비 기한 expiration date　산지 origin/place of production
표시 sign/mark

과거	현재	미래	옛날	지금	훗날	고대
중세	근대	현대	세기	세대	시절	시대

1 Choose the correct word and fill in the blank.

알맞은 말을 골라 빈칸에 쓰십시오.

옛날	보기 지금	1) ______
2) ______	현재	미래

고대 → 3) ☐☐ → 4) ☐☐ → 현대

2 Write the correct word in the blank space.

빈칸에 알맞은 어휘를 쓰십시오.

보기

시 절 : 사람의 일생을 구분한 기간

학창 시 절, 어린 시 절

1) ☐☐: 역사적인 특징으로 구분한 기간

조선 ☐☐, 고려 ☐☐

2) ☐☐: 약 30년을 기준으로 묶은 일정한 나이의 사람들

신 ☐☐, 구 ☐☐

3) ☐☐: 100년을 세는 단위

20☐☐, 21☐☐

과거 past 현재 present 미래 future 옛날 long ago 지금 now 훗날 the future/later on
고대 ancient 중세 the middle ages 근대 modern 현대 modern/today
세기 century 세대 generation 시절 days, years 시대 period/era

3 Write the correct word in the blank space.

빈칸에 알맞은 말을 쓰십시오.

> **보기**
> 한국은 올해로 외국인 100만 시대가~~이/~~가 됐습니다.

1) ________의 힘들었던 기억은 모두 잊고 새로운 미래를 준비합시다.

2) 이 시각 교통 상황을 알려드리겠습니다. 이 시각 ________ 김포공항 쪽으로는 안개 때문에 거의 앞이 보이지 않을 정도입니다.

3) 어린이 여러분, 여러분이 먼 ________ 어른이 되었을 때도 오염되지 않은 환경에서 살 수 있도록 환경보호를 위해 노력합시다.

4) 젊은 사람들은 부모님 ________ 과/와 결혼관이 달라 가끔 의견 차이를 보이기도 합니다.

만 해도

P74

1 Fill in the blanks and have a conversation.

빈칸을 채우고 대화해 보십시오.

	예
보기 물가가 올랐다.	• 학원비: 작년에는 한 달에 30만 원, 지금은 40만 원이다 • 휘발유 값: 작년보다 20% 올랐다.
1) 취업이 어려울 것이다.	• 연세 무역: 작년에는 신입 사원을 300명 뽑았으나 올해는 100명 줄이기로 했다. • 한국 전자: 올해 신입 사원을 뽑지 않기로 했다.
2) 요즘 아이들의 신체 조건이 좋아졌다.	• 키: 10년 전보다 평균 2cm 커졌다. • 몸무게:
3) 요즘은 휴대 전화가 없는 사람이 없다.	• 초등학생: 10명 중 8명이 가지고 있다. • 중고등학생:
4) 유학을 하려면 돈이 많이 든다.	• 생활비: 한 달에 70만 원 이상 든다. • 학비:

보기 요즘 물가가 많이 올랐어요. 학원비만 해도 작년에는 한 달에 30만 원이었는데 지금은 40만 원이에요.

보기 맞아요. 학원비뿐만 아니라 휘발유 값만 해도 작년보다 20%나 오른걸요.

-다가는 P74

2 Kyungsoo's mother is worried when she sees her family. What would Kyungsoo's mother say?

경수 어머니는 가족들의 모습을 보고 걱정합니다. 경수 어머니는 어떻게 말할까요?

보기 여보! 그렇게 술을 자주 마시다가는 건강이 나빠질 거예요.

1) 경수야! 너 그렇게 가까이에서 텔레비전을 보다가는 ____________________

2) ____________________

3) ____________________

4) ____________________

1~3 **Read the following and answer the questions.**
다음을 읽고 질문에 답하십시오.

상상하는 모든 것이 현실로!

미래학자 앨빈 토플러는 '미래는 예측하는 것이 아니라 상상하는 것이다.'라는 유명한 말을 남겼다. 그의 말처럼 인간은 많은 것을 상상했고 현실로 이루어졌다.

400년 전 레오나르도 다빈치가 상상했던 헬리콥터 스케치는 지금도 미술관에서 볼 수 있는데, 이제 가장 흔히 볼 수 있는 항공기 중 하나가 되었다. 그의 상상은 수많은 스케치를 남겼고 심지어 현대인들이 모두 하나씩 들고 다니는 스마트폰처럼 보이는 것도 있다.

대중매체에서 최초로 휴대 전화가 표현된 것은 1966년이었다. 미국 드라마 '스타트렉'에서 휴대할 수 있는 통신기기로 처음 등장했었다. 그리고 실제로 휴대 전화가 세상에 나온 것은 1983년이다. 무게가 1kg, 길이가 33cm로 벽돌처럼 크고 단지 음성 통화만 가능한 것이었지만 첨단 기술이었기 때문에 그 당시 가격이 400만 원이 넘었다고 한다. 그 후 휴대 전화는 기술 개발이 거듭되면서 지금의 스마트폰이 되었고 다양한 기능으로 현대인의 일상생활을 완전히 바꿔 놓았다.

우리는 어린 시절 '과학 상상화 그리기 대회'라도 열리면 마음껏 상상의 나래를 폈다. 하늘을 나는 자동차, 해저 도시, 순간 이동이 가능한 엘리베이터, 인공 태양 등은 그림의 단골 소재였다. 그때만 해도 상상의 소재였을 뿐인데 하늘을 나는 자동차는 곧 현실이 되어 상용 서비스 도입이 가능해진다고 한다.

또 영화뿐만 아니라 책이나 만화의 단골 소재였던 로봇과 인공 지능은 이미 우리 실생활에 깊숙이 들어와 있다. 기술이 발전하면서 로봇은 점점 인간의 모습을 닮아가고 있고 인공 지능은 스스로 학습할 수 있는 수준에 이르렀다. 생각보다 발전 속도가 너무 빨라서 잠시 개발을 멈추기로 했다고도 한다. 매일 신문에는 인공 지능이 인간을 공격하게 되지 않을까 우려하는 기사가 하나둘 눈에 띈다. 우리가 상상한 것들이 미래가 되었지만 인간을 두렵게 하는 상상은 현실이 되지 않기를 바란다.

* 앨빈 토플러(Alvin Toffler, 1928년 10월 3일 ~ 2016년 6월 27일)

예측하다 to predict　현실 reality　휴대하다 to carry　등장하다 to appear
상상의 나래를 펴다 to stretch one's imagination　해저 the ocean floor/undersea　소재 subject/material
거점 foothold　오가다 to come and go　시범 운행 trial run　상용 common use　도입 introduction
공격하다 to attack　우려하다 to be concerned

1 **Choose the answer that matches what you read. (　　)**

읽은 내용과 같은 것을 고르십시오.

① 미국의 한 드라마에서 처음으로 실제 휴대 전화를 사용했다.

② 인공 지능은 상상 속에만 있을 뿐 실제 생활에서는 볼 수 없다.

③ 하늘을 나는 자동차를 그리기에는 아이들의 상상력이 부족했다.

④ 400년 전 레오나르도 다빈치는 스마트폰과 비슷한 모양의 그림을 그렸다.

2 **Mark "O" if it matches the content of the passage and "X" if it doesn't.**

읽은 내용과 같으면 O, 다르면 X 표시하십시오.

1) 인공지능 기술에 대한 부정적인 의견이 있다. (　　)

2) 글쓴이는 상상하는 모든 것이 현실이 되기를 바란다. (　　)

3) 글쓴이는 과학의 발달을 설명하려고 영화 내용을 소개했다. (　　)

4) 글쓴이는 주제를 전달하기 위해서 실제 예를 들어 설명했다. (　　)

3 **Why did Alvin Toffler leave the phrase, "The future is not about predicting, but about imagining"? Fill in the blanks.**

앨빈 토플러는 왜 '미래는 예측하는 것이 아니라 상상하는 것이다.'라는 말을 남겼습니까? 빈칸을 채우십시오.

______________________________ 기 때문에

4 **What are some objects that were only in our imaginations in the past but are now widely used in our daily lives? Talk about it.**

과거에는 상상 속에 있었지만 지금은 일상생활에서 많이 쓰이고 있는 물건은 어떤 것이 있습니까? 이야기해 봅시다.

1~3 Listen to the following and answer the questions.
다음을 듣고 질문에 답하십시오.

1 **What is it about? (　　)**
무엇에 대한 이야기입니까?

① 휴대 전화의 편리함　② 기억력이 나빠진 이유
③ 기술의 발달과 부작용　④ 노래를 쉽게 외우는 방법

2 **Choose the answer that matches what you heard. (　　)**
들은 내용과 같은 것을 고르십시오.

① 여자는 전보다 기억력이 나빠졌다.
② 남자는 눈 건강을 위해 일찍 자려고 한다.
③ 남자는 휴대 전화가 없어도 불편하지 않다.
④ 여자는 선희 씨의 전화번호를 찾을 수 없다.

3 **How can you take care of your eye health? Write.**
눈의 건강을 위해서 어떻게 하면 좋다고 했습니까? 쓰십시오.

___

4 **What abilities do you think have improved compared to the past? What abilities do you think have declined? Talk about it.**
여러분은 과거에 비해 어떤 능력이 좋아진 것 같습니까? 그리고 어떤 능력이 부족해진 것 같습니까? 이야기해 봅시다.

저장되다 to be stored/saved　가사 lyrics　발달하다 to develop　기억력 memory　빼다 to take away
과다하다 to be excessive　부작용 side effect　명상 meditation

1 Summarize works that demonstrate the positive or negative aspects of the advancement of science and technology.

과학기술 발달의 긍정적인 면 또는 부정적인 부분을 보여 주는 작품에 대해 정리해 봅시다.

작품 제목	메간(Megan)	
장르	공포 영화	
포스터		
내용	교통사고로 부모를 잃고 혼자가 된 소녀 '케이티'는 이모 '젬마'와 같이 살게 된다. 로봇공학자인 젬마는 케이티를 안전하게 지켜야 하는 프로그램이 입력된 AI 로봇 '메간'을 케이티에게 선물한다. 메간은 언제나 케이티의 곁을 지켜주며 둘도 없는 친구가 된다. 하지만 어느 날, 케이티가 위험에 처하자 메간은 예측할 수 없는 방향으로 업그레이드되며 무서운 일들이 벌어진다.	

2 Introduce the summarized content and discuss your experiences of fear regarding technological advancements.

여러분이 생활에서 기술 발달에 대해 두려움을 느낀 경험이 있다면 이야기해 봅시다.

문화

한국 최초의 전화기

<고종> <덕률풍> <김구>

한국 최초의 전화기는 1896년 덕수궁 내부에 설치되었으며 '덕률풍'이라고 불렸습니다. '덕률풍'은 전화기의 영어 이름인 '텔레폰'과 비슷한 소리의 한자를 가지고 와서 붙인 이름이라고 합니다. 그 당시의 왕은 고종이었는데 고종은 궁에 생긴 전화로 신하들과 나라의 일을 의논하였습니다. 왕의 목소리가 들리는 전화기는 신하들에게 왕과 같은 의미였습니다. 따라서 왕이 전화를 하면 신하들은 큰 절을 네 번 올린 뒤 무릎을 꿇고 전화를 받았다고 합니다.

이 '덕률풍' 덕분에 목숨을 건진 사람도 있습니다. 바로 백범 김구 선생입니다. 김구는 정치가이며 독립운동가로 한국 사람들에게 존경을 받는 사람입니다. 당시 22살이었던 그는 정치적인 이유로 억울하게 사형 선고를 받고 집행을 기다리고 있었는데 전화가 개통된 지 3일 후 이 전화를 통하여 사형 집행을 중지하라는 왕의 명령이 전달되었습니다. 이것이 '덕률풍'의 첫 통화라고 합니다. 전화의 개통이 조금 늦었더라면 김구는 훗날 독립운동가가 되지 못했을 것입니다.

1. 인류를 위해 어떤 과학기술이 더 발전하면 좋을지 이야기해 봅시다.

2. 여러분 나라의 발명품을 소개해 봅시다.

8과 정보와 가치관

01 요즘은 맞벌이를 안 하고서는 생활하기 힘들어요

Learning Objective
To talk about views on marriage

Grammar
에 의하면, -고서는

Vocabulary
Marriage

MP3_15

- 결혼식의 모습이 어떻게 달라졌습니까?
- 요즘 사람들은 어떤 결혼관을 가지고 있습니까? 과거의 결혼관과 어떻게 다릅니까?

제임스: 결혼 정보 회사가 뭐예요? 신문과 잡지에 광고가 많이 나오던데요.

선 희: 쉽게 말하면 중매회사예요. 결혼 적령기의 남녀들에게 배우자를 소개시켜 주는 회사지요.

제임스: 이용하는 사람들이 많은가 봐요. 그런 광고가 자주 나오는 걸 보면.

선 희: 아무래도 결혼 정보 회사를 이용하면 자기가 원하는 조건을 갖춘 배우자를 만나기가 쉬우니까요.

제임스: 얼마 전에 신세대 결혼관에 대한 기사를 읽었는데 그 기사에 의하면 요즘 젊은이들의 결혼관이 예전하고는 많이 달라졌대요.

선 희: 맞아요. 나도 전에 비슷한 기사가 난 걸 본 적이 있어요. 요즘은 맞벌이를 안 하고서는 생활하기가 어려워서 그런지 젊은 남자들이 안정적인 직장을 가진 여성을 선호한다고 하더군요.

중매 matchmaking　적령기 the best age　배우자 spouse　갖추다 to prepare/possess
신세대 new generation　결혼관 outlook on marriage　맞벌이 dual income　안정적 to be stable
선호하다 to prefer

기혼 미혼 이혼 재혼 파혼 혼기 혼담 혼수

1 Choose the correct word and fill in the blank.

알맞은 말을 골라 빈칸에 쓰십시오.

보기 약혼한 것을 취소하는 것 [파][혼]

1) 부부가 결혼 관계를 취소하는 것 [ ][ ]
2) 두 번째로 하는 결혼 [ ][ ]
3) 결혼을 한 상태 [ ][ ]
4) 결혼을 안 한 상태 [ ][ ]
5) 결혼에 대해 오가는 말 [ ][ ]
6) 결혼에 필요한 비용이나 물건 혹은 결혼 후 필요한 물건 [ ][ ]
7) 결혼하기에 알맞은 시기 [ ][ ]

2 Write the correct word in the blank space.

빈칸에 알맞은 말을 쓰십시오.

최근 기사에 따르면 30대 **보기** 기혼 여성의 비율이 역대 최저를 기록했다고 한다. 여성의 사회 진출이 늘며 결혼을 하지 않고 학업이나 일에 집중하고자 하는 1) ________ 여성들이 많아지고 있다. 결혼을 하기에 적절한 시기를 의미하는 2) ________ 역시 예전과는 연령대의 폭이 매우 달라졌다. 개인의 삶을 더 중시하는 생각이 일반화되면서 성별에 상관없이 결혼을 늦게 하는 추세라고 한다. 그리고 결혼을 했다 하더라도 서로의 가치관이나 성격이 맞지 않는다면 3) ________을/를 선택하는 사람들도 늘고 있다. 결혼식처럼 이혼식을 열어 부부의 이별을 새로운 출발로써 기쁘게 받아들이는 새로운 문화가 생겨났을 만큼 결혼에 대한 사람들의 인식은 빠른 속도로 변하는 중이다. 이러한 흐름에 따라 이혼 후 4) ________을/를 하여 새로운 가정을 꾸리는 선택도 흔히 볼 수 있게 되었다.

기혼 married 미혼 single 이혼 divorce 재혼 remarriage 파혼 breaking off one's engagement
혼기 marriageable age 혼담 proposal of marriage 혼수 dowry

에 의하면 P77

1 Look at the picture and have a conversation.

그림을 보고 대화해 보십시오.

이민수(경제전문가)

보기 기말 시험은 중간 시험보다 어려울 거예요.

1) 이번 살인 사건의 범인이 누구래요?

2) 민호 아빠가 직장을 안 다니고 집안일을 다 하기로 했다면서요?

3) 내년에는 경기가 좀 좋아질까요?

4) 요즘 계속 춥네요. 언제쯤 날씨가 풀릴까요?

보기 선생님 말씀에 의하면 기말시험은 중간시험보다 어려울 거래요.

01 -고서는 P77

1 Read the following and have a conversation.
다음을 읽고 대화해 보십시오.

수험생 유의사항
- 수험생은 오전 9시까지 교실에 들어와야 합니다.
- 시험 보는 날 반드시 신분증과 수험표를 가지고 오시기 바랍니다.
- 휴대 전화는 소지할 수 없습니다.
- 전자시계나 계산기 등을 소지한 경우, 부정행위로 보아 시험을 볼 수 없습니다.

관람 시 유의사항
- 20인 이상의 단체 관람객의 경우, 반드시 인터넷 혹은 전화로 예약을 해 주시기 바랍니다.
- 음료수 혹은 음식물은 전시실 안으로 가지고 들어가실 수 없으니 양해 바랍니다.
- 본 전람회는 사진촬영이 금지되어 있습니다. 사진 촬영이 허락된 곳에서만 촬영 부탁드립니다.

보기 내일 시험장에 휴대 전화를 소지하고 들어갈 수 있어요?

1) 내일 시험장에 갈 때 신분증과 수험표를 가지고 가야 돼요?

2) 시험장에 들어갈 때 전자시계를 소지할 수 있어요?

3) 단체 관람을 할 때 꼭 예약해야 돼요?

4) 관람할 때 음식물을 가지고 들어갈 수 있어요?

보기 아니요, 시험장에 휴대 전화를 소지하고서는 들어갈 수 없어요.

1~3 Read the following and answer the questions.

다음을 읽고 질문에 답하십시오.

사회 변화에 따라 다양한 가족 형태도 인정해야

가족이란 무엇일까? 일반적으로 가족이란 부부와 그 자녀, 부양해야 할 부모라는 혈연 중심의 집단이다. 그러나 최근에는 맞벌이, 입양, 이혼이나 재혼, 아동의 조기 유학이 늘면서 이제 우리도 다양한 형태의 가족을 인정해야 한다는 의견이 많다. 여기에서 말하는 다양한 형태의 가족에는 한부모 가족, 비혼모 가족, 무자녀 부부 가족, 입양 가족, 독신 가족, 재혼 가족, 공동체 가족 등이 있다.

이영숙 · 김민철 씨 부부는 결혼한 지 6년이 지나도 아이가 생기지 않아 큰 고통을 겪었다. 그러나 이 씨는 용기를 내어 입양기관을 방문한 후에 남편을 설득한 끝에 2살 된 남자 아이를 입양했다. 건강하게 자라 유치원생이 된 아들을 보면서 이 씨 부부는 이보다 더 큰 행복은 없을 거라고 했다.

결혼한 지 4년이 된 의사 최준호 씨는 앞으로도 아이를 갖지 않기로 아내와 합의했다면서 우리 사회가 자녀 없이 사는 것을 하나의 선택으로 인정해 주기를 바란다고 했다. 최 씨가 이런 결정을 한 것은 직장 생활과 육아를 병행하는 것이 어려울 것 같다는 아내의 생각을 존중해서였다. 그는 결혼한 부부에게 반드시 아이가 있어야 한다는 편견에서 벗어나야 한다고 주장한다.

최근에는 공동체 가족들이 함께 모여 사는 곳도 점차 증가하고 있다. 10대 가출 청소년이나 부모가 없는 청소년 5~6명이 이들을 돌보는 교사와 함께 공동체 가정을 이루어 생활하는 경우가 그 예이다. 공동체 가정을 운영하는 강영호 씨는 구성원 간에 유대감과 서로의 필요성을 느끼고 있다면 핏줄로 이어지지 않아도 가족으로 볼 수 있다고 말한다. 공동체 가정은 혈연보다는 관계를 중심으로 한 새로운 가족 형태인 것이다.

이제 우리는 내 자식과 내 조상만을 강조하는 혈연 중심주의에서 벗어날 필요가 있다. 우리는 다양한 가족 형태의 뜻을 이해해야 하고 관계를 중심으로 한 새로운 가족제도를 인정해야 하는 시대에 살고 있다. 따라서 이들의 권리를 보장해 주고 지원할 법과 제도가 마련되어야 한다.

세연신문 권재호 기자

혈연 중심 blood relation-centered 입양 adoption 조기 유학 studying abroad at an early age 무자녀 no children 독신 unmarried 공동체 community 병행하다 to do more than two things at once 구성원 member 유대감 bond 핏줄 blood relationship

1 **Choose the answer that matches the content of the text. (　　)**
이 글의 내용과 맞는 것을 고르십시오.

① 최준호 씨는 결혼과 아이는 필수라고 생각한다.
② 이영숙·김민철 부부는 유치원생이 된 남자 아이를 입양했다.
③ 공동체 가족의 다양한 예를 점차 한국에서 찾아볼 수 있게 되었다.
④ 한국 사회에서 혈연 중심의 가족 공동체를 지지하는 사람들이 늘고 있다.

2 **Find and write down all new family types.**
새로운 가족의 형태를 모두 찾아 쓰십시오.

---

3 **Choose the option that does not fit as an example of a new family type. (　　)**
새로운 가족의 형태 예로 맞지 않는 것을 고르십시오.

① 입양 자녀와 사는 가족
② 시부모님과 함께 사는 가족
③ 아이를 갖지 않고 둘이서 살기로 결심한 부부
④ 부모가 없는 아이들과 함께 살고 있는 선생님

4 **What do you think "family" is? Talk about it.**
여러분은 '가족'이 무엇이라고 생각합니까? 이야기해 봅시다.

1~3 **Listen to the following and answer the questions.**
다음을 듣고 질문에 답하십시오.

1 **What is the news about? Choose. (　　)**
무엇에 대한 뉴스입니까? 고르십시오.

① 이성관 설문 조사 결과　　② 교육관 설문 조사 결과
③ 가정관 설문 조사 결과　　④ 결혼관 설문 조사 결과

2 **Write 4 questions from the survey.**
설문 조사의 질문 4개를 쓰십시오.

____

____

____

____

3 **Which option is different from the content of the news? Choose. (　　)**
뉴스의 내용과 다른 것은 무엇입니까? 고르십시오.

① 남자보다 여자가 결혼의 필요성을 느끼지 않는다.
② 고학력일수록 혼전 동거에 대해 긍정적으로 대답했다.
③ 사람들이 생각하는 결혼 적령기가 2년 전에 비해 높아졌다.
④ 신세대들의 경우 이혼을 부정적으로 생각하는 비율이 낮았다.

4 **Do you think marriage is necessary? Talk about it.**
여러분은 반드시 결혼해야 한다고 생각합니까? 이야기해 봅시다.

팽팽하다 to be tight/tense　맞서다 to oppose/to stand against

1 What do you think is most important when getting married?

여러분은 결혼을 할 때 무엇이 가장 중요하다고 생각합니까?

2 Ask your friends about their views on marriage and write them down in the table.

친구의 결혼관을 묻고 표에 써 봅시다.

이름	결혼관
제임스	가치관이 가장 중요하다고 생각한다. 아무리 외모가 마음에 들어도 성격과 가치관이 맞지 않으면 같이 살 수 없다.

8과 정보와 가치관

02 잘못된 정보로 인해 실수를 하는 수가 있어요

Learning Objective

To talk about how to use information

Grammar

만으로는, -는 수가 있다

Vocabulary

Writing reports

MP3_16

순위	정보 얻는 곳
1위	인터넷 검색
2위	친구
3위	선배
4위	교내 도서관
5위	교수님
6위	외부기관

- 여러분은 어디에서 어떤 정보를 얻습니까?
- 잘못된 정보나 가짜 뉴스를 들은 적이 있습니까?

엠마: 한국의 여가 문화에 대해 발표를 하려고 하는데 참고할 만한 책이 있으면 좀 소개해 주세요.

서준: 내가 가지고 있는 자료가 있는데 그것만으로는 부족할 것 같아요. 신문이나 인터넷 사이트에서 찾아 보면 좀 더 정보를 얻을 수 있을 거예요.

엠마: 신문에서도 그런 정보를 얻을 수 있어요?

서준: 네, 금요일에는 보통 주말에 갈 만한 여행지나 공연 정보 등에 관한 기사가 많이 나와요. 그러니 신문도 참고가 될 거예요.

엠마: 그럼 신문도 잘 봐야겠군요. 그런데 인터넷 사이트에는 정확하지 않은 정보도 꽤 있어서 신뢰하기 어려운 것도 있어요.

서준: 맞아요. 잘못하면 그런 정보로 인해 실수하는 수가 있어요. 그러니까 찾은 정보를 무조건 믿으면 안 되고 다시 확인해야 돼요.

얻다 to gain　꽤 quite　신뢰하다 to trust　잘못하면 if something goes wrong

발표　분석　수집　정리　조사　종합　보고서

1 Choose the correct word and fill in the blank.

알맞은 말을 골라 빈칸에 쓰십시오.

보기 수집	1)	2)	3)
연구를 위하여 여러 가지 자료를 찾아 모으다. **정보 ~, 자료 ~, ~하다**	내용을 명확히 알기 위하여 자세히 살펴보거나 찾아 보다. **인구 ~, 설문 ~**	여러 가지를 한 데 모아서 합하다. **~진찰을 받다** **의견을 ~하다**	내용이 복잡한 것이나 어려운 것을 하나하나 따져서 밝히다. **자료 ~, 심리 ~, ~하다**
4)	**5)**	**6)**	
체계적으로 분류하고 종합하다. **서류 ~, 책상 ~**	어떤 사실이나 결과를 세상에 알리거나 여러 사람 앞에서 말하다. **정부 ~, 연구 ~**	일에 관한 내용이나 결과를 쓴 글이나 서류 **~를 작성하다,** **~를 제출하다**	

2 The following is a writing plan for a report on "International Environmental Law". Fill in the blanks with the correct word.

다음은 '국제 환경법'에 대한 보고서 작성 계획입니다. 빈칸에 알맞은 말을 쓰십시오.

보기 도서관이나 인터넷에서 자료를 찾아 정보를 수집한다.

1) 우선 각국의 환경법을 조사하고 모은 자료를 통해 문제점을 ________ 한다.
2) 지금까지의 조사 내용을 모두 분석하여 ________ 한다.
3) 정리한 내용을 가지고 사람들 앞에서 ________ 한다.
4) 마지막으로 지금까지 모은 자료와 발표한 내용을 종합해서 ________ 을/를 작성한다.

분석 analysis　정리 sort-out

만으로는

P80

1 Answer the following question.

다음 질문에 대답해 보십시오.

보기 날마다 두 시간씩 공부하는데 왜 실력이 늘지 않을까요?

1) 성공하려면 어떻게 해야 해요? 능력이 중요하지요?

2) 취직하기가 정말 어려운데요. 컴퓨터 하나만은 자신 있는데⋯.

3) 저 식당은 서비스가 아주 좋은데 왜 손님이 없는지 모르겠어요.

4) 음식 조절을 해도 살이 잘 안 빠져요. 좋은 방법이 있을까요?

보기 두 시간만으로는 부족해요. 적어도 네 시간쯤 공부해야 해요.

00 -는 수가 있다

P80

2 Fill in the table and make sentences.

표를 채우고 문장을 만드십시오.

상황	가능한 결과
보기 어두운 곳에서 핸드폰을 오래 한다.	눈이 나빠진다.
1) 급히 서두른다.	
2)	다른 사람들에게 신용을 잃는다.
3)	배탈이 난다.
4) 기상 상태가 안 좋다.	

보기 어두운 곳에서 핸드폰을 오래 하면 눈이 나빠지는 수가 있어요.

1) 급히 서두르면 ____________________

2) ____________________

3) ____________________

4) ____________________

1~3 Read the following and answer the questions.
다음을 읽고 질문에 답하십시오.

정보 칼럼

진짜 진짜 정보야?

인터넷으로 기사나 정보를 찾아 보는 현대인이라면 누구나 무엇이 진짜 뉴스이고 무엇이 가짜 뉴스인지 명확하지 않아 혼란을 느낀 적이 있을 것이다. 때로는 출처가 분명하고 정확한 정보를 전달해 주는 뉴스를 찾기 위해 여러 번 확인을 해야 할 때도 있는데 이처럼 가짜 뉴스를 걸러내려는 시도는 인간뿐만 아니라 새들에게서도 볼 수 있다.

미국 한 대학교에서 참새 과의 소형 조류인 검은모자쇠박새와 붉은가슴동고비에 대해 조사를 했다. 결과에 따르면 이 새들이 가까운 곳에 있는 동료에게 울음소리로 위험을 알릴 때 어떤 동물이 근처에 있는지는 직접 스스로 확인하기 전까지 전달하지 않는다는 것을 알아냈다. 또한 위험한 다른 새나 동물이 근처에 있다는 정보를 듣더라도 그 정보만으로는 더 이상의 행동을 취하지 않았다고 한다.

이 새들은 울음소리로 '위험해, 먹이가 필요해!' 등의 의사 표현을 할 수 있는데 직접 본 정보를 전달할 때와 전해 들은 정보를 전달할 때 새소리를 비교한 결과 두 소리 간의 차이가 있는 것으로 나타났다. 붉은가슴동고비는 먼저 직접 보거나 들은 정보나 위험을 알릴 때 짧고 긴박한 울음소리를 냈으며 위험의 정도가 높을수록 더 짧고 긴박하게 소리를 냈다. 그러나 다른 새들의 울음소리를 듣고 다시 전달하는 새들은 매우 일반적인 '알림'과 같은 울음소리만 냈다고 한다.

이와 같은 효과적인 뉴스 전달 방법은 위험한 환경에서 살아남아야 하는 작은 새들이 더 중요하고, 덜 중요한 정보를 정확하게 나누어 생존 확률을 높이기 위해 선택한 방법으로 보인다. 가짜 뉴스에 현혹되어 잘못된 판단을 내리지 않으려는 매우 현명한 전략이다.

출처 source　혼란 confusion　걸러내다 to filter something out　긴박하다 to be urgent
생존 survival　확률 probability　우왕좌왕 disordered/to run about in confusion

1 Choose the answer that corresponds to the passage. (   )

읽은 내용과 같은 것을 고르십시오.

① 새들의 정보로 인간의 가짜 뉴스를 구분할 수 있다.

② 대부분의 새들은 울음소리로 한 가지 정보만 전달할 수 있다.

③ 일부 새들은 울음소리로 동료들에게 정보를 구분하여 알린다.

④ 울음소리를 활용하는 것은 작은 새들에게서만 볼 수 있는 현상이다.

2 Describe what the red-breasted nuthatch does when relaying information it has heard firsthand.

붉은가슴동고비가 직접 들은 정보를 전달할 때 어떻게 하는지 쓰십시오.

---

3 Mark "O" if it matches the content of the passage and "X" if it doesn't.

읽은 내용과 같으면 O, 다르면 X 표시하십시오.

1) 인간은 새들의 소리를 구분해서 듣지 못한다. (   )

2) 새는 울음소리를 구분해서 생존 확률을 높이려고 한다. (   )

3) 붉은가슴동고비는 안정이 될수록 짧은 울음소리를 낸다. (   )

4) 새는 위험할 때나 배가 고플 때 울음소리로 의사를 전달한다. (   )

4 How do you distinguish between real news and fake news? Talk about it.

여러분은 진짜 뉴스와 가짜 뉴스를 어떻게 구분합니까? 이야기해 봅시다.

1~3 Listen to the following and answer the questions.
다음을 듣고 질문에 답하십시오.

1 What is it about? Choose. (　　)
무슨 이야기입니까? 고르십시오.

① 인터넷 정보의 위험성
② 상품 구매 후기의 장단점
③ 가짜 뉴스가 만들어지는 과정
④ 건강에 좋은 정보를 찾는 방법

2 Connect the matching options.
서로 맞는 것을 골라 연결하십시오.

1) 여자 •		• 피부에 맞지 않는 재료를 사용해서 부작용이 생겼다.
2) 남자 •		• 운동을 해서 병을 고치려고 했는데 몸에 무리가 왔다.
3) 여자의 어머니 •		• 몸에 맞지 않는 건강 보조 식품을 잘못 먹었다.

3 Choose the answer that is different from what you heard. (　　)
들은 내용과 다른 것을 고르십시오.

① 여자는 피부 문제로 인터넷에서 관련 정보를 찾았다.
② 여자는 병원에서 치료를 받았지만 증상이 나아지지 않았다.
③ 남자는 아는 사람에게서 소개 받은 건강식품을 먹었다가 부작용이 생겼다.
④ 남자는 평소 어지럼증이 있었기 때문에 약의 부작용을 심각하게 생각하지 않았다.

4 Among the news you heard, was there any fake news that caused harm to many people?
여러분이 들은 뉴스 중에서 많은 사람이 피해를 봤던 가짜 뉴스가 있습니까?

팩 (face) mask　부어오르다 to swell up　건강보조식품 dietary supplement
어지럼증 dizziness　독 poison　후기 review/comments　별점 star review

1 Discuss with friends about whether they have experienced harm due to false information.

잘못된 정보로 피해를 본 적이 있는지 친구와 이야기해 봅시다.

- 모르는 길을 인터넷을 보고 찾아갔는데 목적지가 나오지 않았다.
- 인터넷에서 알려 준 방법대로 요리를 했는데 요리가 잘 안 됐다.
- 영화 관람평에서 아주 재미있다고 해서 그 영화를 보러 갔는데 재미없었다.
-
-

2 Think of a solution to the damage.

피해에 대한 해결책을 생각해 봅시다.

사람	피해	해결책
친구	얼마 전 음악과 분위기가 좋은 찻집이 있다고 해서 인터넷에서 그 찻집 위치를 찾아 한번 가 보려고 했다. 그런데 인터넷에 그려진 지도와 실제로 그 찻집의 위치가 달라서 그 동네에서 거의 두 시간이나 헤맸다. 결국 그날은 찻집에 가지 못하고 그 다음 주에 친구에게 물어서 찾아갈 수 있었다.	인터넷에 있는 정보만으로는 가끔 부족할 때가 있기 때문에 다른 방법으로 정보를 얻어야 할 때도 있다. 그리고 인터넷에 있는 정보를 그대로 믿다 보면 잘못된 정보로 고생하는 수가 있다. 그러니까 정보를 찾은 후에는 그것이 믿을 만한 정보인지 아닌지 꼭 확인해야 한다.

문화

결혼정보회사

요즘 젊은 남녀들은 싱글의 삶을 충분히 즐긴 후 30대 중후반에 결혼하기를 희망하고 있어 평균 결혼 나이가 점점 높아지고 있다. 그러다 보니 자연스러운 만남으로 배우자감을 찾지 못하게 되거나 자기 이상향의 조건이나 현실적인 부분 등을 고려해서 결혼정보회사를 찾는 미혼남녀들이 늘고 있다. 결혼정보회사를 이용할 때에는 회원 가입을 하고 이성을 소개받는 명목으로 회비를 낸다. 가입할 때는 자신의 개인정보와 원하는 이성상에 대한 조건을 알려주게 되어 일정 기간 동안 서로의 조건에 가까운 상대방을 매칭해 준다. 한 결혼정보회사의 통계 분석 결과에 따르면 남자는 36세에 연 소득 약 4,700만 원, 4년제 대졸, 175cm, 일반 사무직원의 경우 성공 확률이 높았고 여자는 33세에 연 소득 약 3,500만 원, 4년제 대졸, 163cm, 일반 사무직원이었다고 한다. 결혼정보회사의 소개로 처음 만나 결혼까지 걸리는 시간은 평균 10개월이었다. 간혹 서비스와 계약 관련한 일들로 피해를 입는 경우가 있으므로 신뢰성 있는 회사인지 잘 꼼꼼하게 잘 확인하는 주의가 필요하다.

1. 여러분 고향에도 결혼정보회사가 있습니까?

2. 여러분은 결혼정보회사를 이용할 생각이 있습니까?

memo 메모

9과 지식과 매체

01 마치 마주 보고 대화하는 것처럼 느껴져요

Learning Objective
To talk about internet usage

Grammar
마치 -는 것처럼, -는다고

Vocabulary
Internet

MP3_17

- 여러분이 자주 이용하는 인터넷 사이트는 무엇입니까?
- 인터넷은 사람들의 생활에 어떤 영향을 미칩니까?

수지: 얼마 안 있으면 연말연시인데 이럴 때는 가족이 더 그립겠어요.

엠마: 아무래도 그렇지요. 그런데 저는 가족들하고 자주 영상 통화를 하다 보니 멀리 떨어져 산다는 기분이 별로 안 들어요. 마치 마주 보고 대화하는 것처럼 느껴져서요.

수지: 하긴 저도 동생이 유학 가 있을 때 자주 연락을 주고받았는데 오히려 같이 있을 때보다 더 가까워지는 느낌이었어요. 그런데 엠마 씨, 요즘 인터넷 강의도 듣는다면서요?

엠마: 네, 하나라도 더 배우려고 듣기 시작했는데 생각보다 힘드네요.

수지: 고생 끝에 낙이 온다고 분명히 좋은 결과가 있을 거예요.

엠마: 그랬으면 좋겠어요. 아무튼 인터넷 덕분에 편리해진 게 많아요.

연말연시 year-end and New Year's　그립다 to miss　마주 facing each other
고생 끝에 낙이 오다 every cloud has a silver lining/there's a light at the end of the tunnel

검색 접속 게시판 네티즌
사이트 블로그 인터넷 뱅킹

1 Choose the correct word and fill in the blank.

알맞은 말을 골라 빈칸에 쓰십시오.

보기 접속	1)	2)	3)
인터넷에 들어가다	인터넷으로 자료를 찾는 것	인터넷에서 정보를 올리거나 물어볼 수 있게 만든 곳	자유롭게 자신의 글과 사진, 동영상 등을 올릴 수 있는 웹 사이트
인터넷에 ~하다	통합 ~, 실시간 ~	~에 글을 올리다	개인 ~

2 Choose the correct word and fill in the blank.

알맞은 말을 골라 빈칸에 쓰십시오.

은행에 다니는 이진수 씨는 오전 8시 20분쯤 회사에 도착하면 가장 먼저 하는 일이 컴퓨터를 켜는 일이다. 그리고 이메일을 열어 업무 자료를 확인한다. 근무 시간에 사람들과 얘기를 하기보다는 메일이나 메신저로 업무 내용을 서로 확인한다. 점심시간에는 밥을 먹고 들어와 쉬는 시간에 자신의 보기 블로그에 들어가 다녀간 방문자가 있는지 확인한다. 주가를 알아보거나 뉴스를 읽을 때도 인터넷에 자주 1) ________ 한다. 가끔 송금, 외화 환전도 2) ________ 을/를 이용한다. 이런 식으로 퇴근할 때까지 직장에서 인터넷을 쓰는 시간을 모두 합치면 하루에 두 시간 반 정도 된다. 회식 등 특별한 모임이 없이 집으로 일찍 돌아오는 날에도 온라인 쇼핑을 즐기는 아내와 함께 쇼핑몰에 들어가 물건들을 보기도 하고 게임 3) ________ 에 들어가 정신없이 게임을 하기도 한다. 자신의 블로그에 글이나 사진을 남기는 일도 한다. 또 자신이 관심 있는 분야의 사이트나 홈페이지에 들어가 자신의 의견을 4) ________ 에 올리기도 한다.

검색 search 접속 access 네티즌 netizen 블로그 blog 인터넷 뱅킹 electronic (internet) banking

마치 -는/은/을 것처럼

P83

1 Choose the correct word and fill in the blank.

알맞은 말을 골라 빈칸에 쓰십시오.

하늘을 날다 　 영화 속의 주인공이 되다 　 한 폭의 동양화를 보다
새가 날아오르다 　 오래전부터 알고 지내 오다

보기 그분은 처음 만났을 때도 마치 오래전부터 알고 지내 온~~는/은/~~을 것처럼 편했습니다.

1) 합격 소식을 듣고 마치 ________________ 는/은/을 것처럼 기뻤습니다.

2) 이른 아침 눈 덮인 산의 경치는 ________________ 는/은/을 것처럼 아름다웠어요.

3) 발레리나는 그 장면에서 ________________ 는/은/을 것처럼 가볍게 날아올랐어요.

4) 남자 친구가 생일에 장미꽃 100송이를 선물했을 때는 마치 내가 ________________ 는/은/을 것처럼 기뻤어요.

02 -는다고/ㄴ다고/다고 P83

2 The following is a Korean proverb. Match the proverb with the explanation and complete the conversation.

다음은 한국 속담입니다. 속담과 설명을 연결하고 대화를 완성하십시오.

보기 고생 끝에 낙이 온다.	어떤 일을 하려고 계획하고 갔는데 그날 그 일을 할 수 없었다.
1) 가는 말이 고와야 오는 말이 곱다.	괴롭고 힘든 일을 겪은 후에 반드시 좋은 일이 있다.
2) 가는 날이 장날이다.	소문이 아주 빠르게 퍼진다.
3) 떡 줄 놈은 생각지도 않는데 김칫국부터 마신다.	내가 먼저 좋게 말해야 다른 사람도 그렇게 한다.
4) 발 없는 말이 천 리 간다.	해 줄 사람은 그럴 생각도 없는데 그 사람한테 기대하고 있다.

보기

가: 공부가 너무 힘들어서 그만두고 싶어요.

나: 그래도 고생 끝에 낙이 온다고~~는다고/ㄴ다고/다고~~ 포기하지 말고 열심히 하세요.

1) 가: 어제 놀이공원에 가신다고 했지요? 재미있게 노셨어요?

나: ____________________ 는다고/ㄴ다고/다고 어제 갔더니 쉬는 날이었아요.

2) 가: 언니, 주말에 친구들과 여행을 가기로 했어. 물론 언니 자동차를 가지고.

나: 얘는 ____________________ 는다고/ㄴ다고/다고 언제 내가 차를 빌려준다고 했니?

3) 가: 그 친구에 대한 얘기를 한 사람에게만 했는데 벌써 여러 사람이 알고 있던데요. 그래서 제 입장이 좀 곤란해졌어요.

나: ____________________ 는다고/ㄴ다고/다고 항상 말을 조심해야지요. 말은 한번 퍼지기 시작하면 아주 빠르거든요.

4) 가: 어제 아르바이트하다가 손님하고 싸우게 됐어요. 아무리 손님이지만 저를 보자마자 반말을 하잖아요.

나: ____________________ 는다고/ㄴ다고/다고 먼저 말을 그렇게 하면 안 되지요.

1~3 **Read the following and answer the questions.**
다음을 읽고 질문에 답하십시오.

정보 통신 칼럼

인터넷 전자 메일이 생기면서 동서양의 주소를 적는 문화 차이는 의미를 잃게 되었다. 골뱅이(@)만 달면 자기가 사는 나라와 도시, 자기 집 번지까지도 필요 없다. 자신의 아이디(ID)와 사용하는 메일 서버명만 적으면 그만이다. 그러면 자신이 지구 시민이 된 것을 확인하고, 국가나 소속 집단을 통하지 않고서도 세계와 직접 만나게 되는 짜릿한 쾌감을 맛볼 수 있다. 골뱅이만 달면 산도 강물도 없어진다. 편지 봉투도 우체부 아저씨의 배달 가방도 없다. 도대체 이 신기한 골뱅이는 어디에서 온 것일까?

한국에서 골뱅이라는 기호 @는 나라마다 부르는 이름이 다르다. 흥미롭게도 프랑스와 이탈리아 사람들은 우리와 비슷하게 @를 '달팽이'라고 부른다. 그런데 독일 사람들은 그것을 '원숭이 꼬리'라고 부른다. 그리고 동유럽 폴란드나 루마니아 사람들은 꼬리를 달지 않고 그냥 '작은 원숭이'라고 부른다. 그러니까 나라가 달라지면 @의 모양이 원숭이 꼬리로 보이기도 하고 원숭이의 귀로 보이기도 하는 모양이다. 터키에서는 '귀'라고 부르니 말이다.

더욱 재미있는 것은 북유럽의 핀란드에 가면 '원숭이 꼬리'가 '고양이 꼬리'로 바뀌게 되고, 러시아로 가면 그것이 원숭이와는 앙숙인 '개(소바카)'로 불린다는 사실이다.

아시아는 아시아대로 다르다. 중국 사람들은 쥐에다 노(老)자를 붙여 '라오수' 또는 '라오수하오'라 부른다. 일본은 태풍의 나라답게 '나루토(소용돌이)'라고 한다. 혹은 일본식 영어로 '앳 마크'라고도 한다.

아무리 봐도 달팽이나 원숭이 꼬리로는 보이지 않는다. 더구나 오리, 개, 그리고 쥐 모양과는 닮은 데가 없는데 그들의 눈에는 그렇게 보이는 모양이니 문화란 참으로 신기한 것이다. 더욱 재미있는 것은 스웨덴에서는 '코끼리의 몸통'이라고 부른다는 사실이다. 어떻게 '달팽이'에서 '코끼리'까지 크기가 그렇게 달라질 수 있는지 놀랍기만 하다.

팔이 안으로 굽는다고 인터넷 사용국 중에서 @와 제일 가까운 이름은 우리나라의 골뱅이인 것 같다. 골뱅이의 위 단면을 찍은 사진을 보여 주면 모양이나 크기까지 어느 나라 사람이든 무릎을 칠 것 같다.

골뱅이 sea snail　번지 house number　서버 server　그만이다 to be enough　소속 affiliation
짜릿하다 to be thrilling　쾌감 pleasure　달다 to hang/put　앙숙 enemy　점잖다 to be gentle
단면 cross section

1 **Choose the answer that does not match the content of the passage. (　　)**

이 글에서 이야기한 내용이 아닌 것을 고르십시오.

① 전자 메일의 편리함
② 전자 메일의 필요성
③ @를 부르는 다양한 이름
④ 기호를 읽는 데 나타난 문화 차이

2 **Choose the option that is not an advantage of emails. (　　)**

전자 메일의 장점이 아닌 것을 고르십시오.

① 우체부가 없어도 된다.
② 주소를 적는 방법이 간단하다.
③ 국가를 통해 세계와 연결될 수 있다.
④ 배달이 어려운 곳에도 쉽게 보낼 수 있다.

3 **Mark "O" if it matches the content of the passage and "X" if it doesn't.**

읽은 내용과 같으면 O, 다르면 X 표시하십시오.

1) 핀란드와 독일에서는 모두 @를 동물의 꼬리라고 부른다. (　　　)
2) 글쓴이는 골뱅이가 @에 가장 적당한 이름이라고 생각한다. (　　　)
3) 전자 메일에서 주소를 적는 동서양의 문화 차이가 나타난다. (　　　)
4) 30여 개의 인터넷 이용 국가에서 골뱅이라는 이름을 사용한다. (　　　)

4 **Talk about the communication methods you often use to contact people.**

여러분이 사람들과 연락할 때 자주 이용하는 통신 수단에 대해 이야기해 봅시다.

1~3 **Listen to the following and answer the questions.**
다음을 듣고 질문에 답하십시오.

1 Choose the answer that is different from what you heard. ( )
들은 내용과 다른 것을 고르십시오.

① 인터넷은 좋은 기술이지만 각자 잘 이용해야 한다.
② 인터넷 기술을 이용해서 가짜 뉴스를 찾을 수 있다.
③ 인터넷 정보의 양은 많아졌지만 믿을 수 없는 것도 있다.
④ 인터넷에서 좋은 정보를 골라 주는 직업이 생길 수 있다.

2 Choose a word that relates to the following proverb.
다음 속담과 관계있는 말을 고르십시오.

1) 발 없는 말이 천 리 간다. ( )
2) 정보의 홍수 속에 길을 잃다. ( )

① "좋은 정보를 선별하기도 힘들어."
② "잘못된 정보가 사실인 듯 알려져."
③ "다른 사람에게 해를 끼치는 사람도 있어."
④ "인터넷 뉴스에 댓글 올라오는 속도가 놀라워."

3 Mark "O" if it matches what you heard and "X" if it doesn't.
들은 내용과 같으면 O, 다르면 X 표시하십시오.

1) 홍수와 관련된 자연재해 뉴스가 많이 나온다. ( )
2) 인터넷 이용과 함께 댓글 문화에 대한 주의가 필요하다. ( )
3) 여자는 인터넷에서 잘못된 정보 때문에 피해를 본 적이 있다. ( )
4) 남자는 인터넷을 잘 이용하는 것은 모두의 책임이라고 생각한다. ( )

4 Have you ever felt the saying "A word travels a thousand miles without feet" to be true? Talk about it.
여러분은 발 없는 말이 천 리 간다는 말을 느껴본 적이 있습니까? 이야기해 봅시다.

퍼지다 to spread 속도 speed 홍수 flood 넘치다 to overflow 선별하다 to select
각자 each/respective 책임 responsibility

1 **What news is currently making headlines? Search for news on the internet and summarize the content.**

요즘 어떤 뉴스가 화제가 되고 있습니까? 인터넷에서 뉴스를 찾아 내용을 정리해 보십시오.

제목	'천 원의 아침밥' 전국 대학으로 확대된다	
일시	2024년 4월 6일	
출처	서울 경제 신문	
내용 요약	일부 수도권 대학의 대학생들을 상대로 시행되고 있는 '천원의 아침밥' 사업이 전국 대학으로 확대될 전망이다. 평균 4,000원 수준의 식사 한 끼를 기준으로, 학생이 1,000원을 지불하면 정부가 1,000원을 지원하고 나머지 금액은 대학에서 보조하는 방식으로 진행된다.	
의견	고물가 시대에 아침을 거르는 대학생들이 많다고 한다. 학생들이 생활비 부담도 덜면서 건강도 챙길 수 있어서 개인적으로나 국가적으로 좋은 사업이라고 생각된다.	

2 **Introduce the news you have summarized and share your opinions.**

정리한 뉴스를 소개하고 의견을 나눠 봅시다.

9과 지식과 매체

02 신문을 읽으면 상식이 풍부해져요

Learning Objective

To discuss the function of newspapers

Grammar

-는가 하면, -는 게 틀림없다

Vocabulary

Newspapers

MP3_18

- 여러분은 어떤 신문을 자주 봅니까?
- 여러분은 신문을 통해서 무엇을 얻습니까?

수영: 신문에 재미있는 기사라도 났어요? 아까부터 뭘 그렇게 열심히 봐요?

리사: 어느 국어학자에 대한 기사가 났는데 그분은 아침 일과를 여러 종류의 신문을 읽는 것으로 시작한대요.

수영: 저같이 신문을 거의 안 보는 사람이 있는가 하면 그런 사람도 있군요.

리사: 요즘 젊은 세대들은 신문을 많이 안 읽는대요. 신문을 읽으면 정보도 얻을 수 있고 상식도 풍부해져서 좋을 텐데요. 저는 신문을 안 보면 하루 일과 중에서 뭔가 빠뜨린 것 같아요.

수영: 그래서 리사 씨가 상식이 풍부하군요. 리사 씨는 호기심이 많은 사람인 게 틀림없어요.

리사: 맞아요. 저는 하루라도 신문을 안 보면 무슨 일이 일어났는지 아주 궁금해요.

일과 daily routine　빠뜨리다 to miss/omit　일어나다 to happen

란(난)	면	만평	사설	칼럼	독자 투고	머리기사	인사 동정

1 Match the following vocabulary words with the correct explanations.

다음 어휘의 설명으로 맞는 것과 연결하십시오.

보기 면 •	• 신문, 잡지 등에서 첫머리에 싣는 중요한 기사
1) 머리기사 •	• 신문이나 책 등의 각 쪽을 세는 단위
2) 독자 투고 •	• 신문이나 잡지를 읽는 사람이 원고를 보냄
3) 란(난) •	• 책, 신문, 잡지 등에 글이나 그림 등을 싣는 자리
4) 사설 •	• 신문사나 잡지사의 주장이나 의견을 써 놓은 글
5) 만평 •	• 사회적 지위가 높거나 활동이 많은 사람의 움직임
6) 인사 동정 •	• 인물이나 사회를 비평하는 만화 그림
7) 칼럼 •	• 신문이나 잡지에서 시사, 사회, 풍속 등에 대해 짧게 평하는 기사 또는 그 난

2 Choose the correct word and fill in the blank.

알맞은 말을 골라 빈칸에 쓰십시오.

우리 가족은 신문을 열심히 보는 편이다. 그런데 우리는 신문을 보는 습관이 모두 다르다. 나는 제일 먼저 **보기** 문화면을을/를 본다. 그달의 공연이나 영화에 대한 정보를 얻을 수 있기 때문이다.

증권회사에 다니는 오빠는 제일 먼저 경제 1) ________을/를 보고 2) ________을/를 본다. 3) ________은/는 사회적으로 이슈가 되는 이야기거리를 만화로 보여 주는 것이다.

아버지는 제일 먼저 1면의 주요 4) ________을/를 보고 내용을 훑어보신다. 그다음으로 사회적인 문제에 대해 신문사의 입장을 써 놓은 5) ________을/를 읽으시는데 나는 내용이 딱딱하고 이해하기 힘들 때도 있어서 별로 좋아하지 않는다.

어머니가 즐겨 읽으시는 곳은 6) ________란이다. 여기에는 사회적으로 이름이 있는 사람들의 소식이 실린다. 어머니는 신문을 읽고 잘못된 점이 있거나 앞으로 바라는 이야기가 있으면 가끔 신문사에 7) ________ 투고를 하신다. 어머니가 보낸 글이 실리면 아주 기뻐하신다.

란(난) section/column　면 side　만평 satirical cartoon　사설 editorial　칼럼 column
독자 투고 reader submission/opinion piece　머리기사 lead story/headline　인사 동정 condolences

Ⅰ -는가/은가/ㄴ가 하면

P85

1 Answer the following question.

다음 질문에 대답해 보십시오.

보기 저는 단어 외우기가 힘든데 다른 학생들은 한국어 공부를 할 때 뭘 힘들어해요?

1) 학생들은 방학이 되면 아르바이트를 많이 하나요?

2) 요즘 사람들은 어디서 정보를 얻나요?

3) 커피를 마시는 방법도 사람에 따라 다른 것 같아요.

4) 사람들은 휴가 때 보통 뭘 하지요? 모두 여행을 가요?

보기 문법 때문에 힘들어하는 학생이 있는가 하면 발음을 어려워하는 학생도 있어요.

Ⅱ -는/은/을 게 틀림없다

P86

2 Look at the picture and talk about it.

그림을 보고 이야기해 보십시오.

보기 저 학생이 신문을 열심히 읽고 있는 걸 보니 신문 기사 발표 준비를 하는 게 틀림없어요.

1~3 Read the following and answer the questions.
다음을 읽고 질문에 답하십시오.

신문은 보도 기능, 지도 기능, 오락 기능, 광고 기능의 네 가지 기능을 가지고 있다. 먼저 보도 기능이란 독자들에게 정치, 기후, 사고, 전쟁, 교육 등 사회에서 일어나는 사건들에 대한 정보를 객관적으로 보도하는 것을 말하는 것으로서 신문의 가장 중요한 기능이다.

다음으로 지도 기능이란 독자를 설득하고 가르쳐서 올바른 태도나 행동을 하도록 하는 신문의 기능을 말한다. 즉 지도 기능이란 신문사에서 독자에게 의견을 제시하는 것으로서 여기에는 사설, 논설, 시사만평 등이 포함된다.

그런가 하면 신문은 독자들에게 즐거움을 주는 오락 기능도 있다. 예를 들어 만화, 소설, 스포츠나 연예, 혹은 취미 관계 등의 기사가 이러한 오락적 목적으로 사용된다.

마지막으로 광고 기능이란 독자들에게 상품 및 시장에 대한 정보를 제공해 주고 또한 기업인들은 그들의 상품을 일반 사람들에게 알려 주도록 돕는 것을 말한다.

미국의 주요 신문의 지면에서 이 네 가지 기능이 차지하는 비중을 조사한 결과 보도 기능이 20%, 지도 기능이 4%, 오락 기능이 16%, 그리고 광고 기능이 60%를 차지하고 있었다고 한다. 우리나라 경우에는 대체로 일간신문의 경우 보도 기능이 35%, 지도 기능이 4%, 오락 기능이 21%, 그리고 광고 기능이 40% 정도를 차지하고 있다.

보도 report 지도 guidance 오락 entertainment 기후 climate 전쟁 war 사건 incident 객관적 objective 올바르다 to be correct/proper 태도 attitude 제시하다 to present/suggest 논설 editorial 시사 current events 포함되다 to be included 상품 product 제공하다 to provide 지면 paper 차지하다 to possess/take up 비중 importance/weight 대체로 generally 일간신문 daily (news)paper

1 Summarize the contents of the passage in the following table.

이 글의 내용을 다음 표에 요약하십시오.

신문의 기능	설명	정보의 예
보도 기능	사회에서 일어난 사건에 대해 알려주는 기능	정치, 기후, 사고, 전쟁, 교육에 관한 기사
광고 기능		

2 Organize the proportions of the four functions shown above in the following table.

신문에서 네 가지 기능이 차지하는 비중을 다음 표에 정리하십시오.

	보도 기능	지도 기능	오락 기능	광고 기능
한국	35%			
미국			16%	

3 Choose the answer that matches the content of the text. (　　)

읽은 내용과 같은 것을 고르십시오..

① 신문의 기능 중에서 가장 중요한 것은 오락 기능이다.

② 한국과 미국 모두 신문에서 광고의 비중이 가장 높았다.

③ 광고 기능은 기업인을 위한 것이며 독자에게는 도움이 되지 않는다.

④ 독자가 신문사에 의견을 제시하도록 하는 것도 신문의 기능 중 하나이다.

4 What do you think is the most important function of a newspaper? Talk about it.

여러분은 신문의 기능 중에서 무엇이 가장 중요하다고 생각합니까? 이야기해 봅시다.

1~3 **Listen to the following and answer the questions.**
다음을 듣고 질문에 답하십시오.

1 What is the discussion about? (   )
무엇에 대한 토론입니까?

① 종이 신문 구독률 감소의 원인 ② 신문 광고와 구독률 간의 관계
③ 신문 기사와 청소년 범죄의 증가 ④ 인터넷 포털 사이트의 신문 기사 제공

2 If you agree with the topic of the debate, write "Agree," and if you disagree, write "Disagree."
토론 주제에 대해 찬성하는 의견이면 '찬성', 반대하는 의견이면 '반대'라고 쓰십시오.

1) 바쁜 현대인들은 정보를 얻을 시간이 부족하다. (   )
2) 인터넷 포털 사이트 때문에 신문의 구독률이 떨어진다. (   )
3) 신문사의 수입이 줄게 되면 신문의 광고면이 많아질 수밖에 없다. (   )
4) 인터넷 사이트 신문 기사 제공은 종이 신문 구독률을 높이는 데 도움이 된다. (   )

3 Choose two issues reporter Park mentioned. (,)
박 기자가 말한 문제 두 가지를 고르십시오.

① 신문 기사를 상업적으로 이용할 수 있다.
② 신문 지면에 필요 없는 기사가 증가한다.
③ 종이 신문의 광고 면이 점점 많아지게 된다.
④ 호기심을 끄는 기사 때문에 청소년 범죄가 늘 수 있다.

4 How do you read the newspaper? Talk about it and your reasons for doing so.
여러분은 어떤 방식으로 신문을 보고 있습니까? 그 이유와 함께 이야기해 봅시다.

제공 offer 구독률 subscription rate 감소하다 to decrease
상업적 commercial 저작권 copyright 침해 violation 호기심 curiosity

1 **Is there something happening around you that you want to inform people about? Investigate the content you want to write for a newspaper article.**

여러분 주변에서 일어나는 일 중에 사람들에게 알리고 싶은 일이 있습니까? 쓰고 싶은 신문 기사의 내용을 조사하십시오.

기사의 주제: ________________________	
누가 관련되었는가?	
무슨 일이 벌어졌는가?	
어디에서 일이 벌어졌는가?	
왜 그런 일이 벌어졌는가?	
언제 벌어졌는가?	
그 일이 **어떻게** 벌어졌는가?	

2 **Write a newspaper article based on the research you've conducted.**

조사한 내용으로 신문 기사를 써 봅시다.

문화

유익한 생활 정보

전통적으로 한국의 시장에는 가게 주인이 단골을 만들기 위해 손님에게 할인을 해 준다거나 덤으로 물건을 몇 개 더 주는 문화가 있다. 요즘은 이러한 에누리와 덤 문화가 '적립 카드'와 '회원 카드'의 형태로 일반 가게에도 많이 퍼지고 있다. 예를 들어 카페 적립 카드는 커피 한 잔에 하나씩 찍어 주는 도장을 정해진 숫자만큼 모으면 한 잔을 무료로 받을 수 있는 제도이다. 도장 쿠폰은 카페뿐만 아니라 미용실, 중국집, PC방 등 많은 가게에서 사용하고 있다. 또한 휴대 전화 통신사 회원 카드가 있다면 커피숍, 빵집, 극장, 편의점 등을 이용할 때 할인을 받을 수 있다. 여러분도 자주 이용하는 커피숍이나 빵집에서 계산을 하기 전에 이렇게 말해 보자. "여기 적립 카드 있어요?" "쿠폰에 도장 찍어 주세요." "10개 다 모았는데요." "통신사 카드 할인이 되나요?" 가게에 따라서 카드 형태가 종이, 플라스틱, 모바일 앱 등으로 다양하므로 미리미리 잘 챙겨서 똑똑한 소비자가 되어 보자.

1. 여러분이 알고 있는 유익한 한국생활 정보를 이야기해 봅시다.

2. 여러분 고향의 유익한 생활 정보를 소개해 봅시다.

10과 생활과 경제

01 저축 상 타신 걸 축하드립니다

Learning Objective

To talk about consumer life

Grammar

-을 따름이다, -으니만큼

Vocabulary

Consumption and expenditure

MP3_19

- 여러분은 어떻게 돈을 절약하고 있습니까?
- 생활 속에서 돈을 절약하는 방법에는 어떤 것들이 있을까요?

기 자: 저축 상 타신 걸 축하드립니다.

아주머니: 아유, 쑥스럽게 뭘. 별로 많지도 않은데 이런 상을 받으니 부끄러울 따름이에요.

기 자: 그렇게 큰돈을 모으신 비결이 뭔가요?

아주머니: 비결이랄 게 뭐 있나요? 저는 작은 식당을 30년째 운영하고 있는데요. 단돈 만 원이라도 모이면 바로 은행에 가서 저축을 했지요. 하고 싶은 걸 다 하고서는 돈 모으기 어렵거든요.

기 자: 네, 그렇게 모으신 돈으로 세 명의 자녀분들을 대학까지 다 교육시키시고 정말 대단하세요. 요즘은 형편이 어려운 학생들의 등록금도 대신 내주신다면서요?

아주머니: 이젠 자식 교육도 다 시켰고, 다른 사람에게 많은 도움을 받고 살았으니만큼 나도 나보다 어려운 사람을 도우면서 살아야지요.

쑥스럽다 to be shy/embarrassed 흔하다 to be common 단돈 a small amount of money
형편 circumstances 대신 instead/stead

고가	구매	소비	수입	저가
저축	절약	지출	과소비	

1 Choose the correct word and fill in the blank.

알맞은 말을 골라 빈칸에 쓰십시오.

보기 돈을 쓰는 것 [소][비]

1) 지나치게 돈을 많이 쓰는 것 [ ][ ][ ]
2) 돈이 들어오는 것 [ ][ ]
3) 돈이 나가는 것 [ ][ ]
4) 물건을 사는 것 [ ][ ]
5) 비싼 값 [ ][ ]
6) 싼 값 [ ][ ]
7) 아껴 쓰는 것 [ ][ ]
8) 은행 등에 돈을 모으는 것 [ ][ ]

2 The following is a part of an article. Fill in the blanks with the correct words.

다음은 기사 중 일부입니다. 빈칸에 알맞은 말을 쓰십시오.

최근 각 가구의 **보기** 수입은은/는 줄어 든 데 비해 교육비 1) ________이/가 크게 늘어났다. 그래서 일반인들이 생활비를 줄이고 물건을 사지 않는 등 2) ________이/가 많이 줄었다. 이는 경제에도 나쁜 영향을 주고 있다. 그러나 일부 부유층은 외국에서 수입한 유명한 3) ________의 제품만을 4) ________하는 등 부유층의 5) ________은/는 여전히 문제가 되고 있다. 이러한 과소비는 물건값 일이백 원을 깎아 가며 알뜰하게 6) ________하는 많은 소시민들에게 허탈감을 주고 있다.

고가 high price 수입 import 저가 low price 지출 expense 과소비 overspending

❶ -을/ㄹ 따름이다

P88

1 How would you feel in the following situation? Choose the appropriate words and have a conversation.

다음 상황에서 기분이 어떨까요? 알맞은 말을 골라 대화해 보십시오.

답답하다 안타깝다 기쁘다 감사하다
죄송하다 실망스럽다 걱정되다 부끄럽다

보기

가: 초대해 주셔서 정말 고맙습니다.

나: 아닙니다. 바쁘신 중에도 이렇게 와 주셔서 감사할 따름입니다.

1) 가: 상을 받으신 소감 한마디 해 주시죠.

나: 제가 뭘 바라고 한 일도 아닌데 이렇게 상을 주시니 ____________________

2) 가: 선생님 아이들은 공부를 잘하지요?

나: 아니요, 공부도 안 하고 놀기만 해서 ____________________

3) 가: 이번에 시험 성적 괜찮게 받았어요?

나: 공부를 많이 안 해서 시험을 못 볼 거라고 생각했는데 생각보다 성적이 좋아서 ____________________

4) 가: 이번 봉사활동에 못 가신다면서요?

나: 네, 제가 먼저 가자고 해 놓고 못 가게 돼서 ____________________

01 -으니만큼/니만큼/이니만큼

P89

2 Answer your friend's concerns.

친구의 고민에 대해 대답해 보십시오.

보기 제 실수 때문에 친구와 좀 심하게 싸웠어요. 제가 계속 사과를 했는데도 친구가 화를 풀지 않아요.

1) 내일이 휴일인데 회사에서 나오라고 해요. 저는 여자 친구와 선약이 있는데 어떻게 하죠?

2) 열심히 입사 시험 준비를 하기는 했지만 너무 불안해요. 이번에 또 떨어지면 어떻게 하죠?

3) 1박 2일 코스로 설악산 등산을 하려고 하는데 무엇을 준비해야 해요?

4) 이번에 제가 청소년 드라마를 만들게 되었는데 어떤 내용으로 만들면 좋을까요?

사과를 많이 했으니만큼 친구도 곧 화를 풀 거예요. 걱정하지 마세요.

1~3 **Read the following and answer the questions.**
다음을 읽고 질문에 답하십시오.

이달의 저축왕

이달의 저축왕 김정민 씨를 소개합니다.

우리 회사 영업부 김정민 씨는 매달 받는 월급이 항상 부족하다고 느꼈습니다. 월급을 받는 동시에 바로 통장에서 여기저기 돈이 나가 버려서 월급을 받는 기쁨을 즐길 순간도 별로 없습니다. 남들 버는 것만큼은 버는 것 같은데 저축을 할 여유도 없었습니다.

그래서 김정민 씨는 날마다의 수입과 지출을 기록하기 시작했습니다. 출근하면서 습관적으로 들르는 카페의 커피 값부터 매일 쓸 수밖에 없는 식사비, 교통비, 통신비를 하나하나 적었습니다. 혹시 지나치게 과소비를 하는 부분이 있는지 내역을 꼼꼼히 살펴보았더니 쓰지 않아도 될 돈을 생각 없이 쓰고 있었다는 걸 알 수 있었습니다.

지출의 가장 큰 비중을 차지하는 부분은 유흥비, 쇼핑, 취미 생활비 등이었습니다. 정리해 보니 지난 한 달만 해도 술값으로 50만 원, 쇼핑 80만 원, 골프장과 헬스장에서 100만 원. 총 230만 원 정도를 지출한 것을 발견했습니다. 게다가 무이자 할부가 가능하다는 이유로 카드 결제를 많이 이용해서 큰돈이 나가는 것을 느낄 수 없었고, 급할 때는 현금 서비스도 이용하곤 했습니다.

수입과 지출 내역을 보고 충격을 받은 김정민 씨는 그 후로 날마다 가계부를 쓰고 있습니다. 골프장에 가는 횟수를 줄이고 불필요한 쇼핑을 자제하기로 했습니다. 식사도 가벼운 도시락을 사 먹거나 집에서 싸 가기도 합니다. 술 모임도 꼭 필요한 모임이 아니면 가지 않습니다. 또 가능하면 카드 대신 현금으로 결제하려고 노력했습니다. 그 결과 김 씨는 매달 소득의 약 50%인 200만 원을 저축할 수 있게 되었습니다.

김정민 씨는 이렇게 말합니다. "과소비를 줄이고 자신의 소득에 맞는 합리적인 소비를 하려면 무엇보다 자신의 소비 내역을 알 수 있도록 가계부를 날마다 쓰는 것이 좋습니다. 신용 카드 사용을 월수입의 20%가 넘지 않도록 해야 하며, 소득의 50%는 저축을 하도록 목표를 잡는 것이 좋습니다."

과소비 overspending　지적 comment/pointing out　내역 history/breakdown
유흥비 entertainment expenses　무이자 interest-free　가계부 household ledger
자제하다 to restrain oneself　합리적 rational

1 **What is a suitable title for the passage? (   )**

글의 제목으로 알맞은 것은 무엇입니까?

① 올바른 가계부 쓰는 방법
② 소득과 지출 내역 확인 방법
③ 합리적인 소비를 하는 방법
④ 신용 카드와 현금 결제의 장단점

2 **What is different from the content in the passage above? (   )**

위 글의 내용과 다른 것은 무엇입니까?

① 김 씨는 가계부를 쓰면서 소비와 지출 내역을 알게 되었다.
② 김 씨는 저축을 많이 한 사람을 소개하는 잡지에 소개되었다.
③ 김 씨는 현금 대신 무이자 할부가 가능한 카드 결제를 이용해 왔다.
④ 김 씨는 합리적인 소비를 통해 한 달에 50만 원을 저축하게 되었다.

3 **Write about the ways to reduce overspending mentioned by Kim Jeongmin.**

김정민 씨가 말한 과소비를 줄이는 방법이 무엇인지 쓰십시오.

1) ______________________________

2) ______________________________

3) ______________________________

4 **Let's talk about what you spend the most money on.**

여러분은 무엇을 하는 데 가장 많은 돈을 씁니까? 이야기해 봅시다.

1~3 **Listen to the following and answer the questions.**
다음을 듣고 질문에 답하십시오.

1 **What did the woman say was good about using cash? Mark them all with a ✓.**
여자는 현금을 사용하면 어떤 점이 좋다고 했습니까? 모두 ✓ 표시하십시오.

① 대형 할인점에서 물건을 많이 살 수 있다. ☐
② 쇼핑을 할 때 처음 계획한 것만큼만 살 수 있다. ☐
③ 계획을 세워서 지출할 수 있다. ☐
④ 물건을 더 싸게 사기도 한다. ☐
⑤ 이자 없이 고가의 물건을 살 수 있다. ☐

2 **What did the woman say was different compared to when she used a credit card? Write.**
여자는 신용 카드를 사용했을 때에 비해 어떻게 달라졌다고 했습니까? 쓰십시오.

____

3 **What did the man say were the advantages of credit cards? Mark them all with a ✓.**
남자는 신용 카드의 장점을 뭐라고 이야기했습니까? 모두 ✓ 표시하십시오.

① 지금 돈이 모자라도 물건을 살 수 있다. ☐
② 소비를 많이 하게 하기 때문에 경제에 도움이 된다. ☐
③ 다음 달 계획을 세울 때 신용 카드 명세서를 이용할 수 있다. ☐
④ 계획한 만큼만 돈을 지출하게 한다. ☐
⑤ 돈을 나누어서 낼 수 있기 때문에 고가의 물건도 살 수 있다. ☐
⑥ 할인을 받거나 하여 물건을 싸게 살 수도 있다. ☐

4 **Do you carry cash? When do you use cash? Talk about it.**
여러분은 현금을 가지고 다닙니까? 언제 현금을 사용합니까? 이야기해 봅시다.

넉넉해지다 to be more abundant 상세히 in detail 명세서 statement 유용하다 to be useful

1 How do you save money?

여러분은 어떤 방법으로 돈을 모읍니까?

가상 화폐 주식 부동산 식물
예술품 와인 운동화 기타

2 Introduce investment techniques that people in your country often use.

여러분 나라 사람들이 많이 하는 재테크 방법을 소개해 봅시다.

방법	좋은 점
가계부 어플리케이션	신용 카드나 체크카드를 등록할 수 있는 가계부 어플리케이션을 쓰면 매번 직접 가계부를 쓰지 않아도 자동으로 입출금 내역이 기록돼서 편하다.

10과 생활과 경제

02 신용 카드로 결제가 안 되는 바람에 당황했어요

Learning Objective

To talk about credit card usage

Grammar

-는 바람에, -었으면야

Vocabulary

Credit card

MP3_20

- 여러분은 신용 카드를 언제 사용합니까?
- 여러분은 주로 어떤 방법으로 결제합니까?

리사: 어제 데이트는 즐거웠어요?

서준: 말도 마세요. 괜히 기분 내려고 호텔 식당에 갔다가 제 신용 카드로 결제가 안 되는 바람에 얼마나 당황했는지 몰라요.

리사: 아니, 결제가 왜 안 됐는데요?

서준: 제가 최근에 돈을 좀 무절제하게 썼거든요. 그랬더니 제 카드의 사용한도가 넘어 쓸 수가 없었어요.

리사: 저도 그럴까 봐 결제 알림 서비스를 신청했어요. 그러면 제가 얼마를 썼는지 결제할 때마다 바로 알 수 있거든요.

서준: 저도 그렇게 했으면야 어제 같은 일은 없었겠죠. 아무튼 이번 일이 저한테는 아주 좋은 교훈이 됐어요.

무절제하다 to be dissolute　한도 limit　교훈 lesson

면제 적립 할부 할인 가맹점
무이자 연회비 일시불 포인트

1 Choose the correct word and fill in the blank.

알맞은 말을 골라 빈칸에 쓰십시오.

나는 얼마 전에 신용 카드를 하나 만들었다. 그 카드는 영화관이나 놀이공원 입장료를 20% **보기** 할인해 줘서 나처럼 영화를 좋아하는 사람에게 좋은 것 같았다. 또 그 카드를 사용할 수 있는 가맹점에서는 항상 2~3개월 무이자 할부로 물건을 살 수 있어서 비싼 물건을 살 때 한꺼번에 돈을 지불하지 않아도 되니까 좋다. 그리고 가맹점에서 사용할 때마다 1) ________ 이/가 많이 쌓이고, 2) ________ 된 포인트를 현금처럼 사용할 수도 있다. 2~3개월 3) ________ 으로/로 하지 않고 한꺼번에 4) ________ 으로/로 내는 경우에는 포인트가 두 배로 적립된다. 그리고 무엇보다도 매년 내야 하는 5) ________ 을/를 5년 동안 6) ________ 해 주기 때문에 좋다.

2 What card will you make? Talk about it.

여러분은 어떤 카드를 만들겠습니까? 이야기해 보십시오.

행복 카드	• 주요 백화점·할인점·면세점 등에서 2~3개월 무이자 할부 서비스 • 전국 놀이공원에서 카드 결제 시 입장권 할인 • 유명 영화관 티켓 할인
꿈 카드	• 전국 21개 리조트에서 결제 시 최고 40% 할인 • 백화점과 대형 할인점에서 최고 10% 포인트 결제 가능 • 유명 음식점에서 최고 20% 포인트 결제 가능
마음 카드	• 대형 할인점·인터넷 쇼핑몰 3~5% 할인 • 첫해 연회비 면제 • 유명 음식점 10~20% 할인
사랑 카드	• 모든 주유소에서 5% 주유 할인 • 국내선/국제선 항공권 최고 7% 할인 • 항공사 마일리지 1,500원당 1마일 적립

면제 exemption 적립 saving 할부 monthly installment plan 가맹점 affiliated store
연회비 annual membership fee 일시불 single (lump sum) payment

1 -는 바람에 P91

1 Fill out the table and complete the sentences.

표를 채우고 문장을 완성하십시오.

보기 수업이 끝나고 나올 때 친구가 빨리 가자고 서둘렀다.	핸드폰을 책상 위에 두고 나왔어요.
1) 바람이 많이 불어서 우산이 뒤집혔다.	
2) 버스에서 사람들이 밀었다.	
3)	얼마나 당황했는지 몰라요.
4)	너무 놀라서 뒤를 돌아봤어요.

보기 수업이 끝나고 나올 때 친구가 빨리 가자고 서두르는 바람에 책상 위에 핸드폰을 두고 나왔어요.

1) 바람이 많이 불어서 우산이 뒤집히는 바람에 ______

2) ______

3) ______

4) ______

-었으면야/았으면야/였으면야

P92

2 Look at the following table and create a conversation.

다음 표를 보고 대화를 만들어 보십시오.

	상황		이유
보기 학생	연구 프로젝트를 같이 할 사람이 부족하다	교수	이 프로젝트에 지원한 사람이 없었다.
1) 남자 친구	지난 토요일이 내 생일이었는데 여자 친구가 선물을 주지 않았다.	여자 친구	남자 친구의 생일을 몰랐다.
2) 에릭	지난달 내 결혼식에 친구 미선이가 오지 않았다.	미선	에릭의 결혼식 소식을 듣지 못했다.
3) 아내	집안일이 많은데 남편이 함께 하지 않는다.	남편	집안일을 함께 하고 싶지만 시간이 없었다.
4) 나	친구와 같이 여행을 가고 싶은데 친구가 같이 못 간다고 했다.	친구	아르바이트를 해야 한다.

교수님, 우리 연구 프로젝트를 할 사람이 부족합니다.

이 프로젝트에 지원한 사람이 있었으면야 사람을 더 뽑았을 거예요. 그런데 지원자가 없었어요.

1~3 Read the following and answer the questions.
다음을 읽고 질문에 답하십시오.

합리적인 깍쟁이가 되는 법

사람들은 나를 짠돌이라고 부른다. 깍쟁이라고 부르기도 한다. 돈을 잘 쓰지 않고 지나치게 아낀다며 다들 나를 그렇게 부르는데 나는 그 말이 듣기 싫지만은 않다. 알뜰하게 생활한다고 해서 나처럼 절약하는 사람들을 알뜰족이라고도 부른다.

나는 아낄 수 있는 곳에는 철저히 아낀다는 원칙을 가지고 소비를 한다. 나의 비법을 공개하자면 첫째, 쿠폰이나 할인 카드를 활용한다. 생일이나 특별한 날 패밀리 레스토랑을 찾기 전에 할인 쿠폰과 할인 카드를 챙긴다. 적게는 10%에서 많게는 30%까지 저렴한 가격에 식사를 할 수 있다. 게다가 무료로 제공되는 빵은 두세 번 정도 리필해 먹을 수 있고, 음료는 한두 잔만 시켜 리필해 마시면 실제로 계산하는 돈은 얼마 되지 않는다. 그래서 사람들은 우리를 쿠폰족, 리필족이라 부른다. 둘째, 신용 카드의 혜택을 다양하게 누린다. 꼭 하나의 카드만 사용할 필요는 없다. 카드사마다 특별한 혜택이 다르기 때문에 혜택을 받을 수 있는 최저 금액만큼만 사용하고 카드의 혜택은 모두 누리는 것이다. 셋째, 가계부를 쓴다. 인터넷 가계부를 이용할 경우 사람들의 생일이나 취향을 기록할 수 있어서 인맥 관리도 되고, 일기장으로도 이용할 수 있어서 일석이조 아니 '일석삼사조'이다. 또한 인터넷 가계부는 은행 계좌의 입출금 내역이 자동으로 입력되니만큼 매우 편리하다.

내가 이렇게 아껴 쓴다고 해서 소비 자체를 싫어하는 것은 아니다. 다만 아낄 수 있는 부분을 철저하게 아껴서 내가 정말 좋아하는 일에 과감하게 투자한다. 최근엔 사진 찍기에 취미를 붙여 카메라에 관심이 많이 생겼다. 취미로 사진 공부를 시작한 이후 더 좋은 사진을 찍기 위해 전문가용 렌즈를 구입하기도 하고 카메라 가방 등을 구입하기도 한다. 물론 인터넷으로 사용 후기나 구입 방법을 자세히 검색해 보고 신중하게 구입한다. 신입 사원인 내 월급으로 이 모든 것을 구입하기는 힘드니까 절약할 수 있는 곳에서 최대한 절약해 내 취미 생활을 하는 것이다. 불필요한 소비를 줄이고 투자하고 싶은 곳에 과감히 투자하는 이런 나의 소비 생활이 무조건 아끼기만 하는 사람들이나 값비싼 브랜드의 명품만을 선호하는 명품족에 비해 더 합리적이고 실용적이라고 나는 생각한다.

짠돌이 penny-pincher 깍쟁이 miser 알뜰하다 to be frugal 철저히 thoroughly 원칙 principle
비법 secret 인맥 personal connections 일석이조 killing two birds with one stone
과감하다 to be drastic 신중하다 to be careful

1 Choose the answer that matches the content of the text. (   )

이 글의 내용과 같은 것을 고르십시오.

① 가계부는 수입과 지출 내역만 기록하는 것이다.

② 절약하는 생활을 위해 신용 카드는 가능하면 하나만 사용한다.

③ 취미 생활을 위해서는 최소한의 돈만 쓰는 것을 원칙으로 한다.

④ 나는 쓸데없는 돈 낭비는 하지 않지만 필요한 곳에는 투자한다.

2 What is this person's nickname, and why did they get it? Write.

이 사람의 별명은 무엇이고 왜 그런 별명이 생겼습니까? 쓰십시오.

1) 별명:

2) 이유:

3 Mark "O" if the description of "me" is correct and "X" if it is incorrect.

나에 대한 설명으로 맞으면 O, 틀리면 X 표시하십시오. .

1) 나는 짠돌이라는 별명에 불만이 없다. (   )

2) 비싼 물건은 카드로 구입하지 않는다. (   )

3) 돈 쓰는 것 자체를 싫어해서 돈을 아껴 쓴다. (   )

4) 때로는 명품을 소비하는 것도 실용적일 수 있다. (   )

4 Have you ever used a coupon or discount card to buy something or go to a restaurant? Talk about it.

쿠폰이나 할인카드를 이용해 물건을 사거나 식당을 이용해 본 적이 있습니까? 이야기해 봅시다.

1~3 **Listen to the following and answer the questions.**
다음을 듣고 질문에 답하십시오.

1 Write the advantages of a credit card.
신용 카드의 장점이 무엇인지 쓰십시오.

1) ______________________________

2) ______________________________

3) ______________________________

2 Which of the following is not a problem with using credit cards? ( )
신용 카드 사용의 문제점이 아닌 것은 무엇입니까?

❶ 과소비를 하기 쉽다.
❷ 도난이나 분실의 위험이 있다.
❸ 개인의 신용에 문제가 생길 수 있다.
❹ 개인 정보의 유출로 범죄에 악용될 수 있다.

3 Mark "O" if it matches what you heard and "X" if it doesn't.
들은 내용과 같으면 O, 다르면 X 표시하십시오.

1) 카드사에서 제공하는 할인 쿠폰을 최대한 이용한다. ( )
2) 자신의 소득 수준에 맞춰서 카드를 사용해야 한다. ( )
3) 신용 포인트를 높이기 위해 카드는 여러 개를 사용하는 것이 좋다. ( )
4) 무이자 할부 서비스가 있으니까 물건은 할부로 구매하는 것이 좋다. ( )

4 What do you find useful and inconvenient about using credit cards? Talk about it.
여러분은 신용 카드를 사용하면서 어떤 점이 유용하고 어떤 점이 불편하다고 생각합니까? 이야기해 봅시다.

갚다 to repay 신용불량자 credit delinquent/a person of bad credit 도난 burglary
유출되다 to be leaked 악용되다 to be abused 소득 income 명심하다 to bear in mind

1 Which credit card do you often use?

여러분은 어떤 신용카드를 자주 사용합니까?

카드 이름	혜택	아쉬운 점
세연카드	커피숍, 영화관, 마트, 미용실 등에서 이 카드로 결제하면 포인트가 적립된다.	연회비가 비싸다.

2 Talk about what features or benefits you would like a credit card to have.

신용카드에 어떤 기능이나 혜택이 있으면 좋을지 이야기해 보십시오.

보기

요즘 여러 가게에서 할인 혜택을 받을 수 있는 신용카드가 많지만 영화관, 주유소, 의류 매장처럼 제가 잘 이용하지 않는 곳의 할인 혜택은 필요가 없어요. 그래서 제가 자주 이용하는 가게를 선택하고 그곳의 할인을 더 받을 수 있는 신용카드가 있으면 좋겠어요.

문화

쇼핑 트렌드 – 가성비

물건 가격이 3,000원 이하인 매장, 편의점 도시락, 로드숍 화장품, 유명 저가 의류. 이들의 공통점은 바로 저렴한 가격에 비해서 품질이 좋다는 점이다. 인터넷에 자주 접속하는 현대인이 가격 대비 만족도가 높은 제품에 대해 자발적으로 입소문을 내기 시작하면서 이러한 '가성비' 높은 제품의 경쟁력이 커지고 있다. 88만원 세대, N포 세대, 비혼주의라는 말이 유행하게 된 최근의 경제 불황도 저가 상품 소비층 형성에 영향을 미쳤다. 친구가 가지고 있는 물건에 대해서 "그거 어디서 샀어? 그거 얼마 주고 샀어? 가성비 진짜 좋다."와 같이 말하면서 관심을 보인다면 자연스럽게 대화를 이어 나갈 수 있을 것이다.

1. 여러분이 알고 있는 가성비 좋은 상품을 소개해 봅시다.

2. 최근 쇼핑 트렌드에 대해서 이야기해 봅시다.

memo 메모

Workbook 302

YONSEI KOREAN for college students

1과 01 영화를 보러 가곤 했어요

어휘

1 **Choose the correct word to fill in the blank.**
알맞은 말을 골라 빈칸에 쓰십시오.

과거　미래　회상　추억　준비　후회

12월 7일

이제 한국 생활이 얼마 남지 않았다. 한국에서 보낸 지난 시간을 보기 회상해 보니까 1) ________ 이/가 되는 일이 많다. 처음 한국에 와서 공부는 하지 않고 집에서 컴퓨터 게임만 하던 일, 친구들과 놀러 다니느라고 수업에 빠진 일 등등 말이다. 처음부터 열심히 공부했다면 더 좋은 성적을 받을 수 있었을 텐데……. 그래도 유학 생활의 즐거운 2) ________ 을/를 많이 갖게 된 건 모두 학교에서 사귄 친구들 덕분이다. 연극 동아리 공연 3) ________ 을/를 하면서 친해진 친구들은 기쁠 때나 슬플 때나 나에게 힘이 되어 주었다. 4) ________ 의 게으르고 불성실하던 나를 자신감으로 가득 찬 모습으로 만들어 준 유학 생활. 이제 다가올 나의 5) ________ 은/는 밝게 빛나지 않을까?

2 **Choose the correct word to fill in the blank.**
알맞은 말을 골라 빈칸에 쓰십시오.

관련　옛날　말이 나온 김에　유난히　추억하다

보기
가: '할머니' 하면 뭐가 생각나세요?
나: 저는 할머니가 들려 주시던 옛날이야기가 생각나요.

1) 가: 올해는 꼭 에어컨을 사려고요. 작년 여름에 너무 고생을 했거든요.
   나: 맞아요. 작년 여름은 ________ 더웠어요.

2) 가: 우리 할머니는 요즘 옛날 사진들을 자주 꺼내 보세요.
   나: 옛날에 좋았던 때를 ________ 으시는/시는 거겠지요

3) 가: 새로 생긴 일식집에 가 보셨어요?
   나: 네, 맛도 있고 분위기도 좋아요. ________ 오늘 점심은 거기서 먹을까요?

4) 가: 발표 준비는 다 했니?
   나: 아니, 이제 겨우 ________ 기사들만 모았을 뿐이야. 오늘부터 해야지.

문법

-다가도

3 Complete the following sentence.
다음 문장을 완성하십시오.

보기
그 남자는 술을 너무 좋아해서 자다가도 술이라고 하면 벌떡 일어나요.

1) 그 아이는 ____________ 다가도 엄마만 보면 방긋 웃는다.

2) 학생들은 시끄럽게 ____________ 다가도 그 선생님만 보면 조용해졌다.

3) 돈은 ____________ 다가도 없고 ____________ 다가도 생기는 거래요.

4) 안드레이 씨는 수업 시간에 ____________ 다가도 쉬는 시간만 되면 깨어난다.

5) 엄마들은 아이한테 ____________ 다가도 아이의 웃는 모습만 보면 저절로 화가 풀린다고 한다.

4 Complete the following conversation.
다음 대화를 완성하십시오.

보기
가: 요즘 날씨가 좀 이상하지요? 이렇게 날씨가 좋다가도 갑자기 비가 내리니까 말이에요.
나: 네, 날마다 우산 챙기는 것도 일이에요.

1) 가: 샤오밍 씨는 먹는 걸 정말 좋아하나 봐요.
나: 네, ________ 다가도 음식 냄새만 나면 일어나잖아요.

2) 가: 이 식당은 항상 이렇게 손님이 많아요?
나: 아니요, 점심시간에는 이렇게 손님이 ________ 다가도 점심시간이 지나면 손님이 별로 없어요.

3) 가: 남자 친구가 그 배우를 싫어한다면서요?
나: 네, 텔레비전을 ________ 다가도 그 배우만 나오면 채널을 돌려 버려요.

4) 가: 어른이 부르시면 뭘 ________ 다가도 대답을 해야 하는 거야. 알았지?
나: 네, 엄마. 다음부터는 그렇게 할게요.

5) 가: 기분이 나쁠 때는 뭘 하세요?
나: 저는 음악을 들어요. 음악을 들으면 기분이 ________ 다가도 ________ 거든요.

00 -곤 하다

5 Read the following passage and complete the sentence.
다음 글을 읽고 문장을 완성하십시오.

저는 어렸을 때 장난감 자동차를 너무 좋아해서 장난감 자동차를 모았어요. 그래서 장난감 가게에 가면 꼭 장난감 자동차를 샀어요. 초등학교 때는 인라인 스케이트 타는 것이 너무 재미있어서 자주 밤 늦게까지 공원에서 인라인 스케이트를 타다가 어머니한테 야단을 맞은 일도 많았어요. 중학교 때는 기타를 치기 시작했고 시간만 나면 기타 연습을 했어요. 고등학교 때는 학교 친구들과 밴드를 만들어서 기타를 연주했어요. 그리고 학교에 행사가 있을 때마다 공연을 했어요. 대학생이 되어서는 수영을 배우기 시작했어요. 수영을 하면서 건강해지니까 수영이 더 좋아졌어요. 그래서 시간이 날 때마다 수영장에 갔어요. 요즘은 어떤 취미생활을 하냐고요? 회사 인턴 생활이 너무 바빠서 취미를 즐길 시간이 별로 없어요. 그리고 너무 피곤해서 시간만 나면 자는 게 제가 제일 좋아하는 일이 되었답니다.

보기 어렸을 때 저는 장난감 가게에 가면 장난감 자동차를 사곤 했어요.

1) 초등학교 때는 ______________________ 곤 했어요.
2) 중학교 때는 ______________________ 곤 했어요.
3) 고등학교 때는 ______________________ 곤 했어요.
4) 대학교 때는 ______________________ 곤 했어요.
5) 지금은 시간이 나면 ______________________ 곤 해요.

6 Complete the following conversation.
다음 대화를 완성하십시오.

보기
가: 가족이 보고 싶으면 어떻게 해요?
나: 그럴 때에는 사진을 보곤 해요.

1) 가: 시간이 있으면 뭘 하세요?
나: ______________________곤 해요.

2) 가: 공부하다가 졸리면 어떻게 해요?
나: ______________________곤 해요.

3) 가: 스트레스가 쌓일 때는 어떻게 하세요?
나: ______________________곤 해요.

4) 가: 고등학교 때 시험이 끝나면 뭘 하셨어요?
나: ______________________곤 했어요.

5) 가: 어렸을 때는 친구들과 무엇을 하고 놀았어요?
나: ______________________곤 했어요.

1과 02 10년 전에는 어땠는데요?

어휘

1 Choose a common word to fill in the blank space and write it in (   ).
빈칸에 공통으로 들어갈 말을 골라 (   ) 안에 쓰십시오.

늘다　바뀌다　발전하다　변하다　좋아지다　향상되다

보기 건강이 ______
날씨가 ______
사이가 ______ (좋아지다)

1) 기술이 ______
성적이 ______
실력이 ______ (   )

2) 성격이 ______
안색이 ______
입맛이 ______ (   )

3) 이름이 ______
장면이 ______
주소가 ______ (   )

4) 경제가 ______
기술이 ______
도시가 ______ (   )

5) 실력이 ______
몸무게가 ______
학생 수가 ______ (   )

2 Choose the correct word to fill in the blank.
알맞은 말을 골라 빈칸에 쓰십시오.

건물　단층　양쪽　시간이 흐르다　화려하다

보기 한국어학당은 연세대학교 동문 왼쪽에 있는 빨간색 건물입니다.

1) 아무리 힘든 일도 ______ 으면/면 다 잊혀질 거야.
2) 이 길은 길 ______ 에 나무들이 아름답게 서 있어서 산책하기에 좋아요.
3) 10년 전에는 ______ 건물만 있었지만 지금은 고층 건물이 대부분이에요.
4) 평소의 수수한 모습과는 달리 ______ 는/은/ㄴ 옷차림을 한 내 모습에 사람들이 모두 놀라는 것 같았다.

문법

전만 해도

3 Complete the following sentence.
다음 문장을 완성하십시오.

보기
가: 우리 강아지 어디 갔지?
나: 조금 전만 해도 여기 있었는데……. 어디로 갔지?

1) 가: 1월에는 비행기 표가 없대요. 다음 방학에나 가야겠어요.
   나: 어? ________ 전만 해도 있었는데…….
2) 가: ________ 전만 해도 여기에 가게가 없었던 것 같은데…….
   나: 그러네요. 언제 가게가 생겼지?
3) 가: 이 아이스크림 값이 올랐네요. ________ 전만 해도 500원이었는데…….
   나: 물가가 자꾸 올라서 걱정이에요.
4) 가: ________ 전만 해도 여기에서 차 한 대 구경하기도 힘들었는데…….
   나: 맞아요. 지금은 너무 복잡해져서 다니기도 힘들어요.
5) 가: 어? 우리가 보려고 한 영화는 벌써 상영이 끝났나 봐.
   나: 그게 무슨 소리야? ________ 전만 해도 여기에 포스터가 붙어 있었는데.

4 Look at the picture and complete the statements made by people who saw Suji.
다음 그림을 보고 수지 씨를 본 사람들의 말을 완성하십시오.

현재 22세
(8월 20일 오후 3시)

12세

17세

19세

22세(7월 20일)

22세(8월 13일)

22세(8월 20일 오후 1시)

보기 아빠 친구: 10년 전만 해도 어린아이였는데 이제 숙녀가 됐네. 많이 컸다.

1) 고등학교 친구: 많이 예뻐졌다. ________ 키가 작았잖아. 어떻게 이렇게 키가 많이 컸어?

2) 고향 친구: 통역사가 됐다고? ________ '가나다'도 몰랐었잖아.

3) 하숙집 친구: ________ 남자 친구 소개시켜 달라고 했었잖아. 언제부터 사귄 거야?

4) 선생님: ________ 병원에 있다고 들었는데 퇴원한 거예요?

5) 반 친구: ________ 긴 머리였잖아. 짧은 머리도 잘 어울린다.

문법

-는다고 할 수 있다

5 Look at the following picture and fill in the blanks.
다음 그림을 보고 문장을 완성하십시오.

보기

올가 씨가 유카 씨보다 노래를 잘한다고~~는다고/다고/이라고~~ 할 수 있다.

1)

쓰기 시험 점수가 55점이면 다른 친구들에 비해 ________ 는다고/다고/이라고 할 수 있다.

2)

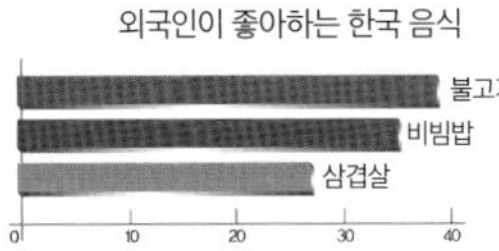

외국인에게 인기 있는 한국 음식은 ________ 는다고/다고/이라고 할 수 있다.

3)

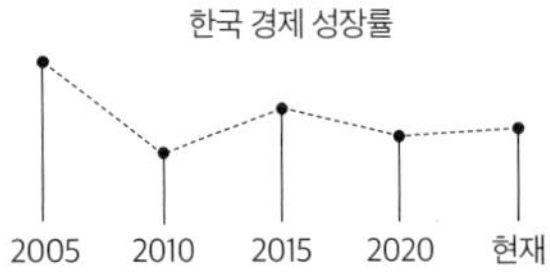

최근 한국의 경제 성장률은 2005년도에 비해 ________ 는다고/다고/이라고 할 수 있다.

4)

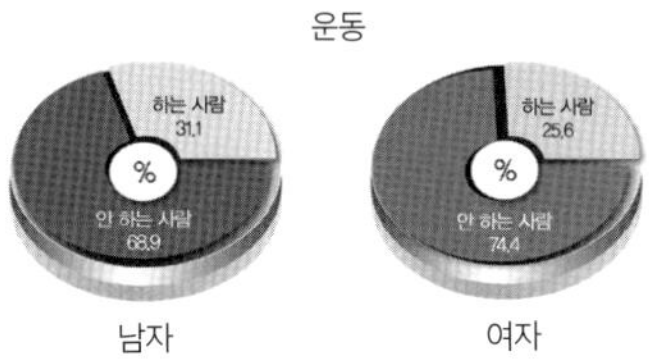

남자가 여자에 비해 ____________ 는다고/다고/이라고 할 수 있다.

5)

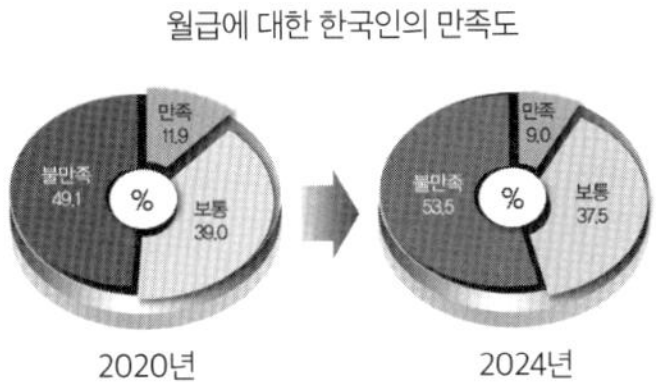

2024년에는 자신의 월급에 만족하는 사람이 2020년에 비해 ____________ 는다고/다고/이라고 할 수 있다

6 Complete the following conversation.

다음 대화를 완성하십시오.

> **보기**
> 가: 그 회사 제품이 비싼가요?
> 나: 다른 회사 제품보다는 비싸다고~~는다고/다고/이라고~~ 할 수 있지요.

1) 가: 이 병에 걸린 환자가 많아요?

나: 1,000명 중에 한 명 정도 이 병에 걸리니까 ____________ 는다고/다고/이라고 할 수 있어요.

2) 가: 점심은 날마다 그 식당에서 드세요?

나: 특별한 약속이 없으면 그 식당에서 점심을 먹으니까 ____________ 는다고/다고/이라고 할 수 있겠네요.

3) 가: 영화를 자주 보세요?

나: 일주일에 한 편은 꼭 보니까 ____________ 는다고/다고/이라고 할 수 있어요.

4) 가: 3년 전보다 물가가 많이 올랐나요?

나: 버스 요금이 두 배로 올랐으니까 ____________ 는다고/다고/이라고 할 수 있지요.

5) 가: 학생들이 시험을 잘 봤나요?

나: 대부분 90점 이상이니까 ____________ 는다고/다고/이라고 할 수 있어요.

2과 01 한국에 오지 않았다면 어땠을까요?

어휘

1 Choose the correct word to fill in the blank.
알맞은 말을 골라 빈칸에 쓰십시오.

가정하다 상상하다 추측하다 예상하다

보기 내년에는 경제가 좋아질 것으로 예상하는 사람들이 많다.

1) 책을 읽으면서 그 장면을 ________ 어/아/여 봤다.

2) 동물도 언어를 배울 수 있다고 ________ 고 이 실험을 해 봤다.

3) 경찰은 이번 사건의 범인이 한 명이 아닐 거라고 ________ 고 있다.

2 Choose the correct word to fill in the blank.
알맞은 말을 골라 빈칸에 쓰십시오.

사정 벌써 어느새 바라다 귀국하다

보기 우리가 도착했을 땐 벌써 공연이 시작된 후였다.

1) 승연 씨가 박사 학위를 끝내고 다음 달에 ________ 는/ㄴ대요.

2) 김 과장님은 오늘 ________ 이/가 있어서 회의에 참석하지 못하신대요.

3) 올해도 건강하시고 모든 소원이 이루어지기를 ________ 습니다/ㅂ니다.

4) 유학 생활을 시작한 지 얼마 안 된 것 같은데 ________ 돌아갈 때가 되었다.

문법

-었다면

3 Look at the chart and make sentences.
표를 보고 문장을 만드십시오.

사람	하고 싶었던 일	하지 못한 이유
보기 샤오밍	대학생	입학시험을 못 봤음
1) 승연	화가	그림을 잘 못 그림
2) 히로시	아나운서	목소리가 좋지 않음
3) 에릭	운동선수	체력이 약함
4) 안드레이	정치가	사람들 앞에서 말을 잘하지 못함
5) 올가	발레리나	다리를 다침

보기 샤오밍 씨가 입학시험을 잘 봤다면 지금쯤 대학생이 되었을 것이다.

1) ____________________

2) ____________________

3) ____________________

4) ____________________

4 Write sentences according to the situation.
상황에 맞게 문장을 만드십시오.

보기 산을 올라가다가 날씨가 안 좋아서 내려왔다.
날씨가 좋았다면 산 정상까지 갈 수 있었을 텐데.

1) 평소에 공부를 열심히 하지 않았다. 오늘 시험을 봤는데 58점이었다.
____________________ 었다면/았다면/였다면 시험을 잘 봤을 텐데.

2) 그 선수가 경기를 하다가 다쳐서 병원으로 실려 갔고 그 팀은 졌다.
____________________ 었다면/았다면/였다면 그 팀이 이겼을 것이다.

3) 친구가 도와줘서 성공할 수 있었다.

4) 회사를 다니다가 다른 회사로 옮겼는데 오히려 월급이 줄었다.

5) 준비하지 않고 급하게 창업했다가 실패했다.

05 -었을 것이다

5 The following is a text message your friends received yesterday. What did your friends do yesterday? Read the text message and make sentences.
다음은 친구들이 어제 받은 문자 메시지입니다. 친구들은 어제 무엇을 했을까요? 문자 메시지를 읽고 문장을 만드십시오.

12월 24일은 크리스마스 전날이어서 손님이 많으니까 오후 4시부터 일을 해 주기 바람. 밤 12시쯤 끝날 예정. 주인 아저씨	친구들과 오늘 저녁에 파티를 하기로 했어. 너도 올 수 있지? 연대 앞 카페 '빈'에서 7시 30분에 시작. 회비 3만 원. 피터	예술의 전당에서 하는 발레 공연 예약했어. 7시 30분에 시작하니까 6시에 신촌역에서 만나. 율리아
보기 샤오밍	1) 에릭	2) 올가
특별한 약속이 없으면 하숙집 사람들끼리 집에서 술이나 마시자. 사사키	오늘 밤 시청 앞에 가자. 크리스마스트리 구경도 하고 시청 앞 스케이트장에서 스케이트도 타자. 옷 따뜻하게 입고 와. 리사	크리스마스 기념 콘서트를 올림픽 체조 경기장에서 7시에 시작한대. 일찍 오는 순서대로 들어갈 수 있으니까 2시쯤 만나서 같이 가자 진리
3) 태우	4) 안드레이	5) 밍밍

보기 샤오밍 씨는 어제 늦게까지 아르바이트를 했을 거예요.

1) 에릭 씨는

2) 올가 씨는

3) 태우 씨는

4) 안드레이 씨는

5) 밍밍 씨는

6 Which proposal did Yuka and her siblings choose? Write your thoughts.
유카 씨와 형제들은 제안을 선택했을까요? 여러분의 생각을 쓰십시오.

본인이 하고 싶은 것	친구/남편/가족들의 제안	내 생각
유카: 시험이 끝나서 신나게 놀고 싶다.	• 영화 보기 • 놀이공원에 가서 놀기 • 클럽에 가서 춤추기	유카는 시험이 끝나고 1) 놀이공원에 가서 신나게 놀았을 것이다. 2) ______
유카의 언니: 첫 번째 결혼기념일이니까 특별한 곳에서 식사하고 싶다.	• 옛날에 데이트하던 작은 카페에 가서 식사하기 • 야경이 멋있는 호텔에 가서 식사하기 • 맛있는 갈비집에 가서 고기 먹기	유카 언니는 결혼기념일에 3) ______ 4) ______
유카의 오빠: 이번 휴가는 조용히 보내고 싶다.	• 가족 여행 가기 • 혼자서 등산 가기 • 집에서 만화책 읽기	유카 오빠는 지난 휴가에 5) ______ 6) ______

2과 02 집안일은 물론 아이를 돌보기까지 한대요

어휘

1 Choose the correct word to fill in the blank.
알맞은 말을 골라 빈칸에 쓰십시오.

신기록	신기술	신상품	신제품	신형

보기 이번에 나온 신제품은~~은/는~~ 디자인이 예쁘지만 비싸다.

1) 이번 올림픽에서 수영 경기에서만 ________ 이/가 10개나 나왔다.
2) 그 휴대폰은 너무 구형이다. 이번에 새로 나온 ________ 으로/로 바꿔 봐.
3) 이번 여름 세일이 끝나면 가을 ________ 이/가 나온다니까 가을 옷은 그때 사야겠다.
4) 이 자동차는 ________ 을/를 이용해서 만든 것으로 400km까지 달릴 수 있습니다.

2 Write a common word that can fill in the blank.
빈칸에 공통으로 들어갈 말을 쓰십시오.

기능	가사	판매	드디어	새롭다	완벽하다

보기 세탁 ________ 탈수 ________ 건조 ________ (기능)

1) ________ 가격 할인 ________ ________ 사원 ( )
2) ________ 노동 ________ 도우미 ________ 을/를 돌보다 ( )
3) ________ 나오다 ________ 발견되다 ________ 밝혀지다 ( )
4) ________ 은/ㄴ 생각 ________ 은/ㄴ 소식 ________ 은/ㄴ 생활 ( )
5) ________ 은/ㄴ 솜씨 ________ 은/ㄴ작품 ________ 은/ㄴ 연주 ( )

문법

은 물론

3 Complete the following conversation.
다음 대화를 완성하십시오.

> 보기
> 가: 그 노래가 요즘 제일 인기가 있다지요?
> 나: 네, 어른들은 물론 아이들한테도 인기가 많대요.

1) 가: 집에 에어컨이 없다고요?
   나: 네, 에어컨은 물론 ____________________
2) 가: 이 죽을 아이들도 좋아하나요?
   나: 그럼요. 어른들은 물론 ____________________
3) 가: 모임을 하려고 하는데 언제 시간이 있어요?
   나: 미안해요. 요즘은 연말이라서 주말은 물론 ____________________
   ____
4) 가: 여행을 좋아하신다고 하던데 어디를 여행하셨어요?
   나: ____________ 은/는 물론이고 외국도 많이 가 봤어요.
5) 가: 학교에 다니면서 아르바이트를 하는 건 좀 무리라고 봐요. 아르바이트를 그만두지 그래요?
   나: 그러고 싶지만 ____________ 은/는 물론 생활비도 부족해서 꼭 해야 해요.

4 Look at the table and complete the conversation.
표를 보고 대화를 완성하십시오.

광고	내용
보기 한식집	한식 / 양식(점심시간만)
1) 태블릿	음악 감상/ 텔레비전 시청 기능
2) 여행 카드	전국 호텔 예약시 5% 할인 / 비행기표 예약시 3% 할인
3) 눈썰매장	아이 / 어른
4) 휴대 전화	국내 / 해외에서 이용 가능
5) 가사 도우미	아이 돌보기 / 집안일

보기
가: 이 식당에서는 한식만 먹을 수 있어요?
나: 네, 하지만 점심시간에는 한식은~~은/는~~ 물론 양식도 먹을 수 있어요.

1) 가: 이 태블릿은 다른 것보다 더 비싼데 어떤 기능이 있어요?
나: ________ 은/는 물론 ________ 도 가능한 신제품입니다.

2) 가: 이 카드로 호텔을 예약하면 할인을 받을 수 있어요?
나: 그럼요. ________________

3) 가: 이 썰매장은 다른 곳보다 아주 길고 재미있겠는데요.
나: 네, 그래서 ________________

4) 가: 이 휴대 전화는 해외에서도 이용이 가능한가요?
나: 물론이죠. ________________

5) 가: 아이만 봐 주시나요?
나: ________________

-듯이

5 Connect related options and make a sentence.
서로 관계있는 것끼리 연결하고 문장을 만드십시오.

보기 비오다 •	• 자주 하다
1) 물 쓰다 •	• 걷다
2) 눈 녹다 •	• 사라지다
3) 밥 먹다 •	• 흐르다
4) 불 보다 •	• 돈을 쓰다
5) 춤을 추다 •	• 당연하다

보기
운동을 하니까 땀이 비 오듯이 흐른다.

1) 그 사람은 돈을 너무 ________ 써서 큰일이에요.

2) 친구의 말을 듣고 그동안 그 친구를 미워했던 마음이 ________ 사라졌다.

3) 그 무용수는 항상 ______________ 걸어 다녀서 지나가던 사람들이 다 쳐다본다.

4) 그 아이는 거짓말을 ______________ 자주 해서 아무도 그 아이를 믿지 않는다.

5) 이번 일이 실패할 거라는 것은 ______________ 뻔한 일이니까 다시 생각해 보는 것이 좋겠다.

6 Complete the following conversation.

다음 대화를 완성하십시오.

다람쥐 쳇바퀴 돌다	아이를 돌보다	부모가 그렇다
바늘 가는 데 실 가다	가뭄에 콩나다	사람마다 생긴 것이 다르다

보기

가: 회사 생활이 어때요?

나: 늘 다람쥐 쳇바퀴 돌듯이 똑같은 생활이 계속되니까 재미없어요.

1) 가: 밍밍 씨는 강아지를 정말 좋아하나 봐요.

나: 그럼요. 밍밍 씨는 ______________________ 강아지를 돌봐요.

2) 가: 저는 다른 사람들도 저와 같은 생각인 줄 알았는데……. 제가 잘못 생각했나 봐요.

나: ______________________ 생각도 다 다르지요.

3) 가: 저 두 사람은 어떤 사이예요?

나: ______________________ 항상 붙어 다니는 걸 보면 모르겠어요? 연인 사이잖아요.

4) 가: 아들 잘못으로 부모가 고생하는군요.

나: 이 세상의 모든 ______________________ 그 부모도 자식을 위해서는 어쩔 수 없었겠지요.

5) 가: 자주 운동을 하시나요?

나: 아니요, ______________________ 해요.

3과 01 살다가 보니 적응이 됩니다

어휘

1 Choose the correct word to fill in the blank.
알맞은 말을 골라 빈칸에 쓰십시오.

겁이 나다　적응이 되다　다행이다　옮기다　이용하다

영수야, 오래간만이다. 잘 지내고 있지? 회사도 잘 다니고? 지금도 출근할 때 지하철을 보기 이용하니? 나는 다니던 회사를 그만두고 직장을 1) ______ 었어/았어/였어. 새 직장에서 내가 맡은 일은 지금까지 내가 해 본 적이 없는 일이라서 처음에는 2) ______ 었는데/았는데/였는데 지금은 3) ______ 어서/아서/여서 재미있게 다니고 있다. 정말 4) ______ 지? 너는 어떻게 지내고 있니? 이 이메일을 받으면 답장해라.

2 Choose the correct word to fill in the blank.
알맞은 말을 골라 빈칸에 쓰십시오.

도심　주택가　도시 근교　편의 시설　쾌적하다

보기 우리 하숙집은 집들이 많이 모여 있는 주택가에 위치해 있어요.

1) 스트레스가 많이 쌓일 때는 한적한 ______ 으로/로 나가면 좀 풀려요.

2) ______ 에는 30층 이상의 고층 건물이 많아서 아주 번화하다.

3) 우리 학교는 주변에 산과 나무가 많아서 ______ 는/은/ㄴ 환경에서 공부할 수 있어요.

4) 오피스텔 중에는 건물 안에 헬스클럽, 슈퍼마켓 등의 ______ 이/가 있는 곳도 있다.

문법

-다가 보니

3 Connect related sentences to make one sentence.
관계있는 문장을 연결해서 한 문장으로 만드십시오.

보기 재미있게 이야기합니다. •	• 김치가 없으면 밥을 못 먹겠어요.
1) 한국에서 오래 삽니다. •	• 가끔 오해를 살 때도 있어요.
2) 주말마다 술을 마십니다. •	• 건강이 많이 나빠졌어요.
3) 회사에서 서툰 한국말로 의사소통을 합니다. •	• 시간이 많이 지난 줄도 몰랐군요.
4) 성실하게 맡은 일을 열심히 합니다. •	• 동료들이 제 능력을 알아주던데요.
5) 밥을 하기가 귀찮아서 인스턴트 식품을 즐겨 먹습니다. •	• 주량이 늘었어요.

보기 재미있게 이야기하다가 보니 시간이 많이 지난 줄도 몰랐군요.

1) ________________ 다가 보니 ________________

2) ________________

3) ________________

4) ________________

5) ________________

4 Complete the following conversation.

다음 대화를 완성하십시오.

> **보기**
> 가: 직장 생활을 한 지 3년 정도 된 것 같은데 그동안 저축은 많이 하셨어요?
> 나: 여기 저기 돈을 쓰다가 보니 돈 모으기가 어렵네요.

1) 가: 예전보다 요리 솜씨가 많이 좋아지셨네요.
   나: ______________ 다가 보니 요리 실력이 늘었어요.
2) 가: 지금 살고 있는 집이 도심에 있어서 싫다면서 집을 안 옮기시네요.
   나: ______________ 다가 보니 ______________________________
3) 가: 지금 사귀는 남자 친구가 처음 만났을 때는 무뚝뚝하다고 하지 않았어요?
   나: 네, 그런데 ______________ 다가 보니 ______________________
4) 가: 듣기 실력이 많이 향상됐군요. 무슨 비결이라도 있어요?
   나: ____
5) 가: 어떻게 그렇게 여러 나라 문화를 잘 알아요?
   나: ____

-긴 하는데

5 Look at the following and choose two sentences to make.

다음을 보고 두 문장을 골라 문장을 만드십시오.

보기

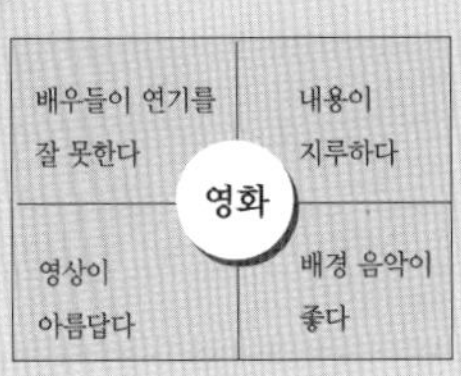

보기 어제 본 영화는 배경 음악이 좋긴 한데긴 ~~하는데/한데~~ 내용이 지루하다.

1) 어제 본 영화는 ______________ 긴 하는데/한데
____

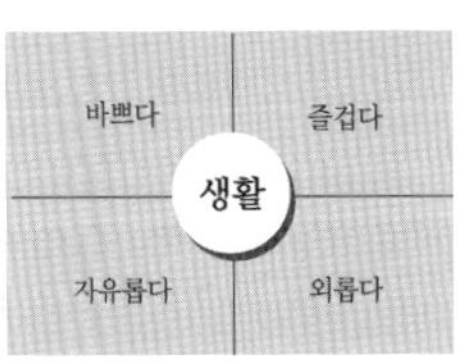

2) 생활이 ______________ 긴 하는데/한데
____

3) 생활이 ______________ 긴 하는데/한데
____

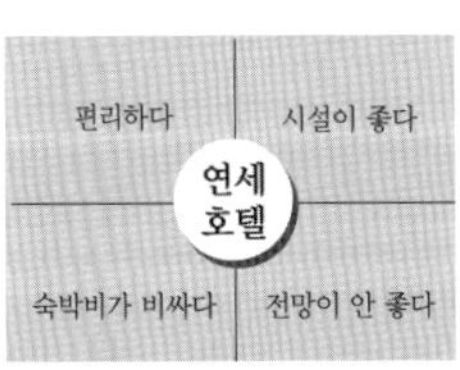

4) 연세 호텔이 ______________ 긴 하는데/한데
____

5) 연세 호텔이 ______________ 긴 하는데/한데
____

6 Complete the following conversation.
다음 대화를 완성하십시오.

보기

자동차 대리점

가: 지난달에 출시된 신차인데 멋있지요?
나: 멋있긴 한데긴 ~~하는데/한데~~ 실내 공간이 좁은 것 같아요.

1) 부동산

가: 이 집이 어때요? 전망이 좋지요?
나: ______________ 긴 하는데/한데 주변이 너무 시끄럽네요.

2) 채소 가게

가: 여기 채소들이 얼마나 싱싱한지 몰라요.
나: ______________ 긴 하는데/한데 ______________

3) 휴대폰 가게

가: 이 휴대폰의 디자인이 마음에 안 드세요?
나: ______________ 긴 하는데/한데 ______________

4) 가구점

가: 이 침대가 튼튼해 보이지요? 고급 재료로 만들어진 거예요.
나: ______________________________

5) 옷 가게

가: 이 옷이 마음에 안 드세요? 손님한테 잘 어울리는데요.
나: ______________________________

3과 02 저희 어머니나 다름없는 분이에요

어휘

1 Choose the correct word to fill in the blank.
알맞은 말을 골라 빈칸에 쓰십시오.

인생	영향	다름없다	궁금하다	부럽다

보기 그 선배는 저를 동생처럼 대해 줘서 친언니나 다름없어요어요/아요/여요.

1) 방학 때 제주도로 여행을 간다는 내 친구가 너무 ________ 었다/았다/였다.
2) 어렸을 때 선생님께서 해 주신 말씀이 나의 가치관에 큰 ________ 을/를 끼쳤다.
3) 시험에 떨어져서 실망하는 경우가 많은데 시험이 ________ 의 전부는 아니다.
4) 어제 우리나라 축구팀이 경기를 했는데 누가 이겼는지 ________ 어요/아요/여요.

2 Choose the correct word to fill in the blank.
알맞은 말을 골라 빈칸에 쓰십시오.

초조하다	뿌듯하다	만족스럽다	당황스럽다	짜증스럽다	부담스럽다

보기 가: 여행을 가서 묵은 호텔은 어땠어요?
나: 음식도 맛있고 시설도 깨끗해서 아주 만족스러웠어요.

1) 가: 부모님이 항상 믿고 지원해 주시니까 좋으시겠어요.
나: 그렇기는 한데 가끔은 부모님의 기대가 ________ 기도 해요.
2) 가: 우리 아들이 첫 월급 탄 기념으로 용돈을 줬어요.
나: 아드님을 잘 키우셔서 정말 ________ 으시겠어요/시겠어요.
3) 가: 어머님이 수술하셨다면서요?
나: 네, 수술이 끝날 때까지 기다리는 동안 얼마나 ________ 었는지/았는지/였는지 몰라요.
4) 가: 저 옷 가게에 예쁜 옷이 많네.
나: 예쁜 옷이 많긴 한데 점원이 너무 불친절해. 내가 옷을 여러 번 입어 보니까 아주 ________ 는다는/ㄴ다는/다는 표정이었어.
5) 가: 이제는 한국말 실력이 많이 늘었지?
나: 아니, 아직도 한국 사람들이 갑자기 질문을 하면 무슨 말인지 몰라서 ________ 을/ㄹ 때가 많아.

문법

-었더라면

3 Make sentences according to the situation.
상황에 맞게 문장을 만드십시오.

보기

집에서 늦게 나와서 버스를 놓쳤다.

→ 집에서 늦게 나오지 않았더라면~~었더라면/았더라면/였더라면~~ 버스를 놓치지 않았을 거예요.

1) 돈을 아껴 쓰지 않아서 용돈이 다 떨어졌다.

→ ______________ 었더라면/았더라면/였더라면 용돈이 떨어지지 않았을 거예요.

2) 과속을 해서 교통사고가 났다.

→ ______________ 었더라면/았더라면/였더라면 ______________

____

3) 늦게 일어나서 수업 시간에 지각했다.

→ ______________ 었더라면/았더라면/였더라면 ______________

____

4) 공부를 열심히 하지 않아서 시험을 잘 못 봤다.

→ ______________ 었더라면/았더라면/였더라면 ______________

____

5) 과음을 자주 해서 병이 났다.

→ ______________ 었더라면/았더라면/였더라면 ______________

____

4 Complete the following conversation.
다음 대화를 완성하십시오.

보기

가: 이번에도 영어 성적 때문에 입사 시험에 떨어졌다면서요?
나: 대학교에 다닐 때 영어 공부를 열심히 했더라면~~었더라면/았더라면/였더라면~~ 벌써 취직을 했을 거예요.

1) 가: 대학교에 다닐 때 동아리 활동을 안 하셨어요?
   나: 네, ______________었더라면/았더라면/였더라면 대학 생활을 즐겁게 보냈을 거예요.
2) 가: 엠티는 즐거우셨어요?
   나: 왜 안 오셨어요? ______________었더라면/았더라면/였더라면 ______________
3) 가: 심야영화까지 모두 매진이네요.
   나: 그렇군요, ______________었더라면/았더라면/였더라면 ______________
4) 가: 감기에 걸린 지 오래된 것 같은데 아직 다 안 나았어요?
   나: ______________
5) 가: 에어컨을 서비스 센터에 맡기시지 그랬어요.
   나: ______________

■■ 이나 다름없다

5 Look at the following and make sentences.
다음을 보고 문장을 만드십시오.

보기

마이클 씨
국적 : 미국
좋아하는 음식 : 김치, 된장찌개
주량 : 소주 2병

마이클 씨는 미국 사람이지만 김치와 된장찌개와 소주를 좋아해서 한국 사람이나~~이나/나~~ 다름없어요.

술
알코올 도수 : 1도
성분 : 포도

1) 술이 너무 달고 알코올 도수가 낮아서 ______________이나/나 다름없어요.

호텔
편의 시설 : 식당과 커피숍이 없음
방 : 고급스럽지 않음

2) 그 호텔은 편의 시설도 없고 방도 고급스럽지 않아서 ______________이나/나 다름없어요.

내 핸드폰
구입 시기 : 1주일 전
사용 횟수 : 2번

3) 내 핸드폰은 한 달 전에 샀지만 두 번밖에 사용하지 않아서 ____________ 이나/나 다름없어요.

축구 선수
재주 : 노래와 춤
콘서트 횟수 : 2회
CD 판매량 : 30만 장

4) 그 축구 선수는 노래 실력이 아주 뛰어나고 노래 음반도 냈으니 ____________ 이나/나 다름없어요.

스파게티
소스를 만든 사람 : 어머니
면을 삶은 사람 : 어머니
재료를 볶은 사람 : 나

5) 내가 마지막에 재료를 볶기는 했지만 그 스파게티는 ____________ 이나/나 다름없어요.

6 Complete the following conversation.

다음 대화를 완성하십시오.

보기
가: 김 교수님이 영수 씨를 어려서부터 키워 주셨어요.
나: 영수 씨는 김 교수님께 친아들이나~~이나/나~~ 다름없군요.

1) 가: 제임스 씨는 학교 근처에 있는 친구 집에서 거의 날마다 자고 먹어요.
나: 제임스 씨 친구 집은 ____________ 이나/나 다름없군요.

2) 가: 영수 씨가 부탁을 거절했나요?
나: 못 하겠다고 말하지는 않았지만 지금까지 연락이 없는 걸 보면 ____________ 이나/나 다름없어요.

3) 가: 친구들과 만나서 게임을 했는데 도박이라니요?
나: 아무리 친구들과 했다고 해도 큰돈이 오고 간 것이면 ____________ 이나/나 다름없어요.

4) 가: 드라마에서 주인공이 들고 다니던 휴대폰이 요즘 최고 인기 제품이래.
나: 그렇겠지, ________________________

5) 가: 미선 씨, 민철 씨가 숙제를 도와 달라고 했지요?
나: 네, 그래서 제가 내용을 다 불러 주고 민철 씨는 공책에 쓰기만 했어요.
가 ________________________

4과 01 수줍음을 많이 타는지 말이 없어요

어휘

1 **Choose the correct word to fill in the blank.**
알맞은 말을 골라 빈칸에 쓰십시오.

활달하다 적극적 수줍음을 타다 낯을 가리다 첫인상

안녕하세요? 고민이 있어서 글을 올립니다. 저는 제 성격을 고치고 싶은데 고치기가 어렵습니다. 저는 보기 낯을 가려서~~어서/아서/여서~~ 처음 만나는 사람 앞에서는 말이 잘 안 나옵니다. 그래서 소개팅을 나가면 여자들이 저의 1) ________ 은/는 좋다고 하는데 이런 2) ________ 는/은/ㄴ 성격 때문에 여자들이 저를 멀리하는 것 같습니다. 여자가 마음에 들면 남자인 제가 3) ________ 으로/로 행동해야 되는데 그렇게 하지 못합니다. 저는 누구에게나 편하게 말도 잘 거는 4) ________ 는/은/ㄴ 사람이 부럽습니다.

2 **Choose the correct word to fill in the blank.**
알맞은 말을 골라 빈칸에 쓰십시오.

명랑하다 느긋하다 솔직하다 외향적이다 덜렁거리다 변덕스럽다

보기 "내 사촌 동생은 친구들과 얘기할 때도 잘 웃고 아무리 기분 나쁜 일이 생겨도 크게 신경 쓰지 않는 편이에요." 명랑하다

1) "내 직장 동료는 좋으면 좋다, 싫으면 싫다고 말하는 등 감정을 숨기지 않는 편이에요." ________

2) "내 동생은 이것을 하고 싶어 하다가 저것을 하고 싶어 하고 마음이 금방 바뀌어요." ________

3) "내 후배는 물건도 잘 잃어버리고 걸어가다가 넘어지기도 잘 합니다." ________

4) "내 친구는 남들한테 말도 잘 걸고 항상 같이 뭘 하자고 먼저 말할 때가 많아요." ________

5) "우리 오빠는 무슨 일을 하든지 항상 서두르지 않고 시험 결과를 기다릴 때도 초조해하지 않아요." ________

문법

❶ -는지

3 Connect related sentences to make one sentence.
관계있는 문장을 연결해서 한 문장으로 만드십시오.

보기 웨이 씨가 준비를 열심히 했습니다.	시원하지 않아요.
1) 영수 씨가 제 친구에게 관심이 있습니다.	자꾸 물어봐요.
2) 정희 씨에게 무슨 문제가 생겼습니다.	발표를 잘했어요.
3) 공연이 볼 만합니다.	표정이 어두워요.
4) 에어컨이 고장났습니다.	용서를 빌고 있어요.
5) 민철 씨가 잘못을 했습니다.	관객들의 평이 좋아요.

보기 웨이 씨가 준비를 열심히 했는지~~는지/은지/ㄴ지~~ 발표를 잘했어요.

1) ______________ 는지/은지/ㄴ지 ______________

2) ______________

3) ______________

4) ______________

5) ______________

4 The following is Wei's diary. Complete the sentences.
다음은 웨이의 일기입니다. 보기 와 같이 문장을 완성하십시오.

오늘은 올가 씨와 약속이 있는 날이다. 약속 장소인 강남역까지 가기 위해 버스를 탔다. 그런데 명동 근처에서 보기 사고가 났는지~~는지/은지/ㄴ지~~ 길이 많이 막혔다. 그러나 다행히 제시간에 도착할 수 있었다. 그런데 올가 씨는 1) ______________ 는지/은지/ㄴ지 30분이나 기다려도 오지 않았다. 한 10분 더 기다리니까 올가 씨가 뛰어왔다. 그런데 2) ______________ 는지/은지/ㄴ지 표정이 어두워 보였다. 오다가 지갑을 잃어버려서 그걸 찾느라고 늦었다고 했다. 그런데 결국 못 찾은 모양이었다. 우리는 우선 분실 신고를 하고 저녁을 먹으러 갔다. 큰길가에 식당이 있었는데 3) ______________ 는지/은지/ㄴ지 사람들이 아주 많았다. 그래서 우리는 그 식당에 들어가서 음식을 시켰는데 생각보다 맛이 별로였다. 저녁을 먹고 우리는 영화를 보러 극장에 갔다. 그런데 **4)** ______________ 는지/은지/ㄴ지 매표소 앞에 사람이 하나도 없었다. 우리는 다음에 영화를 보기로 하고 같이 쇼핑하러 갔다. 근처 백화점에 들어갔는데 **5)** ______________ 는지/은지/ㄴ지 사람이 평소보다 많았다.

-다가 보면

5 Look at the table and make sentences.
표를 보고 문장을 만드십시오.

경 험	부딪치는 문제
보기 외국어 학습	포기하고 싶은 마음이 든다.
유학 생활	외롭다.
여행	잘못된 정보로 고생한다.
도시 생활	자연이 그리워진다.
사업	일이 내 뜻대로 되지 않는다.
직장 생활	동료와 의견 충돌이 생긴다.

보기 외국어를 배우다가 보면 포기하고 싶은 마음이 들 때가 있어요.

1) ______________ 다가 보면 외로울 때가 있어요.

2) ______________ 다가 보면 ______________

3) ______________ 다가 보면 ______________

4) ______________ 다가 보면 ______________

5) ______________ 다가 보면 ______________

6 Complete the following conversation.
다음 대화를 완성하십시오.

> **보기**
> 가: 발음이 안 좋은데 어떻게 해야 하지요?
> 나: 자꾸 연습하다가 보면 발음이 좋아질 거예요.

1) 가: 김 선생님 부부는 말투나 행동이 거의 비슷해요.

나: ____________ 다가 보면 서로 닮아가는 것 같아요.

2) 가: 제 성격이 지나치게 내성적이라서 친구들과 만나도 잘 어울리지 못해요.

나: ____________ 다가 보면 ____________________

3) 가: 수영을 시작한 지 한 달이나 됐는데 왜 살이 안 빠지죠?

나: ____________ 다가 보면 ____________________

4) 가: 어떻게 하면 우리 반 친구들과 빨리 친해질까요?

나: ________________________________

5) 가: 직장 동료 때문에 기분이 상한 적이 많아요.

나: ________________________________

4과 02 일을 시작했다 하면 끝까지 해요

어휘

1 **Choose the correct word to fill in the blank.**
알맞은 말을 골라 빈칸에 쓰십시오.

자라다 외동딸 장남 부족하다 싸우다 달리

보기 나는 어렸을 때 다른 아이들과 달리 혼자 있는 것을 좋아했다.

1) 부모들은 누구나 아이가 건강하게 ________기를 바란다.

2) 요즘은 할 일이 너무 많아서 잠 잘 시간이 ________는다/ㄴ다/다.

3) 나는 형제자매 없이 ________으로/로 자라서 어린 시절에 조금 외로웠다.

4) 두 사람이 어제 ________는지/은지/ㄴ지 오늘은 통 말을 안 한다.

5) 한국에서는 전통적으로 ________이/가 부모님을 모시고 살아야 했는데 요즘은 꼭 그렇지는 않다.

2 **Fill in the blanks as shown in the example.**
보기 와 같이 빈칸을 채우십시오.

습하다 건조하다 시원하다 쌀쌀하다 화창하다

보기 그동안 하고 싶었던 말을 솔직히 하고 나니 마음이 정말 시원해졌다~~어졌다/아졌다/여졌다~~.

1) 요즘 같은 가을철에는 피부가 ________어져서/아져서/여져서 로션을 자주 발라야 한다.

2) 비가 자주 내리는 장마철에는 기온이 높고 ________기 때문에 불쾌지수도 높아진다.

3) 11월이 되면 아침저녁으로 ________어서/아서/여서 따뜻한 옷을 가지고 다녀야 한다.

4) 5월은 날씨가 맑고 ________기 때문에 계절의 여왕이라고 불린다.

문법

-을 게 아니라

3 Look at the table and complete the conversation.
표를 보고 대화를 완성하십시오.

보기 체력을 기르고 싶어서 건강식품을 많이 먹는다.	운동을 한다.
한국말을 잘하고 싶어서 단어만 많이 외운다.	한국 친구를 사귄다.
주말에 집에서 텔레비전을 본다.	취미 활동을 한다.
직장 동료의 말에 스트레스를 받으면 그냥 참는다.	솔직하게 얘기한다.
좋아하는 사람에게 마음을 전하고 싶어서 날마다 꽃을 사 준다.	좋아한다고 고백한다.
한국 젊은이들의 문화를 알고 싶어서 관련 서적을 많이 읽는다.	직접 문화 체험 활동을 한다.

보기 체력을 기르고 싶으면 건강식품만 먹을~~을/ㄹ~~ 게 아니라 운동을 해 보세요.

1) 한국말을 잘하고 싶으면 ________________ 을/ㄹ 게 아니라 한국 친구를 사귀어 보세요.

2) 주말에 집에서 ________________ 을/ㄹ 게 아니라 취미 활동을 해 보세요.

3) 직장 동료의 말에 스트레스를 받으면 ________________ 을/ㄹ 게 아니라 솔직하게 얘기 해 보세요.

4) 좋아하는 사람에게 마음을 전하고 싶으면 ________________ 을/ㄹ 게 아니라 ________________

____

5) 한국 젊은이들의 문화를 알고 싶으면 ________________ 을/ㄹ 게 아니라 ________________

____

4 Complete the following conversation.
다음 대화를 완성하십시오.

보기 가: 옆집에서 들리는 음악 소리가 너무 시끄러운데 그냥 참고 있어요.
나: 그렇게 참고만 있을~~을/ㄹ~~ 게 아니라 가서 이야기해 보세요.

1) 가: 친구가 내 말을 오해한 것 같아서 걱정이에요.
나: ____________ 을/ㄹ 게 아니라 솔직히 얘기해 보세요.

2) 가: 저는 모르는 단어를 사전에서 찾는데 그래도 이해가 안 될 때가 많아요.
나: ____________ 을/ㄹ 게 아니라 선생님께 여쭈어 보세요.

3) 가: 며칠 전부터 머리가 아파서 계속 약을 먹고 있는데 낫지를 않아요.
나: ____________ 을/ㄹ 게 아니라 병원에 가서 진찰을 받아 보세요.

4) 가: 영수 씨는 문제가 생길 때마다 도와 달라고 부탁을 하는데 어떻게 하면 좋을까요?
나: ____________

5) 가: 세탁기를 수리해 달라고 요청했는데 일주일이 지나도 연락이 없어요. 계속 기다려야 하는 건지 모르겠어요.
나: ____________

08 -었다 하면

5 Complete the following sentence.
다음 문장을 완성하십시오.

보기 사람들이 모인다. → 정치에 대한 이야기를 한다.
1) 사장님은 회의에서 말을 시작한다. → 끝이 없다.
2) 친구들을 만난다. → 노래방에 간다.
3) 친한 친구와 전화를 한다. → 한 시간 이상 전화를 한다.
4) 인터넷 게임을 한다. → 밤을 새운다.
5) 화가 난다. → 이틀 이상 말을 안 한다.

보기 선거 기간이라서 요즘 사람들이 모였다~~았다/었다/였다~~ 하면 정치에 대한 이야기만 한다.

1) 사장님은 회의에서 ____________ 았다/었다/였다 하면 끝이 없다.

2) 주희는 노래를 좋아해서 ____________ 았다/었다/였다 하면 노래방에 간다.

3) 우리 엄마는 ____________________ 았다/었다/였다 하면 ____________________

____

4) 진수는 게임을 좋아해서 ____________________ 았다/었다/였다 하면 ____________________

____

5) 영수는 ____________________ 았다/었다/였다 하면 ____________________

____

6 The following is an interview with a reporter. Complete the following conversation.

다음은 기자의 인터뷰입니다. 다음 대화를 완성하십시오.

> **보기**
> 올림픽 수영 금메달 선수
> 기자: 어렸을 때부터 수영을 좋아했습니까?
> 선수: 네, 수영을 했다~~았다/었다/였다~~ 하면 서너 시간은 했어요.

1) **햄버거 많이 먹기 대회 우승자**

기자: 축하합니다. 평소에도 이렇게 햄버거를 많이 드십니까?

우승자: 네, ____________ 었다/았다/였다 하면 스무 개 정도는 먹어요.

2) **독서왕**

기자: 축하합니다. 일주일에 몇 권쯤 책을 읽습니까?

독서왕: 보통 ____________ 었다/았다/였다 하면 일주일에 한 20권 정도 읽어요.

3) **근육왕**

기자: 평소에 얼마나 운동을 하십니까?

근육왕: 글쎄요, ____________ 었다/았다/였다 하면 한 다섯 시간은 하는 편이에요.

4) **게임왕**

기자: 어렸을 때부터 게임에 재능이 있었습니까?

게임왕: 네, ____

5) **자전거 대회 우승자**

기자: 오늘 13시간 동안 자전거를 타셨는데요, 힘들지 않으세요?

우승자: 힘들긴요, 평소에도 ________________________________

5과 01 교환을 하고 싶어요

어휘

1 Choose the correct word to fill in the blank.
알맞은 말을 골라 빈칸에 쓰십시오.

전자	반품	벽걸이	설치	제품	매장

연세 보기 전자에서 새롭게 내놓은 **1)** ________ TV! **2)** ________ 까지 힘들게 가서 고르실 필요가 없습니다. 전화로 신청만 해 주시면 됩니다. **3)** ________ 을/를 산 후 나흘 안에 집까지 배달해 드리고, **4)** ________ 도 신속하게 해 드립니다. 혹시 이상이 있을 경우 언제든지 **5)** ________ 이/가 가능하니 걱정하지 마세요. 제품이 얼마 남지 않았으니 지금 바로 주문해 주세요. 여러분을 분명히 만족시켜 드릴 것입니다.

2 Choose the correct word to fill in the blank.
알맞은 말을 골라 빈칸에 쓰십시오.

고객 센터	구입	교환	배송	환불

상담원: 네, 보기 고객 센터입니다.
고　객: 에어컨을 3일 전에 **1)** ________ 했는데 제품에 하자가 있는 것 같아요. 별로 시원하지 않거든요.
상담원: 그래요? 그럼 **2)** ________ 해 드리겠습니다.
고　객: 아니요, 저는 그냥 돈으로 **3)** ________ 을/를 받았으면 하는데요.
상담원: 네, 알겠습니다. 그런데 반품할 때 **4)** ________ 비용은 부담하셔야 합니다.

문법

-기에는

3 Read the following text and complete the conversation.
다음 글을 읽고 대화를 완성하십시오.

오늘도 진수 씨를 만났다. 내가 진수 씨를 별로 마음에 안 들어 하기 때문인지 진수 씨가 내놓는 제안들은 다 이해가 안 되는 것들뿐이다. 점심 때쯤 만났는데 보기 김밥을 하나 사서 같이 먹자고 했다. 아무리 내가 배가 안 고파도 김밥 하나 가지고 두 사람이 어떻게 먹는단 말인가? 분명히 모자랄 것이다. 그래서 김밥을 하나 더 사서 먹고 오후에 뭐 할까 생각하는데 **1)** 진수 씨가 영화를 보러 가자고 했다. 날씨가 너무 좋은데 그 어두컴컴한 극장 안에 들어간다는 말인가? 그래서 내가 싫다고 하니까 다음에는 **2)** 시간이 이른데 술을 마시러 가자고 하는 것이다. 3시밖에 안 됐는데……. 그래서 내가 또 싫다고 했다. 결국 우리는 공원에 산책을 가기로 했는데 **3)** 진수 씨가 가까운 공원까지 걸어가자고 했다. 그런데 거기에서 공원까지는 걸어서 30분쯤 걸리는 먼 거리였다. 그래서 그냥 근처 서점에 들어갔다. 그런데 이번에는 **4)** 진수 씨가 한국어로 쓰인 소설을 한 권 사 줄 테니까 한번 읽어 보라고 했다. 그런데 그 책은 나한테는 너무나 어려운 책이었다. 그래도 그 책을 받아들고 다음에 만날 약속을 했다. 그런데 진수 씨가 마지막에 내놓은 제안은 **5)** 요즘은 여름이 지나서 날씨가 쌀쌀한데 다음 주에 만나서 같이 수영을 가자는 것이었다.

보기
진수: 저기에 김밥집이 있는데 김밥을 하나 사서 같이 먹을까요?
나: 두 사람이 먹기에는 좀 모자라요.

1) 진수: 영화를 좋아한다고 하셨지요? 우리 같이 영화를 보러 갈까요?

나: ____________ 기에는 날씨가 너무 좋은데요.

2) 진수: 제가 분위기가 좋은 술집을 아는데 같이 술을 마시러 갈까요?

나: ____________ 기에는 ____________

3) 진수: 공원까지 걸어서 갈까요?

나: ____________ 기에는 ____________

4) 진수: 이 책을 사 드릴 테니까 한번 읽어 보시겠어요?

나: ____________ 기에는 ____________

5) 진수: 우리 다음 주에 수영하러 갈까요?

나: ____________ 기에는 ____________

4 Look at the following and choose two sentences to make a sentence.
다음을 보고 두 문장을 골라 문장을 만드십시오.

	교통	주위 환경	하숙비
엄마 하숙집	학교까지 걸어서 10분 걸림	술집이 많음	한 달에 30만 원
서울 하숙집	지하철역까지 15분이고, 학교까지 40분쯤 걸림	공원과 산이 있음	한 달에 50만 원
바다 하숙집	지하철역까지 5분이고, 학교까지 20분쯤 걸림	시장과 할인점이 있음	한 달에 70만 원

보기 엄마 하숙집은 학교까지 걸어서 10분밖에 안 걸리니까 학교에 다니기기에는 편해요.

1) 엄마 하숙집은 근처에 술집이 많아서 ______________기에는 시끄러워요.

2) 서울 하숙집은 근처에 지하철역이 없어서 ______________기에는 ______________

3) 서울 하숙집은 근처에 공원과 산이 있으니까 ______________기에는 ______________

4) 바다 하숙집은 근처에 시장과 할인점이 있으니까 ______________

5) 바다 하숙집은 ______________

08 -고 보니

5 Complete the sentence according to the situation.
상황에 맞게 문장을 완성하십시오.

보기 짐을 다 싸고 나서 여권을 안 넣은 것이 생각났다.
→ 짐을 다 싸고 보니 여권을 안 넣었어요.

1) 손님이 와서 음식을 했는데 너무 많이 한 것 같다.

→ ______________고 보니 너무 많이 했네요.

2) 물건을 사고 거스름돈을 받았는데 천 원을 덜 받았다.

→ ______________고 보니 ______________

3) 운동 기구를 샀는데 자주 사용할 것 같지 않아서 산 것이 후회가 된다.

→ ______________고 보니 ______________

4) 지하철에서 내렸는데 내려야 할 곳이 아니었다.

→ ________________ 고 보니 ________________________________

5) 과로로 쓰러진 후에 건강이 얼마나 소중한지를 다시 한번 느끼게 됐다.

→ ________________ 고 보니 ________________________________

6 Complete the following conversation.

다음 대화를 완성하십시오.

> **보기**
> 가: 부모님한테서 독립한다더니 하셨어요?
> 나: 네, 그런데 독립하고 보니 부모님하고 같이 살았던 때가 편했던 것 같아요.

1) 가: 아이들이 말을 잘 안 들어서 힘들지요?

나: 네, 부모가 __________ 고 보니 우리 부모님이 얼마나 고생하셨는지 알겠어요.

2) 가: 그렇게 학교 다니기 싫어하더니 휴학하니까 좋아?

나: 사람의 마음이 참 이상하지. __________ 고 보니 학교생활이 그리워.

3) 가: 친구한테 기분이 나빴던 것을 얘기했어?

나: 응, 그런데 __________ 고 보니 ________________________________

4) 가: 부장님께서 맡기신 일은 다 끝내셨어요?

나: 네, 그런데 ________________________________

5) 가: 직장을 그만두고 음식점을 개업하셨다고 하던데 잘 되세요?

나: 잘 되기는요. ________________________________

5과 02 그렇게 시끄러워서야 어디 쉴 수 있겠어요?

어휘

1 Choose the correct word to fill in the blank.
알맞은 말을 골라 빈칸에 쓰십시오.

주민	틀다	휴식	어쩔 수 없이	무시하다

보기 감시 카메라를 설치한다는 계획에 동네 주민들이 모두 반대했다.

1) 내 충고를 ______고 그 사람은 계속 예의 없게 행동했다.

2) 스트레스를 풀기 위해 집에서 음악을 크게 ______고 노래를 따라 불렀다.

3) 사람들은 잠을 자기도 하고 음악을 듣기도 하면서 ______을/를 취한다.

4) 의사가 병을 치료하기 위해서는 담배를 끊어야 한다고 해서 ______ 금연을 하고 있다.

2 Choose the correct word to fill in the blank.
알맞은 말을 골라 빈칸에 쓰십시오.

손해를 끼치다 손해를 보다 피해를 주다 피해를 입다
영향을 미치다 영향을 받다

보기 폭력적인 TV 프로그램은 청소년 범죄에 영향을 미친다~~었다/았다/였다~~.

1) 홍수로 ______는/은/ㄴ 집이 많다.

2) 장사를 시작했는데 잘 안 돼서 ______었어요/았어요/였어요.

3) 무슨 일이 있어도 고객들에게는 ______지 않도록 하겠습니다.

4) 형의 성공에 ______어서/아서/여서 나도 열심히 일을 하게 되었어요.

5) 공공장소에서 큰 소리로 전화 통화를 하는 것은 주위 사람에게 ______는/은/ㄴ 일이다.

문법

-어서야 어디 -겠어요?

3 Complete the sentences to fit the situation.
상황에 맞게 문장을 완성하십시오.

보기
제품을 샀는데 너무 하자가 많아서 쓸 수 없을 것 같다.
→ 이렇게 하자가 많아서야~~어서야/아서야/여서야~~ 어디 쓸 수 있겠어요?

1) 가게 점원이 불친절해서 손님이 오지 않을 것 같다.

→ ______________ 어서야/아서야/여서야 어디 손님이 오겠어요?

2) 물가가 너무 많이 올라서 생활할 수 없을 것 같다.

→ ______________ 어서야/아서야/여서야 어디 ______________ 겠어요?

3) 차가 막혀서 제시간에 도착할 수 없을 것 같다.

→ ______________ 어서야/아서야/여서야 어디 ______________ 겠어요?

4) 물건의 품질이 나빠서 많이 팔리지 않을 것 같다.

→ ______________ 어서야/아서야/여서야 어디 ______________ 겠어요?

5) 공부를 안 해서 시험을 잘 볼 수 없을 것 같다.

→ ______________ 어서야/아서야/여서야 어디 ______________ 겠어요?

4 Complete the following conversation.

다음 대화를 완성하십시오.

보기
가: 미선 씨는 직장 동료들과 부딪치는 일이 많대요.
나: 그렇게 대인관계가 나빠서야~~어서야/아서야/여서야~~ 어디 회사 생활을 잘할 수 있겠어요?

1) 가: 주차할 공간이 없어서 30분이나 돌아다니다가 겨우 주차했어요.

나: ______________ 어서야/아서야/어서야 어디 차를 가지고 다닐 수 있겠어요?

2) 가: 영수 씨는 처음 보는 사람들 앞에만 서면 말을 못 한 대요.

나: ______________

3) 가: 제임스 씨는 지난달에 받은 월급을 다 써 버렸대요.

나: ______________

4) 가: 제가 알아본 집은 주위 환경은 괜찮은데 회사까지 두 시간이나 걸려요.

나: ______________

5) 가: 최근 들어 외국인들의 투자가 눈에 띄게 줄고 있어요.

나: ______________

02 -는다고 해도

5 Connect related sentences to create one sentence.

관계있는 문장을 연결해서 한 문장으로 만드십시오.

보기 월급이 많습니다.	• 예의를 지켜야 해요.
1) 고생을 많이 합니다.	• 물어보면 안 돼요.
2) 가까운 사이입니다.	• 봉사 활동을 계속 할 거예요.
3) 능력이 뛰어납니다.	• 일이 적성에 안 맞으면 안 다닐 거예요.
4) 점원이 자꾸 권합니다.	• 성실하지 않으면 성공하지 못해요.
5) 결과가 어떻게 나왔는지 궁금합니다.	• 필요 없으면 사지 마세요.

보기
월급이 많다고~~다고/ㄴ다고/다고~~ 해도 일이 적성에 안 맞으면 안 다닐 거예요.

1) ____________ 는다고/ㄴ다고/다고 해도 ____________

2) ____________ 는다고/ㄴ다고/다고 해도 ____________

3) ____________ 는다고/ㄴ다고/다고 해도 ____________

4) ____________ 는다고/ㄴ다고/다고 해도 ____________

5) ____________ 는다고/ㄴ다고/다고 해도 ____________

6 Complete the following conversation.

다음 대화를 완성하십시오.

보기
가: 복권에 당첨된다면 일을 그만두실 거예요?
나: 아니요, 복권에 당첨된다고~~는다고/ㄴ다고/다고~~ 해도 저는 일을 계속할 거예요.

1) 가: 성형 수술을 해서 예뻐진다면 성형 수술을 하시겠어요?
나: ____________ 는다고/ㄴ다고/다고 해도 안 할 거예요.

2) 가: 아이의 영어 공부를 위해서 조기 유학을 보낼 거예요?
나: ____________ 는다고/ㄴ다고/다고 해도 ____________

3) 가: 친구가 먼저 사과한다면 화해하실 거예요?
나: ____________ 는다고/ㄴ다고/다고 해도 ____________

4) 가: 다시 태어난다면 어떤 일을 하고 싶으세요?
나: ____________

5) 가: 이번 경기에 세계적으로 유명한 선수들이 모두 참가한다면 우승하기가 쉽지 않겠어요.
나: ____________

복습 1~5과

말하기

1 【Introducing Where you Live 지금 사는 곳 소개하기】

Talk about the place you currently live.
여러분이 지금 사는 곳에 대해 이야기하세요.

1) What kind of place do you live now?
2) How did you come to live there?
3) What is the surrounding environment like?
4) What are the positive and negative aspects of living there?
5) If you were to move, where would you like to go?

1) 지금 사는 곳은 어떤 곳이에요?
2) 어떻게 거기에 살게 됐어요?
3) 주변 환경은 어떻습니까?
4) 좋은 점과 불편한 점은 무엇입니까?
5) 이사를 간다면 어떤 곳으로 가고 싶어요?

2 【Sharing an Experience about Exchange 교환 경험 이야기하기】

Have you ever purchased an item and exchanged (or refunded) it? Talk about your exchange (or refund) experience.
물건을 구입했다가 교환(또는 환불)한 적이 있습니까? 교환(또는 환불) 경험에 대해 이야기하세요.

1) Where and what did you buy?
2) Why did you exchange (or refund) it?
3) How did you exchange (or refund) it?
4) What was difficult about the exchange (or refund)?
5) What should you do to make good purchases?

1) 어디에서 무엇을 샀습니까?
2) 왜 교환(또는 환불)했습니까?
3) 교환(또는 환불)은 어떻게 했습니까?
4) 교환(또는 환불)을 할 때 무엇이 힘들었습니까?
5) 물건을 잘 구입하려면 어떻게 해야 할까요?

3 【Talking about Personalities 성격 이야기하기】

Discuss your personality and the aspects you would like to change.
자기의 성격이 어떤지 이야기하고 바꾸고 싶은 부분에 대해 이야기하세요.

1) What is your personality like?
2) What aspects of your personality do you think are good?
3) If you want to change something, what and how would you change?
4) Do you believe you can change your personality?
5) What do you think has influenced your personality the most?

1) 자기의 성격이 어떻습니까?
2) 자기 성격의 어떤 부분이 좋다고 생각합니까?
3) 바꾸고 싶다면 어떤 부분을 어떻게 바꾸고 싶습니까?
4) 성격을 바꿀 수 있다고 생각합니까?
5) 자기 성격에 어떤 것이 영향을 많이 주었다고 생각합니까?

쓰기

I Choose the correct answer to fill in the blank (　　).
(　　) 안에 알맞은 말을 고르십시오.

1 한국에 온 지 얼마 안 돼서 한국 생활에 아직 (　　)이/가 안 됐다.

① 손해　② 적응　③ 기능　④ 부담

2 번화한 곳을 좋아해서 (　　)에 있는 오피스텔을 빌렸다.

① 도심　② 주택가　③ 도시 근교　④ 편의 시설

3 과학 기술의 발달로 인해 일상생활의 질도 (　　)었다/았다/였다.

① 늘다　② 변하다　③ 발전하다　④ 향상되다

4 개인 (　　)이/가 있어서 오늘 학교에 가지 못했다.

① 경우　② 상태　③ 사정　④ 형편

5 우리가 노인이라고 (　　)고 이 문제를 생각해 보자.

① 상상하다　② 회상하다　③ 예상하다　④ 가정하다

6 성공하려면 하루를 (　　)고 내일을 계획하는 시간이 필요하다.

① 기대하다　② 반성하다　③ 후회하다　④ 무시하다

II Choose the option that has a different relationship to the others.
다른 것과 관계가 다른 하나를 고르십시오.

7 (　　)

① 건조하다　② 서늘하다　③ 화창하다　④ 빈곤하다

8 (　　)

① 활발하다　② 소심하다　③ 뿌듯하다　④ 낯을 가리다

III Choose the correct sentence among the following.
다음 중 맞는 문장을 고르십시오.

9 (   )

① 역사 드라마는 남자들은 물론 여자들도 좋아한다.
② 역사 드라마는 여자들이 좋아할 게 아니라 남자들이 좋아한다.

10 (   )

① 10년 전만 해도 별로 달라진 것이 없다.
② 10년 전만 해도 여기는 사람이 살지 않는 곳이었다.

11 (   )

① 그 식당은 음식 값이 싸기는 한데 음식의 질이 좀 떨어집니다.
② 그 식당은 음식 값이 싸기는 하는데 음식의 질이 좀 떨어집니다.

12 (   )

① 그 사람은 돈을 물 쓰듯이 써요.
② 그 사람은 돈을 물 쓰는 듯이 써요.

13 (   )

① 한국에 오지 않았다면 지금 뭐 하고 있을까?
② 한국에 오지 않았더라면 지금 뭐 하고 있을까?

IV Choose the correct question or answer for the following dialogue.
다음 대화에 알맞은 질문이나 대답을 고르십시오.

14 가: 태우 씨는 중학생 때 어땠어요?

나: ______________________

① 춤을 좋아해서 잤다가도 일어나서 춤을 췄어요.
② 독서를 좋아해서 시간만 나면 책을 읽었곤 해요.
③ 축구를 열심히 했다면 지금은 선수가 될 거예요.
④ 공부를 열심히 해서 모범생이었다고 할 수 있어요.

15 가: 이사하셨다면서요? 이사한 곳은 마음에 들어요?

나: ________________

① 이사했다면 후회했을 거예요. 새집이 너무 좋아요.
② 조용할 줄 알았는데 이사하고 보니 좀 시끄럽네요.
③ 새집이라서 좋을 줄 알았는데 청소하고 보니 깨끗해요.
④ 이사했다면 안 좋았을 거예요. 전에 살던 집이 그립네요.

16 가: 아래층에 사는 아이는 ________________

나: 그래서야 어디 시끄러워서 살겠어요?

① 집에 있다 하면 하루 종일 피아노만 쳐요.
② 피아노를 친다 하면 연주회나 다름없어요.
③ 한번 피아노를 쳤다 하면 밤이 될 때까지 쳐요.
④ 삼십 분쯤 피아노를 쳤다 하면 저녁까지 쉬어요.

17 가: 수줍음을 많이 타는데 동아리 활동을 할 수 있을까요?

나: ________________

① 자주 만나다가 보면 익숙해질 거예요.
② 친구를 사귀다가 보면 수줍음이 없어졌어요.
③ 동아리에 들다가 보니 잘할 수 있을 거예요.
④ 수줍음을 타다가 보니 동아리에 들지 마세요.

18 가: 집들이 음식으로 닭갈비를 준비하면 어떨까요?

나: ________________

① 너무 매운지 아무도 못 먹을 거예요.
② 외국인이 먹기에는 좀 맵지 않을까요?
③ 저도 좋아하는지 닭갈비를 먹고 싶어요.
④ 집들이에 먹기에는 너무 매운 것 같아요.

V Using the words and grammar you've learned, write a text with the following title (10 sentences or more).

다음 제목으로 글을 쓰십시오. 비격식체 반말을 사용하고 10문장 이상 쓰십시오.

19

제목: 나의 어린 시절

듣기

MP3_21

[1-2] Listen to the conversation and answer the questions.
대화를 듣고 질문에 답하십시오.

1 **What is the main idea of the conversation? (　　)**
대화의 주제는 무엇입니까?

① 미래의 직업　　② 전공과 직업의 관계
③ 요즘 인기 있는 직업　　④ 전공을 잘 선택하는 방법

2 **Choose the answer that matches what you heard. (　　)**
들은 내용과 같은 것을 고르십시오.

① 두 사람은 뉴스를 보면서 이야기하고 있다.
② 항공기 기관사는 앞으로도 전망이 밝을 것이다.
③ 기술이 발전된 미래에도 노인 도우미는 필요할 것이다.
④ 여자는 자신의 전공이 미래에 도움이 될 거라고 생각한다.

[3-5] Listen to the conversation and answer the questions.
대화를 듣고 질문에 답하십시오.

3 **What is the man introducing? (　　)**
남자는 무엇을 소개하고 있습니까?

① 학생들이 자신의 꿈을 표현한 그림　　② 50년 전의 과거를 상상해서 그린 그림
③ 50년 전에 미래를 상상해서 그렸던 그림　　④ 학생들이 기차로 달나라 여행을 하는 그림

4 **Choose a technology that is in the picture but has not become reality. (　　)**
그림 속에 있지만 현실이 되지 않은 기술을 고르십시오.

① 태양열로 에너지를 만드는 집　　② 아주 빠르게 이동할 수 있는 기차
③ 자동으로 운전이 되는 전기 자동차　　④ 집에서 병원 진료를 받는 의료 시스템

5 **Choose the answer that matches what you heard. (　　)**
들은 내용과 같은 것을 고르십시오.

① 그림을 그린 학생의 예상이 대부분 맞았다.
② 지금은 없어진 생활 모습이 그림 속에는 있다.
③ 미래의 생활 모습이 요즘의 모습과 많이 닮았다.
④ 텔레비전을 볼 수 있는 작은 전화기는 아직 꿈이다.

[6-8] Listen to the story and answer the questions.
이야기를 듣고 질문에 답하십시오.

6 **Choose the main idea of the story. (　　)**
이야기의 중심 내용을 고르십시오.

① 성격은 태어날 때 결정되는 것이다.　　② 성격에 영향을 미치는 것은 다양하다.
③ 아이들은 부모의 영향을 많이 받는다.　　④ 칭찬으로 아이의 성격을 바꿀 수 있다.

7 **Choose an option that is not an effect of a compliment. (　　)**
칭찬의 효과가 아닌 것을 고르십시오.

① 학습 능력이 높아진다.　　② 자신감이 생기고 활달해진다.
③ 학교 일에 소극적으로 참여한다.　　④ 학교에서 친구들과 관계가 좋다.

8 **Choose the answer that matches what you heard. (　　)**
들은 내용과 같은 것을 고르십시오.

① 칭찬은 아이들에게 부정적인 영향을 줄 수도 있다.
② 형제 사이의 성격 차이는 유전 인자의 영향이 아니다.

③ 아이에게 부모가 칭찬을 주고받는 모습을 보여 주면 좋다.
④ 일상생활의 작은 일은 소심한 성격에 영향을 주지 않는다.

[9-10] Listen to the story and answer the questions.
이야기를 듣고 질문에 답하십시오.

9 **Choose what this person is not thinking about these days. (　　)**
요즘 이 사람이 생각하는 게 아닌 것을 고르십시오.

① '내가 유학을 안 왔더라면 어떻게 됐을까?'
② '내가 한국말을 배워서 무엇을 할 수 있을까?'
③ '유학 생활이 내 인생에 어떤 영향을 끼칠까?'
④ '부모님의 기대도 큰데 학위를 빨리 따야겠다.'

10 **Choose the answer that matches what you heard. (　　)**
들은 내용과 같은 것을 고르십시오.

① 이 사람은 아직 한국말이 서투르다.
② 이 사람은 계획을 세워서 생활하고 있다.
③ 이 사람은 학교 선택에 대해 후회하고 있다.
④ 이 사람은 시간을 효율적으로 쓰지 않은 것을 반성한다.

[11-12] Listen to the story and answer the questions.
이야기를 듣고 질문에 답하십시오.

11 **Choose the correct topic of the story. (　　)**
들은 내용의 주제로 알맞은 것을 고르십시오.

① 환경과 성격은 아무 관계가 없다.
② 환경에 따라 사람의 성격은 달라진다.
③ 각각 사람의 성격에 맞는 환경이 있다.
④ 환경이 달라져도 성격은 변하지 않는다.

12 **Mark "O" if it matches what you heard, and "X" if it doesn't. (　　)**
들은 내용과 같으면 O, 다르면 × 표시하십시오.

1) 형제가 많은 아이들은 보통 적극적이고 활달하다. (　　　)
2) 따뜻한 지역에서 사는 사람들은 부지런하고 성격이 급하다. (　　　)
3) 부모가 모두 일할 경우, 아이는 내성적인 성격이 되기 쉽다. (　　　)
4) 사람의 성격에는 자연환경보다 사회 환경의 영향이 더 크다. (　　　)

읽기

I **[1~2] Read the following and answer the questions.**
다음을 읽고 질문에 답하십시오.

며칠 전 '학교 종이 땡땡땡'이라는 전시회에 다녀왔다. 1970년대부터 1980년대의 학교 풍경을 보여 주는 전시회였는데 책상부터 난로, 도시락까지 그때의 교실 모습 그대로였다. 내가 초등학교 시절에 선생님께서 난로 위에다가 학생들의 도시락을 쌓아 놓고 골고루 데워 주곤 하셨는데 그 모습이 떠올랐다. 교복을 입고 전시장을 왔다 갔다 하는 진행 요원의 모습도 학창 시절을 생각나게 했다. 옛날 모습을 추억하는 행사라서 나이가 많은 관람객부터 방학을 맞은 어린이까지 다양한 연령층이 전시장을 찾았고 곳곳에서 웃음소리가 터져 나왔다.

다른 한편에서는 할머니 몇 분께 졸업장을 드리는 행사가 진행되고 있었다. 처음에는 단체 관람을 오신 할머니들께 기념 선물로 졸업장을 만들어 드리는 것이라고 생각했다. 그런데 알고 보니까 어린 시절에 가난 때문에 학교를 졸업하지 못한 할머니들을 서울시에서 전시회에 초대한 것이었다. 비록 이벤트용 졸업장이지만 힘들게 살아온 그분들께는 의미 있는 선물이 되었을 것이다.

방학을 맞은 아이들에게 좋은 시간을 갖게 해 주고 싶어서 두 아들과 같이 전시장을 찾았지만 내가 더욱 많은 것을 깨달은 시간이었다. 전시된 것들은 오래된 물건에 불과했지만 그것들로 인해 나는 미래를 살아갈 힘을 얻은 것 같다.

1 **Choose what is not described as part of the exhibition by this person. ( )**
이 사람이 설명한 전시회 풍경이 아닌 것을 고르십시오.

① 옛날 학교의 교실 모습
② 교복을 입은 진행 요원
③ 기념품을 받는 할머니들
④ 단체 관람을 온 선생님들

2 **Choose the answer that matches the content of the text. ( )**
이 글의 내용과 같은 것을 고르십시오.

① 이 사람은 전시회에서 자신의 학창 시절을 추억했다.
② 서울시에서는 가난한 할머니들을 전시회에 초대했다.
③ 이 사람은 방학에 할머니를 모시고 전시회를 보러 갔다.
④ 전시회장에는 미래를 상상해 볼 수 있는 물건이 많았다.

Ⅱ [3~5] Read the following and answer the questions.
다음을 읽고 질문에 답하십시오.

여러분이 상상하는 미래의 인간은 어떤 모습인가요? 과학 기술의 발달은 우리 몸을 어떻게 변화시킬까 하는 주제에 대해서 과학자들은 인간 몸의 미래를 다음과 같이 예상하고 있습니다.

가장 실현 가능성이 높을 것으로 예상되는 변화는 운동과 다이어트입니다. 앞으로 10년 내에 우주인 다이어트 기기가 등장해 비만 문제를 해결할 것으로 보입니다. 우주인 훈련 시설과 비슷하게 생겨서 10분만 누워 있으면 한 시간 이상 격렬한 운동을 한 듯이 효과가 나타나는 운동 기구가 등장할 것이라고 합니다. 이 기구는 근육량이 늘어나는 것은 물론 개개인에게 맞는 기초대사량까지 고려하여 신체의 균형을 잡아줄 것으로 보입니다.

___㉠___ 앞으로 20년 후 일어날 예측 가운데 가장 놀라운 것은 치아 건강과 관련된 것입니다. 요즘은 충치가 생기거나 사고로 치아가 부러지면 치아와 비슷한 물질로 치아를 대체하지만 20년 후에는 환자의 치아로 새로운 치아를 만들어 치료를 할 수 있다고 합니다.

이와 함께 2100년 정도에는 모든 질병을 막을 수 있을 것이며 2150년에는 몸의 각 기관을 마음대로 바꿀 수 있는 시대가 열릴 것으로 예상됩니다.

3 Choose a suitable title for this text. (　　)
이 글의 제목으로 알맞은 것을 고르십시오.

① 다이어트 방법의 변화　　② 의학 기술의 과거와 현재
③ 과학 기술의 발달과 건강　　④ 미래에 볼 수 있는 전자 기기

4 Choose the correct answer to fill in ___㉠___. (　　)
___㉠___ 에 들어갈 말로 알맞은 것을 고르십시오.

① 그럼　　② 그래서
③ 이와 같이　　④ 그뿐만 아니라

5 Choose a statement that can not be said after reading this text. (　　)
이 글을 읽고 할 수 있는 말이 아닌 것을 고르십시오.

① "미래에는 치아가 부러져도 걱정할 필요 없겠다."
② "10년 뒤에는 비만 때문에 걱정하지 않아도 된대."
③ "과학 기술이 발달할수록 건강에 대한 고민도 늘겠다."
④ "우주인 다이어트 기기만 있으면 운동이 힘들지 않겠다."

III [6~7] Read the following and answer the questions.
다음을 읽고 질문에 답하십시오.

나의 하루는 한국의 전통 무술인 태권도와 함께 시작됩니다. 몸이 약해서 시작했던 태권도가 이젠 나의 몸과 마음을 단련하는 생활의 중요한 부분이 되었습니다. 처음 태권도를 배울 때는 몸이 마음처럼 움직이지 않아서 고생을 많이 했어요. 하지만 어려움을 참고 하다가 보니 시간이 지날수록 잘하게 되었고 마음도 안정을 찾을 수 있었지요. 태권도를 배우면서 예전엔 이상하게만 보이던 한국의 문화를 다시 생각해 보고, 한국인의 눈으로 바라볼 수 있게 되었습니다.

처음 한국에 왔을 때는 내가 살아온 환경과 너무 달라서 적응하기가 힘들었습니다. 식사뿐만 아니라 무엇이든지 빨리빨리 하려는 한국인들 틈에서 내가 게을러 보이기까지 했습니다. 또 회사 동료와 한국 음식을 먹으러 갔다가 김치를 먹어 보라고 해서 먹었을 때 정말 매워서 혼이 났던 적도 있었습니다.

가족들과 떨어져 지내는 크리스마스 같은 휴일은 특히 고향 생각이 더 많이 나고 외롭기도 했습니다. 하지만 적응하기 힘들었던 한국에서의 삶도 태권도를 할 때와 같이 자꾸 부딪치고 경험해 보면서 어느덧 나의 일부분이 되어 가고 있습니다. 아직도 가끔 고향 음식이 그립긴 한데 매운 한국 음식도 누구 못지않게 좋아하고 즐기게 됐습니다. 오늘 아침에도 태권도를 하며 한국에서의 활기찬 하루를 시작합니다.

6 What is the main idea of this text? (　　)
이 글의 중심 내용은 무엇입니까?

① 태권도가 한국 생활 적응에 큰 도움이 되었다.
② 무술을 좋아하는 사람에게 태권도를 추천하고 싶다.
③ 게으른 사람은 태권도를 배우면 부지런해질 수 있다.
④ 문화를 이해하려면 그 나라의 전통 무술을 배워야 한다.

7 Choose the answer that does not match the content of the text. (　　)
읽은 내용과 다른 것을 고르십시오.

① 이 사람은 한국의 매운 음식에 익숙해졌다.
② 이 사람은 고향이 그리울 때 태권도를 한다.
③ 이 사람은 건강해지기 위해서 태권도를 시작했다.
④ 이 사람은 태권도를 배우면서 한국 문화를 이해하게 되었다.

III [8~10] Read the following and answer the questions.
다음을 읽고 질문에 답하십시오.

인터넷 쇼핑은 매상까지 안 가도 인터넷만 연결되어 있으면 어디에서든지 마음에 드는 물건을 고를 수 있고 집까지 물건을 배송도 해 주기 때문에 매우 편리하다. 그래서 인터넷 쇼핑을 이용하는 사람들이 늘고 있지만 피해를 입는 소비자도 많아지고 있다.

매장에서 직접 살 수 없다 보니 홈페이지의 광고 내용만을 믿고 치수나 색상을 선택해서 물건을 살 수밖에 없다. 그런데 물건을 받고 보면 품질이나 색상 등이 홈페이지에 올라온 내용과 달라서 반품을 하게 되는 경우가 종종 있다.

온라인 쇼핑몰은 저렴한 가격으로 소비자를 유혹하다 보니 품질이 떨어지거나 하자가 있는 경우가 많고, 물건을 쉽게 살 수는 있는데 교환이나 환불이 되지 않는 경우도 많다. 또한 물건 값을 지불한 후 시간이 지나도 배송이 안 되고 판매자와 연락을 해 보면 연결이 안 된다는 사례도 적지 않다.

대부분의 사람들이 인터넷 쇼핑몰에서 피해를 입게 되면 쇼핑몰에 전화를 하거나 게시판에 글을 올려 문제를 해결하려고 하는 경우가 많다. 하지만 쇼핑몰 측에서 무시를 하거나 해결해 주지 않는 경우에는 한국 소비자원이나 해당 지역의 소비자 보호 센터를 이용해 도움을 청하는 것이 좋다. 만약 쇼핑몰에 속아서 피해를 입었을 경우에는 같은 피해를 입은 사람들과 함께 대응하는 것도 좋은 방법이다.

무엇보다도 이런 일을 당하기 전에 예방하는 것이 더 중요하다. 온라인 쇼핑몰을 이용할 때에는 휴대폰 번호만 올라가 있는 쇼핑몰, 고객 게시판이 없는 쇼핑몰, 고가의 제품을 지나치게 낮은 가격으로 판매하는 쇼핑몰, 현금 결제를 바라는 쇼핑몰은 될 수 있으면 피하는 것이 좋다.

8 Choose the option you can not know from reading this text. ( )
이 글을 읽고 알 수 없는 것을 고르십시오.

① 인터넷 쇼핑의 편리한 점
② 인터넷 쇼핑을 줄여야 하는 이유
③ 인터넷 쇼핑 피해를 해결하는 방법
④ 인터넷 쇼핑 피해를 입지 않는 방법

9 Choose the answer that matches the content of the text. ( )
읽은 내용과 같은 것을 고르십시오.

① 최근 인터넷 쇼핑이 발달하면서 피해를 입는 사람이 줄고 있다.
② 인터넷 쇼핑으로 피해를 입었다면 무조건 빨리 대응하는 것이 좋다.
③ 피해를 예방하기 위해서 오프라인 매장을 적극적으로 이용해야 한다.
④ 인터넷 쇼핑으로 피해를 볼 경우 한국 소비자원의 도움을 받을 수 있다.

10 Choose a shopping mall that you can not trust among the following. ( )
다음 중 믿을 수 없는 쇼핑몰을 고르십시오.

① 고객 게시판에 글을 올리는 과정이 복잡하다.
② 쇼핑몰 사이트에 오프라인 매장 번호가 있다.
③ 300만 원짜리 텔레비전을 20% 할인해서 판매한다.
④ 결제할 때 신용카드를 선택할 수 없고 현금만 가능하다.

V [11~12] Read the following and answer the questions.
다음을 읽고 질문에 답하십시오.

A형은 무슨 일을 할 때 미리 결과를 걱정하고 하고 싶은 말이 있어도 참고 지내는 소심한 성격이어서 스트레스가 많습니다. 그런데 가끔 A형 중에도 외향적인 사람이 있긴 하지만 O형과는 달리 다른 사람과 떨어져서 혼자 있을 때는 원래의 내성적인 모습으로 돌아옵니다. 자기 표현을 많이 하진 않지만 집중력이 뛰어나고 꼼꼼한 편입니다.

AB형은 생각이 많은 편이지만 자신의 생각을 말이나 행동으로 표현하는 것을 귀찮아합니다. 주위의 사물에 호기심이 많고 항상 "왜?"라는 생각을 많이 합니다. 또 감정을 잘 나타내지 않아서 가끔 냉정하다는 말을 듣기도 합니다.

O형은 주위 사람들과 다 잘 어울리고 성격이 좋다는 말을 많이 듣습니다. 리더십이 뛰어나서 사람들이 많이 따르고 인기도 많은 편입니다. 하지만 생각이 조금 느리고 창의력이 부족한 편입니다.

B형은 자신의 기분을 말이나 행동으로 바로 표현하는 편이라서 스트레스가 적습니다. 다른 사람이 자기에 대해 조언할 때 기분 나빠하며 "그냥 하고 싶은 대로 놔 둬."라고 화를 냅니다. 외향적이고 다른 사람에 대해 신경을 쓰지 않기 때문에 하고 싶은 일을 적극적으로 할 수 있습니다.

남녀 관계에도 혈액형이 영향을 미칠까요? 보통 A형은 B형에게 관심을 가지고, O형은 AB형에게 관심을 가진다고 합니다. 하지만 혈액형 분석을 보면 A형은 O형, B형은 AB형과 잘 어울린다고 합니다. 그러므로 남녀 관계와 혈액형은 별로 관계가 없는 것 같습니다.

11 Choose a suitable title for this text. (　　)
이 글의 제목으로 맞는 것을 고르십시오.

① 혈액형의 종류
② 혈액형과 남녀 관계
③ 혈액형과 스트레스와의 관계
④ 혈액형으로 알아본 사람의 성격

12 Mark "O" if it matches the content of the text, and "X" if it doesn't. (　　)
읽은 내용과 같으면 O, 다르면 × 표시하십시오.

1) A형은 자기 표현이 적고 소심한 편이다. (　　)
2) O형은 성격이 좋고 인기가 많은 편이다. (　　)
3) B형은 다른 사람의 조언을 듣는 것을 좋아한다. (　　)
4) AB형은 주변 사람에게 호기심이 많고 외향적이다. (　　)

6과 01 스트레스도 풀 겸 노래방에 갈까요?

어휘

1 Choose the correct word to fill in the blank.
알맞은 말을 골라 빈칸에 쓰십시오.

즐기다 놀이 종류 공간 개발하다

대학로 마로니에 공원이 문화의 중심지로 다시 태어난다!

현재 매점과 티켓 박스, 컨테이너 등 온갖 보기 종류의 시설이 무질서하게 자리한 마로니에 공원이 새로운 문화 1) ________ 으로/로 다시 태어난다. 서울시는 지금의 무질서한 시설들을 모두 없애고 마로니에 공원을 새롭게 2) ________ 을/ㄹ 계획이다. 그 뿐만 아니라 마로니에 공원에 공연장을 만들어 시민들이 직접 참여할 수 있는 게임, 노래 대회 등을 열 계획이어서 앞으로 대학로를 찾는 많은 사람들에게 마로니에 공원은 여러 가지 3) ________ 문화를 4) ________ 을/ㄹ 수 있는 문화의 중심지가 될 것이다.

2 Choose the correct word to fill in the blank.
알맞은 말을 골라 빈칸에 쓰십시오.

윷놀이 연날리기 씨름 줄다리기 강강술래

보기 운동회, 밧줄 (줄다리기)

1) 천하장사, 모래판, 띠 (   )
2) 보름달, 한복, 원형, 노래 (   )
3) 도, 개, 걸, 윷, 모 (   )
4) 연줄, 방패연, 가오리연, 소원 (   )

문법

① -을 겸

3 **Look at the table and complete the sentence.**
표를 보고 문장을 완성하십시오.

가야 할 장소	할 일	
보기 도서관	책을 빌린다.	신문 기사 발표 준비를 한다.
여행사	여행 정보를 알아본다.	비행기표를 예매한다.
서점	한국어 교재를 살펴본다.	새로 나온 책을 산다.
은행	환전을 하다.	통장을 만든다.
백화점	며칠 전에 산 청바지를 바꾼다.	부모님 선물을 산다.
서울 타워	공연을 본다.	서울 야경을 구경한다.

보기 책도 빌릴~~을/ㄹ~~ 겸 신문 기사 발표 준비도 할~~을/ㄹ~~ 겸 도서관에 가려고 해요.

1) ________ 을/ㄹ 겸 ________ 을/ㄹ 겸 ________

2) ________ 을/ㄹ 겸 ________ 을/ㄹ 겸 ________

3) ________ 을/ㄹ 겸 ________ 을/ㄹ 겸 ________

4) ________

5) ________

4 **Complete the following conversation.**
보기 와 같이 대화를 완성하십시오.

보기
가: 지난 주말에 뭐 했어요?
나: 도자기도 만들어 볼~~을/ㄹ~~ 겸 머리도 식힐~~을/ㄹ~~ 겸 이천 도자기 축제에 갔다 왔어요.

1) 가: 이번 휴가에 뭘 할 거예요?
나: ________ 을/ㄹ 겸 ________ 을/ㄹ 겸 제주도에 가기로 했어요.

2) 가: 요즘은 차를 안 가지고 다니네요. 차가 고장 났어요?
나: 아니요, ________ 을/ㄹ 겸 ________ 을/ㄹ 겸 걸어 다니기로

했어요.

3) 가: 이번 학기에 축구 동아리에 가입했다면서요?

나: 네, ______________ 을/ㄹ 겸 ______________ 을/ㄹ 겸 ______________

4) 가: 방학 때 바닷가에서 안전 요원으로 일할 거라면서요?

나: 네, ______________

5) 가: 외국에 가서 한국어를 가르치는 자원봉사를 하셨다면서요?

나: 네, ______________

■■ -는다던데

5 Complete the following sentence.
다음 문장을 완성하십시오.

보기 세계에서 도심을 흐르는 강 중에 가장 큰 강이 한강이다.
- 지난 주말에 월드컵 경기장에서 한국 대 일본의 축구 경기가 열렸다.
- '서울시 외국인 장기 자랑 대회'에 참가할 학생들을 모집한다.
- 대통령이 자신의 재산을 기부하기로 했다.
- 한국에 '명절 스트레스'라는 말이 있다.
- 한글을 공식 문자로 쓰는 해외 소수 민족이 생겼다.

보기 세계에서 도심을 흐르는 강 중에 가장 큰 강이 한강이라던데~~는다던데/ㄴ다던데/다던데~~ 정말이에요?

1) ______________ 는다던데/ㄴ다던데/다던데 어느 팀이 이겼어요?

2) ______________ 는다던데/ㄴ다던데/다던데

____

3) ______________ 는다던데/ㄴ다던데/다던데

____

4) ______________ 는다던데/ㄴ다던데/다던데

____

5) ______________ 는다던데/ㄴ다던데/다던데

____

6 Complete the following conversation.

다음 대화를 완성하십시오.

보기

가: 주말에 뭘 하면 좋을지 생각 중이에요.

나: 서울광장에서 축제가 열린다던데~~는다던데/ㄴ다던데/다던데~~ 한번 가 보세요.

1) 가: 감기에 걸렸는데 어떤 차를 마시면 좋을까요?

나: ______________________ 는다던데/ㄴ다던데/다던데 드셔 보세요.

2) 가: 요즘 뭐 좀 재미있는 공연이 없을까요?

나: ______________________ 는다던데/ㄴ다던데/다던데 주말에 같이 볼까요?

3) 가: 이번 연휴에 부산에 가고 싶은데 어떤 교통편이 편리할까요?

나: ______________________ 는다던데/ㄴ다던데/다던데 ____________

4) 가: 병원에 가기 전에 예약을 안 하고 가도 될까요?

나: ____

5) 가: 유럽에 여행을 가려고 하는데 혹시 여행 정보를 잘 아는 사람이 있을까요?

나: ____

6과 02 이젠 저도 뜨거운 음식에 익숙해졌는걸요

어휘

1 Choose the correct word to fill in the blank.
알맞은 말을 골라 빈칸에 쓰십시오.

완전히　상쾌하다　후후　흘리다

보기 땀을 흘리며 열심히 운동을 한 후 샤워를 하니 기분이 정말 상쾌하다~~는다/ㄴ다/다~~.

1) 옷에 음식을 ________ 지 않도록 조심해서 먹어라.

2) 어머니는 수술을 하고 나서 한 달 후에 ________ 건강을 회복하셨다.

3) 추운 겨울에는 국물 요리가 최고다. 뜨거운 국물을 ________ 불어가면서 먹으면 정말 맛있다.

2 Choose the correct word to fill in the blank.
알맞은 말을 골라 빈칸에 쓰십시오.

달콤하다　쌉쌀하다　매콤하다　담백하다　느끼하다　떫다　고소하다　비리다

녹차 케이크 – "생크림의 부드럽고 보기 달콤한~~은/ㄴ~~ 맛이 정말 좋아요. 후식으로 그만입니다. 녹차의 1) ________ 은/ㄴ 맛이 입을 깨끗하게 만들어 주는 것 같아요."

고추 소스 생선 튀김 – "고추 소스 때문인지 생선의 2) ________ 은/ㄴ 맛이 전혀 없어요. 기름에 튀겼는데도 3) ________ 지 않아요."

인삼 미역국 – "양념을 전혀 넣지 않고 오래 끓여 국물이 참 4) ________ 고 맛있습니다. 인삼이 들어가서 그런지 조금 5) ________ 은/ㄴ 맛이 있어요. 몸에 좋을 것 같아요."

새우 고추장 볶음 – "새우에 고추장을 넣어서 약간 6) ________ 네요. 호두를 같이 넣어서 끝 맛은 아주 7) ________ 습니다/ㅂ니다."

문법

-는걸요

3 Complete the following conversation.
다음 대화를 완성하십시오.

내가 인턴으로 일하는 회사의 김 과장님은 아주 무뚝뚝하신 분이라고 알려져 있다. 하지만 같은 부서에서 근무하면서 김 과장님이 정말 친절하고 좋은 분이라는 것을 알게 되었다. 김 과장님은 우리 부서 사람들 중에서 제일 일찍 출근하신다. 부하 직원들의 생일도 빠짐없이 챙겨 주신다. 회의 시간에는 자료 정리를 다 해 놓으셔서 우리가 준비할 것이 없다. 또 우리에게도 꼭 존댓말을 하신다. 어제는 이런 일이 있었다. 서류를 하루 늦게 제출해서 꾸중을 들을까 봐 마음이 조마조마했는데 김 과장님은 화를 내지 않으시고 오히려 내용이 좋다고 칭찬해 주셨다.

보기
가: 김 과장님은 아주 무뚝뚝하시다면서요? 무서울 것 같은데요.
나: 말은 없으시지만 정말 친절하고 좋은 분인걸요~~는걸요/은걸요/ㄴ걸요.~~

1) 가: 김 과장님은 집이 머니까 다른 사원들보다 늦게 출근하시지요?
   나: 아니요, 오히려 ________________ 는걸요/은걸요/ㄴ걸요.
2) 가: 김 과장님은 부하 직원들에게 별로 신경을 쓸 것 같지 않은데요.
   나: 아니요, ________________ 는걸요/은걸요/ㄴ걸요.
3) 가: 회의 자료를 정리하려면 힘들지 않아요?
   나: 아니요, ________________ 는걸요/은걸요/ㄴ걸요.
4) 가: 김 과장님은 사원들에게 반말을 하지요?
   나: 아니요, ________________
5) 가: 어제 서류를 늦게 제출해서 꾸중을 듣지 않았어요?
   나: 아니요, ________________

4 Complete the following conversation.
다음 대화를 완성하십시오.

보기
가: 주말마다 등산을 하면 피곤하지 않아요?
나: 피곤하기는요, 오히려 몸이 훨씬 건강해졌는걸요~~는걸요/은걸요/ㄴ걸요~~.

1) 가: 한국에 온 지 1년이 지났으니 이제 한국 문화에 대해 많이 아시겠어요.
나: 많이 알기는요. ______________________ 는걸요/은걸요/ㄴ걸요.

2) 가: 시골 생활이 불편하지 않으세요?
나: 불편하기는요. ______________________ 는걸요/은걸요/ㄴ걸요.

3) 가: 한국에 있는 동안 도움을 많이 못 드려서 죄송해요.
나: 무슨 말씀이세요. ______________________ 는걸요/은걸요/ㄴ걸요.

4) 가: 어머님이 병으로 입원하셨다더니 아직도 많이 아프세요?
나: 아니요, ______________________

5) 가: 바쁘실 텐데 제 생일 파티에 와 주셔서 정말 고마워요.
나: ______________________

●● 에 비하면

5 Look at the table and complete the sentence.
표를 보고 문장을 완성하십시오.

보기 올해 10세 평균 키: 143cm	10년 전 10세 평균 키: 138cm
작년 도시 근로자 평균 임금: 290만 원	10년 전 도시 근로자 평균 임금: 200만 원
한국의 S 커피값: 5천 원	미국의 S 커피값: 3천 원
한국의 전업주부 연봉: 약 2천 5백만 원	영국의 전업주부 연봉: 약 5천 5백만 원
삼겹살 가격: 600g에 2만 원	작년 삼겹살 가격: 600g에 14,000원
A사이트에서 판매하는 휴대 전화 가격: 70만 원	B사이트에서 판매하는 휴대 전화 가격: 90만 원

보기 올해 10세 평균 키는 143cm로 10년 전 10세 평균 키에 비하면 약 5cm 커졌다.

1) 작년 도시 근로자의 평균 임금은 290만 원으로 ________ 에 비하면

____

2) 한국의 S 커피값은 5,000원으로 ________ 에 비하면 ________

____

3) 한국의 전업 주부 연봉은 약 2천 5백만 원인데 ________ 에 비하면 ________

____

4) 올해 삼겹살 가격이 600g에 2만 원으로 ________

5) 가격 비교 사이트에서 찾아 보니 A사이트에서 판매하는 휴대 전화 가격은 70만 원으로

____

6 Complete the conversation as shown in the example.

보기 와 같이 대화를 완성하십시오.

보기
가: 밤낮으로 어머니 병간호하느라고 힘드시지 않아요?
나: 지금까지 키워 주신 부모님 은혜에 비하면 아무것도 아니에요.

1) 가: 아이가 체중이 많이 나가는 편이에요?
나: 네, 40kg이니까 ________ 에 비하면 체중이 많이 나가는 편이에요.

2) 가: 하숙집에 살면 식사가 제공되니까 기숙사보다 편할 것 같은데요.
나: 네, 하지만 ________ 에 비하면 ________

3) 가: 5년 만에 서울에 오시니까 어때요? 서울에 많은 변화가 생겼지요?
나: 네, ________ 에 비하면 ________

4) 가: 요즘은 좀 여유가 있어 보이는데 회사 생활에 적응이 되었어요?
나: 네, ________

5) 가: 잡채는 손이 많이 가는 음식이라서 만들기가 조금 어려운 것 같아요.

____

7과 01 무슨 말인지 알아듣기 어렵던데요

어휘

1 Choose the correct word to fill in the blank.
알맞은 말을 골라 빈칸에 쓰십시오.

우연히 세대 차이 놀랍다 마찬가지 번역하다 게다가

보기 책상 정리를 하다가 우연히 10년 전에 쓴 일기장을 발견했다.

1) 지금 계획을 바꾼다고 해도 결과는 ________ 이에요/예요.

2) 한국말을 배운 지 1년밖에 안 되었는데 저렇게 잘하다니 정말 ________ 어요/아요/여요.

3) 결혼관에 대해 부모님과 이야기를 나누다 보면 ________ 을/를 느낄 때가 많다.

4) 직장에서 내가 하는 일은 영어로 된 문서를 한국어로 ________ 는/은/ㄴ 일이다.

5) 아침에 비가 와서 길이 막혔다. ________ 사고까지 나서 학교까지 1시간이나 더 걸렸다.

2 Choose the correct word to fill in the blank.
알맞은 말을 골라 빈칸에 쓰십시오.

거절하다 격려하다 권하다 농담하다 칭찬하다 고백하다

〈우리 반 소개〉

민수 씨는 첫인상이 매우 차가워 보였는데 사귀어 보니까 아주 재미있고 보기 농담하는 ~~는/은/ㄴ~~ 것을 좋아하는 사람이었다. 리에 씨는 소극적인 성격이라서 좋아하는 사람에게 먼저 좋아한다고 솔직히 1) ________ 지 못한다. 그 사람이 데이트 신청을 2) ________ 을까/ㄹ까 봐 걱정하기 때문이다. 수잔 씨는 다른 사람을 잘 이해하고 용기를 주는 사람이다. 지난번에 내가 시험을 못 봐서 걱정하고 있을 때도 다음에는 잘할 수 있을 거라고 3) ________ 어/아/여 줘서 힘을 얻을 수 있었다. 김 선생님은 학생들에게 친절하시다. 학생들이 책을 읽을 때 잘했다고 항상 4) ________ 어/아/여 주신다. 이번에도 나한테 한국어 공부에 도움이 되는 책을 5) ________ 어/아/여 주셨다.

문법

❶ -건 -건

3 Complete the following sentence.
다음 문장을 완성하십시오.

학교 기숙사 규칙
- 주말, 주중 상관없이 밤 11시까지 기숙사에 들어 와야 한다.
- 직원과 학생 모두 반드시 출입증을 가지고 다녀야 한다.
- 음식이나 술은 기숙사 내에 절대 가지고 들어올 수 없다.
- 남녀 상관없이 기숙사 내에 친구를 초대할 수 없다.
- 기숙사 내 도서관은 도서관을 이용하지 않아도 일주일에 한 번씩 도서 정리를 해야 한다.
- 기숙사생들은 나이와 상관없이 서로 존댓말을 사용해야 한다.

학생: 기숙사의 규칙에 대해 말씀해 주세요.

기숙사 관계자: 우리 기숙사는 규칙이 엄격한 편입니다. 우선 출입 시간을 꼭 지켜야 하는데 보기 주말이건 주중이건 상관없이 밤 11시까지는 꼭 들어와야 합니다. 기숙사에 들어오려면 **1)** ________ 건 ________ 건 반드시 출입증을 가지고 다녀야 합니다. 또한 **2)** ________ 건 ________ 건 절대 가지고 들어올 수 없습니다. 친구를 초대하는 것도 금지하고 있습니다. 그렇기 때문에 **3)** ________ 건 ________ 건 ________________.
그리고 우리 기숙사 내에 도서관이 있는데, 이 도서관은 **4)** ________ 건 ________ 건 ________________. 우리 기숙사 내에서는 예의를 지키기 위해서 **5)** ________ 건 ________ 건 ________________.

4 Complete the following conversation.
다음 대화를 완성하십시오.

보기
가: 지나가는 차도 없는데 그냥 건너갑시다. 시간이 없어요.
나: 지나가는 차가 있건 없건 신호는 지켜야지요.

1) 가: 일을 어쩔 수 없이 맡긴 했지만 정말 하기 싫어요.
나: ________ 건 ________ 건 맡은 일은 꼭 해야 해요

2) 가: 요즘 시험 기간도 아닌데 뭘 그렇게 열심히 공부해요?
나: ________ 건 ________ 건 항상 열심히 공부해야지요.

3) 가: 특별한 일도 없고 해서 요즘은 부모님께 전화를 안 해요.

나: ____________ 건 ____________ 건 부모님께 자주 연락을 드려야지요.

4) 가: 건강이 나쁜 것도 아니어서 운동에는 통 관심이 없어요.

나: ____

5) 가: 저분은 우리 과 교수님도 아닌데 꼭 인사를 해야 하나요?

나: ____

-는다고들 하다

5 Look at the picture and complete the sentence.
그림을 보고 문장을 완성하십시오.

보기 한국은 물가에 비하면 교통비가 싼 편이라고들~~는다고들/ㄴ다고들/다고~~들 한다.

1) ________________________ 는다고들/ㄴ다고들/다고들 한다.

2) ________________________ 는다고들/ㄴ다고들/다고들 한다.

3) ________________________ 는다고들/ㄴ다고들/다고들 한다.

4) ____

5) ____

6 Complete the following conversation.
다음 대화를 완성하십시오.

> **보기**
> 가: 이틀 동안 휴가인데 바다를 볼 수 있는 가까운 곳이 있을까요?
> 나: 강릉이 바다가 아름답고 교통도 편리하다고들~~는다고들/ㄴ다고들/다고들~~ 하던데요.

1) 가: 가벼운 운동을 시작해 보고 싶은데요. 무슨 운동이 좋을까요?

   나: 자전거나 요가가 ______________________ 는다고들/ㄴ다고들/다고들 하던데 한번 해 보세요.

2) 가: 한국 친구의 집들이 선물로 뭐가 좋을까요?

   나: 한국 사람들은 집들이 선물로 ______________________ 는다고들/ㄴ다고들/다고들 하던데요.

3) 가: 컴퓨터를 사고 싶은데 어디에서 사면 싸게 살 수 있어요?

   나: ______________________ 는다고들/ㄴ다고들/다고들 하던데 ______________________

4) 가: 한국에서 취업을 하고 싶은데 어떻게 준비해야 할지 모르겠어요.

   나: ______________________

5) 가: 옛날에 비해 아이들의 평균 신장이 많이 커졌으니까 체력도 좋아졌을 것 같아요.

   나: ______________________

7과 02 기술이 나날이 발전하고 있어요

어휘

1 Choose the correct word to fill in the blank.
알맞은 말을 골라 빈칸에 쓰십시오.

기술 나날이 목록 유통 기한 산지 표시

보기 요즘 언어 교환을 해서 그런지 한국어 실력이 나날이 늘고 있다.

1) 학교에서 나눠 준 추천 도서 ________ 중에 내가 이미 본 책들이 많다.
2) 식품을 구입할 때 ________ 이/가 언제까지인지 잘 살펴보고 사야 해요.
3) 기업들마다 더 나은 제품을 만들기 위해 ________ 개발에 힘쓰고 있다.
4) 선생님께서 시험지에 틀린 부분을 빨간색으로 ________ 해 놓으셨어요.
5) 도시에 사는 사람들도 해산물을 ________ 에서 직접 배송받을 수 있다.

2 Choose the correct word to fill in the blank.
알맞은 말을 골라 빈칸에 쓰십시오.

현재 옛날 훗날 고대 현대 세기 세대 시절 시대

	보기 시	절				4)	
1)			2)		5)		
		3)					

[가로]

보기 힘들었던 시절을을/를 생각하면 지금도 눈물이 나요.

1) 부모와 자식 간에도 의견을 주고받다 보면 서로 ________ 차이를 느낀다.
3) 오늘의 감동적인 이 일은 ________ 에도 여러 사람들에게 기억될 것이다.
4) ________ 상태에 만족하지 말고 더 나아지도록 노력하세요.
5) 이집트의 나일 강과 중국 황허 유역에서 ________ 문명이 생겨났다.

[세로]

보기 지금은 컴퓨터 없이 살 수 없는 시대가~~이/가~~ 됐어요.

1) 한 ________ 은/는 백 년이다.

2) ________ 에 비하면 요즘은 생활이 여러 가지로 많이 편리해졌어요.

4) 바쁘고 복잡한 ________ 을/를 살아가려면 지혜가 필요하다.

문법

만 해도

3 Look at the following and complete the sentence.
다음을 보고 문장을 완성하십시오.

보기 앞으로 줄일 직원 수

제일 기업: 2천 명 정도
하늘 기업: 2천 5백 명 정도
서울 기업: 3천 명 정도

최근 각 기업들이 직원 수를 줄이고 있다. 제일기업만 해도 앞으로 직원 수를 2천 명쯤 줄일 예정이다.

1) 한 해 동안 어학연수를 받은 한국 학생 수

뉴질랜드: 6천 명 정도
캐나다: 7천 명 정도
호주: 5천 명 정도

해외로 어학연수를 가는 학생들이 나날이 늘고 있다. ________ 만 해도 한 해 동안 7천 명 정도의 한국 유학생들이 어학연수를 받았다.

2) 8월 에어컨 판매량

일성 전자 대리점: 2만 5천 대
한강 전자 대리점: 2만 8천 대
남산 전자 대리점: 3만 대

올 여름은 날씨가 여느 때보다 무더워서인지 각 전자 대리점마다 에어컨 판매량이 늘었다.
________ 만 해도 ________________________________

3) 하루에 방문하는 외국인 관광객 수

동대문 시장: 2천 명
서울 타워: 천 5백 명
경복궁: 2백 명

하루에 서울을 방문하는 외국인 관광객 수는 대단히 많다.

_______ 만 해도 _______________________

4) 제품의 교체 시기

휴대 전화: 구입한 지 1년 후
자동차: 구입한 지 5년 후
컴퓨터: 구입한 지 2년 후

고장이 나야 제품을 교체하는 것이 아니다.

_______ 만 해도 _______________________

5) 판매가

배: 2천 원
감: 7백 원
사과: 8백 원

올 가을에는 과일 농사가 잘돼서 그런지 가격이 많이 떨어졌다.

_______ 만 해도 _______________________

4 Use '-만 해도'to complete the following conversation.

다음 대화를 완성하십시오.

보기
가: 다양한 기능들을 갖춘 제품이 젊은이들에게 인기가 많아요.
나: 네, 휴대 전화만 해도 텔레비전이며 인터넷이며 다 되잖아요.

1) 가: 정부가 부동산 정책을 발표한 이후에 집값이 많이 내렸어요.

나: _______ 만 해도 집값이 5천만 원이나 떨어졌어요.

2) 가: 요즘은 서울 시내에서 주차하기가 너무 힘든 것 같아요.

나: 맞아요, _______ 만 해도 _______________________

3) 가: 김태호 선수가 올림픽에서 금메달을 딴 후에 수영이 인기가 많아졌다지요?

나: 네, ____________ 만 해도 ____________

4) 가: 물가가 올라서 그런지 요즘 생활비가 많이 드는 것 같아요.

나: ____________

5) 가: 구인 광고를 냈더니 65세 이상 노인 분들도 신청을 많이 하셨던데요.

나: ____________

02 -다가는

5 Choose the correct answer and complete the sentence.

맞는 내용을 고르고 문장을 완성하십시오.

보기

그렇게 낭비만 합니다.

① 돈을 빨리 모을 거예요.
② 필요할 때 돈을 못 쓰게 될 거예요.

→ 그렇게 낭비만 하다가는 필요할 때 돈을 못 쓰게 될 거예요.

1) 그렇게 지나치게 조심합니다.

① 아무 일도 못 할 거예요.
② 실수를 안 할 거예요.

→ ____________ 다가는 ____________

2) 그렇게 빨리 뛰어갑니다.

① 제시간에 도착할 거예요.
② 넘어질지도 몰라요.

→ ____________ 다가는 ____________

3) 그렇게 계획을 미룹니다.

① 일이 빨리 진행될 거예요.
② 일이 빨리 끝나지 않을 거예요.

→ ____________ 다가는 ____________

4) 그렇게 예의 없이 행동합니다.

① 모든 사람들이 싫어하게 될지도 몰라요.
② 좋은 결과가 나올 거예요.

→ ____________________

5) 이렇게 사람들이 소비를 안 합니다.

① 회사들이 망하겠어요.
② 돈이 많이 모이겠어요.

→ ____________________

6 Complete the following conversation.
다음 대화를 완성하십시오.

보기
가: 인터넷 쇼핑에 빠져서 일주일에 한두 번은 물건을 사는 것 같아요.
나: 그렇게 돈을 막 쓰다가는 나중에 후회하게 될 거예요.

1) 가: 시험이 얼마 남지 않았는데 공부하기 싫어서 하루에 한 시간도 안 해.

나: ____________ 다가는 ____________

2) 가: 최근 들어 여성들이 아이를 안 가지려는 것 같지요?

나: ____________ 다가는 ____________

3) 가: 요즘 바빠서 아침을 굶을 때가 많고 저녁은 일이 늦게 끝나서 늦게 먹게 돼요.

나: ____________ 다가는 ____________

4) 가: 이 일은 다음 주까지 하면 되니까 오늘 한잔하러 가자.

나: ____________________

5) 가: 계획을 세우면 뭘 해요? 저는 계획을 세워 본 적이 한 번도 없어요.

나: ____________________

8과 01 요즘은 맞벌이를 안 하고는 생활하기 힘들어요.

어휘

1 Choose the correct word to fill in the blank.
알맞은 말을 골라 빈칸에 쓰십시오.

중매 결혼 적령기 배우자 신세대 결혼관 맞벌이

남자들은 20대 후반에서 30대 중반, 여자들은 20대 중반에서 30대 초반이 보기 결혼 적령기라고~~어라고/라고~~ 할 수 있다. 남녀가 만나서 연애를 통해 결혼에 이르기도 하고 연애의 과정을 거치지 않고 **1)** ________ 을/를 통해 바로 결혼하기도 하는데 요즘은 결혼 정보 회사의 소개로 **2)** ________ 을/를 만나는 경우도 흔히 볼 수 있다. 20대 남녀를 대상으로 한 설문 조사 결과 대부분의 젊은이들이 부부가 함께 직장 생활을 하는 **3)** ________ 을/를 선호하는 것으로 나타났다. 요즘 **4)** ________ 들의 달라진 **5)** ________ 을/를 알 수 있다.

2 Choose the correct word to fill in the blank.
알맞은 말을 골라 빈칸에 쓰십시오.

파혼 재혼 기혼 혼담 혼기 혼수

보기 평소 가깝게 지내던 두 집안 자녀들의 혼담이~~어/가~~ 오갔다.

1) 정민 씨는 학력을 속였다는 이유로 ________ 을/를 당했어요.
2) 다음 달에 결혼할 내 친구는 요즘 ________ 준비로 바빠요.
3) 미영 씨는 이혼한 후 계속 혼자 살다가 얼마 전에 초등학교 동창과 ________ 했어요.
4) 연예계에는 미혼 여성들도 많지만 ________ 여성들도 활발한 활동을 하고 있다.
5) 요즘은 예전에 비해 ________ 을/를 신경 쓰지 않고 어느 연령대에서도 결혼보다 자신이 하고 싶은 일을 우선시하는 사람이 늘고 있다.

문법

에 의하면

3 **Make the two sentences have the same meaning.**
두 문장이 같은 뜻이 되도록 문장을 만드십시오.

보기 신문에 아파트 값이 많이 내렸다는 기사가 실렸어요.
→ 신문 기사에 의하면 아파트 값이 많이 내렸대요.

1) 사업 결과 보고서를 봤더니 올 상반기 제품 판매량이 작년보다 10% 늘었더군요.

→ ________ 에 의하면 올 상반기 제품 판매량이 작년보다 10% 늘었대요.

2) 구입한 지 3일 안에는 교환이 가능하다고 판매 규정에 쓰여 있었어요.

→ ________ 에 의하면 ________

3) 오늘 아침 뉴스에서 이혼율이 점점 높아지고 있다고 했어요.

→ ________ 에 의하면 ________

4) 결혼관에 대해 조사해 봤더니 직장을 가진 여성을 선호한다는 남성들이 많다는 결과가 나왔어요.

→ ________ 에 의하면 ________

5) 조선 시대 역사책에 옛날에는 호랑이가 시내에 자주 나타났었다는 이야기가 나와요.

→ ________ 에 의하면 ________

4 Complete the following conversation.
다음 대화를 완성십시오.

보기
가: 증세가 많이 좋아졌다고 하던데 언제 퇴원할 수 있대요?
나: 의사 선생님 말씀에 의하면 다음 주쯤 퇴원할 수 있대요.

1) 가: 등록금이 오른다고 하던데 몇 % 오른대요?
나: ____________ 에 의하면 15%쯤 오른대요.

2) 가: 물을 빨리 써야 하는데 수돗물이 몇 시쯤 나온대요?
나: ____________ 에 의하면 ____________

3) 가: 앞으로 어떤 직업이 미래가 밝을까요?
나: ____________ 에 의하면 ____________

4) 가: 내일 한강에서 캠핑을 하려고 하는데 날씨가 어떨까요?
나: ____________ 에 의하면 ____________

5) 가: 남북한 교류가 활발해졌다던데 한국이 언제쯤 통일이 될까요?
나: ____________ 에 의하면 ____________

-고서는

5 Make the following sentences.
다음 문장을 만드십시오.

보기
장학금을 받으려면 점수가 좋아야 하는데 60점을 받았다.
"60점을 받고서는 장학금을 받을 수 없어요."

1) 한국 문화를 이해하고 싶어 하는데 한국말을 모른다.
" ____________ 고서는 한국 문화를 이해할 수 없어요."

2) 방에 신발을 신고 들어가면 안 되는데 신발을 신고 들어가려고 한다.
" ____________ 고서는 ____________ "

3) 일을 다 끝내야 하는데 인원 보충을 더 안 한다.
" ____________ 고서는 ____________ "

4) 어떤 사람인지 알려면 여러 번 만나 봐야 하는데 한 번만 만나 본다.

"______________ 고서는 ______________________________"

5) 반바지를 입고 회사에 가면 안 되는데 반바지를 입고 회사에 가려고 한다.

"______________ 고서는 ______________________________"

6 Complete the following conversation.

다음 대화를 완성하십시오.

보기

가: 다음 주부터 봉사 활동을 하기로 했는데 일이 너무 힘들지 않았으면 좋겠어요. 저는 편한 일만 하고 싶어요.

나: 그런 마음을 가지고서는 봉사 활동을 할 수 없어요.

1) 가: 제 옷차림이 너무 화려한가요? 다들 제 옷차림이 화려하대요.

나: ______________ 고서는 회의에 참석할 수 없어요.

2) 가: 사진으로 여러 번 봤는데 박물관에 직접 가서 보려고 해요?

나: ______________ 고서는 ______________________________

3) 가: 모임에 못 나오는 이유가 뭐예요? 아이가 집에 혼자 못 있어요?

나: ______________ 고서는 ______________________________

4) 가: 오늘 등산을 하러 가는 줄 모르고 구두를 신고 왔는데 어떻게 하죠?

나: ____

5) 가: 취업 정보를 구하러 다니느라고 바쁘시군요.

나: ____

8과 02 잘못된 정보로 인해 실수를 하는 수가 있어요

어휘

1 알맞은 말을 골라 빈칸에 쓰십시오.

꽤 신뢰하다 확인하다 얻다 무조건

신문 기사나 뉴스, 시사 정보를 보려면 네이버나 구글과 같은 포털 사이트가 좋습니다. 검색 방법이 보기 꽤 간단한 편이라서 원하는 주제를 검색하면 여러 가지 기사를 쉽게 볼 수 있어서 그 중 필요한 정보를 쉽게 1) ________ 을/ㄹ 수 있습니다. 신문 기사나 뉴스 보도는 객관적이고 정확하기 때문에 비교적 2) ________ 을/ㄹ 수 있습니다. 하지만 요즘은 세계 경제 상황이나 정부 정책들이 자주 바뀌다 보니 기사의 정확성이 떨어지는 경우도 있습니다. 인터넷에 실린 기사라고 3) ________ 믿지 말고 어느 신문사의 기사인지, 언제 쓴 기사인지 꼭 4) ________ 어야/아야/여야 합니다.

2 알맞은 말을 골라 빈칸에 쓰십시오.

발표하다 분석하다 수집하다 정리하다 조사하다 종합하다

보기 여러 나라의 교통 문제 해결책의 사례를 모은다. (수집하다)

1) 이렇게 모아진 사례들 중 성공한 정책과 실패한 정책의 원인을 꼼꼼히 따져서 밝힌다. (　　　　)

2) 그 자료들을 나라, 원인, 성공 사유별로 잘 나누어 분류한다. (　　　　)

3) 이를 바탕으로 현재 서울 교통에 대한 설문지를 만들어서 시민들의 어려운 점과 의견을 알아본다. (　　　　)

4) 설문지에 나타난 시민들의 반응과 여러 의견들을 전체적으로 한 데 모아 정책을 만든다. (　　　　)

5) 새 교통 정책을 만들어 시민들에게 알린다. (　　　　)

문법

만으로는

3 다음을 읽고 문장을 만드십시오.

보기 우울증 치료의 조건: 본인의 의지, 약 복용
- 행복한 가정의 조건: 주부의 노력, 가족들의 노력
- 오성 기업 취업 조건: 외국어 실력, 경력 3년 이상
- 요리사의 조건: 요리사 자격증, 타고난 재능, 요리에 대한 애정
- 가수의 조건: 춤과 노래 실력, 작곡 실력
- 장학금 신청 조건: 시험 성적, 전체 수업일수의 80% 이상 출석

보기
우울증을 치료하려면 본인의 의지만으로는 부족해요. 꾸준히 약을 먹어야 합니다.

1) ____________ 만으로는 행복한 가정을 만들 수 없어요. 가족 모두가 노력해야지요.

2) ____________ 만으로는 오성 기업에 취직할 수 없습니다.

3) 요리사가 되려면 ____________ 만으로는 부족해요.

____

4) 가수가 되려면 ____________ 만으로는 부족해요.

____

5) 장학금을 신청하려면 ____________ 만으로는 부족해요.

____

4 다음 대화를 완성십시오.

보기
가: 이곳에서 아르바이트를 하고 싶은데 운전만 잘하면 되나요?
나: 운전 실력만으로는 부족합니다. 배달 경력이 있어야 해요.

1) 가: 능력만 있으면 요즘 사회에서 성공할 수 있겠지요?
나: ______________ 만으로는 성공할 수 없어요. 인간관계가 좋아야지요.

2) 가: 겉모습만 보면 저 사람은 아주 쌀쌀한 성격인 것 같아요.
나: ______________ 만으로는 ______________________________

3) 가: 부모님이 용돈을 주시는데 왜 힘들게 아르바이트까지 하세요?
나: ______________ 만으로는 ______________________________

4) 가: 고혈압이 있어서 약을 꾸준히 먹고 있는데 나아지지가 않아요.
나: ____

5) 가: 회사에 취직하기 위해서 여러 가지 자격증을 따고 있어요.
나: ____

-는 수가 있다

5 다음 문장을 완성하십시오.

잊어버리다 사고가 나다 잃어버리다 감기에 걸리다 친구와 싸우다

보기
그렇게 급하게 마시면 취하는 수가 있어요. 좀 천천히 드세요.

1) 그렇게 에어컨을 세게 틀어 놓으면 ______________ 는 수가 있어요.

2) 메모해 놓지 않으면 ______________ 는 수가 있어요.

3) 그렇게 자꾸 차선을 바꾸다가 ______________ 는 수가 있어요.

4) 그렇게 지갑을 손에 들고 다니면 ______________ 는 수가 있어요.

5) 그렇게 친구들에게 짜증을 내면 ______________ 는 수가 있어요.

6 다음 대화를 완성하십시오.

> **보기**
> 가: 인터넷 속도가 왜 이렇게 느리지? 그냥 전원을 꺼야겠다.
> 나: 작업을 마치지 않고 전원을 끄면 컴퓨터가 고장나는 수가 있어.

1) 가: 저는 길을 걸을 때 항상 주머니에 손을 넣고 걷는 편인데 어제 넘어질 뻔했어요.
나: 그렇게 길을 걸을 때 주머니에 손을 넣고 걷다가는 ______________________
는 수가 있어요.

2) 가: 자꾸 찬물을 마셔서 그런지 배가 아파요.
나: 찬물을 많이 마시면 ______________________ 는 수가 있어요.

3) 가: 요즘은 바빠서 친구들 메일을 읽기만 하고 답장은 안 해요.
나: 답장을 안 하면 ______________________ 는 수가 있어요.

4) 가: 시간이 없어서 이 일은 대충 해야겠어요.
나: ______________________

5) 가: 여기는 평소에 단속을 잘 하지 않는 곳이니까 잠깐 주차해도 되겠지?
나: ______________________

9과 01 마치 마주보고 대화하는 것처럼 느껴져요

어휘

1 알맞은 말을 골라 빈칸에 쓰십시오.

연말연시　영상 채팅　마주 보다　주고받다　덕을 보다

한 해가 가고 새해를 맞는 보기 연말연시~~은/~~는 그 어느 때보다 바쁘고 정신없는 것 같다. 한국에 온 지 벌써 1년째다. 처음에는 고향에 있는 친구나 가족들과 이메일로 소식을 1) ________었는데/았는데/였는데 전화로 통화하는 것보다 멀게 느껴져서 외롭고 힘들 때도 많았다. 하지만 요즘은 인터넷 화상 전화 사이트에 접속해서 웹 카메라를 통해 2) ________고 이야기하는 것처럼 대화를 할 수 있으니 정말 인터넷의 3) ________고 있다. 인터넷으로 얼굴을 보면서 4) ________까지 할 수 있으니 컴퓨터 기술의 발전은 정말 대단하다.

2 알맞은 말을 골라 빈칸에 쓰십시오.

접속하다　검색하다　홈페이지　네티즌　인터넷 뱅킹　게시판

보기

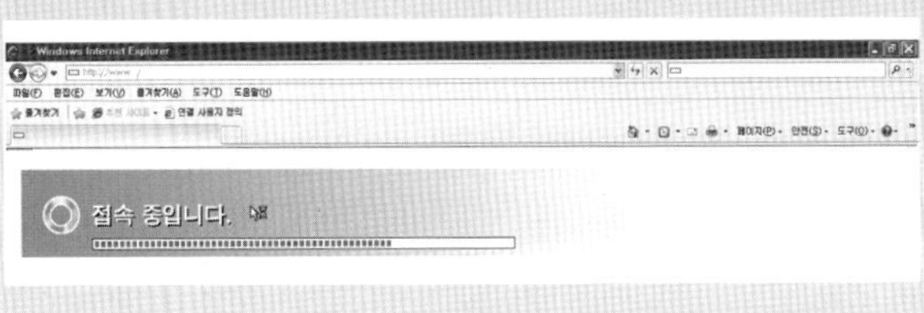

보기 접속하다~~는다/ㄴ다/다.~~

1) ________는다/ㄴ다/다.

2) 여행사 ________ 을/를 방문한다.

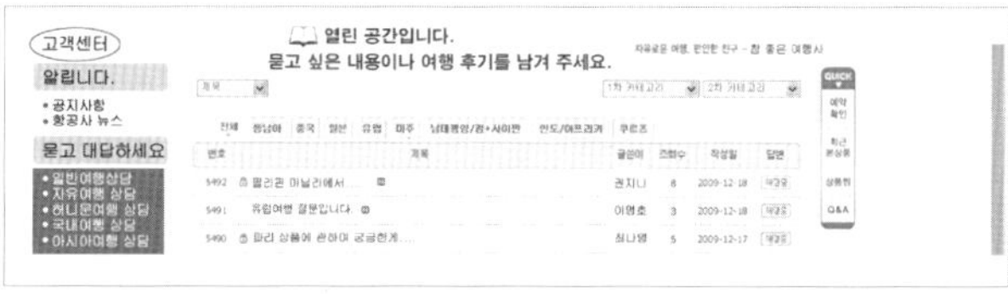

3) ________ 에 글을 남긴다.

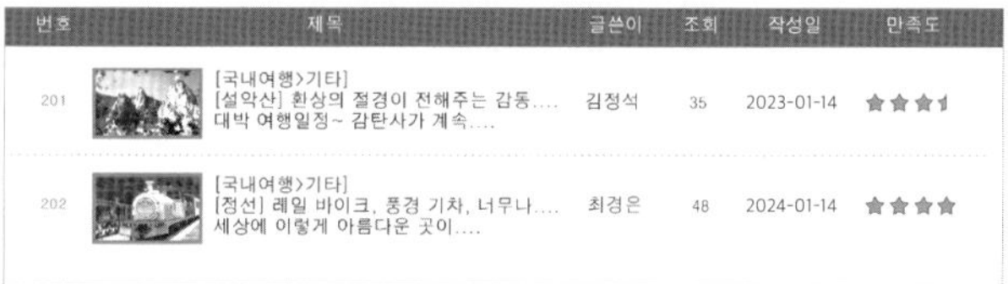

4) 여행 상품에 대한 ________ 들의 반응을 살펴본다.

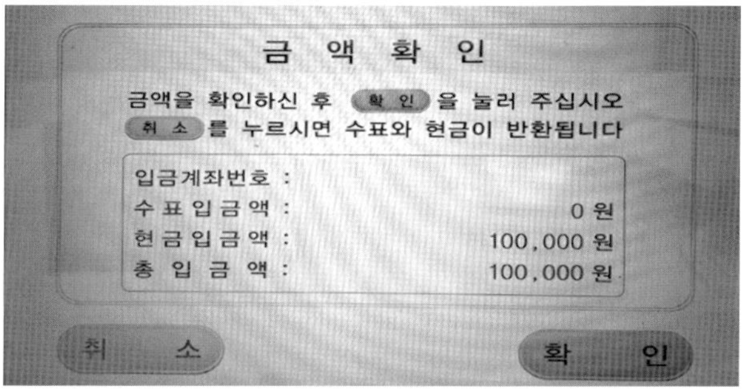

5) ________ 으로/로 송금한다.

문법

마치 -는 것처럼

3 같은 뜻이 되도록 문장을 완성하십시오.

보기
좋아하는 스타를 보니까 꿈을 꾸는 것 같아요.
→ 마치 꿈을 꾸는~~는/은/ㄴ~~ 것처럼 느껴져요.

1) 이태원은 외국인 것 같아요.

→ 마치 ________ 는/은/ㄴ 것처럼 느껴져요.

2) 얼음 조각들이 살아있는 것 같아요.

→ 마치 ________ 는/은/ㄴ 것처럼 느껴져요.

3) 오늘은 학생들이 약속을 한 것 같이 다들 수업에 늦게 왔어요.

→ 마치 ______________ 는/은/ㄴ 것처럼 수업에 늦게 왔어요.

4) 발레 공연에서 발레리나가 새가 날아 오르는 것 같이 춤을 췄어요.

→ 마치 ______________ 는/은/ㄴ 것처럼 춤을 췄어요.

5) 서울 야경이 한 폭의 그림을 보는 것 같이 아름다웠어요.

→ 마치 ______________ 는/은/ㄴ 것처럼 아름다웠어요.

4 다음 대화를 완성하십시오.

무언가에 쫓기다	며칠 굶다	부모님이 곁에 계시다
하늘을 날다	친자식을 대하다	고향에 오다

보기
가: 고향에 계신 부모님과 어떻게 연락하세요?
나: 인터넷 화상 통화를 하는데 마치 부모님이 곁에 계시는~~는/은/ㄴ~~것처럼 가깝게 느껴져요.

1) 가: 이번 대회에서 상을 탈 때 기분이 어땠어요?

나: 마치 ______________ 을/ㄹ 것처럼 기뻤어요.

2) 가: 하숙집 아주머니가 그렇게 친절하게 잘 대해 주신다면서요?

나: 네, 아주머니가 마치 ______________ 는/은/ㄴ 것처럼 ______________

3) 가: 오랜만에 한국에 오니까 기분이 어때요? 낯설지 않아요?

나: 아니요, 오랜만에 왔는데도 마치 ______________ 는/은/ㄴ 것처럼 ______________

____

4) 가: 사람들이 다들 너무 바빠 보여요. 여유롭게 걷는 사람이 별로 없어요.

나: 다들 마치 ______________

5) 가: 민수 씨가 원래 저렇게 밥을 급하게 먹어요? 체할 것 같아 걱정이네요.

나: 네, 마치 ______________

❶❶ -는다고

5 알맞은 말을 골라 문장을 완성하십시오.

이심전심	작심삼일	부전자전	대기만성	유비무환	다다익선

보기
내가 진심으로 그 사람을 대했더니 이심전심이라고~~이라고/라고~~ 그 사람이 내 마음을 알아주었다.

1) ________이라고/라고 아버지를 닮아 아들도 수학을 잘한다.

2) ________이라고/라고 작가의 뛰어난 글재주는 40대가 지나서 나타나기 시작했다.

3) ________이라고/라고 급할 때를 위해서 미리 돈을 저금해 두는 습관을 길러야 한다.

4) ________이라고/라고 정보는 많이 알아 둘수록 도움이 되는 법이다.

5) 운동을 하겠다고 결심을 하고 시작했는데 ________이라고/라고 일주일도 안 돼서 그만두고 말았다.

6 알맞은 말을 골라 대화를 완성하십시오.

고생 끝에 낙이 온다	가는 날이 장날이다
가는 말이 고와야 오는 말이 곱다	발 없는 말이 천 리 간다
윗물이 맑아야 아랫물이 맑다	꼬리가 길면 밟힌다

보기

가: 저 아이는 항상 신호등을 무시하고 길을 건너가네요.

나: 윗물이 맑아야 아랫물이 맑다고~~는다고/ㄴ다고/다고~~ 아이 아버지도 항상 신호를 무시하더군요. 아이들은 부모 행동을 보고 배우잖아요.

1) 가: 너, 그 사람하고 사귄다는 이야기가 벌써 학교 전체에 퍼졌던데 사실이야?

나: ______________________ 는다고/ㄴ다고/다고 하더니 벌써 소문이 났구나. 친구한테 비밀로 해 달라고 그렇게 부탁했는데…….

2) 가: 어제 백화점에서 마음이 드는 옷을 사셨어요?

나: 웬걸요. ______________________ 는다고/ㄴ다고/다고 어제가 백화점 정기 휴일이었지 뭐예요.

3) 가: 옆집 부부가 그렇게 고생하면서 돈을 모으더니 마침내 집도 사고 가게도 차렸어요.

나: 잘 됐군요, ______________________ 는다고/ㄴ다고/다고 이제 좋은 일만 있겠네요.

4) 가: 지난 1년 동안 동네에서 계속 일어난 도난 사건의 범인이 결국 감시 카메라를 통해 잡혔대요.

나: ______________________ 는다고/ㄴ다고/다고 계속 도둑질을 하더니 결국 잡혔군요.

5) 가: 요즘 직장 여직원이 나를 대하는 태도가 쌀쌀한데 왜 그런지 모르겠어.

나: ______________________ 는다고/ㄴ다고/다고 평소에 네가 여직원에게 반말을 하니까 그렇지.

9과 02 신문을 읽으면 상식이 풍부해져요

어휘

1 알맞은 말을 골라 빈칸에 쓰십시오.

상식 일어나다 빠뜨리다 일과

아침에 눈을 뜨면 인터넷에 접속하는 것으로 하루 보기 일과를을/를 시작한다. 하루라도 인터넷을 보지 않으면 뭔가를 1) ________ 는/은/ㄴ 것처럼 마음이 불안하다. 내가 먼저 보는 것은 신문 사이트인데 신문 기사를 보면 어제 무슨 일이 2) ________ 었는지/았는지/였는지 알 수 있다. 또 신문 사이트를 꼼꼼히 보면 경제와 정치뿐만 아니라 생활이나 건강 정보도 얻을 수 있어서 3) ________ 이/가 풍부해지는 것 같다. 인기 검색 기사들을 보면 호기심을 만족시킬 수 있는 가벼운 연예 정보나 흥미 있는 기삿거리들도 많다.

2 알맞은 말을 골라 빈칸에 쓰십시오.

머리기사 사회면 독자 투고 사설 만평 인사 동정

보기 기사를 읽지 않고 만화로 간단하게 오늘 뉴스에 대한 신문의 비평을 알고 싶다. (만평)

1) 사회에서 일어난 각종 사고와 사건들을 알고 싶다. ( )
2) 그날의 가장 중요한 뉴스가 무엇인지 알고 싶다. ( )
3) 요즘 사회 문제에 대한 그 신문의 생각이나 의견을 알고 싶다. ( )
4) 유명한 작가나 대기업 회장의 최근 활동 소식을 알고 싶다. ( )
5) 이번 환경 오염 대책에 대한 나의 생각과 의견을 신문에 싣고 싶다. ( )

문법

-는가 하면

3 다음 문장을 완성하십시오.

보기 자동차로 출근하는 사람	버스로 출근하는 사람
1) 빵을 먹는 사람	밥을 먹는 사람
2) 비행기 창가 쪽 좌석을 좋아하는 사람	비행기 복도 쪽 좌석을 좋아하는 사람
3) 인터넷 뱅킹을 이용하는 사람	은행에 직접 가는 사람
4) 세금을 더 많이 내야 한다고 주장하는 사람	세금을 덜 내야 한다고 주장하는 사람
5) 이번 정부 정책에 찬성하는 사람	이번 정부 정책에 반대하는 사람

보기
어떤 사람은 자동차로 출근하는가~~는가/은가/ㄴ가~~ 하면 어떤 사람은 버스로 출근해요.

1) 아침에 ____________________ 는가/은가/ㄴ가 하면 밥을 먹는 사람도 있어요.

2) ____________________ 는가/은가/ㄴ가 하면 ____________________

3) ____________________ 는가/은가/ㄴ가 하면 ____________________

4) ____________________ 는가/은가/ㄴ가 하면 ____________________

5) ____________________ 는가/은가/ㄴ가 하면 ____________________

4 다음 대화를 완성하십시오.

보기
가: 대학생들은 모두 기숙사에서 살아요?
나: 아니요, 기숙사에서 사는 학생이 있는가~~는가/은가/ㄴ가~~ 하면 하숙이나 자취 생활을 하는 학생도 있어요.

1) 가: 요즘에는 한국 대학생들이 대부분 대학원에 가는 것 같아요.

나: 꼭 그렇지는 않아요, 어떤 학생들은 ____________________ 는가/은가/ㄴ가 하면 어떤 학생들은 대학 졸업 후 바로 취업을 해요.

2) 가: 한국 사람들은 아르바이트나 취업 정보를 어떻게 구해요?

나: ____________ 는가/은가/ㄴ가 하면 신문 구인 광고를 살펴보는 사람도 있어요.

3) 가: 이번에 환율 변동으로 이익을 본 회사들이 많을 것 같은데요.

나: 환율 변동으로 ____________ 는가/은가/ㄴ가 하면 ____________

____

4) 가: 한국 사람들은 단독 주택보다 아파트를 좋아하는 편이에요?

나: ____________ 는가/은가/ㄴ가 하면 ____________

____

5) 가: 요즘에도 한국에서는 장남이 부모님을 모시고 살아요?

나: ____________ 는가/은가/ㄴ가 하면 ____________

____

■■ -는 게 틀림없다

5 다음 문장을 완성하십시오.

> 보기
> 두 사람의 표정이 안 좋은 데다가 서로 말도 하지 않을 걸 보니 어제 싸운 ~~는/은/ㄴ~~ 게 틀림없다.

1) 아이가 밥을 먹지 않고 계속 우는 걸 보니 ____________ 는/은/ㄴ 게 틀림없다.

2) 여권을 분명히 학교에 가지고 갔는데 지금 집에 와서 보니 없다. 여권을 학교에 ____________ 는/은/ㄴ 게 틀림없다.

3) 평소에 친절하신 과장님이 오늘따라 말이 없다. 어제 내가 실수로 한 말 때문에 ____________ 는/은/ㄴ 게 틀림없다.

4) 영수가 하루 종일 말도 하지 않고 힘이 없어 보인다. ____________ 는/은/ㄴ 게 틀림없다.

5) 어제 왜 약속을 안 지켰냐는 내 말에 친구가 자꾸 이상한 변명을 하며 얼굴까지 빨개지는 걸 보니 ____________ 는/은/ㄴ 게 틀림없다.

6 다음을 읽고 문장을 완성하십시오.

지난 7일 A회사 건물 3층에 화재가 발생했다. 다행히 불은 1시간 만에 꺼졌고 인명 피해는 없었다. 경찰에 따르면 3층 사무실의 창문이 부서지지 않았고 문이 열린 상태였으며 도난 경보기는 전원이 꺼져 있었다고 한다. 또한 사무실 금고 안의 돈이 그대로 있었고 회사의 중요한 정보가 든 서류 중 일부만 없어진 상태였다고 한다. 목격자에 따르면 화재가 나기 전에 회사 직원으로 보이는 한 사람이 사무실에 들어갔다고 한다. 한편 당일 야근 담당이었던 직원 김 모 씨는 "차가 막혔기 때문에 평소보다 늦게 사무실에 도착했고 불이 난 것을 발견하자마자 사무실 전화로 바로 경찰에 연락을 했다."고 말했다.

보기 "건물 3층에서 화재가 발생한 걸 보면 누군가 3층에 있었던 게 틀림없습니다."

1) "창문이 부서지지 않았고 문이 열려 있는 걸 보면 ____________________"
2) "도난 경보기 전원이 꺼진 걸 보면 ____________________"
3) "사무실에 돈이 그대로 남아 있는 걸 보면 ____________________"
4) "사건 당일 사무실에 들어간 사람은 ____________________"
5) "김 모 씨는 사무실에 들어가서 전화를 했다고 했지만 사무실 내부는 불탄 상태여서 전화 통화가 불가능했습니다. 따라서 ____________________"

10과 01 저축 상 타신 걸 축하드립니다.

어휘

1 알맞은 말을 골라 빈칸에 쓰십시오.

쑥스럽다 흔하다 단돈 대단하다 형편 대신

보기 요즘은 각종 공과금을 낼 때 은행에 가는 대신 인터넷 뱅킹을 이용하는 사람들이 많다.

1) 우리 대학교는 ________ 이/가 어려운 학생들을 위해 장학금 제도를 실시하고 있다.

2) 예전에는 귀했던 휴대 전화가 요즘은 누구나 사용하는 ________ 는/은/ㄴ 물건이 되었다.

3) 당연히 해야 할 일을 했는데 이렇게 칭찬을 받으니 ________ 을/ㄹ 뿐이에요.

4) 재활용 시장에서 갖고 싶었던 겨울 코트를 ________ 만 원에 사서 너무 기뻤다.

5) 그 친구는 회사에 다니면서 한국어도 배우고 봉사 활동까지 열심히 하니 정말 ________ 는다/ㄴ다/다.

2 알맞은 말을 골라 빈칸에 쓰십시오.

구매 수입 저축 절약 지출 과소비

엠마: 신문을 보니까 요즘 전 세계적으로 경제가 어려워지는 것 같던데 이럴 때일수록 보기 절약하는 생활 습관이 필요한 것 같아요.

선희: 맞아요, 저도 아르바이트로 버는 1) ________ 은/는 그대로인데 예전보다 생활비가 많이 들어서 2) ________ 을/를 줄이려고 노력하고 있어요.

엠마: 그런데 저는 백화점에 가면 세일하는 물품들을 무조건 3) ________ 하는 습관이 있어요. 백화점에서는 비싼 물건들도 카드로 쉽게 살 수 있으니까 자꾸 4) ________ 을/를 하게 돼요.

선희: 저도 그런 편이어서 오늘 적금을 하나 들었어요. 꾸준히 5) ________ 하는 습관을 길러 보려고요.

문법

-을 따름이다

3 다음 문장을 만드십시오.

부끄럽다　뿌듯하다　어깨가 무겁다　죄송하다　기쁘다　섭섭하다

보기 한국에서 10년간 영어를 가르친 외국인 교수	"고향처럼 정든 한국을 떠난다고 생각하니 섭섭할 을/ㄹ 따름이에요."
1) 기부금을 낸 김 할머니	"다른 분들에 비해 적은 돈인데 기부상까지 받으니 오히려 ________ 을/ㄹ 따름이에요."
2) 경복궁 안내원 할아버지	"이 나이에도 한국 문화를 외국 사람들에게 알릴 수 있어서 정말 ________ 을/ㄹ 따름입니다."
3) 인기상을 탄 야구 선수	"상을 받으니 앞으로 팀을 위해서 더 잘해야겠다는 생각에 ________ 을/ㄹ 따름입니다."
4) 한국의 첫 우주인 여성	"우주 여행의 꿈을 이룰 수 있어서 ________ 을/ㄹ 따름이에요."
5) 대통령	"1년간 열심히 노력은 했지만 경제 상황이 나빠서 국민들께 ________ 을/ㄹ 따름입니다."

4 다음 대화를 완성하십시오.

보기
가: 지난번에 도와주셔서 고마워요. 어려운 부탁을 해서 정말 미안해요.
나: 아니에요, 많이 도와 드리지 못해 오히려 제가 미안할을/ㄹ 따름이에요.

1) 가: 꽤 큰 교통사고였는데도 다치지 않으셔서 다행이에요.

나: 네, 하지만 피해자와 합의할 생각을 하니 정말 ________ 을/ㄹ 따름이에요.

2) 가: 아이가 해외 유학을 간다던데 기분이 어떠세요?

나: 아이를 오랫동안 못 본다는 생각에 ________ 을/ㄹ 따름이에요.

3) 가: 부장으로 승진하신 것을 진심으로 축하합니다.

나: 감사합니다. ______________________

4) 가: 대학 졸업을 축하해. 사회인이 되는 기분이 어때?

나: ______________________

5) 가: 생일 축하해. 생각해서 골라 봤는데 선물이 네 마음에 안 들면 어떡하지?

나: ______________________

02 -으니만큼

5 다음 문장을 완성하십시오.

환율, 전년에 비해 10%나 올라...

보기 달러 환율이 급격하게 오르고 있다. 이에 따라 기업들의 수출에 어려움이 생기고 있는데…….

1) 원유 가격도 계속 상승함에 따라 항공사들이 일제히 항공료를 인상하기로 했다. … 이에 따라 2) 정부는 오늘 긴급 경제 안정 정책을 발표하고 국민의 경제적 어려움을 줄이는 데 최선을 다하겠다고 밝혔다…….

해외여행 관광객 수 감소해

관광공사에 따르면 올해 해외여행 관광객 수가 전년보다 20% 이상 감소한 것으로 나타났다. 이는 환율이 오르면서 3) 여행 경비가 많이 들기 때문으로…….

한강 주위 저층 아파트 재개발하기로 해

주택 공사는 한강 변 낡은 저층 아파트를 4) 한강이 보이는 전망 좋은 20층 이상 고층 아파트로 재개발한다고 밝혔다. 한편 주거 환경 및 전망권 침해와 교통 불편을 이유로 5) 주변 아파트 주민들은 재개발 정책에 반대하고 있다.

보기 달러 환율이 계속 오르니만큼~~으니만큼/니만큼~~ 수출에 어려움이 있을 것 같다.

1) ________________ 으니만큼/니만큼 항공료도 계속 오를 것이다.

2) ________________ 으니만큼/니만큼 국민들의 경제적 어려움이 줄 것으로 보인다.

3) ________________ 으니만큼/니만큼 해외 여행객 수는 계속 줄어들 것이다.

4) ________________ 으니만큼/니만큼 재개발 아파트 가격은 높을 것이다.

5) ________________ 으니만큼/니만큼 재개발 사업이 어려움을 겪을 것이다.

6 다음 대화를 완성하십시오.

보기

가: 경쟁률이 높았는데 이렇게 입사하게 되어서 정말 기쁩니다.
나: 어렵게 입사했으니만큼 ~~으니만큼/니만큼~~ 열심히 일하시기를 바랍니다.

1) 가: 신제품 광고가 제대로 되지 않아 잘 팔릴지 걱정이 됩니다

   나: ________________ 으니만큼/니만큼 한번 써 본 소비자는 제품을 다시 살 겁니다.

2) 가: 물가가 너무 많이 올라서 생활비가 갈수록 많이 들어요.

   나: ________________ 으니만큼/니만큼 쓸데없는 소비를 줄여야 해요.

3) 가: 이번 시합에서 우리 팀이 우승할 수 있을까요?

   나: ________________ 으니만큼/니만큼 ________________

4) 가: 열심히 노력하기는 했는데 대학원에 입학할 수 있을지 걱정입니다.

   나: ________________________________

5) 가: 요즘 경제가 너무 안 좋아서 투자를 해도 될지 모르겠어요.

   나: ________________________________

10과 02 신용카드로 결제가 안 되는 바람에 당황했어요.

어휘

1 알맞은 말을 골라 빈칸에 쓰십시오.

신용카드　결제　무절제하다　한도　교훈

금융감독원은 최근 무분별한 은행의 보기 신용카드 발급으로 신용 불량자가 늘고 있다고 밝혔다. 따라서 은행들은 대학생이나 수입이 불확실한 사람들에게 신용카드의 현금 서비스 이용액을 월 100만 원으로 제한하고 카드 월 사용액 1) ________ 을/를 줄여서 카드 사용자들의 2) ________ 은/ㄴ 카드 사용을 막기로 했다. 은행 관계자는 '대학생들이 생각 없이 현금 대신 카드를 사용하다가 대금 3) ________ 을/를 하지 못해서 신용 불량자가 되어 취직에 어려움을 당하는 경우가 있는데 앞으로는 이런 일을 4) ________ 으로/로 해서 카드 사용을 자제해야 할 것'이라고 말했다.

2 알맞은 말을 골라 빈칸에 쓰십시오.

면제　적립　할부　할인　가맹점　일시불　연회비

보기 가맹점 500여 곳 국내 최대!! 포인트가 쌓인다!!
환전도 무료로!

새로 나온 연세 Y카드는 놀이 공원, 백화점, 영화관 등 국내 가맹점이 500여 곳으로 최대 규모이며 가맹점에서 쇼핑하면 쇼핑 금액의 최대 7%를 포인트로 1) ________ 해 드립니다. 이 포인트는 현금처럼 사용할 수 있습니다.

또 백화점 쇼핑 시 최대 6개월 무이자 2) ________ 이/가 가능하고 3) ________ 으로/로 구입하면 포인트를 두 배로 드립니다. 매년 내야 하는 4) ________ 도 3년간 무료입니다. 또 은행에서 환전할 때 내야 하는 수수료를 5) ________ 해 드립니다. 커피 전문점, 패스트 푸드점에서 최대 20% 6) ________ 을/를 받을 수 있습니다.

문법

-는 바람에

3 표를 보고 문장을 완성하십시오.

영수가 잘못한 일	이유
보기 출근 시간에 늦었다.	차가 많이 밀렸다.
1) 친구에게 전화를 못 했다.	휴대 전화가 갑자기 고장났다.
2) 보고서를 완성하지 못했다.	컴퓨터에 이상이 생겼다.
3) 버스에서 앞사람의 발을 밟았다.	갑자기 뒷사람이 밀었다.
4) 중요한 서류를 집에 놔두고 왔다.	아침에 서둘러 나왔다.
5) 영화표를 예매하지 못했다.	회사에서 급하게 해야 할 일이 생겼다.

보기 "죄송합니다. 차가 많이 밀리는 바람에 늦었어요."

1) "미안해. ______________________ 는 바람에 전화를 못했어."

2) "죄송합니다. ______________________ 는 바람에 보고서를 완성하지 못했습니다."

3) "죄송합니다. ______________________ 는 바람에 ______________________"

4) "미안합니다. ____"

5) "미안해. ____"

4 다음 대화를 완성하십시오.

보기
가: 저런, 거실 창문이 깨졌네요. 무슨 일이 있었어요?
나: 네, 어제 강풍이 부는 바람에 창문이 깨졌어요.

1) 가: 왜 다리를 다쳤어요? 어제 무슨 일이 있었어요?

   나: 네, 친구가 갑자기 ______________는 바람에 문에 부딪쳐서 다리를 다쳤어요.

2) 가: 왜 이렇게 비싼 옷을 산 거예요? 별로 입을 것 같지도 않은데…….

   나: 옷 가게 직원이 ______________는 바람에 저도 모르게 사고 말았어요.

3) 가: 왜 영수한테 내 이야기를 한 거야? 비밀로 해 달라고 부탁했잖아.

   나: 미안해. 영수가 자꾸 ______________는 바람에 ______________________

4) 가: 수업 시간에 왜 이렇게 늦게 왔어요? 또 늦게 일어난 거예요?

   나: 아니요, ____

5) 가: 그렇게 갑자기 급정거를 하면 어떡해요? 사고가 날 뻔했잖아요.

   나: 죄송합니다. ____

■■ -었으면야

5 다음 문장을 완성하십시오.

김 모 씨는 지난 주말에 고속도로에서 앞에 가던 보기 트럭이 급정거하는 바람에 트럭과 충돌하는 큰 교통사고를 당했다. 김 모 씨는 안전벨트를 매고 있어서 큰 부상을 당하지 않았으나, 뒷좌석에 타고 있던 아이는 **1)** 안전벨트를 매지 않아서 큰 부상을 당했다. 사고 당시 119에 응급 신고를 했으나 **2)** 주말 교통 정체로 구급차가 1시간 후에 도착하는 바람에 아이의 부상 상태가 심해져서 수술까지 하게 되었다. 트럭 운전자는 "**3)** 심한 안개로 신호등이 보이지 않았고 **4)** 앞차가 급정거를 하는 바람에 사고를 내고 말았다."고 말했다. **5)** 게다가 사고를 낸 트럭은 보험에 가입되어 있지 않아서 보상금을 받는 데 문제가 생겼다.

보기 트럭이 급정거하지 않았으면야 ~~었으면야/았으면야/였으면야~~ 사고가 났겠어요?

1) ______________________ 었으면야/았으면야/였으면야 아이가 부상을 당하지 않았을 텐데요.

2) ______________________ 었으면야/았으면야/였으면야 아이가 수술까지 했겠어요?

3) ______________________ 었으면야/았으면야/였으면야 운전자가 신호등을 봤을 텐데요.

4) ______________________ 었으면야/았으면야/였으면야 트럭 운전자가 사고를 내지 않았겠지요.

5) ______________________ 었으면야/았으면야/였으면야 보상금을 받는 데 문제가 없었을 텐데요.

6 다음 대화를 완성하십시오.

> **보기**
> 가: 어제 모임이 즐거웠는데 왜 오지 않았어요? 그렇게 일이 늦게 끝났어요?
> 나: 네, 일이 일찍 끝났으면야 ~~었으면야/았으면야/였으면야~~ 모임에 가서 즐겁게 놀고 얼마나 좋았겠어요?

1) 가: 왜 이렇게 옷을 얇게 입고 오셨어요? 어제 일기 예보를 보지 않았어요?

나: 그러게요, ______________________ 었으면야/았으면야/였으면야 이렇게 추위로 고생하지 않았을 텐데요.

2) 가: 주말에 본 공연이 정말 재미있더라. 너도 표를 미리 좀 예매하지 그랬어?

나: 그러게 말이야, ______________________ 었으면야/았으면야/였으면야 나도 볼 수 있었을 텐데 아쉬워.

3) 가: 식당에서 일하는 아르바이트가 그렇게 힘들 줄 몰랐어요?

나: 네, ______________________ 었으면야/았으면야/였으면야

____

4) 가: 어제 술을 많이 마시고 과장님과 다투셨다던데 왜 그런 실수를 하셨어요?

나: ____

5) 가: 왜 차를 가지고 나오셨어요? 주말에는 서울 광장 주변이 복잡한 걸 모르세요?

나: ____

복습 6~10과

말하기

1 【Introducing Food 음식 소개하기】

Describe a Korean dish you would like to recommend to friends or family from your hometown.
고향 친구나 가족에게 소개하고 싶은 한국 음식에 대해 설명하십시오.

1)What Korean dish would you like to recommend?
2) How did you learn about this dish?
3) To whom would you recommend this dish and why?
4) Talk about how to enjoy this dish.
1) 추천하고 싶은 한국 음식이 무엇입니까?
2) 이 음식을 어떻게 알게 됐습니까?
3) 이 음식을 누구에게 왜 추천하고 싶습니까?
4) 이 음식을 맛있게 먹는 방법을 이야기해 보세요.

2 【Discussing Views on Marriage 결혼관에 대해 이야기하기】

Do you believe that marriage is a must? Share your opinions.
결혼은 반드시 해야 한다고 생각합니까? 의견을 이야기하십시오.

1) Do you think marriage is necessary?
2) Yes/No. → Why do you think so?
3) Do you think people's views on marriage have changed these days compared to the past?
4) Yes → How do you think things have changed? No → Why do you think it hasn't changed?
1) 결혼은 반드시 해야 한다고 생각합니까?
2) 네 / 아니요. → 왜 그렇게 생각합니까?
3) 예전과 요즘 사람들의 결혼관이 달라졌다고 생각합니까?
4) 네 → 어떻게 달라졌다고 생각합니까? 아니요 → 왜 달라지지 않았다고 생각합니까?

3 【Talking about Credit Card Use 신용 카드 사용에 대해 이야기하기】

Do you think using credit cards is helpful to your life? Share your opinions.
신용 카드 사용이 여러분의 생활에 도움이 된다고 생각합니까? 의견을 이야기하십시오.

1)Do you frequently use credit cards?
2) Why do you frequently use/not use credit cards?
3) How does using/not using credit cards help your spending habits?
4) Discuss the advantages and disadvantages of using credit cards.
1) 신용 카드를 자주 사용합니까?
2) 왜 신용 카드를 자주 사용합니까? / 사용하지 않습니까?
3) 신용 카드를 사용하는 것이/사용하지 않는 것이 여러분의 소비 생활에 어떻게 도움이 됩니까?
4) 신용 카드 사용의 장점과 단점을 이야기해 보십시오.

쓰기

I Choose the correct word to fill in ( ).
( ) 안에 알맞은 말을 고르십시오.

1 저는 결제할 때 ( ) 현금보다 카드를 자주 씁니다.

① 꽤 ② 대신 ③ 주로 ④ 완전히

2 아침에 인터넷 뉴스를 확인하는 것으로 하루 ( )을/를 시작한다.

① 목록 ② 일과 ③ 공간 ④ 적령기

3 이 신문사의 기사는 객관적이고 정확하기 때문에 ( )을/ㄹ 수 있다.

① 신뢰하다 ② 선호하다 ③ 격려하다 ④ 재촉하다

4 우리 시는 오래된 시설들을 없애고 이곳을 새롭게 ( )을/ㄹ 예정이다.

① 얻다 ② 칭찬하다 ③ 개발하다 ④ 재촉하다

5 당연히 해야 할 일을 했을 뿐인데 이렇게 칭찬해 주시니 ( )습니다/ㅂ니다.

① 그립다 ② 즐기다 ③ 흔하다 ④ 쑥스럽다

II Choose the correct version of the underlined word.
밑줄 친 단어를 알맞게 고친 것을 고르십시오.

6 이 사진만 어떤 놀이였는지 알기가 어려워요. → ( )

① 사진만한 ② 사진만 하면 ③ 사진만 해서 ④ 사진만으로는

7 요즘 인터넷에서 이런 말을 사용하다던데 들어 봤어요? → ( )

① 사용한다던데 ② 사용하려던데 ③ 사용해라던데 ④ 사용하지 않던데

8 예전과 많이 달라졌어요. 요즘 신세대는 맞벌이를 선호했는걸요. → ( )

① 선호한걸요 ② 선호하는걸요 ③ 선호해진걸요 ④ 선호했던걸요

9 프리젠테이션을 열심히 준비할 거니만큼 좋은 결과가 있었어요. → ( )

① 준비만큼 ② 준비한 만큼 ③ 준비하는 만큼 ④ 준비하니만큼

10 이렇게 힘든 줄 알면야 이 음식을 만들지 않았을 거야. → (　　)

① 힘든 줄 안다면야　　② 힘든 줄 알려면야
③ 힘든 줄 알았으면야　　④ 힘든 줄 알더라면야

III Choose the concluding sentence from the following.
다음 중 맞는 문장을 고르십시오.

11 (　　)

① 이번에 새로 나온 냉장고가 좋다고들 하던데요.
② 이번에 새로 나온 냉장고가 좋다는고들 하던데요.

12 (　　)

① 한국건 다른 나라건 어느 곳에나 세대 차이는 있어요.
② 한국이건 다른 나라건 어느 곳에나 세대 차이는 있어요.

13 (　　)

① 책도 빌릴 겸 신문 기사도 찾을 겸 도서관에 가려고 해요.
② 책도 빌리는 겸 신문 기사도 찾는 겸 도서관에 가려고 해요.

14 (　　)

① 설문 조사에 비하면 요즘 세대의 결혼관이 많이 달라졌대요.
② 설문 조사에 의하면 요즘 세대의 결혼관이 많이 달라졌대요.

15 (　　)

① 신문을 날마다 읽은 사람이 없는가 하면 그렇지 않은 사람도 있어요.
② 신문을 날마다 읽는 사람이 있는가 하면 그렇지 않은 사람도 있어요.

IV Choose the correct question or answer for the following conversation.
다음 대화에 알맞은 질문이나 대답을 고르십시오.

16 가: 현금을 자주 쓰면 불편하지 않으세요?

나: ＿＿＿＿＿＿＿＿＿＿

① 아니요, 아마 불편할걸요.
② 아니요, 정말 불편한걸요.
③ 아니요, 불편하지 않은걸요.
④ 아니요, 불편하지 않는걸요.

17 가: 결혼식에 못 가서 미안해요. 늦었지만 이거 축하 선물이에요.

나: 뭘 이런 걸요. ______________________

① 늦어서 당황스러울 따름이에요.
② 오지 못하셔서 서운할 따름이에요.
③ 당연히 해야 할 일을 했을 따름이에요.
④ 이렇게 축해해 주셔서 감사할 따름이에요.

18 가: 한국 사람들은 윷놀이하는 방법을 잘 알아요?

나: ______________________

① 윷놀이를 하는가 하면 안 하는 사람도 있어요.
② 아는 사람이 있는가 하면 잘 모르는 사람도 있어요.
③ 윷놀이를 좋아하는가 하면 싫어하는 사람도 있어요.
④ 놀이를 모두가 같이 하는가 하면 혼자 할 때도 있어요.

19 가: 손님들이 이 음식에 거의 손을 안 대네요.

나: 그러네요. ______________________

① 손이 많이 가는 게 틀림없어요.
② 매워 보여서 그러는 게 틀림없어요.
③ 음식을 먹고 싶어 하는 게 틀림없어요.
④ 요리사가 요리를 잘하는 게 틀림없어요.

20 가: 저는 월급을 받으면 저축하지 않고 다 쓰는 편이에요.

나: ______________________

① 돈을 쓰다가는 저축을 해야 할 수도 있어요.
② 돈을 쓰지 않다가는 나중에 후회하게 될 거예요.
③ 돈을 쓰려고 하다가는 저축을 못하게 될 수도 있어요.
④ 돈을 쓰기만 하다가는 정말 필요할 때 곤란해질 거예요.

V Write a text with the following title. Use informal, casual language and write at least 10 sentences.

다음 제목으로 글을 쓰십시오. 비격식체 반말을 사용하고 10문장 이상 쓰십시오.

21

제목: 통신 언어의 장점과 단점

듣기

MP3_22

[1-3] Listen to the conversation and answer the question.
대화를 듣고 질문에 답하십시오.

1 **What are they talking about? (　　)**
무엇에 대해 이야기하고 있습니까?

① 전통 문화의 뜻　② 전통 음식의 종류
③ 전통 놀이의 변화　④ 전통 문화 체험 행사

2 **Choose the option that is not about the event. (　　)**
행사 내용이 아닌 것을 고르십시오.

① 전통 음식 시식　② 전통 공연 관람
③ 전통 예술 감상　④ 전통 놀이 체험

3 **Choose the answer that matches what you heard. (　　)**
들은 내용으로 맞는 것을 고르십시오.

① 남자는 궁중 음식을 먹어본 적이 있다.
② 남자는 한국 전통놀이에 대해 잘 알고 있다.
③ 날씨 때문에 연날리기를 하지 못하게 될 것 같다.
④ 여자는 홈페이지를 보면서 행사를 소개하고 있다.

[4-5] Listen to the story and answer the questions.
이야기를 듣고 질문에 답하십시오.

4 **What are they talking about? (   )**
무엇에 대해 이야기하고 있습니까?

① 신문 기사의 출처
② 내게 맞는 신문 찾기
③ 좋은 신문을 고르는 법
④ 신문 읽기의 긍정적인 점

5 **Choose the answer that matches what you heard. (   )**
들은 내용과 같은 것을 고르십시오.

① 여자는 남자보다 신문을 자주 읽는 편이다.
② 여자는 인터넷으로 정보를 찾고 싶지 않아서 신문을 읽는다.
③ 남자는 신문에 있는 정보가 인터넷 정보의 양보다 적다고 생각한다.
④ 남자는 다양한 분야의 정보를 얻을 수 있어서 신문 읽기를 좋아한다.

6 **Choose the reason the woman does not read Internet news. (   )**
여자가 인터넷 뉴스를 읽지 않는 이유를 고르십시오.

① 누가 쓴 정보인지 알기 어려워서
② 신문 기사의 정보가 비슷한 것이 많아서
③ 같은 일에 대해 인터넷 뉴스마다 다르게 써서
④ 신문 기사에서 본 뉴스를 인터넷에서 찾을 수 없어서

[7-9] Listen to the conversation and answer the questions.
대화를 듣고 질문에 답하십시오.

7 **What are they talking about? (   )**
무엇에 대해 이야기하고 있습니까?

① 건강한 생활 습관
② 휴대 전화의 장점
③ 기억력과 수면 시간
④ 휴대 전화 사용의 부작용

8 **Choose the answer that matches what you heard. (   )**
들은 내용과 같은 것을 고르십시오.

① 남자는 기억력에 문제가 생긴 것을 상담하고 있다.
② 여자는 노래 가사를 외우기 위해 노래방에 자주 간다.
③ 남자는 휴대 전화를 사용하고 나서 눈 건강이 나빠졌다.
④ 여자는 오늘부터 전자 기기 사용을 줄이고 명상을 할 것이다.

9 **What is not a change that occurred after using mobile phones? (   )**
휴대 전화를 사용한 후 생긴 변화가 아닌 것은 무엇입니까?

① 인간관계가 좁아졌다.
② 번호를 잘 외우지 못하게 됐다.
③ 예전보다 시력이 안 좋아졌다.
④ 눈에 느끼는 피로감이 심해졌다.

[10-12] Listen to the story and answer the questions.
다음을 듣고 질문에 답하십시오.

10 What is this story about? (　　)
무엇에 대한 이야기입니까?

① 현금 사용의 한계
② 소비 습관과 과소비
③ 신용 카드 포인트의 활용
④ 올바른 신용 카드 사용 방법

11 Choose the answer that is different from what you heard. (　　)
들은 내용과 다른 것을 고르십시오.

① 적절한 신용 카드 사용법을 아는 사람이 늘었다.
② 원하는 물건을 먼저 받고 지불은 나중에 할 수 있다.
③ 신용 카드가 있으면 해외에서도 편하게 결제할 수 있다.
④ 원하는 경우 사용한 금액을 여러 번에 나누어서 낼 수 있다.

12 Choose a statement that does not fit the opinion of the listener. (　　)
이야기를 들은 사람의 생각으로 맞지 않는 것을 고르십시오.

① "신용 카드를 사용할 때 과소비하지 않게 조심해야 해."
② "가능하면 여러 장의 신용 카드를 사용하는 것이 좋겠어."
③ "카드 회사에서 제공하는 혜택을 잘 알아보면 도움이 될 것 같아."
④ "먼저 나의 소득 수준을 생각해 보고 어떤 신용 카드를 쓸지 결정하겠어."

[13-15] Listen to the conversation and answer the question.
대화를 듣고 질문에 답하십시오.

13 What are they talking about? (　　)
무엇에 대해 이야기하고 있습니까?

① 적절한 결혼 시기
② 결혼하고 싶은 이유
③ 결혼에 대한 남녀의 인식 차이
④ 젊은 세대의 결혼에 대한 가치관

14 Choose the answer that matches what you heard. (　　)
들은 내용과 같은 것을 고르십시오.

① 결혼의 필요성을 느끼는 사람은 작년보다 늘었다.
② 결혼이 필요하지 않다고 느끼는 여자가 남자보다 많았다.
③ 결혼 적령기는 작년과 비교했을 때 크게 달라지지 않았다.
④ 남자보다 여자의 결혼 적령기가 조금 더 높게 조사되었다.

15 Choose the answer that does not match what you heard. (　　)
들은 내용과 다른 것을 고르십시오.

① 혼전 동거에 대한 찬성과 반대 응답 결과는 비슷했다.
② 교육 수준에 따른 혼전 동거의 인식 차이는 크지 않았다.
③ 50% 이상의 설문조사 응답자가 이혼할 수 있다고 응답했다.
④ 20대와 비교하여 50대는 이혼에 부정적인 의견을 가진 사람이 많았다.

읽기

I **[1~2] Read the following and answer the question.**
다음을 읽고 질문에 답하십시오.

새로운 시대의 카드, 세연 카드

지금까지 이런 카드는 없었다!
할인, 포인트 적립 모두 포기할 수 없는 당신에게 추천하는 카드.
내가 선택하는 소비 생활! 세연 카드와 함께 하세요.

- 이미 세연 카드를 가지고 계신 분은 만들 수 없습니다.
- 영화관, 식당, 쇼핑몰, 커피숍 중에서 각각 한 군데씩 할인과 적립을 따로 선택할 수 있습니다.
- 할인은 지난달 사용 금액에 따라 최대 30%, 적립은 20%까지 가능합니다.
- 지금 가입하시면 1년간 연회비가 무료입니다.

1 **What is this text about? ( )**
무엇에 대한 글입니까?

① 새로운 신용 카드 광고
② 신용 카드 사용에 대한 설명서
③ 신용 카드 가맹점 안내 및 소개
④ 소비 생활에 맞는 신용 카드 추천

2 **Choose the answer that matches the content of the text. ( )**
읽은 내용과 같은 것을 고르십시오.

① 세연 카드가 있어도 이 카드를 만들 수 있다.
② 이 카드로 식당에서 30% 적립을 받을 수 있다.
③ 지난달 사용 금액에 상관없이 적립과 할인이 가능하다.
④ 지금 가입하면 1년 동안 연회비를 내지 않고 카드를 사용할 수 있다.

II [3~4] Read the following and answer the questions. (8 points)
다음을 읽고 질문에 답하십시오. (8점)

신문은 보도 기능, 지도 기능, 오락 기능, 광고 기능의 네 가지 기능을 가지고 있다. 먼저 보도 기능이란 독자들에게 정치, 기후, 사고, 전쟁, 교육 등 사회에서 일어나는 사건들에 대한 정보를 객관적으로 보도하는 것을 말하는 것으로서 신문의 가장 중요한 기능이다.

다음으로 지도 기능이란 독자를 설득하고 가르쳐서 올바른 태도나 행동을 하도록 하는 신문의 기능을 말한다. 즉 지도 기능이란 신문사에서 독자에게 의견을 제시하는 것으로서 여기에는 사설, 논설, 시사만평 등이 포함된다.

그런가 하면 신문은 독자들에게 즐거움을 주는 오락 기능도 있다. 예를 들어 만화, 소설, 스포츠나 연예, 혹은 취미 관계 등의 기사가 이러한 오락적 목적으로 사용된다.

마지막으로 광고 기능이란 독자들에게 상품 및 시장에 대한 정보를 제공해 주고 또한 기업인들은 그들의 상품을 일반 사람들에게 알려 주도록 돕는 것을 말한다.

미국의 주요 신문의 지면에서 이 네 가지 기능이 차지하는 비중을 조사한 결과 보도 기능이 20%, 지도 기능이 4%, 오락 기능이 16%, 그리고 광고 기능이 60%를 차지하고 있었다고 한다. 우리나라의 경우에는 대체로 일간 신문의 경우 보도 기능이 35%, 지도 기능이 4%, 오락 기능이 21%, 그리고 광고 기능이 40% 정도를 차지하고 있다.

3 What is this passage about? (   )
무엇에 대한 글입니까?

① 신문 구독의 장점
② 신문 광고의 한계
③ 신문 읽기의 효과
④ 신문의 다양한 기능

4 Choose the answer that matches the content of the text. (   )
읽은 내용과 같은 것을 고르십시오.

① 신문의 종류에 따라 신문의 기능이 다르게 나타난다.
② 신문사에서 독자에게 의견을 요구하는 것이 지도 기능이다.
③ 신문의 오락 기능은 광고 기능에 비해 중요성이 낮은 편이다.
④ 신문의 가장 중요한 기능은 정보를 객관적으로 보도하는 것이다.

III [5~7] Read the following and answer the questions.
다음을 읽고 질문에 답하십시오.

요즘 통신 언어로 친구나 가족과 소통을 하는 젊은 세대가 늘고 있다. 이러한 통신 언어가 나타나게 된 이유는 우선 빨리 자신의 생각이나 느낌을 전하기 위해서라고 할 수 있다. 또 청소년들이 그들만의 문화를 만들고 자신들끼리만 그 문화를 함께 나누고 친밀감을 느끼기 위해서라고 할 수 있다.

이러한 통신 언어에 대해 어떤 사람들은 한국어의 문법이 파괴되고, 어른들과 청소년들 간의 생각이 너무 달라져서 나중에는 서로의 생각을 이해할 수 없게 될 것이라고 걱정하기도 한다. 또 어떤 사람들은 통신 언어는 청소년의 개성을 나타내는 것이고, 생각이나 느낌을 아주 짧게 전할 수 있기 때문에 오히려 효율적이라고 한다.

그러나 통신 언어가 일상적인 언어에까지 영향을 미치고 있는 것은 큰일이라고 할 수 있다. 초등학생들은 편지나 일기, 일상생활에서 통신 언어를 그대로 사용하기도 한다. 그리고 청소년의 생각에도 영향을 미쳐서 통신 언어를 많이 사용하는 학생들의 경우에는 생각하는 능력이 단순해지고 짧아질 수도 있다.

그러므로 적절한 상황과 때에 맞춰 통신 언어를 적절히 사용하는 균형을 잡는 것이 중요한 과제가 될 것이다.

5 What is this text about? (   )
무엇에 대한 글입니까?

① 통신 언어의 과거와 현재
② 통신 언어의 장점과 단점
③ 통신 언어의 새로운 발전
④ 통신 언어의 종류와 예시

6 Choose the answer that does not match the content of the text. (   )
읽은 내용과 다른 것을 고르십시오.

① 젊은 세대는 통신 언어를 자주 사용한다.
② 통신 언어를 사용하는 사람들끼리 더 가깝게 느끼기도 한다.
③ 통신 언어를 배우기 위해서는 젊은 세대와 어울려야 한다.
④ 너무 자주 통신 언어를 사용하면 생각이 단순해지는 부작용이 있다.

7 Choose a statement that aligns with the thoughts of the reader. (   )
이 글을 읽은 사람의 생각으로 맞는 것을 고르십시오.

① '같은 통신 언어를 쓰면 더 친해질 수 있을 거야.'
② '초등학생들도 통신 언어로 새로운 문법을 배울 수 있어.'
③ '어른들에게 알리고 싶지 않은 말은 통신 언어로 쓰면 돼.'
④ '생각을 더 깊게 하고 싶을 때 일상에서도 통신 언어를 쓰면 돼.'

Ⅳ [8~10] Read the following and answer the questions.
다음을 읽고 질문에 답하십시오.

사회 변화에 따라 다양한 가족 형태도 인정해야

가족이란 무엇일까? 일반적으로 가족이란 부부와 그 자녀, 부양해야 할 부모라는 혈연 중심의 집단이다. 그러나 최근에는 맞벌이, 입양, 이혼이나 재혼, 아동의 조기 유학이 늘면서 이제 우리도 다양한 형태의 가족을 인정해야 한다는 의견이 많다. 여기에서 말하는 다양한 형태의 가족에는 한부모 가족, 비혼모 가족, 무자녀 부부 가족, 입양 가족, 독신 가족, 재혼 가족, 공동체 가족 등이 있다.

이영숙 · 김민철 씨 부부는 결혼한 지 6년이 지나도 아이가 생기지 않아 큰 고통을 겪었다. 그러나 이 씨는 용기를 내어 입양 기관을 방문한 후에 남편을 설득한 끝에 2살 된 남자 아이를 입양했다. 건강하게 자라 유치원생이 된 아들을 보면서 이 씨 부부는 이보다 더 큰 행복은 없을 거라고 했다.

결혼한 지 4년이 된 의사 최준호 씨는 앞으로도 아이를 갖지 않기로 아내와 합의했다면서 우리 사회가 자녀 없이 사는 것을 하나의 선택으로 인정해 주기를 바란다고 했다. 최 씨가 이런 결정을 한 것은 직장 생활과 육아를 병행하는 것이 어려울 것 같다는 아내의 생각을 존중해서였다. 그는 결혼한 부부에게 반드시 아이가 있어야 한다는 편견에서 벗어나야 한다고 주장한다.

최근에는 공동체 가족들이 함께 모여 사는 곳도 점차 증가하고 있다. 10대 가출 청소년이나 부모가 없는 청소년 5~6명이 이들을 돌보는 교사와 함께 공동체 가정을 이루어 생활하는 경우가 그 예이다. 공동체 가정을 운영하는 강영호 씨는 구성원 간에 유대감과 서로의 필요성을 느끼고 있다면 핏줄로 이어지지 않아도 가족으로 볼 수 있다고 말한다. 공동체 가정은 혈연보다는 관계를 중심으로 한 새로운 가족 형태인 것이다.

이제 우리는 내 자식과 내 조상만을 강조하는 혈연 중심주의에서 벗어날 필요가 있다. 우리는 다양한 가족 형태의 뜻을 이해해야 하고 관계를 중심으로 한 새로운 가족제도를 인정해야 하는 시대에 살고 있다. 따라서 이들의 권리를 보장해 주고 지원할 법과 제도가 마련되어야 한다.

세연신문 권재호 기자

8 What is this text about? (   )
무엇에 대한 글입니까?

① 혈연 중심의 가족
② 새로운 가족의 의미
③ 부모와 아이의 관계
④ 가족제도의 법과 제도

9 **Choose the answer that matches the content of the text. (   )**
읽은 내용과 같은 것을 고르십시오.

① 이영숙 씨는 결혼 전부터 입양을 계획했다.
② 최준호 씨는 부부에게 아이가 있어야 한다는 생각에 찬성하지 않는다.
③ 혈연 중심주의에 대한 의미를 이해하기 위해 새 제도를 만들어야 한다.
④ 직접 낳은 자녀가 아니어도 서로를 가족처럼 생각하는 공동체가 늘고 있다.

10 **Choose the option that does <u>not</u> match the definition of "family" in this passage. (   )**
이 글에서 말하는 '가족'으로 맞지 <u>않는</u> 것을 고르십시오.

① 아이를 입양해서 키우는 부부
② 시부모님과 같이 살고 있는 부부
③ 결혼하지 않고 자신의 아이를 키우는 여성
④ 부모가 없는 여러 아이들과 함께 사는 교사

V [11~13] Read the following and answer the questions.
다음을 읽고 질문에 답하십시오.

어제 1박 2일로 과 동기 엠티를 다녀왔다. 평소 수업하고 아르바이트 등으로 바빠서 얼굴 보기도 어려웠던 동기들과 오랜만에 즐거운 시간을 보냈다. 족구, 닭싸움, 수건돌리기를 하면서 저녁 내기도 하고 늦은 밤에는 방에서 진실게임을 하면서 깔깔 웃기도 했다. 게임과 놀이를 하다가 보니 어린 시절이 생각났다.

나는 어렸을 때 형들하고 밖에 나가서 노는 것을 좋아했다. 여동생하고 누나는 인형 놀이를 좋아해서 항상 인형을 가지고 소꿉놀이를 하곤 했다. 가끔 같이 놀 때는 학교 놀이를 했는데, 제일 큰 누나는 항상 선생님 역할을 했고 나와 다른 형제들은 모두 학생 역할을 했다.

초등학교 때는 수업이 끝난 후 학교에 남아서 자주 놀았는데 우리는 항상 운동장에서 놀거나 산에 가서 뛰어놀곤 했다. 그리고 여자 아이들은 고무줄놀이를 하거나 소꿉놀이를 많이 했다.

중학교 때는 친구들과 시간을 보낼 겸 운동 시합을 자주 했다. 축구 시합을 하다가 바지가 찢어져 어머니께 많이 혼났던 기억이 난다. 학교에서 소풍을 가면 수건돌리기나 닭싸움을 하며 재미있게 놀았다.

고등학교에 들어가면서 점점 놀 수 있는 시간이 부족해졌다. 그러다가 우연히 아버지에게서 바둑을 배우게 되었다. 친구들 중에는 할아버지에게서 장기를 배우는 아이들도 있었다.

대학교에 들어가면서 고향을 떠나 서울로 오게 되었다. 첫 학기에는 신입생 환영회, 과별 모임 등으로 친구들과 어울릴 일이 많았다. 도서관에서 공부를 하다가 피시방에 가서 시간을 보내는 경우도 있었는데 여러 가지 게임을 하며 머리를 식히기도 했다. 그러다가 가끔 엠티나 여행을 가게 되면 다시 가끔 어렸을 때 했던 놀이를 하게 되는 것이다. 다음 달 동아리 엠티 때는 모두 같이 고무줄놀이를 해 볼까?

11 **Choose a suitable title for this text. (　　)**
이 글의 제목으로 알맞은 것을 고르십시오.

① 가족과 함께한 놀이들
② 학교에서 배운 놀이들
③ 자라면서 즐겼던 놀이들
④ 스트레스가 풀렸던 놀이들

12 **Choose the answer that matches the content of the text. (　　)**
글의 내용과 맞는 것을 고르십시오.

① 초등학교 - 남자 아이들과 고무줄놀이를 했다.
② 중학교 - 학교에서 수건돌리기나 닭싸움을 했다.
③ 고등학교 - 가족에게 장기를 배우는 친구가 있었다.
④ 대학교 - 학교에 가서 친구들과 여러 종류의 게임을 했다.

13 **Choose the answer is different from the content of the text. (　　)**
글의 내용과 다른 것을 고르십시오.

① 어릴 때는 형제들이 모두 함께 학교 놀이를 했다.
② 초등학교 때는 친구들과 수업 중에 여러 놀이를 했다.
③ 중학교 때는 친구들과 놀다가 옷이 망가져 혼난 적이 있다.
④ 대학교 때는 피시방에 가서 공부에 대한 스트레스를 풀었다.

memo 메모

memo 메모

대학생을 위한 연세한국어

YONSEI KOREAN

for college students

KOREAN LANGUAGE INSTITUTE

302

부록

YONSEI UNIVERSITY PRESS

부록

모범답안

1과 어제와 오늘

01. 영화를 보러 가곤 했어요

▶ **어휘**

1. 1) 반성 2) 후회
3)추억 4)계획
5)준비 6)상상
7)기대

2. 1) 추억하시면서 2) 기억하지
3) 잊어버렸다 4) 외워야

▶ **문법**

1. 1) 울다가도 귀여운 토끼 인형만 보면 웃는다.
2) 나는 기분이 좋다가도 시험 성적을 생각하면 기분이 나빠진다.
3) 나는 기분이 나쁘다가도 다음 달에 갈 여행을 생각하면 기분이 좋아진다.
4) 나는 한국말을 잘하다가도 긴장을 하면 말이 잘 안 나온다.

2. 1) 은행에 저금을 하곤 했어요.
2) 책을 읽곤 해요.
3) 잠을 많이 자곤 해요.

▶ **읽어 봅시다**

1. ②

2. 1) ○ 2) X 3) ○ 4) X

3. 어린 시절에 가난 때문에 학교를 졸업하지 못한 할머니들께 졸업장을 드리는 행사

▶ **들어 봅시다**

1. ①

2. ②

3. 1) X 2) ○ 3) ○ 4) X

02. 10년 전에는 어땠는데요?

▶ **어휘**

1. 1) 늘다 2) 향상되다/늘다
3) 변하다 4) 좋아지다
5) 바뀌다

2. 1) 10년 전처럼 2) 10년 전과
3) 10년 전보다 4) 10년 전만

▶ **문법**

1. 1) 10분 전만 해도 커피숍 문이 열려 있었는데…….
2) 일주일 전만 해도 여기에 꽃집이 있었는데…….
3) 한 달 전만 해도 더워서 여름 옷을 입었는데…….
4) 1년 전만 해도 긴 치마가 유행이었는데…….

2. 1) 중국에도 설날과 비슷한 춘절이 있으니까 비슷하다고 할 수 있어요.
2) 요즘은 한국에서 생활하는 데 별로 문제가 없으니까 한국 생활에 익숙해졌다고 할 수 있어요.
3) 제 고향에서 비행기로 1시간 반 정도 걸리니까 가까운 편이라고 할 수 있어요.
4) 건물보다 나무가 많으니까 자연환경이 좋다고 할 수 있어요.

▶ **읽어 봅시다**

1.

물건	재료	모양	쓰임
맷돌	돌	둥근 돌 두 개가 겹쳐 있고 윗돌에 구멍과 손잡이가 있음.	곡식을 갈기 위해 사용함.
죽부인	대나무	안기 편한 원통형임.	더위를 식히기 위해 사용함.

2. ③

3. ④

▶ **들어 봅시다**

1. ④

2. ②

3. ③

2과 미래와 상상

01. 한국에 오지 않았다면 어땠을까요?

▶ **어휘**

1. 1) 상상하면 2) 예상해
3) 추측할

2. 1) 경우를 2) 상태가
3) 사정이 4) 상황은

▶ **문법**

1. 1) 운전사 아저씨가 지름길을 모르셨다면 나는 많이 늦었을 거예요.
   2) 엘레나가 발레를 그만두지 않았으면 지금쯤 유명한 발레리나가 되었을 거예요.
   3) 동양에 관심이 많은 엘레나한테 여러 가지 이야기를 듣지 않았다면 저는 한국에 대해 관심이 생기지 않았을 거예요.
   4) 엘레나가 박물관에 가자고 하지 않았으면 안 갔을 거예요.
2. 1) 약을 먹었을 거야.
   2) 회의 준비를 다 했을 거야.
   3) 저녁 식사도 했을 거야.
   4) 네 선물도 샀을 거야.

▶ **읽어 봅시다**

1.

지 명	지명의 유래
왕십리	십 리를 더 가라.
피맛골	말을 피해 다닐 수 있는 길

2. ④
3. 1) ○ 2) X 3) ○ 4) ○

▶ **들어 봅시다**

1. ④
2. 1) X 2) X 3) X 4) ○
3. 현재의 나 자신

02. 집안일은 물론 아이를 돌보기까지 한대요

▶ **어휘**

1. 1) 신형 2) 신기록
   3) 신제품, 신상품
2. 1) 발표됐어요 2) 발견됐어요
   3) 나타났어요 4) 밝혀졌어요

▶ **문법**

1. 1) 친구들은 물론
   2) 여자는 물론 남자들도 화장을 해요.
   3) 공부는 물론 축구도 잘 한답니다.
   4) 아름다운 경치는 물론 맛있는 음식으로도 유명합니다.
2. 1) 물 쓰듯이 2) 비 오듯이
   3) 춤을 추듯이 4) 아기를 안 듯이

▶ **읽어 봅시다**

1. ②
2. ③
3. ①

▶ **들어 봅시다**

1. ③
2. ③
3. 1965년에는 꿈만 같던 일들이 이제는 모두 현실로 이루어진 것

3과 나의 생활

01. 살다가 보니 적응이 됩니다

▶ **어휘**

1. 생략
2. 1) 번화한 2) 도심의
   3) 편의 시설이 4) 도시 근교에
   5) 한적해서 6) 쾌적합니다

▶ **문법**

1. 1) 상식이 풍부해졌어요.
   2) 매일 쉬지도 못하고 일만 하다가 보니 건강이 안 좋아졌어요.
   3) 한국말 연습을 매일 하다가 보니 한국어 실력이 많이 늘었어요.
   4) 매일 같은 음식만 먹다가 보니 이젠 그 음식이 싫증이 나서 못 먹겠어요.
2. 1) 가: 인터넷 쇼핑이 어때요?
   나: 집에서 쇼핑할 수 있어서 편하긴 한데 화면과 다른 물건이 와서 실패할 때가 있어요.
   2) 가: 기숙사 생활이 어때요?
   나: 학교에서 가까워서 좋긴 한데 방을 두 사람이 같이 써야 해서 불편해요.
   3) 가: 도시에서 생활하기가 어때요?
   나: 편의 시설이 많아서 편리하긴 한데 복잡하고 시끄러워요.
   4) 가: 친구는 어떤 사람이에요?
   나: 친절해서 친구들을 잘 도와주긴 하는데 약속을 잘 지키지 않아요.

▶ **읽어 봅시다**

1. ①

2. 빨리빨리 문화, 매운 음식 먹기

3. ③

▶ **들어 봅시다**

1.

1) 동부이촌동	한옥이 많이 있는 곳이다.
2) 안국동	프랑스에 온 것 같은 느낌이 든다.
3) 이태원	세계 여러 나라의 음식점들이 있다.
4) 서래마을	일본 사람들에게 고향 같은 곳이다.

2. ②

3. ④

02. 저희 어머니나 다름없는 분이에요

▶ **어휘**

1. 1) 부담스럽다 2) 짜증스럽다 3) 뿌듯하다
4) 궁금하다 5) 당황스럽다 6) 초조하다
7) 안타깝다

2. 1) 뿌듯하고 2) 짜증스럽지 3) 초조하게

▶ **문법**

1. 1) 성공의 기쁨도 알지 못했을 겁니다.
2) 친구가 옆에 없었더라면 힘들 때마다 외로웠을 겁니다.
3) 부모님이 살아 계셨더라면 제가 성공한 모습을 보셨을 텐데…….
4) 젊었을 때 좀 더 건강에 신경을 썼더라면 지금 건강이 많이 나쁘지 않을 텐데…….

2. 1) 새 옷이나 다름없어요.
2) 거절이나 다름없어요.
3), 4), 5) 생략

▶ **읽어 봅시다**

1. ②

2. 편지

3. ①

▶ **들어 봅시다**

1. ②

2. 1) ○ 2) X 3) X 4) ○

3. 1) 내가 유학을 안 왔더라면 어떻게 됐을까?
2) 유학 생활이 내 인생에 어떤 영향을 끼칠까?
3) 유학이 과연 내 인생에 도움이 되는 것일까?

4과 성격

01. 수줍음을 많이 타는지 말이 없어요

▶ **어휘**

생략

▶ **문법**

1. 1) 가: 어제 제임스 씨가 일찍 집에 갔지요?
나: 집에 무슨 일이 있는지 일찍 돌아갔어요.
2) 가: 다니엘 씨는 오늘도 여자 친구를 만나러 갔나요?
나: 여자 친구하고 싸웠는지 요즘은 여자 친구를 안 만나요.
3) 가: 엠마 씨가 요즘 한국말 실력이 아주 좋아졌지요?
나: 네, 요즘 집에서 열심히 공부하는지 한국어 실력이 아주 좋아졌어요.
4) 가: 수영 씨가 요즘 안 보이는데 무슨 일이 있나요?
나: 회사 일이 바쁜지 요즘 학교에 안 나와요.

2. 1) 일에 쫓겨 바쁘게 생활하다가 보면 일상의 소중함을 잊을 때가 있습니다.
2) 매일 같은 일만 하다가 보면 기계처럼 느껴질 때가 있습니다.
3) 같은 곳에 너무 오래 살다가 보면 여행을 떠나고 싶을 때도 있습니다.
4) 혼자 외국에서 지내다 보면 힘들 때도 있습니다.

▶ **읽어 봅시다**

1. (나) → (다) → (가) → (라)

2.

넓이	너는 마음이 너무 좁아, 좀 더 마음이 넓어야 한다.
온도	마음씨가 따뜻하다, 그렇게 냉랭할 수가 없다, 그 사람 참 시원시원하다
빛깔	그놈은 속이 검다, 그녀는 마음이 눈처럼 희다

3. 1) X 2) X 3) X 4) ○

▶ **들어 봅시다**

1. ①

2. 1) X 2) ○ 3) ○ 4) X

3. 칭찬은 고래도 춤추게 한다

02. 일을 시작했다 하면 끝까지 해요

▶ 어휘

1. 기후: 습하다, 건조하다, 서늘하다, 쌀쌀하다, 화창하다
가족 관계: 장남, 차남, -남 -녀
생활 환경: 부유하다, 빈곤하다

2. 생략

▶ 문법

1. 1) 에어컨을 계속 켜 놓을 게 아니라 가끔 에어컨을 끄고 환기를 시켜야 해요.
2) 공부만 열심히 할 게 아니라 한국 친구들과 언어 교환을 해 보세요.
3) 인터넷으로만 찾을 게 아니라 부동산에 직접 가 보세요.
4) 친구의 단점만 볼 게 아니라 장점을 보려고 노력해 보세요.

2. 1) 샐리 씨는 쇼핑을 너무 좋아해서 쇼핑을 했다 하면 한 달 월급을 다 쓰기도 합니다.
2) 영수 씨는 컴퓨터 게임을 너무 좋아해서 한번 했다 하면 밤을 새우기도 합니다.
3) 스티븐 씨는 노래 부르는 것을 좋아해서 노래방에 한번 갔다 하면 3시간 이상 노래를 부릅니다.
4) 유카 씨는 친구와 이야기하는 것을 너무 좋아해서 친구와 만났다 하면 보통 5시간 넘게 이야기합니다.

▶ 읽어 봅시다

1. 작은 일에도 쉽게 상처를 받는다.

2. ②

3. 1) X 2) X 3) X 4) ○

▶ 들어 봅시다

1. 밝다, 명랑하다, 게으르다, 어둡다, 우울하다, 끈기가 있다, 무뚝뚝하다, 흥분을 잘한다, 활동적이다

2. 햇빛이 강한 곳에 사는 사람들은 일반적으로 밝고 명랑하지만 다소 게으른 경향이 있고, 햇빛이 별로 나지 않고 추운 곳에 사는 사람들은 좀 어둡고 우울하지만 끈기가 있다고 한다.

3. 1) X 2) X 3) ○ 4) ○

5과 일상의 문제

01. 교환을 하고 싶어요

▶ 어휘

1. 1) 구입 2) 하자
3) 환불 4) 교환
5) 규정 6) 배송
7) 반품 8) 품질 보증서

2. 1) 환불이 2) 품질 보증서를
3) 하자가 4) 구입한
5) 반품할

▶ 문법

1. 1) 둘이 먹기에는 좀 많지 않아요?
2) 한 달 생활하기에는 좀 모자랄 것 같은데요.
3) 결혼을 결정하기에는 만난 기간이 너무 짧지 않아요?
4) 혼자 유학 보내기에는 너무 어린 것 같아요.
5) 오늘 안으로 끝내기에는 일이 너무 많습니다.

2. 1) 언젠가 한 번 만난 적이 있는 사람이었다.
2) 처음에는 이사할 집이 교통이 편리할 거라고 생각했는데 이사하고 보니 지하철을 갈아타야 해서 좀 불편하다.
3) 졸업하기 전에는 빨리 졸업하면 좋을 줄 알았는데 졸업하고 보니 학생이었을 때가 훨씬 좋았다.
4) 친구인 줄 알고 어깨를 치고 보니 전혀 모르는 사람이었다.

▶ 읽어 봅시다

1. ④

2. ③

3. 한국 소비자원, 소비자 보호 센터

▶ 들어 봅시다

1. ④

2. 이름, 집 주소

3. 1) X 2) X 3) X 4) ○

02. 그렇게 시끄러워서야 어디 쉴 수 있겠어요?

▶ 어휘

1. 1) 입히다, 입다, 보다 2) 끼치다, 주다, 받다

3) 입히다, 입다, 보다

2. 1) 영향을 2) 손해를
3) 해를

▶ **문법**

1. 1) 가: 외교관이 되고 싶은데 외국어 공부하기가 정말 싫어.
나: 그렇게 외국어 공부를 하기 싫어해서야 어디 외교관이 될 수 있겠어요? 다른 직업을 생각해 보는 게 좋을 것 같아요.
2) 가: 이번 주말에 교외로 놀러 가요.
나: 뉴스 못 보셨어요? 차가 이렇게 밀려서야 어디 교외로 놀러 갈 수 있겠어요? 평일에 가든지 아니면 가까운 곳으로 가는 게 어때요?
3) 가: 시험이 내일이라서 공부를 해야 하는데…….
나: 밖이 이렇게 시끄러워서야 어디 공부를 할 수 있겠어? 같이 도서관에 가자.
4) 가: 와, 아나운서 정말 멋있다. 나도 꼭 아나운서가 되어야지.
나: 그렇게 발음이 정확하지 않아서야 어디 아나운서가 되겠니? 우선 큰 소리로 정확하게 책을 읽는 연습부터 해.

2. 1) 찬성: 한국말을 배우다가 너무 어려우면 포기할 수도 있어요.
반대: 아무리 어렵다고 해도 지금까지 배웠는데 포기하면 안 돼요.
2) 찬성: 말을 안 들으면 때릴 수도 있지요.
반대: 아무리 말을 안 듣는다고 해도 때리면 안 됩니다.
3) 찬성: 옛날부터 장남이 부모님을 모시는 게 당연한 일이지요.
반대: 아무리 장남이라고 해도 꼭 부모님을 모셔야 하는 건 아닙니다. 가족마다 사정이 다르고 경우가 다르니까요.
4) 찬성: 마음이 안 맞는 상사와 일하는 건 보통 일이 아니에요. 잘했어요,
반대: 아무리 직장 상사 때문에 기분이 나쁘다고 해도 그만한 일로 회사를 그만두면 안 됩니다. 직장 생활을 하다 보면 어려운 일이 한두 가지가 아니거든요.

▶ **읽어 봅시다**

1. ④

1. ②

2. 1) ○ 2) ○ 3) X 4) ○

▶ **들어 봅시다**

1. ③

2. 1) 개가 짖는 소리가 시끄럽고 냄새가 많이 나다 보니 주거 환경이 쾌적하지 않다.
2) 개한테 물리는 일이 있다.

3. ①

6과 현대 한국의 문화

01. 스트레스도 풀 겸 노래방에 갈까요?

▶ **어휘**

1. 1) 널뛰기 2) 강강술래
3) 제기차기 4) 그네뛰기
5) 씨름 6) 연날리기
7) 줄다리기

2. 1) 강강술래는 2) 제기차기는
3) 줄다리기는 4) 널뛰기는

▶ **문법**

1. 1) 스트레스도 풀 겸 머리도 식힐 겸 여행을 가려고 해요.
2) 사우나도 할 겸 한국 문화 체험도 할 겸 찜질방에 가려고요.
3) 돈도 벌 겸 경험도 쌓을 겸 아르바이트를 해요.
4) 옷도 구경할 겸 친구 생일 선물도 살 겸 백화점에 가요.

2. 1) 베트남 사람들은 자전거를 많이 이용한다던데 정말이에요?
2) 일본 사람들은 온천을 즐긴다던데 정말 그래요?
3) 러시아 사람들은 독한 술을 많이 마신다던데 진짜예요?
4) (친구의 나라)

▶ **읽어 봅시다**

1. 1) 어렸을 때: 학교 놀이
2) 초등학교 때: 운동장에서 놀거나 산에서 뛰어 놀았다
3) 중학교 때: 운동 경기
4) 고등학교 때: 바둑

2. ③

3. 족구, 닭싸움, 수건돌리기, 진실게임

▶ **들어 봅시다**

1. ③

2. 1) X　2) ○　3) X　4) ○

3. 불꽃놀이, 전통 음식 시식, 전통술 시음

02. 이젠 저도 뜨거운 음식에 익숙해졌는걸요

▶ **어휘**

1. 1) 떫다　2) 비리다
3) 느끼하다　4) 담백하다
5) 달콤하다　6) 매콤하다
7) 새콤하다　8) 짭짤하다
9) 쌉쌀하다

2. 1) 달콤한　2) 고소한
3) 담백합니다　4) 비리지
5) 짭짤해서　6) 느끼하지
7) 쌉쌀한　8) 떫은

▶ **문법**

1. 1) 한가하기는요. 아르바이트 하느라고 더 바쁜 걸요.
2) 그랬으면 얼마나 좋겠어요? 아직 시작도 못 했는걸요.
3) 끝내기는요. 아직 반도 못 끝냈는걸요.
4) 분위기가 좋기는요. 사장님이 너무 엄격해서 늘 긴장이 돼요.

2. 1) 요즘 아이들은 스마트폰이 없었던 때에 비하면 놀 시간이 별로 없어요.
2) 지난 번 직장에 비하면 월급이 많지만 하는 일에 비하면 별로 많지 않다고 생각해요.
3) 집값에 비하면 괜찮은 편이에요.
4) 처음 한국에 왔을 때에 비하면 많이 편해졌어요.

▶ **읽어 봅시다**

1.

음식 이름	관계 있는 숫자	음식에 담겨 있는 의미
백일 떡	100	떡을 백 집에 돌려야 아이가 건강하게 오래 살 수 있다.
대보름 나물	9	완전하고 충만하다. 모든 걱정을 이겨낸다.
구절판	9	서로 생각이 다른 사람들이 화합한다.

2. 육류, 해조류, 견과류

3. 1) X　2) ○　3) X　4) X

▶ **들어 봅시다**

1.

한국	일본	중국	프랑스
②, ⑤	①, ⑨	④, ⑦, ⑩	③, ⑥, ⑧

2.

한국	일본	중국	프랑스
①, ⑤, ⑥	②, ④	③, ⑧, ⑨	⑦, ⑩

7과 시간과 변화

01. 무슨 말인지 알아듣기 어렵던데요

▶ **어휘**

1. 1) 권했다　2) 격려했다
3) 칭찬했다　4) 비난했다
5) 재촉했다　6) 고백했다

2. 1) 칭찬하는　2) 격려하면
3) 거절하는　4) 권할
5) 농담할

▶ **문법**

1. 1) 아니요, 제 친구 소희는 영화를 찍는 날이건 안 찍는 날이건 항상 촬영장에 나와요.
2) 아니요, 제 친구 소희는 자신의 촬영이 일찍 있건 늦게 있건 제일 먼저 촬영장에 도착해요.
3) 아니요, 제 친구 소희는 기분이 좋건 나쁘건 늘 웃어요.
4) 아니요, 제 친구 소희는 바쁘건 안 바쁘건 부모님께 자주 연락을 드려요.

2. 1) 나이 드신 분들은 건강식품을 좋아하신다고들 해요.
2) 피곤할수록 운동을 해야 한다고들 해요. 운동을 시작해 보세요.
3) 실패는 성공의 어머니라고들 해요. 다음에는 잘 볼 거예요.
4) 시작이 반이라고들 해요. 시작이 어렵지 그 후부터는 잘될 거예요.

▶ **읽어 봅시다**

1.

	특징	예
첫째	실제로 말하는 것을 그대로 흉내 내어 소리 나는 대로 적는다	조아, 근데
둘째	쓰는 사람의 개성을 그대로 보이거나 자신들만의 통신 언어를 사용해서 서로가 아주 친하다는 것을 표시한다	웃음소리를 'ㅎㅎ', 'ㅋㅋ' 같이 새로운 단어를 만든다.
셋째	표정이나 느낌을 나타내기 위해 이모티콘을 사용한다	-_-^, ^_^
기타	다양한 신조어, 줄임말을 사용한다	ㅇㅈ, 오저치고

2. 1) 빨리 자신의 생각이나 느낌을 전하기 위해
2) 청소년들이 그들만의 문화를 만들고 자신들끼리만 그 문화를 함께 나누고 친밀감을 느끼기 위해

3. ③

▶ **들어 봅시다**

1. ②

2. 교육과 홍보를 통해 인터넷상의 언어폭력을 줄이는 것

3. ④

02. 기술이 나날이 발전하고 있어요

▶ **어휘**

1. 1) 훗날 2) 과거 3) 중세 4) 근대

2. 1) 시대 2) 세대 3) 세기

3. 1) 과거의 2) 현재 3) 훗날 4) 세대와

▶ **문법**

1. 1) 가: 취업이 어려울 것 같아요. 연세 무역만 해도 올해 신입 사원을 100명 줄이기로 했대요.
나: 연세 무역뿐만 아니라 한국 전자도 올해 신입 사원을 뽑지 않기로 했대요.
2) 가: 요즘 아이들은 신체 조건이 아주 좋아졌어요. 키만 해도 10년 전보다 평균 2cm 커졌어요.
나: 어디 키뿐인가요? 몸무게도 10년 전보다 3kg 이상 늘었어요.
3) 가: 요즘은 휴대 전화가 없는 사람이 없어요. 초등학생만 해도 10명 중 8명은 가지고 있어요.
나: 어디 초등학생뿐인가요? 중·고등학생들은 거의 모두 휴대 전화를 가지고 있어요.
4) 가: 유학을 하려면 돈이 많이 들어요. 생활비만 해도 한 달에 70만 원 이상 들어요.
나: 어디 생활비뿐인가요? 학비도 한 학기에 200만 원 이상 들어요.

2. 1) 눈 나빠진다.
2) 주희야! 너 그렇게 늦게까지 자다가는 학교에 지각하게 될 거야.
3) 영희야! 이렇게 과자를 많이 먹다가는 비만이 될 거야.
4) 경민아! 그렇게 게임만 하다가는 학교 성적이 떨어질 거야.

▶ **읽어 봅시다**

1. ④

2. 1) ○ 2) X 3) ○ 4) X

3. 인간이 상상했던 대로 이루어졌기

▶ **들어 봅시다**

1. ③

2. ①

3. 눈을 감고 있는다. / 눈을 감고 명상을 한다.

8과 지식과 사회

01. 요즘은 맞벌이를 안 하고서는 생활하기 힘들어요

▶ **어휘**

1. 1) 이혼 2) 재혼 3) 기혼 4) 미혼
5) 혼담 6) 혼수 7) 혼기

2. 1) 미혼 2) 혼기 3) 이혼을 4) 재혼을

▶ **문법**

1. 1) 뉴스 보도에 의하면 살인 사건의 범인은 이웃 주민이래요.
2) 네, 신문 기사에 의하면 전업 주부로 나서는 남편이 늘고 있대요.
3) 경제 전문가의 말에 의하면 내년은 경기가 좋아질 거래요.
4) 일기 예보에 의하면 다음 주부터 날씨가 풀릴 거래요.

2. 1) 네, 신분증과 수험표를 소지하지 않고서는 시험장에 들어갈 수 없어요.
2) 아니요, 전자시계를 소지하고서는 시험을 볼

수 없어요.
3) 네, 예약을 하지 않고서는 관람할 수 없어요.
4) 아니요, 음식물을 들고서는 관람할 수 없어요.

▶ **읽어 봅시다**

1. ③
2. 한부모 가족, 비혼모 가족, 무자녀 부부 가족, 입양 가족, 독신 가족, 재혼 가족, 공동체 가족
3. ②

▶ **들어 봅시다**

1. ④
2. 결혼은 반드시 해야 하는지, 결혼 적령기, 혼전 동거, 이혼
3. ②

02. 잘못된 정보로 인해 실수를 하는 수가 있어요

▶ **어휘**

1. 1) 조사 2) 종합 3) 분석 4) 정리 5) 발표 6) 보고서
2. 1) 분석 2) 정리 3) 발표 4) 보고서를

▶ **문법**

1. 1) 능력만으로는 부족할 것 같아요. 인간관계를 잘할 수 있도록 사회성을 길러야 해요.
2) 컴퓨터 실력 하나만으로는 부족해요. 외국어 실력도 뛰어나야 해요.
3) 서비스만으로는 부족해요. 당연히 음식 맛이 좋아야지요.
4) 음식 조절만으로는 살을 빼기가 좀 어려워요. 운동도 해야 해요.

2. 1) 급히 서두르면 실수하는 수가 있어요.
2) 약속을 자주 어기면 다른 사람들에게 신용을 잃는 수가 있어요.
3) 찬 음식을 많이 먹으면 배탈이 나는 수가 있어요.
4) 기상 상태가 안 좋으면 비행기가 연착하는 수가 있어요.

▶ **읽어 봅시다**

1. ③
2. 짧고 긴박한 울음소리를 낸다.
3. 1) X 2) ○ 3) X 4) ○

▶ **들어 봅시다**

1. ①
2.

여자	피부에 맞지 않는 재료를 사용해서 부작용이 생겼다.
남자	운동을 해서 병을 고치려고 했는데 몸에 무리가 왔다.
여자의 어머니	몸에 맞지 않는 건강보조식품을 잘못 먹었다

3. ③

9과 지식과 매체

01. 마치 마주 보고 대화하는 것처럼 느껴져요

▶ **어휘**

1. 1) 검색 2) 게시판 3) 블로그
2. 1) 접속한다 2) 인터넷 뱅킹을 3) 사이트에 4) 게시판에

▶ **문법**

1. 1) 하늘을 날
2) 한 폭의 동양화를 보는
3) 새가 날아오르는
4) 영화 속의 주인공이 된

2.

보기 고생 끝에 낙이 온다.	어떤 일을 하려고 계획하고 갔는데 그날 그 일을 할 수 없었다.
1) 가는 말이 고와야 오는 말이 곱다.	괴롭고 힘든 일을 겪은 후에 반드시 좋은 일이 있다.
2) 가는 날이 장날이다.	소문이 아주 빠르게 퍼진다.
3) 떡 줄 놈은 생각지도 않는데 김칫국부터 마신다.	내가 먼저 좋게 말해야 다른 사람도 그렇게 한다.
4) 발 없는 말이 천 리 간다.	해 줄 사람은 그럴 생각도 없는데 그 사람한테 기대하고 있다.

1) 가는 날이 장날이라고
2) 떡 줄 놈은 생각지도 않는데 김칫국부터 마신다고
3) 발 없는 말이 천 리 간다고
4) 가는 말이 고와야 오는 말이 곱다고

▶ **읽어 봅시다**

1. ②
2. ③
3. 1) ○ 2) ○ 3) X 4) X

▶ **들어 봅시다**

1. ②
2. 1) ④ 2) ①
3. 1) X 2) X 3) X 4) ○

02. 신문을 읽으면 상식이 풍부해져요.

▶ **어휘**

1.

보기 면	╳	신문, 잡지 등에서 첫머리에 싣는 중요한 기사.
1) 머리기사		신문이나 책 등의 각 쪽을 세는 단위.
2) 독자 투고	—	신문이나 잡지를 읽는 사람이 원고를 보냄.
3) 란(난)	—	책, 신문, 잡지 등에 글이나 그림 등을 싣는 자리.
4) 사설	—	신문사나 잡지사의 주장이나 의견을 써 놓은 글.
5) 만평	╳	사회적 지위가 높거나 활동이 많은 사람의 움직임.
6) 인사 동정		인물이나 사회를 비평하는 만화 그림.
7) 칼럼	—	신문이나 잡지에서 시사, 사회, 풍속 등에 대해 짧게 평하는 기사, 또는 그 난.

2. 1) 면을 2) 만평을
3) 만평은 4) 머리기사를
5) 사설을 6) 인사 동정란이다
7) 독자

▶ **문법**

1. 1) 아르바이트를 하는 학생이 있는가 하면 안 하는 학생도 있어요.
2) 인터넷에서 정보는 얻는 사람이 있는가 하면 신문에서 정보를 얻는 사람도 있어요.
3) 설탕과 크림을 넣어서 마시는 사람이 있는가 하면 아무 것도 안 넣고 마시는 사람이 있어요.
4) 여행을 가는 사람들이 있는가 하면 집에서 쉬는 사람들도 있어요.

2. 1) 왕웨이가 아직 안 온 걸 보니 어디가 아픈 게 틀림없어요.
2) 저 학생은 교실에서 자는 걸 보니 밤에 잠을 못 잔 게 틀림없어요.
3) 저 학생은 김밥을 먹는 걸 보니 아침을 안 먹은 게 틀림없어요.
4) 두 사람이 웃고 있는 걸 보니 재미있는 이야기를 하는 게 틀림없어요.

▶ **읽어 봅시다**

1.

신문의 기능	설명	정보의 예
보도 기능	사회에서 일어난 사건에 대해 알려 주는 기능	정치, 기후, 사고, 전쟁, 교육에 관한 기사
지도 기능	독자를 설득하고 가르치는 기능	사설, 논설, 시사 만평
오락 기능	독자들에게 즐거움을 주는 기능	만화, 소설, 스포츠나 연예, 취미 관련 기사
광고 기능	독자들에게 상품 및 시장에 대해 알려 주고, 기업인들이 그들의 상품을 알리는 것을 돕는 기능	

2.

	보도 기능	지도 기능	오락 기능	광고 기능
한국	35%	4%	21%	40%
미국	20%	4%	16%	60%

3. ②

▶ **들어 봅시다**

1. ④
2. 1) 찬성 2) 반대 3) 반대 4) 찬성
3. ①, ④

10과 생활과 경제

01. 저축 상 타신 걸 축하드립니다

▶ **어휘**

1. 1) 과소비 2) 수입

3) 지출　　4) 구매
5) 고가　　6) 저가
7) 절약　　8) 저축

2. 1) 지출이　　2) 소비가
3) 고가의　　4) 구매하는
5) 과소비는　　6) 절약하는

▶ **문법**

1. 1) 부끄러울 따름이에요.
2) 걱정스러울 따름이에요.
3) 기쁠 따름이에요.
4) 죄송할 따름이에요.

2. 1) 회사 일 때문에 약속을 못 지키는 것이니만큼 여자 친구도 이해할 거예요.
2) 최선을 다했으니만큼 좋은 결과가 나올 거예요.
3) 하룻밤을 자야하니만큼 따뜻한 잠옷 등을 준비해야 할 거예요.
4) 청소년이 보는 드라마니만큼 교육적인 내용이 담겨 있어야겠죠.

▶ **읽어 봅시다**

1. ③
2. ④
3. 1) 가계부를 쓴다.
2) 신용 카드 사용은 월수입의 20%를 넘지 않도록 한다.
3) 소득의 50%를 저축한다.

▶ **들어 봅시다**

1. ②, ④
2. 신용 카드를 사용할 때보다 경제적으로 더 넉넉해졌고 정신적으로도 더 여유가 생겼다.
3. ①, ③, ⑤

02. 신용카드로 결제가 안 되는 바람에 당황했어요

▶ **어휘**

1. 1) 포인트가　　2) 적립된
3) 할부로　　4) 일시불로
5) 연회비를　　6) 면제해

▶ **문법**

1. 1) 옷이 다 젖었어요.
2) 버스에서 사람들이 미는 바람에 넘어졌어요.
3) 갑자기 사고가 나는 바람에 얼마나 당황했는지 몰라요.
4) 갑자기 큰 소리가 나는 바람에 너무 놀라서 뒤를 돌아봤어요.

2. 1) 남자 친구: 지난 토요일이 내 생일이었는데 왜 선물을 안줬어?
여자 친구: 지난주가 생일인 줄 알았으면야 선물을 했죠. 미안해요.
2) 에릭: 미선 씨, 지난달 제 결혼식에 왜 안왔어요?
미선: 어머, 미안해요. 결혼 소식을 들었으면야 저도 당연히 결혼식에 갔죠.
3) 아내: 집안일이 많은데 왜 같이 안 해?
남편: 시간이 있었으면야 나도 집안일을 했지.
4) 나: 같이 여행하고 싶은데 왜 못가?
친구: 아르바이트만 안 했으면야 나도 너하고 여행을 갔을 거야.

▶ **읽어 봅시다**

1. ④
2. 별명: 짠돌이, 깍쟁이
이유: 돈을 잘 쓰지 않고 지나치게 아끼기 때문에
3. 1) ○　2) X　3) ○　4) X

▶ **들어 봅시다**

1. 1) 현금을 소지할 필요가 없다.
2) 원하는 제품이나 서비스는 바로 받고 지불은 나중에 해도 된다.
3) 할부로 구매할 수 있다.
2. ③
3. 1) ○　2) ○　3) X　4) X

1과 어제와 오늘

01. 영화를 보러 가곤 했어요

▶ 어휘

1. 1) 후회가 2)추억을
   3) 준비를 4) 과거의
   5) 미래는
2. 1) 유난히 2) 추억하시는
   3) 말이 나온 김에 4) 관련

▶ 문법

-다가도

3. 1) 울다가도 2) 떠들다가도
   3) 있다가도, 없다가도 4) 졸다가도
   5) 화를 내다가도
4. 1) 자다가도 2) 많다가도
   3) 보다가도 4) 하다가도
   5) 나쁘다가도 , 좋아지거든요

-곤 하다

5. 1) 자주 밤늦게까지 공원에서 인라인 스케이트를 타곤
   2) 시간만 나면 기타 연습을 하곤
   3) 학교에 행사가 있을 때마다 공연을 하곤
   4) 시간이 날 때마다 수영장에 가곤
   5) 자곤
6. 1) 음악을 듣곤 2) 커피를 마시곤
   3) 밖에 나가서 운동을 하곤
   4) 영화를 보러 가곤 5) 숨바꼭질을 하곤

02. 10년 전에는 어땠는데요?

▶ 어휘

1. 1) 향상되다 2) 변하다
   3) 바뀌다 4) 발전하다
   5) 늘다
2. 1) 시간이 흐르면 2) 양쪽에
   3) 단층 4) 화려한

▶ 문법

전만 해도

3. 1) 몇 시간 2) 일주일
   3) 며칠 4) 얼마
   5) 이틀
4. 1) 5년 전만 해도 2) 3년 전만 해도
   3) 한 달 전만 해도 4) 일주일 전만 해도
   5) 몇 시간 전만 해도

-는다고 할 수 있다

5. 1) 쓰기 시험을 못 봤다고 2) 불고기라고
   3) 낮아졌다고 4) 운동을 많이 한다고
   5) 줄었다고
6. 1) 많지 않다고 2) 날마다 먹는다고
   3) 자주 본다고 4) 많이 올랐다고
   5) 잘 봤다고

2과 미래와 상상

01. 한국에 오지 않았다면 어땠을까요?

▶ 어휘

1. 1) 상상해 2) 가정하고
   3) 추측하고
2. 1) 귀국한대요 2) 사정이
   3) 바랍니다 4) 어느새

▶ 문법

-었다면

3. 1)승연 씨가 그림을 잘 그렸다면 화가가 되었을 것이다.
   2) 히로시 씨 목소리가 좋았다면 지금쯤 아나운서가 되었을 것이다.
   3) 에릭 씨가 체력이 약하지 않았다면 운동선수가 되었을 것이다.
   4) 안드레이 씨가 사람들 앞에서 말을 잘했다면 정치가가 되었을 것이다.
   5) 올가 씨가 다리를 다치지 않았다면 발레리나가 되었을 것이다.
4. 1) 평소에 공부를 열심히 했다면
   2) 그 선수가 다치지 않았다면
   3) 친구가 도와주지 않았다면 성공하지 못했을 것이다.
   4) 회사를 옮기지 않았다면 월급이 줄지 않았을 것이다.
   5) 준비를 열심히 하고 창업을 했다면 성공했을 것이다.

-었을 것이다

5. 1) 어제 파티에 갔을 거예요.
   2) 율리아 씨하고 예술의 전당에서 발레를 봤을 거예요.

3) 하숙집 사람들하고 술을 마셨을 거예요.
4) 리사 씨하고 시청 앞에 가서 크리스마스 트리도 보고 스케이트도 탔을 거예요.
5) 진리 씨하고 크리스마스 기념 콘서트를 봤을 거예요.

6. 1) 클럽에 가서 춤을 췄을 것이다.
2) 옛날에 데이트 하던 작은 카페에 가서 식사를 했을 것이다.
3) 야경이 멋있는 호텔에 가서 식사를 했을 것이다.
4) 혼자서 등산을 갔을 것이다.
5) 집에서 만화책을 읽었을 것이다.

02. 집안일은 물론 아이를 돌보기까지 한대요

▶ 어휘

1. 1) 신기록이 2) 신형으로
3) 신상품이 4) 신기술을
2. 1) 판매 2) 가사
3) 드디어 4) 새롭다
5) 완벽하다

▶ 문법

은 물론

3. 1) 선풍기도 없어요.
2) 아이들도 이 죽을 아주 좋아해요.
3) 평일에도 시간을 내기가 힘들어요.
4) 국내는 5) 학비는
4. 1) 음악 감상은, 텔레비전 시청도
2) 호텔 예약은 물론 비행기 표를 예약할 때에도 할인을 받을 수 있어요.
3) 아이들은 물론 어른들도 여기서 눈썰매 타는 것을 좋아해요.
4) 국내는 물론 해외에서도 이용이 가능합니다.
5) 아니요, 아이 돌보기는 물론 집안일까지 해 드립니다.

-듯이

5. 1) 물 쓰듯이 2) 눈 녹듯이
3) 춤을 추듯이 4) 밥 먹듯이
5) 불 보듯이
6. 1) 아이를 돌보듯이
2) 사람마다 생긴 것이 다르듯이
3) 바늘 가는 데 실 가듯이
4) 부모가 그렇듯이
5) 가뭄에 콩 나듯이

3과 나의 생활

01. 살다가 보니 적응이 됩니다

▶ 어휘

1. 1) 옮겼어 2) 겁이 났는데
3) 적응이 돼서 4) 다행이지
2. 1) 도시 근교로 2) 도심에는
3) 쾌적한 4) 편의 시설이

▶ 문법

-다가 보니

3.

보기 재미있게 이야기합니다.
1) 한국에서 오래 삽니다.
2) 주말마다 술을 마십니다.
3) 회사에서 서툰 한국말로 의사소통을 합니다.
4) 성실하게 맡은 일을 열심히 합니다.
5) 밥을 하기가 귀찮아서 인스턴트 식품을 즐겨 먹습니다.

김치가 없으면 밥을 못 먹겠어요.
가끔 오해를 살 때도 있어요.
건강이 많이 나빠졌어요.
시간이 많이 지난 줄도 몰랐군요.
동료들이 제 능력을 알아주던데요.
주량이 늘었어요.

1) 한국에서 오래 살다가 보니 김치가 없으면 밥을 못 먹겠어요.
2) 주말마다 술을 마시다가 보니 주량이 늘었어요.
3) 회사에서 서툰 한국말로 의사소통을 하다가 보니 가끔 오해를 살 때도 있어요.
4) 성실하게 맡은 일을 열심히 하다가 보니 동료들이 제 능력을 알아주던데요.
5) 밥을 하기가 귀찮아서 인스턴트식품을 즐겨 먹다가 보니 건강이 많이 나빠졌어요.

4. 1) 요리를 자주 하다가
2) 계속 살다가, 여기가 좋아졌어요.
3) 자주 만나다가, 정이 들었어요.
4) 뉴스를 많이 듣다가 보니 듣기 실력이 좋아졌어요.

5) 해외여행을 많이 하다가 보니 여러 나라 문화를 알게 됐어요.

-긴 하는데

5. 1) 영상이 아름답긴 한데 배우들이 연기를 잘 못 한다.
   2) 바쁘긴 한데 즐겁다.
   3) 자유롭긴 한데 외롭다.
   4) 편리하긴 한데 숙박비가 비싸다.
   5) 전망이 안 좋긴 한데 시설이 좋다.
6. 1) 전망이 좋기 한데
   2) 싱싱하긴 한데 너무 비싸요.
   3) 디자인이 좋긴 한데 기능이 별로 많지 않아요.
   4) 튼튼해 보이긴 하는데 편안해 보이지 않아요.
   5) 잘 맞긴 하는데 색깔이 마음에 안 들어요.

02. 저희 어머니나 다름없는 분이에요

▶ 어휘

1. 1) 부러웠다 2) 영향을
   3) 인생의 4) 궁금해요
2. 1) 부담스럽기도 2) 뿌듯하시겠어요
   3) 초조했는지 4) 짜증스럽다는
   5) 당황스러울

▶ 문법

-었더라면

3. 1) 돈을 아껴 썼더라면
   2) 과속을 안 했더라면 교통사고가 안 났을 거예요.
   3) 늦게 일어나지 않았더라면 수업 시간에 지각을 안 했을 거예요.
   4) 공부를 열심히 했더라면 시험을 잘 봤을 거예요.
   5) 과음을 자주 하지 않았더라면 병이 안 났을 거예요.
4. 1) 입학하자마자 동아리에 가입했더라면
   2) 같이 갔더라면 재미있었을 거예요,
   3) 예매했더라면 영화를 볼 수 있었을 거예요.
   4) 푹 쉬었더라면 벌써 다 나았을 거예요.
   5) 서비스 센터에 맡겼더라면 금방 고칠 수 있었을 거예요.

이나 다름없다

5. 1) 포도 주스나 2) 모텔이나
   3) 새 것이나 4) 가수나
   5) 어머니가 만든 것이나
6. 1) 제임스 씨 집이나 2) 거절한 것이나
   3) 도박이나
   4) 주인공이 광고를 한 것이나 다름없어.
   5) 미선 씨가 숙제를 한 것이나 다름없군요.

4과 성격

01. 수줍음을 많이 타는지 말이 없어요

▶ 어휘

1. 1) 첫인상은 2) 수줍음을 타는
   3) 적극적으로 4) 활달한
2. 1) 솔직하다 2) 변덕스럽다
   3) 덜렁거리다 4) 외향적이다
   5) 느긋하다

▶ 문법

-는지

3. 1) 영수 씨가 제 친구에게 관심이 있는지 자꾸 물어봐요.
   2) 정희 씨에게 무슨 문제가 생겼는지 표정이 어두워요.
   3) 공연이 볼 만한지 관객들의 평이 좋아요.
   4) 에어컨이 고장났는지 시원하지 않아요.
   5) 민철 씨가 잘못을 했는지 용서를 빌고 있어요.
4. 1) 무슨 일이 있는지
   2) 안 좋은 일이 있었는지 3) 음식이 맛있는지
   4) 영화가 재미없는지 5) 세일을 하는지

-다가 보면

5. 1) 유학 생활을 하다가
   2) 여행을 하다가. 잘못된 정보로 고생할 때가 있어요.
   3) 도시에서 살다가, 자연이 그리워질 때가 있어요.
   4) 사업을 하다가. 일이 내 뜻대로 되지 않을 때가 있어요.
   5) 직장에 다니다가. 동료와 의견 충돌이 생길 때가 있어요.
6. 1) 같이 오래 생활하다가
   2) 친구들과 자주 만나다가. 잘 어울리게 될 거예요.
   3) 계속 수영을 하다가. 살이 빠질 거예요.

4) 같이 영화도 보러 다니고 이야기를 많이 하다가 보면 빨리 친해질 거예요.
5) 직장 생활을 하다가 보면 그럴 때가 있어요.

02. 일을 시작했다 하면 끝까지 해요

▶ **어휘**

1. 1) 자라기를 2) 부족하다
   3) 외동딸로 4) 싸웠는지
   5) 장남이
2. 1) 건조해져서 2) 습하기
   3) 쌀쌀해서 4) 화창하기

▶ **문법**

-을 게 아니라

3. 1) 단어만 많이 외울
   2) 텔레비전만 볼
   3) 그냥 참을
   4) 꽃만 사 줄, 좋아한다고 고백해 보세요.
   5) 관련 책만 읽을, 직접 문화 체험 활동을 해 보세요.
4. 1) 혼자 고민만 할
   2) 사전만 찾을
   3) 약만 먹을
   4) 무조건 다 도와줄 게 아니라 스스로 해결하게 두세요.
   5) 그냥 기다릴 게 아니라 연락을 한번 해 보세요.

-었다 하면

5. 1) 말을 시작했다
   2) 친구들을 만났다
   3) 친한 친구와 전화를 했다, 한 시간 이상 한다.
   4) 인터넷 게임을 했다, 밤을 새운다.
   5) 화가 났다. 이틀 이상 말을 안 한다.
6. 1) 먹었다 2) 책을 읽었다
   3) 운동을 했다
   4) 게임 대회에 나갔다 하면 우승을 하곤 했어요.
   5) 자전거를 탔다 하면 이 정도는 탑니다.

5과 일상의 문제

01. 교환을 하고 싶어요

▶ **어휘**

1. 1) 벽걸이 2) 매장까지
   3) 제품을 4) 설치도
   5) 반품이
2. 1) 구입했는데 2) 교환해
   3) 환불을 4) 배송

▶ **문법**

-기에는

3. 1) 영화를 보기에는
   2) 술을 마시기에는, 시간이 너무 일러요.
   3) 걸어서 가기에는, 좀 멀어요.
   4) 제가 읽기에는, 너무 어려워요.
   5) 수영을 하기에는, 날씨가 좀 쌀쌀해요.
4. 1) 공부하기에는
   2) 학교에 지하철로 다니기에는, 안 좋아요.
   3) 운동하기에는, 적당해요.
   4) 장을 보기에는 편리해요.
   5) 하숙비가 한 달에 70만 원이어서 학생이 살기에는 하숙비가 너무 비싸요.

-고 보니

5. 1) 음식을 해 놓고
   2) 거스름돈을 받고, 천 원을 덜 받았어요.
   3) 운동 기구를 사 놓고, 자주 사용할 것 같지 않아서 산 것이 후회가 돼요.
   4) 지하철에서 내리고, 내려야 할 곳이 아니었어요.
   5) 과로로 쓰러지고, 건강이 얼마나 소중한지를 알겠어요.
6. 1) 되고
   2) 휴학하고,
   3) 얘기하고, 괜히 얘기한 것 같아.
   4) 끝내고 보니 일이 별로 만족스럽지 않네요.
   5) 장사를 시작하고 보니 어려운 일이 한두 가지가 아니에요.

02. 그렇게 시끄러워서야 어디 쉴 수 있겠어요?

▶ **어휘**

1. 1) 무시하고 2) 틀고
   3) 휴식을 4) 어쩔 수 없이
2. 1) 피해를 입은 2) 손해를 봤어요
   3) 손해를 끼치 4) 영향을 받아서
   5) 피해를 주는

▶ 문법

-어서야 어디 -겠어요?

3. 1) 이렇게 가게 점원이 불친절해서야

2) 이렇게 물가가 많이 올라서야, 생활할 수 있겠어요?

3) 이렇게 차가 막혀서야, 제시간에 도착할 수 있겠어요?

4) 이렇게 물건의 품질이 나빠서야, 많이 팔리겠어요?

5) 이렇게 공부를 안 해서야, 시험을 잘 볼 수 있겠어요?

4. 1) 이렇게 주차 공간이 부족해서야

2) 그렇게 수줍음을 많이 타서야 어디 사회생활을 잘할 수 있겠어요?

3) 그렇게 돈을 막 써 버려서야 어디 돈을 모을 수 있겠어요?

4) 그렇게 회사가 멀어서야 어디 다닐 수 있겠어요?

5) 이렇게 경제가 안 좋아서야 어디 외국인들이 투자하겠어요?

-는다고 해도

5.

보기 월급이 많습니다.

1) 고생을 많이 합니다.

2) 가까운 사이입니다.

3) 능력이 뛰어납니다.

4) 점원이 자꾸 권합니다.

5) 결과가 어떻게 나왔는지 궁금합니다.

예의를 지켜야 해요.

물어보면 안 돼요.

봉사 활동을 계속 할 거예요.

일이 적성에 안 맞으면 안 다닐 거예요.

성실하지 않으면 성공하지 못해요.

필요 없으면 사지 마세요.

1) 고생을 많이 한다고, 봉사 활동을 계속할 거예요.

2) 가까운 사이라고, 예의를 지켜야 해요.

3) 능력이 뛰어나다고, 성실하지 않으면 성공하지 못해요.

4) 점원이 자꾸 권한다고, 필요 없으면 사지 마세요.

5) 결과가 어떻게 나왔는지 궁금하다고, 물어보면 안 돼요.

6. 1) 성형 수술을 해서 예뻐진다고

2) 영어를 잘 배울 수 있다고, 어린 나이에 유학을 보내지 않을 거예요.

3) 친구가 먼저 사과한다고, 화해를 안 할 거예요.

4) 다시 태어난다고 해도 지금 내가 하고 있는 일을 계속 할 거예요.

5) 우승하지 못한다고 해도 최선을 다할 거예요.

복습(1-5과)

>> 말하기

1. 저는 지금 도시 근교에 있는 아파트에서 살고 있어요. 친한 친구가 먼저 한국에 와서 이 아파트에서 살고 있었는데 방도 하나 남고 해서 제가 같이 살게 됐어요. 집에서 10분쯤 가면 편의 시설도 많이 있고 공원도 있는 데다가 2년밖에 안 된 아파트여서 시설도 좋고 쾌적해요. 하지만 학교에 다니기가 좀 힘들어서 학교 근처로 이사하고 싶어요. 집 근처에 지하철역이 있긴 한데 학교까지 너무 멀고 두 번이나 갈아타야 하거든요. 집이 학교와 가깝고 교통만 좋다면 방은 좀 작아도 괜찮을 것 같아요.

2. 저는 최근에 인터넷 쇼핑몰에서 의자를 하나 샀다가 교환했어요. 가격이 저렴하고 디자인도 예뻐서 주문했는데 배송을 받아서 다 만들고 보니 오른쪽과 왼쪽의 높이가 좀 달랐어요. 보기에는 큰 문제가 없었지만 이런 의자를 계속 사용하다 보면 허리 건강이 나빠질 것 같았어요. 그래서 의자를 구입한 쇼핑몰에 들어가서 교환 신청을 하고 이틀 후에 하자 없는 의자를 받았어요. 하지만 처음에 받았던 의자를 반품하기 위해서 다 만들었던 것을 다시 풀어서 상자에 넣는 과정이 번거롭고 힘들었어요. 직접 만들어야 하거나 큰 가구들은 주문할 때 제품 후기를 잘 확인해야겠어요.

3. 저는 성격이 내성적이고 침착하고 느긋한 편인데 내성적인 성격은 제가 친한 친구 몇 명만 있으면 만족하기 때문에 큰 불편이 없습니다. 오히려 깊이 생각하고 행동하는 성격이라서 실수가 적고, 가끔 실수를 해도 침착하게 문제를 해결할 수 있어서 좋습니다. 하지만 느긋한 성격은 자주 문제가 되는데 시간이 많다고 생각해서 천천히 준비하다가 보면 제시간에 못 끝내거나 마지막에 아주 급해집니

다. 어린 시절에 시골에 살면서 여유 있게 생각하고 행동하다 보니 이런 성격이 된 것 같은데, 어른이 된 후에는 성격을 바꾸기가 좀 어려운 것 같습니다. 그래서 저는 상황을 바꿔서 생각하려고 합니다. 약속 시간이나 준비 시간을 실제보다 이른 시간으로 바꿔서 기억합니다.

>> 쓰기

Ⅰ **1.** ② **2.** ① **3.** ④ **4.** ③ **5.** ④ **6.** ②
Ⅱ **7.** ④ **8.** ③
Ⅲ **9.** ① **10.** ② **11.** ① **12.** ② **13.** ①
Ⅳ **14.** ④ **15.** ② **16.** ③ **17.** ① **18.** ②
Ⅴ **19.** 나는 어렸을 때 같이 놀았던 친구들이 대부분 남자아이였다. 우리 집에도 오빠 세 명이 있었고 우리 옆집에는 아들만 네 명, 그리고 앞집에는 아들만 두 명이 있었다. 여자아이 친구도 있었지만 집이 좀 더 멀어서 주로 우리 옆집과 앞집에 사는 남자아이들과 놀았다. 남자아이들과 놀다가 보니 보통 밖에서 놀았고 높은 곳에도 자주 올라가곤 했다. 남자아이들과 노는 것은 위험하기는 했는데 재미있었다. 아침에 만나서 저녁까지 놀곤 했다. 어느새 나는 남자아이와 노는 것에 익숙해졌다. 인형 놀이를 하고 싶을 때는 오빠와 같이 했다. 막내 오빠는 인형 놀이를 재미있게 할 수 있도록 여러 가지 물건들도 만들어 주곤 했다. 그때 나는 내성적이었지만 남자아이들과 놀면서 활달한 성격도 가지게 된 것 같다. 어렸을 때 친구들은 지금 어떤 어른이 되었을지 궁금하다.

>> 듣기

Ⅰ **1.** ① **2.** ③

윤아: 어제 뉴스를 봤는데 20년 후에는 지금 직업과는 다른 직업들이 많이 생길 거래. 없어지는 직업도 많고.
에릭: 기술도 발전하고 우리 생활도 많이 변할 테니까 당연히 그렇게 되겠지.
윤아: 그런데 우리가 열심히 공부해서 가진 직업이 20년 후에는 필요 없는 직업이 되면 어떻게 하지? 10년 전만 해도 인기 있었던 은행원이나 항공기 기관사는 점점 줄어들 거래.
에릭: 그럼 미래에 꼭 필요한 직업을 가지면 되잖아.
윤아: 그래야 할 것 같아. 뉴스에 따르면 컴퓨터 프로그래머나 인공지능 기술 같은 첨단 기술이나 노인 도우미 같은 노인에 관련된 직업이 전망이 좋을 거래. 다 내 전공하고는 관계가 없는 것들이라서 좀 걱정이야.
에릭: 그렇게 걱정이 되면 지금이라도 컴퓨터 관련 공부를 해 보지 그래? 너 컴퓨터 잘하잖아.
윤아: 그럴 생각도 해 봤는데, 다른 공부를 시작하기에 너무 늦지 않았나 하는 생각이 들어.
에릭: 늦었다고 생각할 때가 가장 빠른 것이라는 말이 왜 있겠니? 시작이 반이라는 말도 있고. 내가 하고 싶은 말이 무슨 말인지 알지?

Yuna: I watched the news yesterday, and they said 20 years from now, there will be many different jobs than the ones we have now. Many jobs are disappearing as well.
Eric: Well, with technological advancements and changes in our lives, it's only natural that this would happen.
Yuna: But what if the jobs we studied hard for become unnecessary in 20 years? Even jobs like bank tellers or aircraft engineers, which were popular just a decade ago, are decreasing.
Eric: Well, you can always choose a job that will be in demand in the future.
Yuna: I think that's what I should do. But according to the news, jobs related to advanced technology, like computer programmers or AI specialists, and elderly care-related jobs like caregivers, have good prospects. These are all unrelated to my major, so I'm a bit worried.
Eric: If you're worried, why don't you start learning about computer-related stuff now? You're good with computers.
Yuna: I've thought about that, but it might be too late to start learning something entirely different.
Eric: Why do you think there's a saying that the moment you think it's too late is actually when it's the fastest? There's also a saying that says, "The beginning is half the battle." You know what I'm trying to say, right?

Ⅱ **3.** ③ **4.** ② **5.** ①

기자: 한 학생이 1965년에 그린 미래 사회의 모습이 인터넷에서 화제가 되고 있습니다.
앵커: 어떤 그림인지 구체적으로 설명해 주실 수 있을까요?
기자: 네, 앞으로 50년 후 우리들의 생활이 얼마나 달라질지를 상상하며 그린 그림인데요. 요즘의 모습과 닮은 점이 아주 많습니다.
앵커: 그만큼 이 학생의 예상이 맞았다는 말씀이지요?

기자: 그렇습니다. 예를 들면 사람들이 로켓을 타고 달나라로 여행을 가는 모습을 물론 직접 운전하지 않아도 자동으로 운전이 되는 전기자동차 등이 그려져 있습니다.

앵커: 정말 요즘 화제가 되고 있는 기술이 그림에 있군요.

기자: 네, 이 외에도 언제든지 텔레비전을 볼 수 있는 소형 전화기, 태양열을 이용해 에너지를 만드는 집, 집에서 진료를 받을 수 있는 의료 시스템을 표현한 그림이 있는데요. 기술의 발전으로 이제는 모두 실현 가능하게 된 일들입니다.

앵커: 1965년에는 꿈만 같은 일들이 이제는 모두 현실로 이루어졌다니 정말 놀랍네요.

기자: 네, 하지만 모든 기술이 이루어진 것은 아닙니다. 5분 만에 서울에서 부산까지 이동할 수 있는 기차는 아직 그림 속에만 존재하는 꿈만 같은 이야기입니다.

Reporter: A picture of a future society drawn by a student in 1965 is making waves on the internet.

Anchor: Can you explain in detail what kind of picture this is?

Reporter: Of course. It's a drawing imagining how different our lives will be in the next 50 years. There are many similarities to the way things are today.

Anchor: So, you mean this student's predictions have been quite accurate?

Reporter: That's correct. For example, there are pictures of people traveling to the moon in rockets and self-driving electric cars that function automatically.

Anchor: The picture really does portray technology that is becoming a hot topic these days.

Reporter: Yes, and in addition to those, there are pictures depicting small pocket-sized phones that can be used to watch television anytime, houses that generate energy using solar power, and a medical system that allows you to receive treatment at home. These are all things that have become feasible with technological advancements.

Anchor: It's truly amazing that what seemed like mere dreams in 1965 has now become reality.

Reporter: Yes, but not all the technology has been achieved. The train that can travel from Seoul to Busan in just 5 minutes is still a dream that exists only in the picture.

Ⅲ 6. ④ **7.** ③ **8.** ③

'마음의 양식 한 스푼' 시간입니다. 오늘은 독자들에게 꾸준히 읽히고 있는 책, 『칭찬은 고래도 춤추게 한다』라는 책에 대해서 소개해 보겠습니다. 이 책에서 작가는 아무리 성격이 나쁘고 이기적인 아이도 부모와 주위 사람들의 칭찬으로 성격을 고칠 수 있다고 말하고 있습니다. 실제로 성격이 부정적이고 성적이 떨어지는 아이들 200명에게 작은 일에서부터 칭찬을 하기 시작하니까 80% 이상의 아이들이 학습 능력이 높아지고 자신감이 생겼다는 연구 결과가 나왔습니다.

물론 성격은 태어날 때부터 결정되는 것이라는 주장도 있습니다. 아이가 태어날 때 이미 부모에게서 받은 DNA 중 성격을 형성하는 유전 인자가 있으며 형제 사이에 성격이 다른 경우에도 부모의 서로 다른 유전 인자가 영향을 끼쳤을 것이라는 주장도 있습니다.

하지만 일상생활에서 칭찬이 아이들의 성격에 영향을 미치는 것을 부정할 수는 없습니다. 부모의 칭찬을 듣지 못하고 자란 아이들은 자신감이 없고 소심하며 교우 관계에서도 소극적인 경향이 있다고 합니다. 한편 작은 일에도 칭찬을 받는 아이들은 차차 자신감이 생겨서 적극적으로 학교 일에 참여하며 친구들을 잘 사귀는 활달한 성격으로 바뀐다고 합니다.

물론 아이에게만 칭찬을 해서는 안 됩니다. 부모가 아이 앞에서 서로를 칭찬하는 모습을 보이는 것이 중요합니다. "여보, 당신이 최고야.". "당신이 만든 요리가 세상에서 제일 맛있어." 라는 칭찬을 자주 보고 듣다가 보면 아이의 성격은 확실히 달라질 것입니다.

It's time for a "Spoonful of Heart." Today, I'd like to introduce a book constantly being read by readers, called "Praise Makes Whales Dance." In this book, the author asserts that no matter how bad-tempered or selfish a child is, their personality can be improved with praise from their parents and people around them. In fact, a study showed that when 200 children with negative personalities and poor grades received praise starting from even the smallest of achievements, over 80% improved their learning abilities and gained more confidence.

Of course, there are arguments claiming that personality is determined from birth. They suggest that when a child is born, they inherit genetic factors from their parent's DNA, which form their personalities, and differences in personality among siblings may be affected by the parents' different genetic factors.

However, it's undeniable that praise in everyday life can influence children's personalities. Children who grow up without receiving praise from their

parents tend to be insecure, timid, and passive in their social relationships. Meanwhile, children who receive praise for even small achievements gradually build confidence, actively participate in school activities, and develop friendly and outgoing personalities.
It's important to note that praise should not be limited to children alone. It's crucial for parents to praise each other in front of their children. By frequently witnessing and hearing compliments like "Honey, you're the best" or "The meal you prepared is the most delicious in the world", children's personalities will undoubtedly change.

Ⅳ 9. ② **10.** ④

오늘 저는 제 유학 생활과 앞으로의 결심에 대해서 말씀드리겠습니다.
제가 유학 생활을 시작한 지도 벌써 1년이 지났습니다. 아직 낯선 것이 많지만 이곳 한국 생활에 많이 익숙해졌습니다. 한번은 길을 묻는 사람에게 찾아가는 방법을 자세히 설명해 줬는데, 그걸 본 제 친구가 저한테 한국 사람이나 다름없다고 말해서 같이 웃은 적이 있습니다. 제가 처음 한국에 왔을 때는 누가 길이라도 물어볼까 봐 겁이 났지만 이제는 자유롭게 제 뜻을 표현할 수 있을 정도로 한국어 실력이 늘었습니다. 그리고 학교도 잘 선택한 것 같습니다. 학교 시설이나 쾌적한 환경 등 모든 것이 만족스럽습니다.
그래서 유학을 선택한 것에 대해 후회는 없지만 가끔 이런저런 생각이 들기도 합니다. '내가 유학을 안 왔더라면 어떻게 됐을까? 유학 생활이 내 인생에 어떤 영향을 끼칠까? 과연 내 인생에 도움이 되는 것일까?' 이런 생각을 할 때가 있습니다. 그리고 가끔 부모님의 전화를 받으면 저한테 기대를 많이 하고 계신 것 같아서 좀 부담스럽습니다. 그동안 정신을 차려서 열심히 공부해야 하는데 저는 별로 계획적으로 생활하지 못했습니다. 늘 크고 작은 계획을 세우기는 하지만 제대로 지켜 적이 없습니다. 그래서 앞으로는 한국에 온 목표가 국제학 박사 학위를 따는 것임을 잊지 않고 늘 생각하려고 합니다. 남은 유학 생활을 성공적으로 끝마칠 수 있도록 앞으로 계획을 세워서 시간을 좀 더 효율적으로 써야겠습니다.
제 발표는 여기까지입니다. 들어 주셔서 고맙습니다.
Today, I would like to talk about my experience studying abroad and my future resolutions.
It has already been a year since I started studying abroad. While many things are still unfamiliar, I have become quite accustomed to life here in Korea. One time, I gave a detailed explanation to someone asking for directions on how to find their way, and my friend who saw this said I was practically like a Korean, which made us both laugh. When I first came to Korea, I was afraid that someone would ask me for directions, but now my Korean skills have improved to the point where I can express myself freely. I am also content with my choice of school. I am satisfied with everything, including the school facilities and pleasant environment.
I have no regrets about choosing to study abroad, but sometimes, I do think about this and that. I wonder, "What would have happened if I hadn't chosen to study abroad? How will studying abroad impact my life? Is it really something that will benefit my future?" Also, when I get a call from my parents, I sometimes feel a little burdened because they seem to have high expectations for me. I should have come to my senses and studied hard, but I haven't been able to live a more organized lifestyle. I always make big and small plans, but I rarely manage to stick to them. So, from now on, I will always keep in mind that my primary goal in Korea is to obtain a doctorate in International Studies. I need to plan ahead and use my time more efficiently to successfully complete the remainder of my studies abroad.
That concludes my presentation. Thank you for listening.

Ⅴ 11. ② **12.** 1) ○ 2) X 3) ○ 4) X

사람은 환경의 영향을 받으며 살아갑니다. 그래서 사람의 성격도 환경에 따라 달라지게 됩니다. 예를 들면, 형제가 많은 환경에서 자란 아이들은 보통 적극적이고 활달한 성격을 가진 아이들이 많습니다. 가족의 수가 많으면 보통 많은 대화와 활동을 하게 되고 아이의 성격을 이런 환경에 맞게 형성되기 때문입니다. 이에 비해, 형제가 없거나 부모가 모두 일을 할 경우 가족 내에서 대화의 기회가 충분하지 않기 때문에 아이가 내성적이고 소극적인 성격으로 자라기 쉽습니다. 가족뿐만 아니라 친구, 직업, 동료 등 다양한 사회 환경이 사람의 성격 형성에 영향을 줍니다.
사회 환경뿐만 아니라 자연환경 역시 사람의 성격 형성에 영향을 주는데 기후가 대표적인 예입니다. 예를 들면, 날씨가 맑고 햇빛을 오랫동안 받을 수 있는 지역에서 사는 사람들은 보통 밝고 활달하며 외향적인 성격을 가진 사람이 많고 너무 춥거나 너무 더운 지방에서 사는 사람들은 인내심이 강합니다. 그리고 춥지도 덥지도 않은 따뜻한 지역에서 사는 사람들은 먹을 것이 충분하고 생활 환경이 좋기 때문에 보통 느긋하고 낙천적인 성격을 가진 사람들이 많습니다. 또한 사계절이 있는 지역에서 사는 사람들이 그렇지 않은 환경에서 사는 사람들보다 변화에 민감하고 적응력이 빠릅니다.
People live under the influence of their environment. As a result, a person's personality can vary depending on their surroundings. For example, children raised in an environment with many siblings often have active and lively personalities. This is because if there are more members in the family, there tends to be more conversation and activities, and the child's personality will be formed to suit this environment. In comparison, children without siblings or whose parents both work may grow up with limited opportunities for family conversations, making it easy for them to grow up with introverted and passive personalities. Various social environments, including family, friends, jobs, and colleagues, influence the formation of a person's personality.
Not only social environments but also natural environments impact the formation of a person's personality, with climate being a prime example. For example, people who live in areas where the weather is clear and can receive sunlight for a long time generally have bright, lively, and extroverted personalities, while people who live in areas that are too cold or too hot tend to be very patient. People who live in warm areas that are neither cold nor hot usually have a relaxed and optimistic personality because they have enough food and good living conditions. Additionally, people who live in areas with four seasons are more sensitive to change and adapt faster than people who live in environments that do not have distinct seasons.

>> 읽기

I **1.** ④ **2.** ②

며칠 전 '학교 종이 땡땡땡'이라는 전시회에 다녀왔다. 1970년대부터 1980년대의 학교 풍경을 보여 주는 전시회였는데. 책상부터 난로, 도시락까지 그때의 교실 모습 그대로였다. 내가 초등학교 시절에 선생님께서 난로 위에다가 학생들의 도시락을 쌓아 놓고 골고루 데워 주곤 하셨는데 그 모습이 떠올랐다. 교복을 입고 전시장을 왔다 갔다 하는 진행 요원의 모습도 학창 시절을 생각나게 했다. 옛날 모습을 추억하는 행사라서 나이가 많은 관람객부터 방학을 맞은 어린이까지 다양한 연령층이 전시장을 찾았고 곳곳에서 웃음소리가 터져 나왔다.
다른 한편에서는 할머니 몇 분께 졸업장을 드리는 행사가 진행되고 있었다. 처음에는 단체 관람을 오신 할머니들께 기념 선물로 졸업장을 만들어 드리는 것이라고 생각했다. 그런데 알고 보니까 어린 시절에 가난 때문에 학교를 졸업하지 못한 할머니들을 서울시에서 전시회에 초대한 것이었다. 비록 이벤트용 졸업장이지만 힘들게 살아온 그분들께는 의미 있는 선물이 되었을 것이다.
방학을 맞은 아이들에게 좋은 시간을 갖게 해 주고 싶어서 두 아들과 같이 전시장을 찾았지만 내가 더욱 많은 것을 깨달은 시간이었다. 전시된 것들은 오래된 물건에 불과했지만 그것들로 인해 나는 미래를 살아갈 힘을 얻은 것 같다.
A few days ago, I visited an exhibition called "School Bells are Ringing". It was an exhibition that showcased school scenes from the 1970s and 1980s, and the classroom looked the same as it did back then, everything from the desks and stoves to the lunchboxes. I recalled memories of my elementary school teacher piling the students' lunchboxes on the stove and heating them evenly. The sight of the staff walking around the exhibition hall wearing school uniforms also reminded me of my school days. Because it was an event that brought back memories of the past, people of all ages, from elderly visitors to children on vacation, came to the exhibition, where laughter echoed throughout.
On the other side, there was a separate event where several grandmothers were receiving graduation certificates. At first, I thought the certificates were commemorative gifts for the grandmothers who came to the group tour. However, it turned out that the city of Seoul had invited grandmothers who, due to poverty in their youth, were unable to graduate from school. Even though these graduation certificates were for an event, they must have been a meaningful gift to those who had lived a hard life.
I visited the exhibition with my two sons to give them a good time during their vacation, but it was a time when I realized so much more. While the items on display were just old objects, they gave me the strength to continue living for the future.

II **3.** ③ **4.** ④ **5.** ③

여러분이 상상하는 미래의 인간은 어떤 모습인가요? 과학 기술의 발달은 우리 몸을 어떻게 변화시킬까 하는 주제에 대해서 과학자들은 인간 몸의 미래를 다음과 같이 예상하고 있습니다.
가장 실현 가능성이 높을 것으로 예상되는 변화는 운동과 다이어트입니다. 앞으로 10년 내에 우주인 다이어트 기기가 등장해 비만 문제를 해결할 것으로 보입니다. 우주인 훈련 시설과 비슷하게 생겨서 10분만 누워 있으면 한 시간 이상 격렬한 운동을 한 듯이 효과가 나타나는 운동 기구가 등장할 것이라고 합니다. 이 기구는 근육량이 늘어나는 것은 물론 개개인에게 맞는 기초대사량까지 고려하여 신체의 균형을 잡아줄 것으로 보입니다.

㉠ 앞으로 20년 후 일어날 예측 가운데 가장 놀라운 것은 치아 건강과 관련된 것입니다. 요즘은 충치가 생기거나 사고로 치아가 부러지면 치아와 비슷한 물질로 치아를 대체하지만 20년 후에는 환자의 치아로 새로운 치아를 만들어 치료를 할 수 있다고 합니다.

이와 함께 2100년 정도에는 모든 질병을 막을 수 있을 것이며 2150년에는 몸의 각 기관을 마음대로 바꿀 수 있는 시대가 열릴 것으로 예상됩니다.

What do you imagine future humans will be like? On the subject of how advancements in science and technology will change our bodies, scientists predict the future of the human body as follows: One of the most likely changes to be realized is related to exercise and diet. In the next 10 years, astronaut dieting devices are expected to emerge to solve the obesity problem. It is said that exercise equipment will resemble those in space training facilities, providing the same effect of over an hour of intense exercise in just 10 minutes of use. It's expected that these devices will increase muscle mass and help the body maintain a balanced physique by taking into account each individual's basal metabolic rate.

㉠ among the predictions for the next 20 years, the most astonishing is related to dental health. Nowadays, when cavities occur or teeth are broken in accidents, the teeth are replaced with similar materials. However, in 20 years, it is predicted that new teeth can be created from a patient's own teeth for treatment.

Furthermore, around the year 2100, it is anticipated that all diseases can be prevented, and by 2150, it is expected that a new era will begin, where every organ in the body can be replaced at will.

Ⅲ **6.** ① **7.** ②

나의 하루는 한국의 전통 무술인 태권도와 함께 시작됩니다. 몸이 약해서 시작했던 태권도가 이젠 나의 몸과 마음을 단련하는 생활의 중요한 부분이 되었습니다. 처음 태권도를 배울 때는 몸이 마음처럼 움직이지 않아서 고생을 많이 했어요. 하지만 어려움을 참고 하다가 보니 시간이 지날수록 잘하게 되었고 마음도 안정을 찾을 수 있었지요. 태권도를 배우면서 예전엔 이상하게만 보이던 한국의 문화를 다시 생각해 보고, 한국인의 눈으로 바라볼 수 있게 되었습니다.

처음 한국에 왔을 때는 내가 살아온 환경과 너무 달라서 적응하기가 힘들었습니다. 식사뿐만 아니라 무엇이든지 빨리빨리 하려는 한국인들 틈에서 내가 게을러 보이기까지 했다. 또 회사 동료와 한국 음식을 먹으러 갔다가 김치를 먹어 보라고 해서 먹었을 때 정말 매워서 혼이 났던 적도 있었습니다.

가족들과 떨어져 지내는 크리스마스 같은 휴일은 특히 고향 생각이 더 많이 나고 외롭기도 했습니다. 하지만 적응하기 힘들었던 한국에서의 삶도 태권도를 할 때와 같이 자꾸 부딪치고 경험해 보면서 어느덧 나의 일부분이 되어 가고 있습니다. 아직도 가끔 고향 음식이 그립긴 한데 매운 한국 음식도 누구 못지않게 좋아하고 즐기게 됐습니다. 오늘 아침에도 태권도를 하며 한국에서의 활기찬 하루를 시작합니다.

My day begins with the traditional Korean martial art of Taekwondo. Taekwondo, which I started because my body was weak, has now become an essential part of my life, training both my body and mind. When I first started learning Taekwondo, I had a hard time because my body didn't move as my mind wanted to. However, as I persevered through the difficulties, I improved over time and found inner peace. Through Taekwondo, I've come to rethink the culture of Korea, which seemed strange in the past, allowing me to see it from a Korean perspective.

When I first came to Korea, I struggled to adapt because the environment was so different from where I had lived. I even looked quite lazy among Koreans who wanted to do everything, including eating meals, quickly. There was also a time when I went to eat Korean food with a coworker who made me try kimchi, and I almost lost my senses because of how spicy it was.

Holidays like Christmas, when I was away from my family, made me miss my hometown more and left me feeling lonely. However, life in Korea, which was difficult to adapt to, is gradually becoming a part of me as I continue to encounter and experience them just like Taekwondo. I still miss the food from my hometown sometimes, but I have come to enjoy and appreciate spicy Korean food as much as anyone else. Even this morning, I started another vibrant day in Korea by practicing Taekwondo.

IV **8.** ② **9.** ④ **10.** ④

인터넷 쇼핑은 매장까지 안 가도 인터넷만 연결되어 있으면 어디에서든지 마음에 드는 물건을 고를 수 있고 집까지 물건을 배송도 해 주기 때문에 매우 편리하다. 그래서 인터넷 쇼핑을 이용하는 사람들이 늘고 있지만 피해를 입는 소비자도 많아지고 있다.
매장에서 직접 살 수 없다 보니 홈페이지의 광고 내용만을 믿고 치수나 색상을 선택해서 물건을 살 수밖에 없다. 그런데 물건을 받고 보면 품질이나 색상 등이 홈페이지에 올라온 내용과 달라서 반품을 하게 되는 경우가 종종 있다.
온라인 쇼핑몰은 저렴한 가격으로 소비자를 유혹하다 보니 품질이 떨어지거나 하자가 있는 경우가 많고, 물건을 쉽게 살 수는 있는데 교환이나 환불이 되지 않는 경우도 많다. 또한 물건 값을 지불한 후 시간이 지나도 배송이 안 되고 판매자와 연락을 해 보면 연결이 안 된다는 사례도 적지 않다.
대부분의 사람들이 인터넷 쇼핑몰에서 피해를 입게 되면 쇼핑몰에 전화를 하거나 게시판에 글을 올려 문제를 해결하려고 하는 경우가 많다. 하지만 쇼핑몰 측에서 무시를 하거나 해결해 주지 않는 경우에는 한국소비자원이나 해당 지역의 소비자 보호 센터를 이용해 도움을 청하는 것이 좋다. 만약 쇼핑몰에 속아서 피해를 입었을 경우에는 같은 피해를 입은 사람들과 함께 대응하는 것도 좋은 방법이다.
무엇보다도 이런 일을 당하기 전에 예방하는 것이 더 중요하다. 온라인 쇼핑몰을 이용할 때에는 휴대폰 번호만 올라가 있는 쇼핑몰, 고객 게시판이 없는 쇼핑몰, 고가의 제품을 지나치게 낮은 가격으로 판매하는 쇼핑몰, 현금 결제를 바라는 쇼핑몰은 될 수 있으면 피하는 것이 좋다.
Internet shopping is very convenient because without having to go to the store, you can choose products you like from anywhere as long as you have an internet connection and they will deliver the goods to your home. So, although the number of people using online shopping is increasing, the number of consumers who suffer losses is also increasing.
Since you can't buy things directly in stores, you can only select sizes or colors by trusting the content of the website's advertisements. However, when you receive the product, you often return it because the quality or color differs from what was posted on the website.
Online shopping malls entice consumers with low prices, which often results in poor quality or defective products, and while products can be easily purchased, there are many cases where exchanges and refunds are not possible. In addition, there are many cases where, after paying for the product, it isn't delivered even after time has passed, and when you try to contact the seller, you can't reach them.
When most people suffer losses from online shopping malls, they often call the shopping mall or post on forums to try and resolve the problem. However, if the shopping mall ignores or doesn't resolve the issue, it's best to seek help from the Korea Consumer Agency or the local Consumer Protection Center. If an online shopping mall has scammed you, it's also a good idea to work together with others who have suffered the same loss.
Above all, it is more important to prevent something like this before it happens. When using online shopping malls, it's advisable to avoid malls that only display a mobile phone number, those without a customer bulletin board, those that sell high-value products at excessively low prices, and those that require cash payments, if possible.

V **11.** ④ **12.** 1) ○ 2) ○ 3) X 4) X

A형은 무슨 일을 할 때 미리 결과를 걱정하고 하고 싶은 말이 있어도 참고 지내는 소심한 성격이어서 스트레스가 많습니다. 그런데 가끔 A형 중에도 외향적인 사람이 있긴 하지만 O형과는 달리 다른 사람과 떨어져서 혼자 있을 때는 원래의 내성적인 모습으로 돌아옵니다. 자기 표현을 많이 하진 않지만 집중력이 뛰어나고 꼼꼼한 편입니다.
AB형은 생각이 많은 편이지만 자신의 생각을 말이나 행동으로 표현하는 것을 귀찮아합니다. 주위의 사물에 호기심이 많고 항상 "왜?"라는 생각을 많이 합니다. 또 감정을 잘 나타내지 않아서 가끔 냉정하다는 말을 듣기도 합니다.
O형은 주위 사람들과 다 잘 어울리고 성격이 좋다는 말을 많이 듣습니다. 리더십이 뛰어나서 사람들이 많이 따르고 인기도 많은 편입니다. 하지만 생각이 조금 느리고 창의력이 부족한 편입니다.
B형은 자신의 기분을 말이나 행동으로 바로 표현하는 편이라서 스트레스가 적습니다. 다른 사람이 자기에 대해 조언할 때 기분 나빠하며 "그냥 하고 싶은 대로 놔 둬." 라고 화를 냅니다. 외향적이고 다른 사람에 대해 신경을 쓰지 않기 때문에 하고 싶은 일을 적극적으로 할 수 있습니다.
남녀 관계에도 혈액형이 영향을 미칠까요? 보통 A형은 B형에게 관심을 가지고, O형은 AB형에게 관심을 가진다고 합니다. 하지만 혈액형 분석을 보면 A형은 O형, B형은 AB형과 잘 어울린다고 합니다. 그러므로 남녀 관계와 혈액형은 별로 관계가 없는 것 같습니다.
Type A people tend to worry about the outcome in advance when doing something and hold back even if they have something to say, making them timid and prone to stress. However, sometimes there are extroverts among type A people, but unlike type O people, they return to their original introverted self when they are alone and away from others. Although they may not express themselves much, they are very focused and meticulous.
Type AB people tend to think a lot, but they find it bothersome to express their thoughts through words or actions. They are very curious about their surroundings and always think "Why?". They are also emotionally reserved, so they are often perceived as being cold-hearted.
Type O people often hear that they get along well with everyone around them and have good personalities. Because of their excellent leadership, they are popular and followed by many. However, they tend to think a bit slowly and lack creativity.
Type B people tend to express their feelings directly through words or actions, so they are less stressed. They get offended when others give them advice and get angry, saying, "Just let me do what I want." Because they are extroverted and less concerned about other people, they can actively pursue what they want to do.
Does blood type affect relationships between men and women? It is said that type A people are usually interested in type B people, and type O people are interested in type AB people. However, according to blood type analysis, type A goes well with type O, and type B goes well with type AB. Therefore, it seems that relationships between men and women have little to do with blood types.

6과 현대 한국의 문화

01. 스트레스도 풀 겸 노래방에 갈까요?

▶ 어휘

1. 1) 공간으로　2) 개발할
3) 놀이　4) 즐길

2. 1) 씨름　2) 강강술래
3) 윷놀이　4) 연날리기

▶ 문법

-을 겸

3. 1) 여행 정보도 알아볼, 비행기표도 예매할, 여행사에 가려고 해요.
2) 한국어 교재도 살펴볼, 새로 나온 책도 살, 서점에 갈 거예요.
3) 환전도 할, 통장도 만들, 은행에 가려고 해요.
4) 며칠 전에 산 청바지도 바꿀 겸 부모님 선물도 살 겸 백화점에 갈 거예요.
5) 공연도 볼 겸 서울 야경도 구경할 겸 서울 타워에 가려고 해요.

4. 1) 바다도 볼, 아름다운 경치도 구경할
2) 운동도 할, 기름값도 아낄
3) 축구도 할, 한국 친구들도 사귈, 축구 동아리에 가입했어요.
4) 돈도 벌 겸 좋아하는 수영도 할 겸 바닷가에서 일하기로 했어요.
5) 경험도 쌓을 겸 외국 여행도 할 겸 자원봉사를 했어요.

-는다던데

5. 1) 지난 주말에 월드컵 경기장에서 한국 대 일본 축구 경기가 열렸다던데
2) '서울시 외국인 장기 자랑 대회'에 참가할 학생들을 모집한다던데 신청할 거예요?
3) 대통령이 자신의 재산을 기부하기로 했다던데 정말이에요?
4) 한국에 '명절 스트레스'라는 말이 있다던데 무슨 뜻이에요?
5) 한글을 공식 문자로 쓰는 해외 소수 민족이 생겼다던데 사실이에요?

6. 1) 생강차가 감기에 좋다던데
2) 난타 공연이 재미있다던데
3) 연휴에는 고속도로가 많이 막힌다던데, 기차로 가세요.
4) 예약을 안 하면 많이 기다린다던데 예약을 하고 가세요.
5) 웨이 씨가 이번에 유럽에 갔다 왔다던데 물어보세요.

02. 이젠 저도 뜨거운 음식에 익숙해졌는걸요

▶ 어휘

1. 1) 흘리지　2) 완전히
3) 후후

2. 1) 떫은 2) 비린
   3) 느끼하지 4) 담백하고
   5) 씁쓸한 6) 매콤하네요
   7) 고소합니다

▶ 문법

-는걸요

3. 1) 우리 부서에서 제일 일찍 출근하시는걸요.
   2) 생일까지 챙겨 주시는걸요.
   3) 김 과장님이 회의 자료까지 다 정리해 놓으시는걸요.
   4) 우리한테 꼭 존댓말을 쓰시는걸요.
   5) 오히려 내용이 좋다고 칭찬해 주셨는걸요.
4. 1) 아직도 몰라서 실수하는 게 많은걸요.
   2) 공기도 좋고 해서 살기가 좋은걸요.
   3) 도움을 많이 받았는걸요.
   4) 벌써 완전히 회복되셔서 퇴원하셨는걸요.
   5) 오히려 초대해 주셔서 감사한걸요.

에 비하면

5. 1) 10년 전, 90만 원이 증가했다.
   2) 미국의 커피값, 2천 원이 비싸다.
   3) 영국의 전업 주부 연봉, 3천만 원이나 낮다.
   4) 작년 삼겹살 가격에 비하면 6천 원이나 올랐다.
   5) B사이트에 비하면 20만 원이나 싸다.
6. 1) 다른 아이들에
   2) 기숙사에, 비용이 많이 들어요.
   3) 5년 전에, 물가가 많이 올랐어요.
   4) 처음 입사했을 때에 비하면 요즘은 회사 생활에 많이 적응이 된 것 같아요.
   5) 맞아요, 다른 한국 음식에 비하면 잡채는 만들기가 힘든 음식이에요.

7과 시간과 변화

01. 무슨 말인지 알아듣기 어렵던데요

▶ 어휘

1. 1) 마찬가지예요 2) 놀라워요
   3) 세대 차이를 4) 번역하는
   5) 게다가
2. 1) 고백하지 2) 거절할까
   3) 격려해 4) 칭찬해
   5) 권해

▶ 문법

-건 건

3. 1) 직원이건, 학생이건
   2) 음식이건, 술이건
   3) 남자건, 여자건, 기숙사에 친구를 초대할 수 없습니다
   4) 이용하건, 안 하건, 도서 정리를 해야 합니다
   5) 나이가 많건, 적건, 무조건 존댓말을 사용해야 합니다.
4. 1) 싫건, 좋건
   2) 시험 기간이건, 아니건
   3) 특별한 일이 있건, 없건
   4) 건강이 좋건 나쁘건 항상 운동을 해야지요.
   5) 우리 과 교수님이건 아니건 인사를 해야지요.

-는다고들 하다

5. 1) 한국의 건강 보험 제도가 매우 좋다고들
   2) 뭐니 뭐니 해도 밥이 보약이라고들
   3) 대중교통을 이용하는 사람들이 많아졌다고들
   4) 요즘은 봄가을이 짧아진 것 같다고들 한다.
   5) 은행 수수료를 내려야 한다고들 한다.
6. 1) 좋다고들
   2) 휴지나 세제 같은 생필품을 선물한다고들
   3) 전자 상가가 싸다고들, 한번 가 보세요.
   4) 요즘은 인터넷을 통해 일자리를 찾는다고들 하던데요.
   5) 키는 커졌지만 오히려 체력은 떨어졌다고들 해요.

02. 기술이 나날이 발전하고 있어요

▶ 어휘

1. 1) 목록 2) 유통 기한이
   3) 기술 4) 표시해
   5) 산지에서
2. [가로] 1) 세대 3) 훗날
   4) 현재 5) 고대
   [세로] 1) 세기는 2) 옛날에
   4) 현대를

▶ 문법

만 해도

3. 1) 캐나다만

2) 남산 전자 대리점만, 올여름 에어컨 판매량이 3만 대로 늘었다.
3) 동대문 시장만, 하루에 2천 명의 외국인이 방문한다.
4) 자동차만, 구입한 지 5년이 되면 교체한다.
5) 감만, 판매가가 한 개에 7백 원으로 떨어졌다.

4. 1) 우리 집만
2) 우리 동네만, 주차하려면 한참 걸려요.
3) 우리 조카만, 수영을 가르쳐 달라고 난리예요.
4) 네, 음식값만 해도 한 달에 백만 원 이상 들어요.
5) 우리 할아버지만 해도 일하시려고 일자리를 찾고 계세요.

-다가는

5. 1) ① 그렇게 지나치게 조심하다가는, 아무 일도 못 할 거예요.
2) ② 그렇게 빨리 뛰어가다가는, 넘어질지 몰라요.
3) ② 그렇게 계획을 미루다가는 일이 빨리 끝나지 않을 거예요.
4) ① 그렇게 예의 없이 행동하다가는 모든 사람들이 싫어하게 될지 몰라요.
5) ① 이렇게 사람들이 소비를 안 하다가는 회사들이 망하겠어요.

6. 1) 그렇게 공부를 안 하다가는
2) 이렇게 아이를 안 낳다가는 나중에 일 할 사람이 부족해질 거예요.
3) 그렇게 불규칙적으로 먹다가는 건강이 나빠질 거예요.
4) 그렇게 여유를 부리다가는 다음 주까지 일을 못 끝낼 거예요.
5) 그렇게 계획 없이 생활하다가는 일을 제대로 못 하게 될 거예요.

8과 지식과 사회

01. 요즘은 맞벌이를 안 하고는 생활하기 힘들어요

▶ 어휘

1. 1) 중매를　　2) 배우자를
3) 맞벌이를　　4) 신세대들의
5) 결혼관을

2. 1) 파혼을　　2) 혼수
3) 재혼했어요　　4) 기혼
5) 혼기를

▶ 문법

에 의하면

3. 1) 사업 결과 보고서에
2) 판매 규정에, 구입한 지 3일 안에는 교환이 가능하대요.
3) 오늘 아침 뉴스에, 이혼율이 점점 높아지고 있대요.
4) 결혼관에 대한 조사에, 직장을 가진 여성을 선호하는 남성들이 많대요.
5) 조선 시대 역사책에, 옛날에는 호랑이가 시내에 자주 나타났었대요.

4. 1) 학교에서 발표한 내용에
2) 아파트 안내 방송에, 오후 5시쯤 나온대요.
3) 뉴스에, 인공지능 개발자가 전망이 좋을 거래요.
4) 일기예보에, 날씨가 화창한 거래요.
5) 외교 전문가 말에, 몇 십 년 후에 통일이 될 거래요.

-고서는

5. 1) 한국말을 모르고서는
2) 신발을 신고서는 방에 들어갈 수 없어요.
3) 현재 인원만 가지고서는 일을 다 끝낼 수 없어요.
4) 한 번만 만나고서는 어떤 사람인지 알 수 없어요.
5) 반바지를 입고서는 회사에 갈 수 없어요.

6. 1) 그렇게 화려한 옷차림을 하고서는
2) 사진만 보고서는 잘 알 수 없어서 직접 가 보려고 해요.
3) 아이를 집에 혼자 두고서는 나갈 수 없어요.
4) 구두를 신고서는 산에 빨리 올라갈 수 없어요.
5) 취업 정보를 모르고서는 좋은 회사에 취직할 수 없어요.

02. 잘못된 정보로 인해 실수를 하는 수가 있어요

▶ 어휘

1. 1) 얻을　　2) 신뢰할
3) 무조건　　4) 확인해야

2. 1) 분석하다　　2) 정리하다

3) 조사하다 4) 종합하다
5) 발표하다

▶ 문법

만으로는

3. 1) 주부의 노력
2) 외국어 실력, 경력이 3년 이상이어야 해요.
3) 요리사 자격증, 타고난 재능과 요리에 대한 애정이 있어야 해요.
4) 춤과 노래 실력, 작곡 실력도 있어야 해요.
5) 시험 성적, 전체 수업 일수의 80% 이상 출석을 해야 합니다.
4. 1) 능력
2) 겉모습만으로는 그 사람이 어떤 사람인지 알 수 없어요. 이야기를 해 봐야 해요.
3) 용돈만으로는 생활하기가 어려워요. 그래서 아르바이트를 해야 해요.
4) 약만으로는 부족해요. 꾸준히 운동도 하고 음식 조절도 해야 합니다.
5) 자격증만으로는 취직하기 어려워요. 다양한 사회 경험을 많이 쌓아야 해요.

-는 수가 있다

5. 1) 감기에 걸리는 2) 잊어버리는
3) 사고가 나는 4) 잃어버리는
5) 친구와 싸우는
6. 1) 넘어지는
2) 배탈이 나는
3) 친구가 오해하는
4) 그렇게 일을 대충 하면 실수하는 수가 있어요.
5) 불법으로 주차하면 벌금을 내는 수가 있어요.

9과 지식과 매체

01. 마치 마주보고 대화하는 것처럼 것처럼 느껴져요

▶ 어휘

1. 1) 주고받았는데 2) 마주 보고
3) 덕을 보고 4) 영상 채팅까지
2. 1) 검색한다 2) 홈페이지를
3) 게시판에 4) 네티즌들의
5) 인터넷 뱅킹으로

▶ 문법

마치 -는 것처럼

3. 1) 외국인 2) 살아 있는
3) 약속을 한 4) 새가 날아오르는
5) 한 폭의 그림을 보는
4. 1) 하늘을 날
2) 친자식을 대하는, 잘해 주세요.
3) 고향에 온, 편해요.
4) 무언가에 쫓기는 것처럼 빨리 걸어요.
5) 며칠 굶은 것처럼 급하게 먹어요.

-는다고

5. 1) 부전자전이라고
2) 대기만성이라고
3) 유비무환이라고
4) 다다익선이라고
5) 작심삼일이라고
6. 1) 발 없는 말이 천 리 간다고
2) 가는 날이 장날이라고
3) 고생 끝에 낙이 온다고
4) 꼬리가 길면 밟힌다고
5) 가는 말이 고와야 오는 말이 곱다고

02. 신문을 읽으면 상상력이 풍부해져요.

▶ 어휘

1. 1) 빠뜨린 2) 일어났는지
3) 상식이
2. 1) 사회면 2) 머리기사
3) 사설 4) 인사 동정
5) 독자 투고

▶ 문법

-는가 하면

3. 1) 빵을 먹는 사람이 있는가
2) 비행기 창가 쪽 좌석을 좋아하는 사람이 있는가, 복도 쪽 좌석을 좋아하는 사람도 있어요.
3) 인터넷 뱅킹을 이용하는 사람이 있는가, 은행에 직접 가는 사람도 있어요.
4) 세금을 더 많이 내야 한다고 주장하는 사람이 있는가, 덜 내야 한다고 주장하는 사람도 있어요
5) 어떤 사람들은 이번 정부 정책에 찬성하는가, 어떤 사람들은 반대해요.
4. 1) 대학원에 가는가

2) 인터넷 취업 사이트를 통해 일자리를 찾는 사람이 있는가
3) 이익을 본 회사가 있는가, 손해를 본 회사도 있어요.
4) 아니요, 어떤 사람들은 아파트를 좋아하는가, 어떤 사람들은 단독 주택을 좋아해요.
5) 장남이 부모님을 모시고 사는 경우가 있는가, 따로 사는 경우도 있어요.

-는 게 틀림없다

5. 1) 어디가 아픈 2) 두고 온
3) 화가 나신 4) 무슨 일이 생긴
5) 거짓말을 하는
6. 1) 범인이 열쇠로 문을 연 게 틀림없습니다.
2) 사무실 내부를 잘 아는 사람이 한 일인 게 틀림없습니다.
3) 회사의 중요 서류만 가지고 간 게 틀림없습니다.
4) 회사 직원인 게 틀림없습니다.
5) 김 모 씨가 범인인 게 틀림없습니다.

10과 생활과 경제

01. 저축 상 타신 걸 축하드립니다

▶ 어휘

1. 1) 형편이 2) 흔한
3) 쑥스러울 4) 단돈
5) 대단하다
2. 1) 수입은 2) 지출을
3) 구매하는 4) 과소비를
5) 저축하는

▶ 문법

-을 따름이다

3. 1) 부끄러울 2) 뿌듯할
3) 어깨가 무거울 4) 기쁠
5) 죄송할
4. 1) 마음이 무거울
2) 슬플
3) 부장으로서 부서를 잘 이끌어야 한다는 생각에 어깨가 무거울 따름이에요.
4) 회사에서 잘할 수 있을지 걱정될 따름이야.
5) 무슨 소리야, 이렇게 정성스러운 선물을 받아서 기쁠 따름이야.

-으니만큼

5. 1) 원유 가격이 오르니만큼
2) 정부가 긴급 경제 정책을 세웠으니만큼
3) 여행 경비가 많이 드니만큼
4) 전망 좋은 고층 아파트이니만큼
5) 주변 아파트 주민들이 재개발 정책에 반대하고 있으니만큼
6. 1) 제품의 질이 좋으니만큼
2) 물가가 많이 올랐으니만큼
3) 우리 팀이 열심히 연습했으니만큼 이번 시합에서 우승할 수 있을 거라고 봐요.
4) 열심히 노력했으니만큼 좋은 결과가 있을 테니까 걱정 마세요.
5) 경제 상황이 안 좋으니만큼 투자를 미루고 조금 더 지켜보는 게 좋을 것 같아요.

02. 신용카드로 결제가 안 되는 바람에 당황했어요

▶ 어휘

1. 1) 한도를 2) 무절제한 3) 결제를 4) 교훈으로
2. 1) 적립해 2) 할부가 3) 일시불로 4) 연회비도
5) 면제해 6) 할인을

▶ 문법

-는 바람에

3. 1) 휴대 전화가 갑자기 고장나는
2) 컴퓨터에 이상이 생기는
3) 뒷사람이 미는, 발을 밟고 말았어요.
4) 아침에 서둘러 나오는 바람에 서류를 집에 두고 나왔습니다.
5) 회사에서 급하게 해야 할 일이 생기는 바람에 예매하지 못했어.
4. 1) 문을 여는
2) 잘 어울린다고 자꾸 사라고 하는
3) 물어보는, 얘기하고 말았어.
4) 버스가 늦게 오는 바람에 지각을 했어요.
5) 갑자기 앞에서 아이가 차로 뛰어드는 바람에 급정거를 했어요.

-었으면야

5. 1) 안전벨트를 맸으면야
2) 구급차가 일찍 도착했으면야

3) 안개가 끼지 않았으면야
4) 앞차가 급정거하지 않았으면야
5) 사고를 낸 차가 보험에 가입되어 있었으면야

6. 1) 일기예보를 미리 확인했으면야
2) 표를 미리 예매했으면야
3) 이렇게 힘들 줄 알았으면야 시작하지 않았을 거예요.
4) 술을 많이 마시지 않았으면야 그런 실수를 하지 않았을 거예요.
5) 주말에 서울광장이 이렇게 복잡할 줄 알았으면야 차를 가지고 오지 않았을 거예요.

복습(6-10과)

>> 말하기

1. 제가 추천하고 싶은 한국 음식은 떡볶이입니다. 제 고향 음식에 비하면 한국에는 매운 음식이 많은데 저는 떡볶이를 제일 좋아해요. 고향에서는 먹어본 적이 없는 맛이라 처음에는 익숙하지 않았지만 맵고 단 맛이 마음에 들어서 좋아하게 됐어요. 그래서 시간이 있으면 한국 음식도 즐길 겸 스트레스도 풀 겸 떡볶이를 먹으러 가요. 특히 제 고향 친구들에게 떡볶이를 추천하고 싶어요. 외국 사람들은 매운 음식을 못 먹는다고들 하는데 제 친구들은 매운 음식을 아주 좋아해서 떡볶이도 좋아할 것 같아요.

2. 저는 결혼을 반드시 해야 한다고 생각하지 않습니다. 왜냐하면 꼭 결혼해야 행복해지는 것은 아니라고 생각하기 때문이에요. 10년 전만 해도 저처럼 생각하는 사람이 많지 않았지만 요즘은 많아진 것 같아요. 예전에 비하면 결혼관이 다양해져서 결혼보다 일이나 공부를 더 중요하게 생각하는 사람들이 있는가 하면 인생에서 결혼을 하나의 선택으로 생각하는 사람들도 많아졌어요. 그래서 결혼을 꼭 해야 한다고 느끼는 사람들이 줄고 있다고 생각합니다.

3. 저는 신용 카드를 자주 사용하지 않습니다. 신용 카드로 결제를 하면 마치 돈을 쓰지 않은 것처럼 느껴져서 계획보다 돈을 더 쓸 때가 많았어요. 그래서 낭비를 줄이기 위해서 신용 카드 사용을 줄이고 현금을 주로 쓰게 됐습니다. 현금을 사용한 후로 예전보다 돈을 더 절약할 수 있었어요. 물론 신용 카드를 사용하면 카드사에서 주는 혜택을 받을 수도 있고 할부로 결제할 수 있어서 편리한 경우가 있지만 절약을 위해서 저는 신용 카드를 사용하는 것보다 현금을 쓰는 것이 제 생활에 더 도움이 된다고 생각합니다.

>> 쓰기

Ⅰ **1.**③ **2.** ② **3.** ① **4.** ③ **5.** ④
Ⅱ **6.** ④ **7.** ① **8.** ② **9.** ② **10.** ③
Ⅲ **11.** ① **12.** ② **13.** ① **14.** ② **15.** ②
Ⅳ **16.** ③ **17.** ④ **18.** ② **19.** ② **20.** ④
Ⅴ **21.** 인터넷에서 빠르고 편한 소통을 위해 사용하는 특별한 언어를 통신 언어라고 한다. 그러나 통신 언어라고 해서 인터넷에서만 사용하는 것은 아니다. 학교 발표나 회사의 중요한 회의에서 사용하지는 않지만 친구와 대화를 할 때 쓰는가 하면 직장에서도 가까운 동료에게 친밀감의 표시로 쓰는 사람도 있다.

이처럼 통신 언어는 같은 언어를 사용하는 사람들 사이에서 더 가깝고 편하게 느껴진다는 장점이 있다. 다른 사람들은 잘 모르는 언어 정보를 함께 알고 있다는 사실이 서로를 더 특별한 사이로 느끼게 한다. 이러한 이유로 예전에 비하면 통신 언어를 일상 생활에서 쓰는 사람이 늘고 있다.

한편, 통신 언어는 문법을 무시하거나 단어의 원래 뜻과는 다른 의미로 사용될 때가 있다. 따라서 학생들이 너무 자주 사용하다가는 바르지 못한 언어를 사용하게 되거나 안 좋은 언어 습관이 생기는 수가 있다. 또한 너무 자주 통신 언어를 사용하면 마치 모두가 이 언어를 알고 있는 것처럼 느껴져서 쓰면 안 되는 상황에서 쓰는 사람도 있다.

그러므로 통신 언어를 너무 많은 시간 사용하지 말고 때와 장소에 맞게 쓰는 것이 중요하다.

>> 듣기

Ⅰ **1.** ④ **2.** ③ **3.** ④

여자: 제임스 씨, 이번 일요일에 바빠요?
남자: 아니요, 보고서를 다 제출해서 이번 주는 한가해요. 왜요?
여자: 경복궁에서 전통 문화 체험 행사가 있다던데 같이 가지 않을래요?
남자: 그래요? 좋아요. 저도 한국 전통 문화에 관심이 많거든요.
여자: 홈페이지를 보니까 궁중음식 시식도 하고 전통공연도 보고 전통놀이도 직접 해 볼 수 있다고 해요.
남자: 궁중음식이라면 옛날에 왕이 먹었던 음식 말이지요? 꼭 가서 한번 먹어 보고 싶어요. 전통놀이는 뭐가 있대요?

여자: 여기 사진 좀 보세요. 윷놀이, 제기차기, 연날리기, 널뛰기를 할 수 있대요.
남자: 이름만 들었을 때는 어떤 놀이인지 몰랐는데 사진을 보니까 뭔지 알 것 같아요. 아! 이걸 연날리기라고 하는군요. 제 고향에서도 가끔 가족들하고 같이 하곤 했어요. 한국에서도 옛날부터 있었네요.
여자: 나만의 연을 직접 만드는 이벤트가 있네요. 전통적인 디자인뿐만 아니라 자기가 원하는 디자인으로 연을 만들 수 있다고 해요.
남자: 와, 정말 재미있겠어요. 일기예보를 보니까 이날 바람이 조금 부네요. 연날리기하기에 아주 좋은 날이 될 것 같아요.
여자: 그러네요, 꼭 같이 가요.
Woman: James, are you busy this Sunday?
Man: No, I've submitted all my reports, so I'm free this week. Why?
Woman: I heard there is a traditional culture experience event at Gyeongbokgung Palace this Sunday. Would you like to go together?
Man: Really? Sure. I am also very interested in Korean traditional culture.
Woman: The website says that you can sample royal cuisine, watch traditional performances, and play traditional games.
Man: When you say royal cuisine, you mean the food that kings ate in the past, right? I'd love to try it. What kind of traditional games are there?
Woman: Look at these pictures. You can play Yutnori, Jegichagi, kite-flying, and Neolttwigi (Korean seesaw).
Man: I didn't know what they were when I heard the names, but looking at the pictures, I think I understand. Oh! So this is called kite-flying. I used to play it with my family in my hometown sometimes. It seems to have been around in Korea for a long time.
Woman: There is an event where you can make your own kite. It says that you can make a kite with a design of your choice as well as traditional designs.
Man: Wow, that sounds really fun. The weather forecast says it will be a little windy that day. I think it will be a great day for flying kites.
Woman: That's right. Let's go together.

Ⅱ 4. ④ **5.** ③ **6.** ①

남자: 선희 씨는 아침마다 신문을 보시네요.
여자: 네, 아무리 인터넷으로 모든 것을 알 수 있는 세상이 되었다고 해도 저는 종이로 된 신문을 읽는 것이 더 좋아요.
남자: 특별한 이유가 있나요?
여자: 인터넷에는 출처를 알 수 없는 가짜 뉴스가 너무 많아서 믿을 수가 없어요. 어떤 기사는 그 기사를 쓴 기자가 누구인지도 알 수 없어요. 그런 기사들을 보다 보면 가짜 정보도 진짜처럼 믿게 되는 수가 있잖아요.
남자: 그건 그래요. 하지만 신문보다 인터넷 뉴스에 정보의 양은 훨씬 더 많지 않아요? 그럼 그 중에서 좋은 정보도 있지 않을까요?
여자: 그럴 수도 있지요. 그런데 인터넷으로 기사를 보면 내가 관심이 있는 분야의 기사만 찾게 돼요. 인터넷에 비하면 종이 신문은 정보의 양이 적을 수는 있지만 내가 생각하지 못한 기사까지 읽을 수 있는 좋은 점도 있어요.
남자: 그렇군요, 저도 오늘은 집에 가면서 신문을 사 가야겠어요.
Man: Seonhee, you read the newspaper every morning.
Woman: Yes, even though the world has become a place where everything is available on the Internet, I still prefer reading paper newspapers.
Man: Is there a special reason?
Woman: There is too much fake news from unknown sources on the Internet, so it's hard to trust them. Sometimes, you can't even tell who the journalist behind an article is. Reading such articles can make fake information seem real.
Man: That's true. But isn't there a lot more information in internet news than in newspapers? So wouldn't there be some good information among them?
Woman: That could be true. However, when I read articles on the internet, I only find articles in areas that I am interested in. Compared to the internet, paper newspapers may contain less information, but they also have the advantage of being able to read articles that you may not have thought of.
Man: I see. I think I'll buy a newspaper on my way home today.

Ⅲ 7. ④ **8.** ④ **9.** ①

서준: 제가 오늘 휴대 전화를 안 가지고 와서 그러는데 선희 씨 전화번호 혹시 기억하세요?
리사: 잠깐만요. 저도 휴대 전화에 저장된 것을 봐야 할 것

같아요. 휴대 전화가 없었을 때는 전화번호를 다 외웠는데 요즘은 못 외워요.

서준: 맞아요. 저도 휴대 전화가 없으면 친구들한테 전화를 못 걸어요. 아는 번호가 없거든요. 노래 가사도 요즘은 잘 못 외우는데 노래방에 가서 항상 가사를 보면서 노래를 불러서 그런가 봐요.

리사: 여러 가지 기술이 발달하면서 외워야 하는 부담이 없어진 것은 좋지만 기억력이 예전에 비해 많이 나빠진 것 같아요.

서준: 어떤 능력이든지 계속 사용해야 되는데 안 쓰니까 그런 것 같아요.

리사: 휴대 전화 때문에 나빠진 게 기억력만은 아닌 것 같아요. 눈도 많이 나빠졌어요. 휴대를 할 수 있으니까 언제 어디서나 항상 보게 되는 데다가 화면까지 작아서 눈이 느끼는 피로가 더 커요.

서준: 맞아요. 저만 해도 자는 시간 빼고는 계속 휴대 전화를 보는 것 같아요. 기계가 발달해서 편리해진 점도 있지만 과다하게 사용할 경우 부작용이 크다는 걸 잊지 말아야겠어요.

리사: 눈은 감고 있을 때만 쉴 수 있대요. 오늘부터 휴대 전화를 보는 대신에 잠시라도 눈을 감고 명상을 해 봐야겠어요.

Seojoon: I didn't bring my cell phone today. Do you remember Seonhee's phone number?

Lisa: Just a moment. I might need to check what's saved on my cell phone. I used to memorize all my phone numbers when I didn't have a cell phone, but I can't these days.

Seojoon: That's right. I can't make calls to my friends if I don't have my cell phone. I don't know any numbers. I also find it hard to memorize song lyrics these days, and I think it's because I always sing while looking at the lyrics when I go to karaoke.

Lisa: It's good that various technologies have developed, relieving us from the burden of memorizing, but it feels like our memory has gotten a lot worse than before.

Seojoon: I think it's because we need to keep using whatever ability we have, but we don't.

Lisa: I don't think it's just our memory that's worsened because of cell phones. My eyesight has worsened too. Since you can carry it around, you're always looking at it anytime, anywhere, and the small screen adds to eye strain.

Seojoon: You're right. I feel like I'm constantly checking my cell phone except when I'm sleeping. While technology has made our lives more convenient, we shouldn't forget that excessive use can have significant side effects.

Lisa: They say your eyes can rest only when they're closed. Starting today, instead of looking at my cell phone, I'll try to close my eyes and meditate, even for a moment.

Ⅳ 10. ④ 11. ① 12. ②

신용 카드를 사용하는 사람들의 수가 점점 늘고 있는데요. 이럴 때 일수록 신용 카드의 장점과 올바른 신용 카드 사용법을 잘 아는 지혜가 필요합니다.
신용 카드의 장점은 첫째, 현금을 소지할 필요가 없다는 것입니다. 국내뿐만 아니라 해외 어디를 가도 신용 카드 하나만 있으면 불편함이 없습니다. 둘째, 원하는 제품이나 서비스는 바로 받고 지불은 나중에 해도 된다는 점입니다. 당장 현금이 없는 경우에는 유용하게 사용될 수 있겠지요. 구매 금액을 3개월, 6개월씩 나누어낼 수 있으니 편리합니다.
하지만 신용 카드의 단점도 많습니다. 무엇보다 당장 현금을 사용하지 않아도 된다는 생각에 과소비를 하기 쉽다는 점입니다. 이 때문에 개인의 신용에 문제가 생겨 새로운 카드를 만들지 못하게 되는 경우도 있습니다. 또한 카드를 도난당하거나 분실해서 피해를 입는 경우도 많습니다. 게다가 개인 정보가 유출되어 범죄에 악용될 수도 있으니 유의해야 합니다.
올바르게 신용 카드를 사용하자면 될 수 있는 대로 카드를 하나만 쓰는 것이 좋습니다. 그래야 신용 포인트를 최대한 높일 수 있습니다. 또한 카드사에서 제공하는 각종 할인 쿠폰은 최대한 이용하고 고가의 물건일 경우 무이자 할부 서비스를 이용하도록 하십시오. 무엇보다 자신의 소득 수준에 맞춰서 카드를 사용하는 것이 중요합니다.
The number of people using credit cards is increasing. In times like these, you need to be wise about the advantages of credit cards and the proper way to use them.
The advantage of credit cards is that, firstly, you don't need to carry cash. Whether in Korea or anywhere abroad, having just one credit card is quite convenient. Secondly, you can get the products or services you want immediately and pay for them later. It can be useful when you don't have cash on hand. You can also split the purchase amount into several monthly installments, which is convenient.
However, there are many disadvantages to credit cards. Above all, it's easy to overspend thinking that you don't have to pay with cash right away. This can result in personal credit issues, making it

difficult to obtain new cards. Also, you can suffer significant losses if your card is lost or stolen. Moreover, personal information can be leaked and exploited for criminal activities, so caution is necessary.

To use credit cards properly, it is advisable to use only one card as much as possible. That way you can maximize credit points. Also, make the most of various discount coupons provided by card companies, and for high-value items, use interest-free installment services. Most importantly, it is crucial to use the card according to your income level.

V 13. ④ **14.** ③ **15.** ②

여자: 다음 뉴스입니다. 최근 결혼에 대한 가치관이 달라진 젊은 세대가 많아졌다고 하는데요. 김진영 기자가 알아보았습니다.

남자: 네, 한국 리서치는 20대에서 40대 성인 1000여 명을 대상으로 국민들의 결혼관을 알아보기 위한 조사를 했습니다. 질문 내용은 결혼은 반드시 해야 하는 것인지, 결혼 적령기는 언제로 생각하는지와 혼전 동거, 이혼에 대한 것이었습니다.

여자: 세대에 따라 결혼에 대한 가치관이 많이 달라졌다고 하지요?

남자: 네, 조사 결과에 의하면 '반드시 결혼해야 한다고 생각하는지, 아니면 반드시 결혼할 필요는 없다고 생각하는지'에 대한 질문에 절반이 넘는 53.7%가 반드시 결혼할 필요는 없다고 응답했는데요. 이는 재작년 같은 시기에 조사한 결과보다 16.5% 높아진 수치로 갈수록 결혼 필요성에 대한 인식이 약해지고 있는 것으로 보입니다. 특히 남자보다 여자가 20%정도 높았으며, 연령별로는 30대와 40대에서 높게 나타났습니다.

여자: 그렇군요. 결혼 적령기에 대한 조사 결과도 있었나요?

남자: 네, 남자의 결혼 적령기는 평균 33.1세, 여자는 30.5세로 나타났는데. 이는 2년 전과 비교하여 각각 0.3세, 0.5세가 상승한 수치였습니다.

여자: 결혼 적령기는 아주 많이 높아지지는 않았군요. 혼전 동거나 이혼 대한 의견은 어떤지요.

남자: 혼전 동거에 대해 괜찮다는 의견과 절대 안 된다는 의견이 팽팽하게 맞섰습니다. 남자와 연령이 높은 응답자일수록 괜찮다고 생각하는 비율이 높았으며, 교육 수준에 따라서도 차이가 있는 것으로 나타났습니다. 한편 이혼에 대한 조사한 결과는 응답자 10명 중 6명 이상이 이혼할 수도 있다고 응답하여 절대로 이혼은 안 된다는 응답보다 2배가량 많았는데요. 특히 20대의 이혼은 안 된다는 응답 비율은 50대의 절반 수준에 그쳐 세대 간에 큰 차이가 있는 것으로 나타났으며, 이에 따라 미래에는 그동안의 보수적인 가치관이 약해질 것으로 예상됩니다.

Woman: Here's the next news item. It's been said that the values surrounding marriage have changed among the younger generation. Reporter Kim Jinyoung investigated this.

Man: Yes, Korea Research conducted a survey of over a thousand adults in their 20s to 40s to understand people's views on marriage. The questions were about whether they thought marriage was a must, at what age they considered the right time to get married, premarital cohabitation, and divorce.

Woman: So, the values surrounding marriage differ among different generations?

Man: Yes, according to the survey results, when asked "Do you think marriage is necessary or not?", more than half (53.7%) responded that it is not necessary to get married. This figure is 16.5% higher than the results of a survey conducted at the same time two years ago, and it appears that the perception of the necessity of marriage is weakening. In particular, it was 20% higher in women than in men, and higher among people in their 30s and 40s.

Woman: I see. Were there any results on the ideal age for marriage?

Man: Yes, the average ideal age for men was 33.1 years, while for women, it was 30.5 years. These figures showed an increase of 0.3 years and 0.5 years, respectively, when compared to the data from two years ago.

Woman: The ideal age for marriage doesn't seem to have increased much. What about opinions on premarital cohabitation and divorce?

Man: Opinions on premarital cohabitation were sharply divided between those who thought it was okay and those who thought it was absolutely not. Men and older respondents were more likely to think it was okay, and there were also differences based on the respondents' education levels. When it comes to divorce, over six out of ten respondents believed that divorce could be an option, which was twice as many as those who believed that divorce should never happen. Particularly, the proportion of respondents in their 20s who said that divorce should never happen was only half that of those in their 50s, indicating a significant generational gap. Therefore, it's expected that conservative values will weaken in the future.

>> 읽기

I 1. ① **2.** ④

새로운 시대의 카드, 세연 카드
지금까지 이런 카드는 없었다!
할인, 포인트 적립 모두 포기할 수 없는 당신에게 추천하는 카드.
내가 선택하는 소비 생활! 세연 카드와 함께 하세요.

- 이미 세연 카드를 가지고 계신 분은 만들 수 없습니다.
- 영화관, 식당, 쇼핑몰, 커피숍 중에서 각각 한 군데씩 할인과 적립을 따로 선택할 수 있습니다.
- 할인은 지난달 사용 금액에 따라 최대 30%, 적립은 20%까지 가능합니다.
- 지금 가입하시면 1년간 연회비가 무료입니다.

A New Era Card, Seyeon Card

There has never been a card like this before!
A card recommended for those who cannot give up discounts and point accumulation.
The consumption lifestyle you choose! Share it with Seyeon Card.

- If you already have a Seyeon Card, you cannot create another one.
- You can select discounts and points separately from one location each among movie theaters, restaurants, shopping malls, and coffee shops.
- Discounts of up to 30% and savings of up to 20% are possible depending on the amount spent the previous month.
- If you sign up now, the annual membership fee is free for one year.

II 3. ④ **4.** ④

신문은 보도 기능, 지도 기능, 오락 기능, 광고 기능의 네 가지 기능을 가지고 있다. 먼저 보도 기능이란 독자들에게 정치, 기후, 사고, 전쟁, 교육 등 사회에서 일어나는 사건들에 대한 정보를 객관적으로 보도하는 것을 말하는 것으로서 신문의 가장 중요한 기능이다.
다음으로 지도 기능이란 독자를 설득하고 가르쳐서 올바른 태도나 행동을 하도록 하는 신문의 기능을 말한다. 즉 지도 기능이란 신문사에서 독자에게 의견을 제시하는 것으로서 여기에는 사설, 논설, 시사만평 등이 포함된다.
그런가 하면 신문은 독자들에게 즐거움을 주는 오락 기능도 있다. 예를 들어 만화, 소설, 스포츠나 연예, 혹은 취미 관계 등의 기사가 이러한 오락적 목적으로 사용된다.
마지막으로 광고 기능이란 독자들에게 상품 및 시장에 대한 정보를 제공해 주고 또한 기업인들
은 그들의 상품을 일반 사람들에게 알려 주도록 돕는 것을 말한다.
미국의 주요 신문의 지면에서 이 네 가지 기능이 차지하는 비중을 조사한 결과 보도 기능이 20%, 지도 기능이 4%, 오락 기능이 16%, 그리고 광고 기능이 60%를 차지하고 있었다고 한다. 우리나라 경우에는 대체로 일간신문의 경우 보도 기능이 35%, 지도 기능이 4%, 오락 기능이 21%, 그리고 광고 기능이 40% 정도를 차지하고 있다.
Newspapers serve four primary functions: reporting, guidance, entertainment, and advertising. First, the reporting function involves objectively reporting information about events occurring in society such as politics, weather, accidents, war, and education, to readers, and is considered the most important function of newspapers.
Next, the guidance function refers to the role of newspapers in persuading and educating readers to adopt the correct attitudes and behaviors. In other words, the guidance function is when a newspaper presents opinions to readers, including editorials, opinion pieces, and editorial cartoons.
Moreover, newspapers also have an entertainment function that gives pleasure to readers. For example, comics, novels, sports, show business, and hobby-related articles are used for the purpose of entertainment.
Lastly, the advertising function refers to providing readers with information about products and markets and assisting businesses in promoting their products to the general public.
As a result of examining the proportion of these four functions on the pages of major U.S. newspapers, it was found that reporting accounted for 20%, guidance was 4%, entertainment was 16%, and advertising took up 60% of the content. In South Korea, daily newspapers typically allocate about 35% of their content to reporting, 4% to guiding, 21% to entertaining, and 40% to

Ⅲ **5.** ② **6.** ③ **7.** ①

요즘 통신 언어로 친구나 가족과 소통을 하는 젊은 세대가 늘고 있다. 이러한 통신 언어가 나타나게 된 이유는 우선 빨리 자신의 생각이나 느낌을 전하기 위해서라고 할 수 있다. 또 청소년들이 그들만의 문화를 만들고 자신들끼리만 그 문화를 함께 나누고 친밀감을 느끼기 위해서라고 할 수 있다.
이러한 통신 언어에 대해 어떤 사람들은 한국어의 문법이 파괴되고, 어른들과 청소년들 간의 생각이 너무 달라져서 나중에는 서로의 생각을 이해할 수 없게 될 것이라고 걱정하기도 한다. 또 어떤 사람들은 통신언어는 청소년의 개성을 나타내는 것이고, 생각이나 느낌을 아주 짧게 전할 수 있기 때문에 오히려 효율적이라고 한다.
그러나 통신 언어가 일상적인 언어에까지 영향을 미치고 있는 것은 큰일이라고 할 수 있다. 초등학생들은 편지나 일기, 일상생활에서 통신 언어를 그대로 사용하기도 한다. 그리고 청소년의 생각에도 영향을 미쳐서 통신 언어를 많이 사용하는 학생들의 경우에는 생각하는 능력이 단순해지고 짧아질 수도 있다.
그러므로 적절한 상황과 때에 맞춰 통신 언어를 적절히 사용하는 균형을 잡는 것이 중요한 과제가 될 것이다.
요즘 통신 언어로 친구나 가족과 소통을 하는 젊은 세대가 늘고 있다. 이러한 통신 언어가 나타나게 된 이유는 우선 빨리 자신의 생각이나 느낌을 전하기 위해서라고 할 수 있다. 또 청소년들이 그들만의 문화를 만들고 자신들끼리만 그 문화를 함께 나누고 친밀감을 느끼기 위해서라고 할 수 있다.
이러한 통신 언어에 대해 어떤 사람들은 한국어의 문법이 파괴되고, 어른들과 청소년들 간의 생각이 너무 달라져서 나중에는 서로의 생각을 이해할 수 없게 될 것이라고 걱정하기도 한다. 또 어떤 사람들은 통신언어는 청소년의 개성을 나타내는 것이고, 생각이나 느낌을 아주 짧게 전할 수 있기 때문에 오히려 효율적이라고 한다.
그러나 통신 언어가 일상적인 언어에까지 영향을 미치고 있는 것은 큰일이라고 할 수 있다. 초등학생들은 편지나 일기, 일상생활에서 통신 언어를 그대로 사용하기도 한다. 그리고 청소년의 생각에도 영향을 미쳐서 통신 언어를 많이 사용하는 학생들의 경우에는 생각하는 능력이 단순해지고 짧아질 수도 있다.
그러므로 적절한 상황과 때에 맞춰 통신 언어를 적절히 사용하는 균형을 잡는 것이 중요한 과제가 될 것이다.
These days, an increasing number of younger generations are communicating with friends and family using digital communication language. The reason behind the emergence of this communication language is the desire to convey one's thoughts and feelings quickly. It can also be said that teenagers use this language to create their own culture and share it to build camaraderie.
Regarding, this communication language, some people worry that it may destroy Korean grammar and make it impossible for adults and teenagers to understand each other. On the other hand, some argue that it is a way for teenagers to express their individuality and allows for thoughts and feelings to be conveyed quickly, which is actually very efficient.
However, the influence of communication language on everyday language is a significant concern. Elementary school students sometimes use this style in letters, diaries, and everyday life. It also affects adolescents and students who frequently use this language might experience a simplified and shortened ability to think.
Therefore, achieving balance by using digital communication language appropriately at the right time and situation will become an important task.

Ⅳ **8.** ② **9.** ④ **10.** ②

사회 변화에 따라 다양한 가족 형태도 인정해야
가족이란 무엇일까? 일반적으로 가족이란 부부와 그 자녀, 부양해야 할 부모라는 혈연 중심의 집단이다. 그러나 최근에는 맞벌이, 입양, 이혼이나 재혼, 아동의 조기유학이 늘면서 이제 우리도 다양한 형태의 가족을 인정해야 한다는 의견이 많다. 여기에서 말하는 다양한 형태의 가족에는 한부모 가족, 비혼모 가족, 무자녀 부부 가족, 입양 가족, 독신 가족, 재혼 가족, 공동체가족 등이 있다.
이영숙 · 김민철 씨 부부는 결혼한 지 6년이 지나도 아이가 생기지 않아 큰 고통을 겪었다. 그러나 이 씨는 용기를 내어 입양기관을 방문한 후에 남편을 설득한 끝에 2살 된 남자 아이를 입양했다. 건강하게 자라 유치원생이 된 아들을 보면서 이 씨 부부는 이보다 더 큰 행복은 없을 거라고 했다.
결혼한 지 4년이 된 의사 최준호 씨는 앞으로도 아이를 갖지 않기로 아내와 합의했다면서 우리 사회가 자녀 없이 사는 것을 하나의 선택으로 인정해 주기를 바란다고 했다. 최 씨가 이런 결정을 한 것은 직장생활과 육아를 병행하는 것이 어려울 것 같다는 아내의 생각을 존중해서였다. 그는 결혼한 부부에게 반드시 아이가 있어야 한다는 편견에서 벗어나야 한다고 주장한다.
최근에는 공동체 가족들이 함께 모여 사는 곳도 점차 증가하고 있다. 10대 가출 청소년이나 부모가 없는 청소년 5~6명이 이들을 돌보는 교사와 함께 공동체 가정을 이루어 생활하는 경우가 그 예이다. 공동체 가정을 운영하는 강영호 씨는 구성원 간에 유대감과 서로의 필요성을 느끼고 있다면 핏줄로 이어지지 않아도 가족으로 볼 수 있다고 말한다. 공동체 가정은 혈연보다는 관계를 중심으로 한 새로운 가족 형태인 것이다.
이제 우리는 내 자식과 내 조상만을 강조하는 혈연중심주의에서 벗어날 필요가 있다. 우리는 다양한 가족 형태의 뜻을 이해해야 하고 관계를 중심으로 한 새로운 가족제도를 인정해야 하는 시대에 살고 있다. 따라서 이들의 권리를 보장해 주고 지원할 법과 제도가 마련되어야 한다.
세연신문 권재호 기자

As society changes, diverse family structures must be acknowledged
What is a family? In general, a family is a blood-related group consisting of a couple, their children, and parents who need to be cared for. Recently, however, with the increase in dual-income households, adoption, divorce, remarriage, and early overseas education for children, many now argue that we should recognize various forms of families. The diverse forms of families mentioned here include single-parent families, unmarried mother families, childless couples, adoptive families, single-person households, stepfamilies, and communal families.
A couple, Lee Youngsook and Kim Mincheol, who have been married for six years, experienced great pain when they couldn't have a child. However, Lee found the courage to visit an adoption agency and, after convincing her husband, adopted a 2-year-old boy. Seeing their son grow up healthy and become a kindergarten student, the couple said there would be no greater happiness than this.
Choi Junho, a doctor who has been married for four years, has agreed with his wife to not have children in the future, and hopes that Korean society will recognize living without children as a valid choice. Choi made this decision because he respected his wife's belief that balancing work and parenting would be difficult. He argues that society should move away from the bias that insists that married couples must have children.
Recently, there has been a gradual increase in communal families where community members live together. This includes cases where 5 to 6 teenage runaways or orphaned teenagers live together in a communal home with teachers taking care of them. Kang Youngho, who operates a community family, says that as long as members feel a sense of connection and mutual need, they can be considered a family even if they are not related by blood. Communal families represent a new family form that centers on relationships rather than blood ties.
Now, we need to break away from blood-tie-centric thinking that emphasizes only our children and our ancestors. We live in an era where we must understand the meanings of various family types and acknowledge a new family system centered on relationships. Consequently, we should establish laws and systems that guarantee their rights and provide support.
Seyeon Newspaper, Reporter Kwon Jaeho

V **11.** ③ **12.** ③ **13.** ②

어제 1박 2일로 과 동기 엠티를 다녀왔다. 평소 수업하고 아르바이트 등으로 바빠서 얼굴 보기도 어려웠던 동기들과 오랜만에 즐거운 시간을 보냈다. 족구, 닭싸움, 수건돌리기를 하면서 저녁 내기도 하고 늦은 밤에는 방에서 진실게임을 하면서 깔깔 웃기도 했다. 게임과 놀이를 하다가 보니 어린 시절이 생각났다.
나는 어렸을 때 형들하고 밖에 나가서 노는 것을 좋아했다. 여동생하고 누나는 인형 놀이를 좋아해서 항상 인형을 가지고 소꿉놀이를 하곤 했다. 가끔 같이 놀 때는 학교놀이를 했는데, 제일 큰 누나는 항상 선생님 역할을 했고 나와 다른 형제들은 모두 학생 역할을 했다.
초등학교 때는 수업이 끝난 후 학교에 남아서 자주 놀았는데 우리는 항상 운동장에서 놀거나 산에 가서 뛰어놀곤 했다. 그리고 여자 아이들은 고무줄 놀이를 하거나 소꿉놀이를 많이 했다.
중학교 때는 친구들과 시간을 보낼 겸 운동 시합을 자주 했다. 축구 시합을 하다가 바지가 찢어져 어머니께 많이 혼났던 기억이 난다. 학교에서 소풍을 가면 수건돌리기나 닭싸움을 하며 재미있게 놀았다.
고등학교에 들어가면서 점점 놀 수 있는 시간이 부족해졌다. 그러다가 우연히 아버지에게서 바둑을 배우게 되었다. 친구들 중에는 할아버지에게서 장기를 배우는 아이들도 있었다.
대학교에 들어가면서 고향을 떠나 서울로 오게 되었다. 첫 학기에는 신입생 환영회, 과별 모임 등으로 친구들과 어울릴 일이 많았다. 도서관에서 공부를 하다가 피시방에 가서 시간을 보내는 경우도 있었는데 여러 가지 게임을 하며 머리를 식히기도 했다. 그러다가 가끔 엠티나 여행을 가게 되면 다시 가끔 어렸을 때 했던 놀이를 하게 되는 것이다. 다음 달 동아리 엠티 때는 모두 같이 고무줄놀이를 해 볼까?
Yesterday, I went to an MT with my classmates for 2 days and 1 night. I had a great time with my friends, whom I hadn't seen for a long time due to our busy schedules, including classes and part-time jobs. We made dinner bets while playing

foot volleyball, chicken fights, and "drop-the-handkerchief", and late at night, we had a good laugh playing truth or dare in our rooms. Playing games and having fun made me reminisce about my childhood.
When I was young, I loved going outside and playing with my older brothers. My younger sister and older sister enjoyed playing with dolls, so they would always play house with their dolls. Occasionally, when we played together, we'd act out school scenes. My eldest sister would always be the teacher, and the rest of us siblings would play the role of students.
In elementary school, after classes, we often stayed at school to play and usually played in the schoolyard or ran around in the mountains. The girls would play with jump ropes or play house.
In middle school, I often competed in sports to spend time with friends. I remember a time when I was scolded by my mother because I tore my pants while playing soccer. During school picnics, we had fun playing "drop-the-handkerchief" or having chicken fights.
As I entered high school, I had less and less time to play. Then, by chance, I learned how to play baduk from my father. Some of my friends learned janggi (Korean chess) from their grandfathers.
When I started university, I left my hometown and came to Seoul. In my first semester, I had many opportunities to socialize with my friends through freshmen welcoming events and department gatherings. While studying at the library, there were times when I'd go to a PC bang to hang out and play various games to clear my mind. Then, sometimes, when we go on MTs or trips, I find myself revisiting some of the games I used to enjoy as a kid. Maybe we should all try playing jump rope again for our club MT next month?

영문 번역

Unit 1

Section 1. I used to go watch movies

다니엘: 뭘 그렇게 보세요?
Daniel: What are you looking at?
수지: 고등학교 때 사진이요. 그때 친구들이 보고 싶어지네요.
Suji: A photo from high school. I miss my high school friends.
다니엘: 옛날 일을 추억하면 기분이 좋아지지요. 고등학교 때 수지 씨는 어땠어요?
Daniel: It feels good to reminisce about old times. What were you like when you were a high school student, Suji?
수지: 저는 영화를 참 좋아했었어요. 공부를 하다가도 갑자기 영화를 보러 가곤 했어요.
Suji: I really liked movies. Even while studying, I would suddenly go watch a movie.
다니엘: 그러셨군요. 그래서 수지 씨 집에 유난히 영화 관련 잡지가 많았군요. 말이 나온 김에 우리 같이 영화 보러 갈래요?
Daniel: I see. So that's why there are particularly so many magazines related to movies in your house. Speaking of which, shall we go to see a movie together?

문법

1. -다가도

· Meaning and Usage

This is added to an action or descriptive verb to indicate that a certain action or state is in progress but changes to a different action or state.

· Examples

평소에는 한국말을 잘하다가도 시험 때는 긴장해서 잘 못하게 돼요.
Even though I'm usually good at Korean, I get nervous during exams and don't do well.
나는 버스에서 졸다가도 내릴 정류장이 되면 저절로 눈이 떠져요.
Even if I doze off on the bus, my eyes automatically open when I get to the stop.
돈은 있다가도 없고 없다가도 다시 생길 수 있는 것이다.
Money comes and goes. You can lose money you have, and regain money you lose.
내 여자 친구는 평소에 상냥하다가도 뭔가가 마음에 안 들면 갑자기 화를 내.
My girlfriend is usually kind, but she suddenly gets angry when she doesn't like something.

가: 아르바이트를 하겠다고 하더니 아직도 시작 안 했어?
A: You said you were working part-time, but you still haven't started yet?
나: 응, 아르바이트를 할까 하다가도 공부 시간이 줄 것 같아서 망설이게 돼.
B: Yes. Even though I'm thinking about working part-time, I'm hesitating because I think I'll have less time to study.

가: 날씨가 이렇게 안 좋은데 등산해도 될까요?
A: Can we go hiking when the weather is this bad?
나: 날씨가 나쁘다가도 산에 오르면 갤 때가 있으니까 일단 올라가 봅시다.
B: Even if the weather is bad, there are times when it clears up when you climb the mountain, so let's go up first.

2. -곤 하다

· Meaning and Usage

This is used with an action verb to state that a repetitive action was taken during a set period of time.

· Examples

주말에 할 일이 없으면 혼자 영화를 보러 가곤 해요.
I go to watch movies by myself when I have nothing to do on the weekends.
가족이 그리우면 어머니께서 보내 주신 편지를 읽곤 했어요.
I used to read the letter my mother wrote to me whenever I missed my family.
초등학교 때 수업이 끝나면 친구들과 운동장에서 축구를 하곤 했어요.
In elementary school, after class, my friends and I used to play soccer in the field.
작년까지는 점심을 먹은 후에 커피를 마시곤 했는데 지금은 마시지 않아요.
Until last year, I used to drink coffee after lunch, but now I don't.

가: 우리 오늘 점심은 신촌역 앞에 있는 행복 식당에서 먹을까?
A: Why don't we eat at Haengbok Restaurant near Sinchon Station for lunch today?
나: 좋아. 대학생 때 거기에서 자주 먹곤 했는데. 그때가 생각난다.

B: Sure. I used to eat there often in college. I remember those days.

가: 이 바닷가에 자주 오셨나 봐요.
A: It seems like you came to this beach often.
나: 네, 어렸을 때 가족들과 자주 놀러 오곤 했어요.
B: Yes, I often came here with my family when I was young.

· Note
This cannot be used with a descriptive verb.

▶읽어 봅시다

며칠 전 '학교 종이 땡땡땡'이라는 전시회에 다녀왔다. 1970년대부터 1980년대의 학교 풍경을 보여 주는 전시회였는데, 책상부터 난로, 도시락까지 그때의 교실 모습 그대로였다. 내가 초등학교 시절에 선생님께서 난로 위에다가 학생들의 도시락을 쌓아 놓고 골고루 데워 주곤 하셨는데 그 모습이 떠올랐다. 교복을 입고 전시장을 왔다 갔다 하는 진행 요원의 모습도 학창 시절을 생각나게 했다. 옛날 모습을 추억하는 행사라서 나이가 많은 관람객부터 방학을 맞은 어린이까지 다양한 연령층이 전시장을 찾았고 곳곳에서 웃음소리가 터져 나왔다.
다른 한편에서는 할머니 몇 분께 졸업장을 드리는 행사가 진행되고 있었다. 처음에는 단체 관람을 오신 할머니들께 기념 선물로 졸업장을 만들어 드리는 것이라고 생각했다. 그런데 알고 보니까 어린 시절에 가난 때문에 학교를 졸업하지 못한 할머니들을 서울시에서 전시회에 초대한 것이었다. 비록 이벤트용 졸업장이지만 힘들게 살아온 그분들께는 의미 있는 선물이 되었을 것이다.
방학을 맞은 아이들에게 좋은 시간을 갖게 해 주고 싶어서 두 아들과 같이 전시장을 찾았지만 내가 더욱 많은 것을 깨달은 시간이었다. 전시된 것들은 오래된 물건에 불과했지만 그것들로 인해 나는 미래를 살아갈 힘을 얻은 것 같다.
A few days ago, I visited an exhibition called "School Bells are Ringing". It was an exhibition that showcased school scenes from the 1970s and 1980s and the classroom looked the same as it did back then, everything from the desks and stoves to the lunchboxes. I recalled memories of my elementary school teacher piling the students' lunchboxes on the stove and heating them evenly. The sight of the staff walking around the exhibition hall wearing school uniforms also reminded me of my school days. Because it was an event that brought back memories of the past, people of all ages, from elderly visitors to children on vacation, came to the exhibition, where laughter echoed throughout.
On the other side, there was a separate event where several grandmothers were receiving graduation certificates. At first, I thought the certificates were commemorative gifts for the grandmothers who came to the group tour. However, it turned out that the city of Seoul had invited grandmothers who, due to poverty in their youth, were unable to graduate from school. Even though these graduation certificates were for an event, they must have been a meaningful gift to those who had lived a hard life.
I visited the exhibition with my two sons to give them a good time during their vacation, but it was a time when I realized so much more. While the items on display were just old objects, they gave me the strength to continue living for the future.

▶들어 봅시다

여자1: 야, 정말 오랜만이다. 이게 몇 년 만이니?
여자2: 중학교 졸업하고 처음이니까 한 10년쯤 됐나 보다. 이런 데서 널 보게 될 줄은 꿈에도 몰랐어. 정말 반갑다.
여자1: 나도 그래. 그런데 넌 여기 어떻게 왔어?
여자2: 근처 공연장에서 대학 친구 피아노 독주회가 있어. 공연 시작 시간이 한 시간 정도 남았는데 마침 미술관이 보여서 시간 보내려고 왔어. 그런데 넌 하나도 안 변했다. 옛날이랑 똑같아.
여자1: 안 변하기는. 그런데 그동안 어떻게 지냈어? 전화번호도 바뀌고 친구들 통해서도 연락이 잘 안 되더라.
여자2: 응. 나는 한 5년 동안 호주에 유학을 갔다 왔어. 갑자기 떠나게 된 데다가 적응하기 힘들어서 연락도 못 했어.
여자1: 그랬구나. 난 대학 졸업 후에 무역 회사에 취직했어. 출장이 많아서 좀 힘들기는 하지만 일은 재미있는 편이야.
여자2: 잘 지내는 것 같아서 보기 좋다. 우리 중학교 때는 단짝 친구였는데. 매일 같이 공부도 하고 밥도 같이 먹고 놀기도 하고. 그동안 연락을 못 해서 미안해.
여자1: 나도 미안해. 어쩌다 보니 이렇게 시간이 흘렀구나. 아, 그때 우리가 자주 가던 그 떡볶이집 아직도 있는지 모르겠다.
여자2: 그 집? 기억난다. 정말 맛있었지. 수업이 끝나면 집에 가는 길에 꼭 한 번씩 들르곤 했었잖아. 우리 주말에 그 집에 한번 같이 가 볼까? 어때?

Woman 1: Hey, long time no see. How many years has it been?

Woman 2: It's our first time meeting since graduating from middle school, so it must have been around 10 years. I never dreamed I'd see you in a place like this. It's really nice to see you.

Woman 1: Me too. What brings you here?

Woman 2: My college friend is having a piano recital at a nearby concert hall. There was about an hour left until the show started, and I happened to see an art gallery, so I came to pass the time. But you haven't changed at all. You're just like in the old days.

Woman 1: What do you mean I haven't changed? Anyways, how have you been all these years? Your phone number changed, and I couldn't get in touch through mutual friends.

Woman 2: Yeah, I studied abroad in Australia for about five years. I couldn't contact you because I had to leave so suddenly and had a hard time adjusting.

Woman 1: I see. After graduating from college, I got a job at a trading company. It can be a bit tough because I have to travel a lot on business trips, but the work is interesting.

Woman 2: It's good to see that you're doing well. We were best friends in middle school, studying, eating, and playing together every day. I'm sorry for not staying in touch.

Woman 1: I'm sorry too. Time just flew by for both of us. Oh, I wonder if that tteokbokki place we frequently went to back then is still around?

Woman 2: That place? I remember it. The food was so good. We used to stop by on the way home after school. How about we go there together this weekend? What do you think?

Unit 1

Section 2. What was it like 10 years ago?

수지: 여기도 많이 변했어요. 10년 전만 해도 이렇게 큰 건물이 없었는데.

Suji: This place has changed a lot. There weren't any high-rise buildings here 10 years ago.

다니엘: 10년 전에는 어땠는데요?

Daniel: What was it like 10 years ago?

수지: 길 양쪽에 극장이 있었는데 모두 단층 건물이었지요.

Suji: There were many movie theaters on both sides of the street, but they were all only one-story buildings.

다니엘: 그때보다 많이 발전되었다는 말인가요?

Daniel: You mean that it has developed a lot more than before?

수지: 더 화려해지고 커졌다고 할 수 있지요.

Suji: You can say it has become bigger and fancier.

다니엘: 시간이 흐르면 모든 것은 변하니까요.

Daniel: As time passes, everything changes.

문법

1. 전만 해도

· Meaning and Usage

It is used when the present situation is different from a very recent situation. It is used after time words/phrases.

· Examples

방금 전만 해도 지갑이 여기 있었는데, 어디 갔지?

The purse was here just a moment ago, but where is it now?

6개월 전만 해도 한국말을 하나도 못 했는데 이젠 꽤 잘 해요.

I couldn't speak any Korean 6 months ago, but now I'm pretty good.

며칠 전만 해도 건강하셨는데 할아버지께서 갑자기 병원에 입원을 하셨어요.

My grandfather, who was healthy just a few days ago, was suddenly admitted to the hospital.

일주일 전만 해도 추웠는데 날씨가 많이 따뜻해졌어요.

It was cold just a week ago, but the weather has gotten much warmer.

가: 여긴 정말 많이 변했다. 10년 전만 해도 시골이었는데…….

A: This place has changed a lot. Only ten years ago it was the countryside…….

나: 그래. 너무 복잡해져서 이제는 어디가 어딘지도 잘 모르겠다.

B: You're right. It's become so complicated that I

don't know what is where.

가: 그 영화 매진이래.
A: That movie is sold out.
나: 어? 조금 전만 해도 7시 30분 표가 있었는데…….
B: What? Just a moment ago there were tickets for the 7:30 pm show…….

2. -는다고/ㄴ다고/다고 할 수 있다

· Meaning and Usage

This is added to an action verb or descriptive verb to indicate there is no problem in saying something because it's not very different from what most people think.

· Form

When the verb stem ends with a consonant other than 'ㄹ', '-는다고 할 수 있다' is used, and when it ends with a vowel or 'ㄹ', '-ㄴ다고 할 수 있다' is used. For descriptive verb stems, '-다고 할 수 있다' is used. For 'noun+이다', if the noun ends with a consonant, the '이다' becomes '이라고 할 수 있다', and if the noun ends with a vowel, it is written as '라고 할 수 있다'.

Verb stem ending	Combine with	Example
Action verb (Consonant)	-는다고 할 수 있다	읽는다고 할 수 있다. 입는다고 할 수 있다. 믿는다고 할 수 있다.
Action verb (Vowel, ㄹ)	-ㄴ다고 할 수 있다	간다고 할 수 있다. 좋아한다고 할 수 있다. 만든다고 할 수 있다.
Descriptive verb	-다고 할 수 있다	많다고 할 수 있다. 중요하다고 할 수 있다. 멀다고 할 수 있다.

Noun ending (Consonant)	이라고 할 수 있다	학생이라고 할 수 있다. 휴일이라고 할 수 있다.
Noun ending (Vowel)	라고 할 수 있다	부자라고 할 수 있다. 관광지라고 할 수 있다.

· Examples

하루에 5시간 정도 자니까 다른 사람보다 적게 잔다고 할 수 있다.
I sleep about 5 hours a day, so you could say I sleep less than other people.
홍대는 젊음의 거리라고 할 수 있다.
Hongdae can be said to be the street of youth.
명동은 서울에서 가장 유명한 관광지라고 할 수 있다.
Myeongdong can be said to be the most famous tourist destination in Seoul.
피아노를 10년쯤 배웠으니까 오래 배웠다고 할 수 있다.
I've been learning piano for about 10 years, so you could say I've been learning it for a long time.
가: 미나 씨, 키가 170cm니까 한국에서는 큰 편이지요?
A: Mina, your height is 170cm, so you're considered tall in Korea, right?
나: 네, 한국 여자 중에서는 크다고 할 수 있지요.
B: Yes, you could say I'm tall among Korean women.
가: 한국에 오신 지 얼마나 되셨어요?
A: How long has it been since you came to Korea?
나: 20년 됐어요. 이제 한국은 저한테 고향과 같은 곳이라고 할 수 있어요.
B: It's been 20 years. You could say Korea is like home to me now.

· Note

When talking about something that has already ended, use '-었다고 할 수 있다'.

▶읽어 봅시다

박물관에 가면 옛날 사람들이 사용하던 여러 가지 도구들이 있다. 지금도 사용되고 있어서 익숙한 물건도 있지만 처음 보는 낯선 것들도 있다. 또 본 적은 있지만 어디에 쓰는 물건인지 잘 모르는 경우도 많다. 그러나 관심을 가지고 옛 물건들을 보면 옛사람들의 생활 모습과 지혜를 배울 수 있다. 또 옛날 사람들이 얼마나 자연을 가까이하면서 살았는지도 알게 된다.
맷돌은 시골 할머니 댁에 가면 지금도 볼 수 있다. 이것은 곡식을 갈아 가루로 만들거나, 두부를 만들기 위해 콩을 갈 때 사용했다. 맷돌은 두 개의 둥근 돌을 겹쳐서 올려놓은 것인데, 윗돌에 있는 구멍에 곡식을 넣고 손잡이를 돌리면 돌 사이로 곡식이 갈려 나온다. 요즘의 믹서와 같은 것인데 돌로 갈기 때문에 영양소가 그대로 있고 음식 맛도 좋다.
요즘은 더운 여름철에 선풍기나 에어컨을 켜서 더위를 식힌다. 하지만 에어컨을 오랫동안 켜 놓으면 냉방병에 걸려서 소화가 잘 안 되거나 두통이나 피로를 쉽게 느끼게 된다. 그런데 옛날에는 이런 병이 없었다. 옛날 사람들은 시원한 천으로 만든 옷을 입거나 부채를 부치며 시원하게 여름을 지냈다. 그러나 무엇보다도 더운 여름에 사랑을 받았던 물건은 죽부인이다. 죽부인은 대나무로 만든 부인이라는 뜻으로 더운 여름밤에 시원하게 자기 위해서 사용했다. 죽부인은 대나무로 만들었는데 그 길이는 사람의 키만큼 길고, 모양은 안기 편한 원통형이었다. 대나무는 만지면 차갑기 때문에 몸에 닿았을 때 시원하다. 게다가 속이 비어 있고 구멍이 많이 있어서 바람이 잘 통한다. 그래서 이것을 안고 자면 시원하게 잘 수 있다.
요즘 옛날 사람들이 사용하던 맷돌이나 죽부인이 잘 팔리고 있다. 더 예쁘고 편리한 물건들이 많이 있지만 느리고 불편한 옛 물건들이 사람들에게 다시 인기를 얻고 있다고 할 수 있다. 이것은 옛날 사람들이 쓰던 물건 속에 삶의 지혜가 담겨 있기 때문이다. 자연을 가까이하면서 삶의 여유를 즐기던 옛사람들의 지혜를 배운다면 우리의 삶이 더욱 풍요로워질 것이다.

When you visit a museum, you can see various tools used by people in the past. Some objects might look familiar because they are still used today, but there are also unfamiliar things you've never seen before. Often, you might come across an object you've seen before but don't know what it's used for. However, if you observe old objects with interest, you can learn about the lifestyles and wisdom of people from the past. You can also learn how closely they lived with nature.

A millstone is something you can still see when you visit your grandmother's house in the countryside. It was used to grind grains into flour or to make tofu from beans. A millstone consists of two round stones, one placed on top of the other. You put the grains in the hole in the top stone and turn the handle, which grinds the grains as they come out between the stones. It's like today's blenders, but because it grinds with stones, the nutrients are preserved, and the food tastes better.

These days, during hot summer months, we use fans or air conditioning to cool off. However, if you leave the air conditioner on for too long, you might get "air-conditioning sickness", which can lead to poor digestion or make you easily feel headaches or fatigue. But in the past, there was no such illness. People wore clothes made of cooling fabric and used fans to stay cool during hot summer days. Above all, the most loved item in the hot summer was the "jukbuin". "Jukbuin" means "bamboo wife", and was used to keep people cool when sleeping on hot summer nights. The "jukbuin" is made of bamboo, is as long as a person's height, and has a cylindrical shape that is comfortable to hug. Bamboo is cold to the touch, so it feels cool when it touches the body. Moreover, it's hollow and has many holes, so air flows through it easily. That's why, when you hug it and sleep, you can sleep comfortably.

These days, old objects like millstones and "jukbuin" that were used by people in the past are selling well. Although there are many prettier and more convenient items, the slower and less convenient old items are regaining popularity. This is because these old items contain the wisdom of life. If we learn from the wisdom of the people from the past, who lived closely with nature and enjoyed the leisure of life, our lives will become even richer.

▶들어 봅시다

윤아: 어제 뉴스를 봤는데 20년 후에는 지금 직업과는 다른 직업들이 많이 생길 거래. 없어지는 직업도 많고.

에릭: 기술도 발전하고 우리 생활도 많이 변할 테니까 당연히 그렇게 되겠지.

윤아: 그런데 우리가 열심히 공부해서 가진 직업이 20년 후에는 필요 없는 직업이 되면 어떻게 하지? 10년 전만 해도 인기 있었던 은행원이나 항공기 기관사는 점점 줄어들 거래.

에릭: 그럼 미래에 꼭 필요한 직업을 가지면 되잖아.

윤아: 그래야 할 것 같아. 그런데 뉴스에 따르면 컴퓨터 프로그래머나 인공지능 기술 같은 첨단 기술이나 노인 도우미 같은 노인에 관련된 직업이 전망이 좋을 거래. 다 내 전공하고는 관계가 없는 것들이라서 좀 걱정이야.

에릭: 그렇게 걱정이 되면 지금이라도 컴퓨터 관련 공부를 해 보지 그래? 너 컴퓨터 잘하잖아.

윤아: 그럴 생각도 해 봤는데, 다른 공부를 시작하기에 너무 늦지 않았나 하는 생각이 들어.

에릭: 늦었다고 생각할 때가 가장 빠른 것이라는 말이 왜 있겠니? 시작이 반이라는 말도 있고. 내가 하고 싶은 말이 무슨 말인지 알지?

Yuna: I watched the news yesterday, and they said 20 years from now, there will be many different jobs than the ones we have now. Many jobs are disappearing as well.

Eric: Well, with technological advancements and changes in our lives, it's only natural that this would happen.

Yuna: But what if the jobs we studied hard for become unnecessary in 20 years? Even jobs like bank tellers or aircraft engineers, which were popular just a decade ago, are decreasing.

Eric: Well, you can always choose a job that will be in demand in the future.

Yuna: I think that's what I should do. But according to the news, jobs related to advanced technology, like computer programmers or AI specialists, and elderly

care-related jobs like caregivers, have good prospects. These are all unrelated to my major, so I'm a bit worried.
Eric: If you're worried, why don't you start learning about computer-related stuff now? You're good with computers.
Yuna: I've thought about that, but it might be too late to start learning something entirely different.
Eric: Why do you think there's a saying that the moment you think it's too late is actually when it's the fastest? There's also a saying that says, "The beginning is half the battle." You know what I'm trying to say, right?

Unit 2

Section 1. What if you hadn't come to Korea?

수지: 시간이 참 빨라요. 어느새 우리가 만난 지 1년이 다 됐네요.
Suji: Time flies. It's already been a year since we met.
다니엘: 벌써 그렇게 됐군요. 여기에 와서 많은 것을 배웠어요.
Daniel: It sure has been a long time. I've learned a lot here.
수지: 언제 귀국하세요?
Suji: When are you returning to your country?
다니엘: 조금 더 여기에 있을 계획이에요. 회사 인턴을 마친 후에 취직을 할 수 있으면 해 보려고요.
Daniel: I am planning to stay here a little longer. I want to try getting a job after I finish my internship at the company.
수지: 다니엘 씨가 만약 한국에 오지 않았다면 어땠을까요?
Suji: What do you think would have happened if you hadn't come to Korea, Daniel?
다니엘: 아마 결혼을 했을 거예요. 부모님이 많이 바라셨거든요.
Daniel: I probably would have gotten married. My parents really wanted me to.

문법

1. -었다면/았다면/였다면

· Meaning and Usage

This is used with an action or descriptive verb when supposing that something that did not happen in the past happened, or that something that happened in the past did not happen to bring about a certain result.

· Examples

내 말을 들었다면 이런 결과가 나오지 않았을 거야.
If you had listened to me, this result wouldn't have happened.
비가 오지 않았다면 지난 일요일에 놀이공원에 갔겠지요.
If it hadn't rained, we would have gone to the amusement park last Sunday.
제가 그 자리에 있었다면 하지 말라고 이야기했을 거예요.
If I had been there, I would have told him not to do it.
조금만 더 열심히 공부했다면 더 좋은 성적을 받았을 거예요.
If I had studied a litte harder, I would have gotten better grades.

가: 이튼 씨, 이 많은 일을 어떻게 다 끝냈어요?
A: Ethan, how did you finish all this work?
나: 하늘 씨가 도와주지 않았다면 못 끝냈을 거예요.
B: If Haneul hadn't helped me, I wouldn't have been able to finish it.

가: 오늘 경기 결과가 대단한데요. 한 말씀 부탁드립니다.
A: Today's match results are amazing. Can you please say a few words?
나: 저 혼자 했다면 이런 결과는 없었을 겁니다. 같이 뛰어준 우리 팀 동료들과 감독님께 감사드립니다.
B: If I were playing alone, I wouldn't have been able to achieve this result. I'd like to thank my teammates for playing with me and my coach.

2. -었을/았을/였을 것이다

· Meaning and Usage

This expression is used when one gives an assumption about an already finished action or situation.

· Form

It is attached to verb stems. For all action verbs or descriptive verbs ending with a vowel except 'ㅏ, ㅑ, ㅗ', the attached ending is '-었을 거예요'. For action verbs and descriptive verbs ending with 'ㅏ, ㅑ, ㅗ', the attached ending is '-았을 거예요'. For action verbs ending with '하다' the attached ending is '-였을 거예요'.

· **Examples**
지금쯤이면 공항에 도착했을 거예요.
They've probably arrived at the airport by now.
이 시험이 미선 씨에게는 조금 어려웠을 거예요.
This exam might have been a bit difficult for Miseon.
밤 9시니까 벌써 저녁을 먹었을 거예요.
It's 9PM, so they've probably already had dinner.
첫사랑이 이루어졌다면 아마 너 같은 아들이 있었을 거야.
If my first love had worked out, you might have had a son like you.

가 : 제임스 씨가 오늘 수업 시간에 졸던데…….
A: James dozed off during today's class…….
나 : 어제 일 때문에 밤을 새워서 많이 피곤했을 거예요.
B: He must have been tired because he stayed up all night yesterday due to work.

가 : 다니엘 씨는 아까 우리랑 같이 점심 먹었는데 또 식당에 가던데요.
A: Daniel had lunch with us earlier, but it seems he's going to a restaurant again.
나 : 그 식당 음식이 다니엘 씨한테는 좀 적었을 거예요.
B : The food at that restaurant must have been not enough for Daniel.

가 : 미선 씨가 학교에 있을까요?
A : Would Miseon still be at school?
나 : 글쎄요, 수업이 끝났으니까 아마 집에 갔을 거예요.
B : Well, since class is over, she probably went home.

가 : 지금쯤 도착했겠지요?
A : Do you think they've arrived by now?
나 : 네, 일찍 출발했으니까 벌써 도착했을 거예요.
B : Yes, they left early so they must have arrived by now.

It is also used when one assumes the following result after hypothesizing a fact.

고등학교 때 열심히 공부했다면 어머님이 좋아하셨을 거예요.
Your mother would have been happy had you studied hard in high school.
젊었을 때 술을 덜 마셨더라면 병에 걸리지 않았을 거예요.
If you had drunk less alcohol when you were younger, you wouldn't have gotten sick.

▶읽어 봅시다

서울 지하철 2호선에는 왕십리역이 있는데, 이 '왕십리'라는 이름에는 재미있는 이야기가 전해진다. 조선을 세운 태조는 새로운 장소로 수도를 옮기려고 했다. 그래서 유명한 스님인 무학대사에게 새 수도를 어디로 옮기는 것이 좋을지 알아보게 했다. 무학대사는 좋은 땅을 알아보기 위해서 이곳저곳을 다녔다. 그러던 어느 날 한 노인이 나타나서 동북쪽을 가리키며 좋은 곳을 찾으려면 여기서부터 십 리를 더 가라고 말한 후에 사라졌다. 알고 보니까 그 노인은 아주 유명한 도선대사였다. 무학대사가 노인의 말대로 동북쪽으로 십 리를 더 가니까 그곳에 정말 좋은 땅이 있었다. 그곳이 바로 지금의 경복궁 자리이다. 그 후 십 리를 더 가라는 뜻으로 '가다'라는 뜻의 '왕'에 십 리를 붙여서 왕십리라 부르게 되었다. 무학대사가 도선대사를 만나지 못했다면 왕십리에 경복궁이 지어졌을지도 모른다. 이와 같이 서울에는 지명과 관계된 여러 가지 이야기가 있다.
한국 사람이라면 누구나 한 번쯤은 들어봤을 지역 종로에도 이름에 숨겨진 재미있는 이야기가 있다. 종로는 옛날에도 지금과 같이 서울에서 가장 복잡한 곳 중에 하나였다. 또한 궁궐과 가까이 있어서 지위가 높은 사람들도 많이 다녔다. 백성들은 높은 사람들이 말을 타고 이곳을 지날 때마다 땅에 엎드려서 그들이 지나갈 때까지 기다려야만 했다. 그래서 가끔씩은 서서 걷는 시간보다 땅에 엎드린 시간이 더 많을 때도 있었다. 그것이 많이 불편했던 백성들은 종로 바로 뒤쪽에 좁은 길을 만들었다. 그리고 그 길의 이름을 '피맛골'이라고 했는데 피한다는 뜻의 '피'와 말이라는 뜻의 '마'가 합쳐진 것으로 말을 피해 다닐 수 있는 길이라는 뜻이다. 가난한 백성들이 주로 이용했던 이 길은 그 후에 값싸고 맛있는 음식점이 하나둘씩 생겨서 지금까지 맛있는 음식점이 많은 길로 유명하다.
서울에는 이곳들 외에도 재미있는 유래를 가진 장소가 많다. 왜냐하면 서울은 수백 년의 역사를 가지고 있는 도시이기 때문이다. 서울의 이곳저곳을 돌아다니면서 옛날 모습을 상상해 보는 것도 재미있을 것이다.
Wangsimni station is on Seoul Subway Line 2, and there is an interesting story behind the name "Wangsimni." King Taejo, who founded the Joseon Dynasty, wanted to move the capital to a new location. To find a suitable place for the new capital, he asked the great Buddhist Monk Muhak for advice. Monk Muhak traveled far and wide to find good land. One day, an old man appeared and pointed northeast, told him to go a further 10 li to find a good place, and then disappeared. It turned out that the old man was the renowned Monk Doseon. Following the old man's advice, Master Muhak went 10 li more northeast and found an excellent piece

of land. This place is where Gyeongbokgung Palace stands today. Afterward, it came to be called "Wangsimni" by adding the word "wang," which means "to go," to "simni" (10 li), thus meaning to go 10 li further. If Monk Muhak hadn't met Monk Doseon, Gyeongbokgung Palace might have been built in Wangsimni. Likewise, Seoul has many stories related to place names.
Jongno, a region that every Korean has heard of at least once, also has an interesting story behind its name. Jongno was, and still is, one of the busiest places in Seoul. Because it was close to the palace, many high-ranking officials passed through. Whenever these officials rode by on horseback, commoners had to bow down on the ground and wait for them to pass by. Sometimes, they spent more time lying on the ground than standing and walking.
Commoners who found this very inconvenient built a narrow road right behind Jongno. The name of this road was "Pimatgol," which is a combination of the word "pi," meaning "to avoid," and "ma," meaning "horse," thus meaning it is a road where you can avoid horses. Over time, many inexpensive and delicious restaurants opened one by one along the road, which poor commoners primarily used and to this day, this road is famous for its many delicious restaurants.
There are many other places in Seoul with interesting origins. This is because Seoul is a city with hundreds of years of history. Exploring different parts of Seoul and imagining what life was like in the past can be quite enjoyable.

▶들어 봅시다

만약에 여러분이 대통령의 아들이나 딸로 태어났다면 어땠을까요? 여러분의 생활이나 계획이 어떻게 달라졌을까요? 여러분은 지금의 생활보다 그 생활을 더 사랑할까요? 만약에 여러분이 지금부터 5천 년 전에 태어났다면 어땠을까요? 만약에 여러분이 지금까지 살아오는 동안 가장 후회하고 있는 일을 하지 않았다면 어땠을까요? 만약에 말입니다.
우리는 이렇게 우리의 현재나 과거의 상태와는 다른 어떤 상황을 가정해 볼 수 있습니다. 저는 가끔 만약에 내가 천재로 태어났다면 어땠을까를 상상하곤 합니다. 그러면 제 생활이 더 편해졌을까요? 제가 원하는 많은 일들을 더 만족스럽게 이루었을까요? 결과적으로 지금보다 더 행복한 생활을 할 수 있었을까요? 그런데 이에 대한 대답은 '아니다'입니다.
우리의 생활을 행복하게 이끄는 조건은 천재로 태어나거나 대통령의 자식으로 태어나는 것과 같은 가정과 상상이 아닙니다. 나는 지금의 나로서도 충분히 행복할 수 있습니다. 왜냐하면 나에게 행복을 주는 것은 바로 지금 현재의 나 자신이기 때문입니다.
What would it be like if you were born as the son or daughter of a president? How would your life and plans be different? Would you love that life more than your current one? What if you were born 5,000 years ago? What if you hadn't done the thing you regret most in your life up to this point? What if?
Like this, we can imagine alternative scenarios that differ from our current or past state. Sometimes, I like to imagine what it would have been like if I were born a genius. Would my life be more comfortable? Would I have achieved many of the things I desire with more satisfaction? As a result, would I have lived a happier life than I do now? The answer, however, is "no."
The conditions that lead to a happy life are not about being born a genius or as the child of a president, or any other imaginative scenarios. I believe I can be happy as I am right now because what brings me happiness is none other than my present self.

Unit 2

Section 2. They do all the housework and even take care of the children

제임스: 뉴스 보셨어요? 드디어 새로운 가사 로봇이 판매된다고 해요.
James: Have you seen the news? A new housekeeping robot will finally be on sale.
리사: 그래요? 무슨 일을 하는 로봇인데요?
Lisa: Really? What kind of work does the robot do?
제임스: 집안일은 물론 아이를 돌보기까지 한 대요.
James: They do all the housework and even take care of the children.
리사: 그래도 로봇이 하는 일이 사람이 하는 것만 할까요?
Lisa: But do you think the work of a robot is as good as the work of a human?

제임스: 사람이 하듯이 아주 완벽하게 잘한답니다.
James: They say it works perfectly well, just as a human would.
리사 : 그런 다양한 기능을 가진 로봇이 나오다니, 세상 참 좋아졌어요.
Lisa: The world has become a better place now that robots with such diverse functions have emerged.

문법

1. 은/는 물론

· Meaning and Usage

It is used to express that not only the prior clause but also the later clause is valid. It is attached to nouns.

· Examples

유럽은 물론 아시아의 각국도 축제 분위기이다.
Not only Europe but also every country in Asia is in a festive mood.
고등학교 때 내가 얼마나 유명했는지 동네나 학교는 물론 시내에서도 나를 모르는 사람이 없었다.
I was so well-known in high school that not only everybody in my neighborhood and school but also those in the city recognized me.
아이는 부끄러운지 얼굴은 물론 손까지 빨개졌다.
The child was so embarrassed that not only did her face blush but her hands also became red.

가 : 리에 씨는 한국어를 참 잘해요.
A : Rie is very good at Korean.
나 : 리에 씨는 한국어는 물론 영어도 잘해요.
B : Rie is proficient not only in Korean but also in English.

가 : 토요일인데 일하러 가세요?
A : Today is Saturday, but do you still have to go to work?
나 : 요즘 일이 밀려서 토요일은 물론 일요일에도 일을 해야 끝낼 수 있어요.
B : Work is piling up these days, so I have to work not only on Saturday but also on Sunday to get it done.

2. -듯이

· Meaning and Usage

It is used when the action in the second clause is done like the prior action or when the same situation follows the previous situation.

· Form

It is attached to verb stems.

· Examples

사람마다 생김새가 다르듯이 생각도 다르다.
Just as each person's appearance differs, their thoughts are also different.
누구나 그렇듯이 나도 다른 사람에게 피해를 주는 일은 하고 싶지 않다.
Like everyone else, I do not want to cause harm to anyone.
그 남자는 춤을 추듯이 교실로 걸어 들어왔다.
That man walked into the classroom as if he were dancing.
그 말을 듣고는 미워하던 마음이 눈 녹듯이 사라졌다.
Hearing those words made my hatred melt away like snow.

가: 몸은 좀 어때요?
A: How are you feeling?
나: 씻은 듯이 나았어요.
B: I'm all better now as if everything has washed away.

가: 두 사람은 화해한 것 같지요?
A: It seems like the two have reconciled, right?
나: 네, 아무 일도 없었다는 듯이 잘 지내더라고요.
B: Yes, they're getting along as if nothing had happened.

▶읽어 봅시다

여러분이 상상하는 미래의 인간은 어떤 모습인가요? 과학 기술의 발달이 우리 몸을 어떻게 변화시킬까 하는 주제에 대해서 과학자들은 인간 몸의 미래를 다음과 같이 예상하고 있습니다.
가장 실현 가능성이 높을 것으로 예상되는 변화는 운동과 다이어트에 대한 것입니다. 앞으로 10년 내에 우주인 다이어트 기기가 등장해 비만 문제를 해결할 것으로 보입니다. 우주인 훈련 시설과 비슷하게 생겨서 10분만 누워 있으면 한 시간 이상 격렬한 운동을 한 듯이 효과가 나타나는 운동 기구가 등장할 것이라고 합니다. 이 기구는 근육량이 늘어나는 것은 물론 개개인에게 맞는 기초대사량까지 고려하여 신체의 균형을 잡아줄 것으로 보입니다.
또한, 앞으로 15년 후에는 생각만으로 사물을 움직일 수 있을 것으로 예상되고 있습니다. 최근 한 연구 기관에서는 인간과 컴퓨터가 정보를 주고받아 생각만으로 전기 휠체어는 물론 컴퓨터, 텔레비전 등을 마음대로 움직일 수 있게 하는 연구를 하고 있는데 15년 후면 가능할 것으로 보인다고 합니다. 전자 기기를 끄고 켜는 일, 텔레비전 채널을 바꾸고 컴퓨터로 이메일을 보내는 일 등을 생각으로 조정할 수 있는 기술이 등장할 것으로 예상합니다.
그뿐만 아니라 앞으로 20년 후 일어날 예측 가운데 가장 놀라운 것은 치아 건강과 관련된 것입니다. 요즘은 충치가 생기거나 사고로 치아가 부러지면 치아와 비슷한 물질로 치아를 대체하지만 20년 후에는 환자의 치아로 새로운 치아를 만들어 치료를 할 수 있다고 합니다.
이와 함께 2100년 정도에는 모든 질병을 막을 수 있을 것이며 2150년에는 몸의 각 기관을 마음대로 바꿀 수 있는 시대가 열릴 것으로 예상됩니다.
What do you imagine future humans will be like? On the subject of how advancements in science and technology will change our bodies, scientists predict the future of the human body as follows:
One of the most likely changes to be realized is related to exercise and diet. In the next 10 years, astronaut dieting devices are expected to emerge to solve the obesity problem. It is said that exercise equipment will resemble those in space training facilities, providing the same effect of over an hour of intense exercise in just 10 minutes of use. It's expected that these devices will increase muscle mass and help the body maintain a balanced physique by taking into account each individual's basal metabolic rate.
In addition, within the next 15 years, it is anticipated that humans will be able to move objects with their thoughts alone. Recently, a research institution has been studying how humans and computers can exchange information to control various devices, including electric wheelchairs, computers, and televisions, purely through thought. They say that this will be possible in 15 years. They anticipate the emergence of technology that will allow people to turn electronic devices on and off, change TV channels, and send emails with just their thoughts.
Moreover, among the predictions for the next 20 years, the most astonishing is related to dental health. Nowadays, when cavities occur or teeth are broken in accidents, the teeth are replaced with similar materials. However, in 20 years, it is predicted that new teeth can be created from a patient's own teeth for treatment.
Furthermore, around the year 2100, it is anticipated that all diseases can be prevented, and by 2150, it is expected that a new era will begin, where every organ in the body can be replaced at will.

▶들어 봅시다

기자: 한 학생이 1965년에 그린 미래 사회의 모습이 인터넷에서 화제가 되고 있습니다.
앵커: 어떤 그림인지 구체적으로 설명해 주실 수 있을까요?
기자: 네, 앞으로 50년 후 우리들의 생활이 얼마나 달라질지를 상상하며 그린 그림인데요. 요즘의 모습과 닮은 점이 아주 많습니다.
앵커: 그만큼 이 학생의 예상이 맞았다는 말씀이지요?
기자: 그렇습니다. 예를 들면 사람들이 로켓을 타고 달나라로 여행을 가는 모습은 물론 직접 운전하지 않아도 자동으로 운전이 되는 전기자동차 등이 그려져 있습니다.
앵커: 정말 요즘 화제가 되고 있는 기술이 그림에 있군요.
기자: 네, 이 외에도 언제든지 텔레비전을 볼 수 있는 소형 전화기, 태양열을 이용해 에너지를 만드는 집, 집에서 진료를 받을 수 있는 의료 시스템을 표현한 그림이 있는데요. 기술의 발전으로 이제는 모두 실현 가능하게 된 일들입니다.
앵커: 1965년에는 꿈만 같던 일들이 이제는 모두 현실로 이루어졌다니 정말 놀랍네요.
기자: 네, 하지만 모든 기술이 이루어진 것은 아닙니다. 5분 만에 서울에서 부산까지 이동할 수 있는 기차는 아직 그림 속에만 존재하는 꿈만 같은 이야기입니다.
Reporter: A picture of a future society drawn by a student in 1965 is making waves on the internet.
Anchor: Can you explain in detail what kind of picture this is?
Reporter: Of course. It's a drawing imagining how different our lives will be in the next 50 years. There are many similarities to the way things are today.
Anchor: So, you mean this student's predictions have been quite accurate?
Reporter: That's correct. For example, there are pictures of people traveling to the moon in rockets and self-driving electric cars that function automatically.
Anchor: The picture really does portray

technology that is becoming a hot topic these days.
Reporter: Yes, and in addition to those, there are pictures depicting small pocket-sized phones that can be used to watch television anytime, houses that generate energy using solar power, and a medical system that allows you to receive treatment at home. These are all things that have become feasible with technological advancements.
Anchor: It's truly amazing that what seemed like mere dreams in 1965 has now become reality.
Reporter: Yes, but not all the technology has been achieved. The train that can travel from Seoul to Busan in just 5 minutes is still a dream that exists only in the picture.

Unit 3

Section 1. Over time, I've adapted

엠마: 안녕하세요? 이렇게 만나게 돼서 반가워요. 외국 생활이 처음이라고 하던데 불편한 것은 없어요?
Emma: Hello. It's nice to meet you. I heard it's your first time living abroad. Have there been any inconveniences?
마리아: 글쎄요, 처음에는 외국 생활에 겁이 많이 났었는데 살다가 보니 어느 정도 적응이 되는 것 같아요.
Maria: Well, at first, I was quite scared of living abroad, but with time, I think I'm getting pretty used to it.
엠마: 다행이네요. 그런데 집이 이태원이라고 하셨지요? 거긴 시내와 가까워서 살기 편하시겠어요.
Emma: That's a relief. By the way, you said your home is in Itaewon, right? It must be convenient to live so close to the city.
마리아: 편하긴 한데 좀 시끄러워요. 그래서 다른 데로 옮길까 생각 중이에요.
Maria: It's convenient, but a bit noisy. So I'm thinking about moving somewhere else.
엠마: 그럼 저희 집 근처로 오세요. 아주 조용하고 주변에 외국인이 편하게 이용할 수 있는 시설들이 많아요.
Emma: Then come near my house. It's very quiet and there are many facilities nearby that foreigners can use comfortably.
마리아: 그래요? 그럼 한번 가 봐야겠군요.
Maria: Really? I should check it out sometime.

문법

1. -다가 보니

· Meaning and Usage

This is used to indicate realizing a new fact or reaching a certain state during the process of performing an action. '-다가' can be shortened to '-다'.

· Examples

계속 같은 음식만 먹다가 보니 이젠 싫증이 나서 못 먹겠어요.
I kept eating the same food, and now I'm so sick of it that I can't eat it anymore.
한눈 안 팔고 열심히 살다가 보니 돈도 벌고 성공도 하게 됐습니다.
I worked hard without getting sidetracked, and I ended up making money and becoming successful.
친구와 재미있게 이야기하다가 보니 어느새 벌써 밤 10시가 넘어 있었다.
I was enjoying a conversation with my friend, and before I knew it, it was already past 10 PM.
너무 피곤해서 지하철에서 졸다가 보니 다음 역이 벌써 내려야 할 역이었다.
I was so tired that I dozed off on the subway and realized that the next station was already the one I had to get off at.

가: 손님이 뭘 원하는지 어떻게 그렇게 잘 알아요?
A: How do you know what customers want so well?
나: 매일 많은 사람들을 만나다가 보니 얼굴만 봐도 알겠어요.
B: I meet so many people every day that I can tell just by looking at their faces.

가: 어젯밤에 자는데 좀 시끄럽지 않았어요?
A: Wasn't it noisy when you were sleeping last night?
나: 모르겠어요. 저는 시끄러운 곳에서 살다가 보니 이제는 좀 시끄러워도 잘 자요.
B: I don't know. I used to live in a noisy place, so now I sleep well even if it's a bit noisy.

2. -긴 하는데/한데

· Meaning and Usage

This is used to acknowledge the preceding fact while providing an opposing fact or a result contrary to one's expectation. After an action verb stem, '-기는 하

는데' is used, and after an descriptive verb stem, '-기는 한데' is used. '-기는' can be shortened to '긴'.

· Examples

여행을 좋아하긴 하는데 바빠서 자주 못 가요.
I like traveling, but I can't go often because I'm busy.
공부를 열심히 하긴 하는데 성적이 안 올라요.
I study hard, but my grades aren't improving.
방이 조용하긴 한데 환기가 잘 안돼서 공기가 좀 안 좋아요.
The room is quiet, but the air is bad because of poor ventilation.
시장에 가면 물건이 많긴 한데 마음에 드는 게 별로 없어요.
There are many things at the market, but not much that I like.

가: 한국 생활은 어떠세요?
A: How's life in Korea?
나: 힘들긴 한데 이젠 친구들도 많아지고 익숙해져서 지낼 만해요.
B: It's challenging, but now I have more friends and I'm used to it, so it's not bad.

가: 큰 집으로 이사하셔서 좋으시겠어요.
A: Moving to a big house must be nice.
나: 네, 좋긴 한데 집이 크니까 청소하기가 힘들어요.
B: Yes, it's nice, but it's hard to clean because the house is big.

▶읽어 봅시다

태권도는 나의 힘, 나의 기쁨!

나의 하루는 한국의 전통 무술인 태권도와 함께 시작됩니다. 몸이 약해서 시작했던 태권도가 이젠 나의 몸과 마음을 단련하는 생활의 중요한 부분이 되었습니다. 처음 태권도를 배울 때는 몸이 마음처럼 움직이지 않아서 고생을 많이 했어요. 하지만 어려움을 참고 하다가 보니 시간이 지날수록 잘하게 되었고 마음도 안정을 찾을 수 있었지요. 태권도를 배우면서 예전엔 이상하게만 보이던 한국의 문화를 다시 생각해 보고, 한국인의 눈으로 바라볼 수 있게 되었습니다.

처음 한국에 왔을 때는 내가 살아온 환경과 너무 달라서 적응하기가 힘들었습니다. 식사뿐만 아니라 무엇이든지 빨리빨리 하려는 한국인들 틈에서 내가 게을러 보이기까지 했고다. 또 회사 동료와 한국 음식을 먹으러 갔다가 김치를 먹어 보라고 해서 먹었을 때 정말 매워서 혼이 났던 적도 있었습니다.

가족들과 떨어져 지내는 크리스마스 같은 휴일은 특히 고향 생각이 더 많이 나고 외롭기도 했습니다. 하지만 적응하기 힘들었던 한국에서의 삶도 태권도를 할 때와 같이 자꾸 부딪치고 경험해 보면서 어느덧 나의 일부분이 되어 가고 있습니다. 아직도 가끔 고향 음식이 그립긴 한데 매운 한국 음식도 누구 못지않게 좋아하고 즐기게 됐습니다. 오늘 아침에도 태권도를 하며 한국에서의 활기찬 하루를 시작합니다.

Taekwondo is my strength, my joy!

My day begins with the traditional Korean martial art of Taekwondo. Taekwondo, which I started because my body was weak, has now become an essential part of my life, training both my body and mind. When I first started learning Taekwondo, I had a hard time because my body didn't move as my mind wanted to. However, as I persevered through the difficulties, I improved over time and found inner peace. Through Taekwondo, I've come to rethink the culture of Korea, which seemed strange in the past, allowing me to see it from a Korean perspective.

When I first came to Korea, I struggled to adapt because the environment was so different from where I had lived. I even looked quite lazy among Koreans who wanted to do everything, including eating meals, quickly. There was also a time when I went to eat Korean food with a coworker who made me try kimchi, and I almost lost my senses because of how spicy it was.

Holidays like Christmas, when I was away from my family, made me miss my hometown more and left me feeling lonely. However, life in Korea, which was difficult to adapt to, is gradually becoming a part of me as I continue to encounter and experience them head-on just like Taekwondo. I still miss the food from my hometown sometimes, but I have come to enjoy and appreciate spicy Korean food as much as anyone else. Even this morning, I started another vibrant day in Korea by practicing Taekwondo.

▶들어 봅시다

앵커: 서울에 살고 있는 외국인 수가 나날이 증가하고 있습니다. 서울이 국제도시가 되면서 외국인들과 일상생활을 함께하고 있는데요. 서정훈 기자가 서울에서 외국인들에게 인기 있는 동네에 한번 나가 봤습니다. 말씀해 주시죠.

기자: 안녕하세요? 제가 제일 먼저 소개 드리는 곳은 일본 사람이 많이 모여 살아 '리틀 도쿄'라고도 불리는 동부이촌동입니다. 화면으로 보시다시피 이곳은 아파트가 많은데요. 간판도 일본어로 표시된 곳이 많고, 가게에서도 일본어가 통해서 일본 사람들은 고향 같은 편안함을 느낀다고 합니다.
다음 화면 보여 주세요. 여기는 한옥이 많이 모여 있는 안국동입니다. 한옥은 아파트보다 좀 불편할 수 있지만 요즘은 현대식으로 고친 곳들이 많아서 옛날보다 훨씬 좋아졌습니다. 보시는 집 역시 새로 고친 집인데요. 한옥의 멋이 느껴지시나요? 이 동네에서 살면 한국의 문화를 몸으로 직접 느낄 수 있고 서울 시내도 가까운 데다가 아주 조용해서 외국인들에게 인기가 많다고 합니다.
다음으로 보여 드리는 곳은 외국인 관광객이 구경도 많이 하고 쇼핑을 하기 위해서 꼭 한번 들르는 이태원입니다. 항상 사람이 많아서 좀 복잡하긴 한데 보시다시피 세계 여러 나라의 음식점이 다 모여 있어서 어느 나라 사람이나 살기가 편합니다.
마지막으로 소개 드릴 곳은 '작은 프랑스'라고 하는 서래마을입니다. 보시면 간판이나 표지판이 한국어와 프랑스어로 쓰여 있지요? 프랑스 음식을 파는 곳도 많아서 프랑스에 간 것 같은 느낌이 듭니다. 보통 사람이 별로 많지 않아서 동네가 조용하고 크고 넓은 집이 많습니다.
앵커: 네, 정말 프랑스 분위기가 느껴지네요. 최근 '서울 속의 세계'라고 할 만큼 외국인 마을들이 많이 생기고 있습니다. 다양한 문화가 아름답게 공존하는 서울이 되기를 바랍니다. 서정훈 기자, 고맙습니다.
Anchor: The number of foreigners living in Seoul is increasing day by day. As Seoul becomes an international city, we share our daily lives with foreigners. Reporter Seo Junghoon went to neighborhoods popular among foreigners in Seoul. Please tell us more.
Reporter: Hello. The first place I would like to introduce is Dongbu Ichon-dong, also known as "Little Tokyo," where many Japanese people live together. As you can see in the footage, there are many apartment buildings here. Many signs are written in Japanese, and even stores speak Japanese, allowing Japanese residents to feel at home here.
Please show the next screen. Here, we have Anguk-dong, where there are many hanoks. While hanoks may be less convenient than apartments, many have been modernized, making them more comfortable than before. The house you see here is also a renovated hanok. Can you feel the charm of the hanok? This neighborhood is popular among foreigners because it allows them to experience Korean culture firsthand, is close to downtown Seoul, and is very quiet.
Next is Itaewon, a place where foreign tourists visit at least once to go sightseeing and do some shopping. It's a bit crowded because there are always so many people, but as you can see, there are restaurants from all over the world, making it convenient for people from any country to live here.
Lastly, I'd like to introduce Seorae Village, also known as "Little France." If you look here, the signs and signboards are written in both Korean and French, aren't they? There are many places that serve French food, so you feel like you're in France. There are usually not many people, so the neighborhood is quiet and there are many large and spacious houses.
Anchor: Yes, I can really feel the French atmosphere. Recently, there have been so many foreign villages like these that we can say there's a "world within Seoul." We hope to become a city where various cultures coexist beautifully. Thank you, Reporter Seo Junghoon.

Unit 3

Section 2. She's like my mother

엠마: 제임스 씨, 오늘 저한테 아주 중요한 분을 만나는데 같이 가실래요? 소개해 드리고 싶어서요.
Emma: James, would you like to accompany me to meet someone very important to me today? I'd like to introduce you.
제임스: 엠마 씨가 그렇게 말하니 궁금하네요. 어떤 분인데요?
James: Emma, you make me curious. Who is this person?

엠마: 제가 힘들고 외로울 때마다 큰 도움을 주셨던 분이에요. 그분이 없었더라면 아마 지금의 저도 없었을 거예요.
Emma: It's someone who helped me a lot whenever I was having a hard time and feeling lonely. If it weren't for her, I probably wouldn't be where I am today.
제임스: 그래요? 엠마 씨의 인생에 아주 큰 영향을 끼치신 분이군요.
James: Really? Sounds like this person has had a great influence on your life.
엠마: 네, 그분은 정말 저희 어머니나 다름없는 분이에요.
Emma: Yes, she's practically like a mother to me.
제임스: 그런 분이 계시다니 엠마 씨가 정말 부러운데요. 가면서 그분에 대해 좀 더 얘기해 주세요.
James: It must be nice to have someone like that in your life, Emma. Tell me more about this person as we go.

문법

1. -었더라면/았더라면/였더라면

· Meaning and Usage

This is used to make assumptions about past events and predicting a certain outcome in the future that are contrary to the truth. This is often used to express regret or lament for past events.

· Examples

좀 더 일찍 치료를 했더라면 수술을 하지 않아도 됐을 텐데.
If I had gotten treatment a bit earlier, I might not have needed surgery.
내가 그때 그의 편지에 답장을 했더라면 아마 헤어지지 않았겠지.
If I had replied to his letter then, we wouldn't have broken up.
내가 그때 이 남자와 결혼하지 않았더라면 지금쯤 외국에서 공부하고 있었을걸.
If I hadn't married that man back then, I'd probably be studying abroad by now.
선생님께서 그때 제 잘못을 지적해 주지 않으셨더라면 저는 아마 나쁜 길로 가게 됐을 겁니다.
If the teacher hadn't pointed out my mistake back then, I probably would have gone down the wrong path.

가: 내일이 시험인데 잠을 못 자서 어떡하니? 피곤하겠다.
A: You have an exam tomorrow but you can't sleep? You must be tired.
나: 다 내 잘못이지 뭐. 평소에 열심히 공부했더라면 지금 이렇게 밤새워 공부하지 않아도 됐을 거야.
B: It's my fault, really. If I had studied hard in the first place, I wouldn't have to stay up all night studying like this.

가: 이삿짐 정리를 못 도와줘서 미안해.
A: I'm sorry I can't help you organize your belongings.
나: 미안하기는. 네가 도와주지 않았더라면 오늘 다 옮기지도 못했을 텐데.
B: Don't be sorry. If you hadn't helped, I wouldn't have been able to move everything today.

2. 이나/나 다름없다

· Meaning and Usage

This is used when something is similar or almost the same as another thing. After nouns without a final consonant, '나' is used, and after nouns with a final consonant, '이나' is used.

· Examples

한 번 더 생각해 본다고 말한 것은 거절이나 다름없어요.
Saying you'll think about it one more time is the same thing as refusing.
5시쯤 피자를 먹었으니까 저녁을 먹은 것이나 다름없어요.
We ate pizza around 5 PM, so it's like we had dinner.
김 선생님은 어려운 일이 있을 때마다 형처럼 저를 도와줘요. 저에겐 친형이나 다름없어요.
Mr. Kim helps me like an older brother whenever there's a difficult situation. He's like a real brother to me.
아버지가 살아 계시기는 하지만 아이를 고아원에 맡기고 한 번도 찾아오지 않았어요. 저 아이는 거의 고아나 다름없죠.
Although the father is still alive, he left the child in an orphanage and has never visited. That child is almost like an orphan.

가: 이 구두는 새 거예요?
A: Are these shoes new?
나: 아니요, 새 구두는 아니에요. 하지만 사서 몇 번 안 신었으니까 거의 새 구두나 다름없어요.
B: No, they are not new shoes. But I've only worn them a few times since buying them, so they're almost brand new.

가: 이 학교를 김 선생님이 세웠어요?
A: Mr Kim founded this school?

나: 아니요, 세우기는 홍 이사님이 세웠죠. 하지만 김 선생님이 없었다면 지금처럼 학교가 발전하지 못했을 거예요. 김 선생님이 세운 것이나 다름없어요.
B: No, Mr. Hong founded it. But without Mr. Kim, the school wouldn't have developed as it has now. It's almost as if Mr. Kim founded it himself.

▶읽어 봅시다

집안이 가난해서 고등학교만 졸업하고 공장에 취직한 한 청년이 있었습니다. 그는 가고 싶은 회사에 취직하지 못했고 하고 싶은 일을 하지 못했기 때문에 매일 술만 마시며 시간과 돈을 낭비했습니다. 회사에 자주 지각하고 열심히 일하지 않았습니다.
이런 그를 안타깝게 바라보는 여자가 있었습니다. 그녀는 착하고 예쁜 여자였습니다. 두 사람이 결혼하게 됐을 때 다들 여자가 아깝다고 했지만 그녀는 그를 정말 사랑했고 자랑스럽게 생각했습니다. 그는 좋은 직업을 가지고 있지 않았지만 정이 많고 자상하며 순수한 사람이었기 때문입니다.
결혼 후 남편은 착한 아내에게 기름때 묻은 옷과 적은 월급봉투를 내놓는 게 늘 미안했고, 아내는 그런 남편의 힘없는 어깨를 보는 게 마음이 아팠습니다. 그래서 매일 아침 그의 도시락에 특별한 반찬 한 가지를 더 싸 주었습니다. 그건 남편에게 용기를 주기 위한 아내의 편지였습니다.
'여보, 나는 당신이 아주 자랑스러워요.'
그는 아내의 편지를 볼 때마다 정말 자랑스러운 남편이 되도록 열심히 일해야겠다고 생각했습니다. 그 후로 그는 눈에 띄게 달라졌습니다. 다른 직원들보다 매일 두 시간씩 일찍 출근해서 공장 여기저기를 청소하기 시작했습니다. 아내는 10년간 계속 사랑의 편지를 썼고 남편도 그런 아내를 실망시키지 않으려고 열심히 일했습니다.
세월이 많이 지난 어느 날, 그날도 열심히 공장을 청소하고 있는데 문이 열리고 사장님이 들어왔습니다.
"내가 10년 전부터 자네를 쭉 지켜봤네."
사장님은 그를 공장의 책임자로 승진시켰습니다. 아내의 사랑이 담긴 도시락 편지가 그를 변화시켰고 자랑스러운 남편이 될 힘을 주었던 것입니다.
이 이야기는 우리 할아버지와 할머니의 사랑 이야기입니다. 할머니의 한결같은 사랑과 정성이 없었더라면 할아버지는 이렇게 훌륭한 남편이 될 수 없었을 겁니다.
There was a young man who only graduated from high school and started working in a factory because his family was poor. He couldn't get a job at the company he wanted to work for and couldn't do the things he wanted to do, so he wasted his time and money drinking every day. He was often late to work and didn't work diligently.
There was a woman who looked at him with pity. She was kind and beautiful. When the two of them got married, everyone said that she deserved better, but she really loved him and was proud of him. He didn't have a good job, but he was affectionate, gentle, and a pure-hearted person.
After marriage, the husband felt guilty about giving his kind wife clothes stained with oil and a meager salary envelope, and the wife was heartbroken to see her husband's powerless shoulders. So, every morning, she packed one more special side dish in his lunchbox. It was a letter from the wife to give her husband courage.
"Honey, I'm so proud of you."
Every time he read his wife's letter, he thought he should work harder to become a husband she could truly be proud of. Since then, he changed significantly. He started arriving at work two hours earlier than other employees every day, cleaning the factory inside and out. The wife continued to write love letters for ten years, and the husband worked hard not to disappoint his loving wife.
Many years later, one day, while he was diligently cleaning the factory as usual, the door opened, and the company's CEO entered.
"I've been watching you for the past ten years."
The CEO promoted him to be in charge of the factory. It was the lunchbox letter filled with his wife's love that changed him and gave him the strength to become a respectable husband.
This story is the love story of my grandfather and grandmother. Without my grandmother's unwavering love and devotion, my grandfather wouldn't have been able to become such a great husband.

▶들어 봅시다

제가 유학 생활을 시작한 지도 벌써 1년이 지났습니다. 아직 낯선 것이 많지만 이곳 한국 생활에 많이 익숙해졌습니다. 한번은 길을 묻는 사람에게 찾아가는 방법을 자세히 설명해 줬는데, 그걸 본 제 친구가 저한테 한국 사람이나 다름없다고 말해서 같이 웃은 적이 있습니다. 제가 처음 한국에 왔을 때는 누가 길이라도 물어볼까 봐 겁이 났지만 이제는 자유롭게 제 뜻을 표현할 수 있을 정도로 한국어 실력이 늘었습니다. 그리고 학교도 잘 선택한 것 같습니다. 학교 시설이나 쾌적한 환경 등 모든 것이 만족스럽습니다.
그래서 유학을 선택한 것에 대해 후회는 없지만 가끔 이런저런 생각이 들기도 합니다. '내가 유학을 안 왔더라면 어떻게 됐을까? 유학 생활이 내 인생에 어떤 영향을 끼칠까? 과연 내 인생에 도움이 되는 것일까?' 이런 생각을 할 때가 있습니다. 그리고 가끔 부모님의 전화를 받으면 저한테 기대를 많이 하고 계신 것 같아서 좀 부담스럽습니다. 그동안 정신을 차려서 열심히 공부해야 하는데 저는 별로 계획적으로 생활하지 못했습니다. 늘 크고 작은 계획을 세우기는 하지만 제대로 지켜 본 적이 없습니다. 그래서 앞으로는 한국에 온 목표가 국제학 박사 학위를 따는 것임을 잊지 않고 늘 생각하려고 합니다. 남은 유학 생활을 성공적으로 끝마칠 수 있도록 앞으로 계획을 세워서 시간을 좀 더 효율적으로 써야겠습니다.
제 발표는 여기까지입니다. 들어 주셔서 고맙습니다.
Today, I would like to talk about my experience studying abroad and my future resolutions.
It has already been a year since I started studying abroad. While many things are still unfamiliar, I have become quite accustomed to life here in Korea. One time, I gave a detailed explanation to someone asking for directions on how to find their way, and my friend who saw this said I was practically like a Korean, which made us both laugh. When I first came to Korea, I was afraid that someone would ask me for directions, but now my Korean skills have improved to the point where I can express myself freely. I am also content with my choice of school. I am satisfied with everything, including the school facilities and pleasant environment.
I have no regrets about choosing to study abroad, but sometimes, I do think about this and that. I wonder, "What would have happened if I hadn't chosen to study abroad? How will studying abroad impact my life? Is it really something that will benefit my future?" Also, when I get a call from my parents, I sometimes feel a little burdened because they seem to have high expectations for me. I should have come to my senses and studied hard, but I haven't been able to live a more organized lifestyle. I always make big and small plans, but I rarely manage to stick to them. So, from now on, I will always keep in mind that my primary goal in Korea is to obtain a doctorate in International Studies. I need to plan ahead and use my time more efficiently to successfully complete the remainder of my studies abroad.
That concludes my presentation. Thank you for listening.

Unit 4

Section 1. She seems very shy and doesn't talk much

리사: 요즘 학교생활이 어때요? 이제 반 친구들하고 많이 친해졌어요?
Lisa: How's school life these days? Have you become close to your classmates now?
엠마: 네, 반 친구들이 모두 성격이 좋아서 금방 친해졌어요. 특히 에릭 씨는 성격이 참 좋던데요.
Emma: Yes, my classmates all had nice personalities, so I quickly became friends with them. In particular, Eric has a really nice personality.
리사: 맞아요. 그분은 성격이 활달하고 적극적이어서 사람들을 금방 사귀어요.
Lisa: You're right. He has a lively and outgoing personality, so he quickly befriends people.
엠마: 참, 그런데 요코 씨는 어떤 분이에요? 수줍음을 많이 타는지 말이 별로 없어요.
Emma: By the way, what kind of person is Yoko? She seems very shy and doesn't talk much.
리사: 네, 요코 씨는 낯을 좀 가리는 편이에요. 처음엔 친해지기 어렵지만 지내다가 보면 정이 많은 사람이라는 걸 알게 될 거예요.
Lisa: Yes, Yoko is a bit shy. She may be difficult to get to know at first, but as you spend time with her, you'll find that she's a very warm-hearted person.
엠마: 그래요? 첫인상은 좀 차가워 보였는데 그렇지 않은가 봐요.
Emma: Really? Her first impression seemed a bit cold, but I guess that's not the case.

문법

1. -는지/은지/ㄴ지

· Meaning and Usage
This is used to indicate uncertain or vague reasons for the following sentence.

· Form
After an action verb or '-었-', '-는지' is used. After a

descriptive verb with a final consonant except for 'ㄹ', '-은지' is used, and after a descriptive word ending with a vowel and 'ㄹ', '-ㄴ지' is used.

· Examples

친구가 요즘 바쁜지 통 소식이 없다.
My friend must be busy because he hasn't been in touch lately.
아이들이 오늘은 일찍 자는지 아까부터 조용해요.
The kids must have gone to bed early because it's been quiet for a while.
제임스 씨가 고향에 돌아갔는지 연락이 되지 않아요.
James must have gone back to his hometown because can't be reached.
그분은 여행을 좋아하는지 방학 때마다 여행을 가네요.
That person must like traveling since he goes on trips every vacation.
가: 수미 씨, 다니엘 씨한테 전화했어요?
A: Sumi, did you call Daniel?
나: 네. 했는데요. 지금 바쁜지 전화를 받지 않네요.
B: Yes, I did. But he must be busy because he didn't answer the phone.

가: 오늘 버스에 정말 사람이 없었어요.
A: There were hardly any people on the bus today.
나: 맞아요. 학생들이 방학을 했는지 버스에 사람이 없었어요.
B: You're right. The students must be on vacation because the bus was empty.

가: 시내에서 사고가 났는지 너무 차가 밀렸어요.
A: There must have been an accident in the city because the roads were so congested.
나: 그런 게 아니라 시내 백화점들이 다 세일을 해서 그래요.
B: It's not that. It's because all the department stores in the city are having sales.

2. -다가 보면

· Meaning and Usage

This is used when an action continues or a state persists, and as a result, a new fact appears, or a certain state occurs. '-다가' can be shortened to '-다'.

· Examples

사람이 살다가 보면 예상하지 못했던 일들이 많이 일어난다.
People experience many unexpected events in their lives.
이 책을 읽다가 보면 옛날 사람들의 생활과 사고방식에 대해 잘 알게 될 것이다.
As you read this book, you will become familiar with the lifestyles and ways of thinking of people from the past.
그렇게 자기주장만 하다가 보면 불이익을 당할 수도 있습니다.
If you keep insisting on your own opinions, you may be at a disadvantage.
처음엔 적응이 어렵겠지만 꾸준히 노력하다 보면 차차 적응이 될 것이다.
It may be difficult to adapt at first, but if you keep trying, you will gradually get used to it.
처음에는 서로를 이해하기 어려워도 자주 만나 얘기하다 보면 서로를 잘 이해하게 될 거예요.
It may be difficult to understand each other at first, but if you meet and talk often, you will come to understand each other well.

가: 언제쯤 한국 뉴스를 듣고 이해할 수 있을까요?
A: When will I be able to listen to and understand Korean news?
나: 매일 듣다가 보면 언젠가는 잘 이해하게 될 거예요.
B: If you listen every day, you'll eventually understand it well.

가: 아기가 배가 고파서 운다는 것을 어떻게 아셨어요?
A: How did you know the baby was crying because it was hungry?
나: 매일 아기와 함께 지내다 보면 자연스럽게 알게 돼요.
B: If you spend time with your baby every day, you will naturally come to know.

▶읽어 봅시다

보이는 마음, 안 보이는 마음

'저 사람은 마음이 크다, 저 사람은 소심한 사람이다.' 혹은 '저 사람은 마음이 아주 느긋하다, 저 사람은 마음이 너무 급해서 큰일이다.'라고도 말한다. 이러한 말들은 모두 마음의 형태를 나타낸 말인데 누가 '큰 마음, 작은 마음, 긴 마음, 짧은 마음.'을 실제로 볼 수 있을까?

또한 공간적인 넓이도 있는지 '너는 마음이 너무 좁아, 좀 더 마음이 넓어야 한다.'는 말을 하기도 한다. '그 사람 참 시원시원하다, 그렇게 답답할 수가 없다, 그분은 마음씨가 따뜻하다, 그렇게 냉랭할 수가 없다.'고 하는 것을 보면 마음에는 온도까지도 있나 보다.

그뿐이 아니다. '저 사람은 속이 검다, 그녀는 마음이 눈처럼 희다.'라고 말하는 것을 보면 빛깔도 있는 것 같다. 또 '장미 같이 저 사람은 아름답긴 하지만 가시가 있다.'고도 하는데 마음에는 가시도 있는 모양이다. 평소에 대화를 하다가 보면 '상냥하다', '무뚝뚝하다', '솔직하다', '침착하다', '가볍다.'처럼 마음과 관련된 다양한 표현을 듣게 된다.

오감으로 느낄 수 없는 것은 존재하지 않는다고 한다면 '마음'은 직접 눈으로 볼 수도, 귀로 들을 수도, 코로 냄새를 맡을 수도, 맛볼 수도, 만질 수도 없으니 결국 없다고 해야 옳다. 그런데 살아 있는 사람에게는 마음이란 것이 있다. 더구나 눈에 보이지 않는 마음에 크고 작음과 길고 짧음 등의 형태가 있으니 참 이상한 일이다.

일정한 형태가 없는 것은 반대로 무한한 형태를 나타낼 수도 있다. 공기나 물은 둥글다거나 모났다거나 하는 일정한 모양이 없으므로 둥근 그릇에 담으면 둥근 모양이 되고 네모난 그릇에 담으면 네모의 모양이 된다. 마음은 정해진 형태가 없기 때문에 어떠한 형태로도 될 수 있는 것이다. 마음은 자기 것이기 때문에 자기 스스로 제 마음을 어떠한 모양으로도 만들 수 있다.

'내 이런 마음은 본래 타고난 것이어서 한평생 고쳐지지 않는다.'고 하는 사람이 있지만, 그것은 자기 스스로 자기 마음을 일정한 모양의 틀에 집어넣고 그 형태를 바꿀 수 없다고 생각하여 바꾸려고 하지 않기 때문이다. 본래 마음에는 고정된 형태가 없으므로 자기가 바꾸려고 생각하면 바꿀 수 있는 것이다.

Visible Hearts, Invisible Hearts

People often say things like, "That person has a big heart, that person is timid", or "That person is very relaxed, that person is so impatient that it's a problem." These expressions all refer to the shape of the heart, but can anyone actually see "big hearts, small hearts, long hearts or short hearts"?

There are phrases related to the spatial extent of the heart, like "Your heart is too narrow, you should have a broader heart." Looking at expressions such as "That person is so cool," "They couldn't be any more stuffy", "That person has a warm heart", and "They couldn't be any colder", it seems that the heart even has its own temperature.

That's not all. Phrases like "That person has a black heart," and "Her heart is as pure as snow" suggest that hearts have colors. Moreover, people say things like "She's as beautiful as a rose, but has thorns." implying that hearts have thorns. In everyday conversations, you often hear various expressions related to the heart, such as "kind, blunt, honest, calm, and light-hearted".

If nothing exists that can't be felt through the five senses, it would seem the heart doesn't exist, as you can't directly see it, hear it, smell it, taste it, or touch it. However, for living people, the heart does exist. What's more, the invisible heart seems to have different shapes, including big and small, long and short, making it quite peculiar.

Something that has no fixed shape can conversely be represented by infinite forms. Air or water doesn't have a definite form and is neither round nor angular; they become round when placed in a round bowl and square when placed in a square bowl. Since the heart has no fixed shape, it can take on any form. Since it's one's own, one can mold their own heart into any shape.

There are people who claim, "This is the heart I was born with, and it can never change", but this is because they confine their heart within a certain shape believing it cannot be changed and, thus, refusing to do so. As the heart originally has no fixed shape, with the intention to change, it can be changed.

▶들어 봅시다

'마음의 양식 한 스푼' 시간입니다. 오늘은 독자들에게 꾸준히 읽히고 있는 책, 『칭찬은 고래도 춤추게 한다』라는 책에 대해서 소개해 보겠습니다. 이 책에서 작가는 아무리 성격이 나쁘고 이기적인 아이도 부모와 주위 사람들의 칭찬으로 성격을 고칠 수 있다고 말하고 있습니다. 실제로 성격이 부정적이고 성적이 떨어지는 아이들 200명에게 작은 일에서부터 칭찬을 하기 시작하니까 80% 이상의 아이들이 학습 능력이 높아지고 자신감이 생겼다는 연구 결과가 나왔습니다.

물론 성격은 태어날 때부터 결정되는 것이라는 주장도 있습니다. 아이가 태어날 때 이미 부모에게서 받은 DNA 중 성격을 형성하는 유전 인자가 있으며 형제 사이에 성격이 다른 경우에도 부모의 서로 다른 유전 인자가 영향을 끼쳤을 것이라는 주장도 있습니다.

하지만 일상생활에서 칭찬이 아이들의 성격에 영향을 미치는 것을 부정할 수는 없습니다. 부모의 칭찬을 듣지 못하고 자란 아이들은 자신감이 없고 소심하며 교우 관계에서도 소극적인 경향이 있다고 합니다. 한편 작은 일에도 칭찬을 받는 아이들은 차차 자신감이 생겨서 적극적으로 학교 일에 참여하며 친구들을 잘 사귀는 활달한 성격으로 바뀐다고 합니다.

물론 아이에게만 칭찬을 해서는 안 됩니다. 부모가 아이 앞에서 서로를 칭찬하는 모습을 보이는 것이 중요합니다. "여보, 당신이 최고야.". "당신이 만든 요리가 세상에서 제일 맛있어." 라는 칭찬을 자주 보고 듣다가 보면 아이의 성격은 확실히 달라질 것입니다.
It's time for a "Spoonful of Heart." Today, I'd like to introduce a book constantly being read by readers, called "Praise Makes Whales Dance." In this book, the author asserts that no matter how bad-tempered or selfish a child is, his or her personality can be improved with praise from parents and people around them. In fact, a study showed that when 200 children with negative personalities and poor grades received praise starting from even the smallest of achievements, over 80% improved their learning abilities and gained more confidence. Of course, there are arguments claiming that personality is determined from birth. They suggest that when a child is born, they inherit genetic factors from their parent's DNA, which form their personalities, and differences in personality among siblings may be affected by the parents' different genetic factors. However, it's undeniable that praise in everyday life can influence children's personalities. Children who grow up without receiving praise from their parents tend to be insecure, timid, and passive in their social relationships. Meanwhile, children who receive praise for even small achievements gradually build confidence, actively participate in school activities, and develop friendly and outgoing personalities. It's important to note that praise should not be limited to children alone. It's crucial for parents to praise each other in front of their children. By frequently witnessing and hearing compliments like "Honey, you're the best" or "The meal you prepared is the most delicious in the world", children's personalities will undoubtedly change.

Unit 4

Section 2. If you start a task, you finish it

수지: 어제 생일 파티 정말 즐거웠어요. 어제 보니까 엠마 씨 친구분이 참 많던데요.

Suji: I had so much fun at the birthday party yesterday. You seemed to have a lot of friends when I saw you yesterday, Emma.

엠마: 제가 사람 만나는 걸 좋아하거든요. 수지 씨도 너무 일만 할 게 아니라 사람들과 모임을 자주 만들어 보세요.

Emma: I enjoy meeting people. Suji, you should try to make time for social gatherings instead of just working all the time.

수지: 전 엠마 씨가 참 부러워요. 성격도 명랑하고 처음 만나는 사람들하고도 잘 어울려서 친구가 많잖아요.

Suji: I envy you, Emma. You have many friends because you have a cheerful personality and get along well with people you meet for the first time.

엠마: 제가 형제가 많은 집에서 자라다 보니 성격이 그렇게 됐나 봐요.

Emma: I guess my upbringing in a family with many siblings had an influence on my personality.

수지: 전 외동딸로 자라서 다른 사람을 도와주거나 남에게 양보하는 마음이 좀 부족해요. 어릴 때는 친구들하고도 많이 싸웠지요.

Suji: I grew up as an only child, so I'm not really good at helping others or being accommodating. I fought a lot with my friends when I was young.

엠마: 그래도 수지 씨는 저와는 달리 한번 일을 시작했다 하면 끝까지 열심히 하시잖아요.

Emma: But unlike me, Suji, when you start something, you work hard to see it through to the end.

문법

1. -을/ㄹ 게 아니라

· Meaning and Usage

This is added to an action verb to suggest choosing the next action instead of the previous action.

· Examples

집에 있는 약만 먹을 게 아니라 병원에 가 보지 그래요?
Instead of just taking the medicine at home, why don't you go to the hospital?
입학 정보를 인터넷으로만 찾을 게 아니라 직접 학교에 전화해 보세요.
Instead of just looking for admission information online, call the school directly.
잠이 안 오면 휴대 전화를 볼 게 아니라 조용한 음악을 듣는 게 어때요?
If you can't sleep, instead of looking at your phone, why not listen to quiet music?
학교를 정할 때 혼자 결정할 게 아니라 다른 사람 의견도

들어 보는 게 좋아요.
When choosing a school, it's better to listen to other people's opinions rather than deciding on your own.

가: 집이 더운데 에어컨을 한 대 살까요?
A: The house is hot. Should I buy an air conditioner?
나: 에어컨을 살 게 아니라 선풍기를 한 대 더 사는 게 어때요?
B: Instead of buying an air conditioner, how about buying another fan?
가: 지금 채소를 싸게 파는데 좀 더 많이 사야겠어요.
A: Vegetables are much cheaper now, so I should buy more.
나: 한꺼번에 많이 살 게 아니라 필요할 때마다 조금씩 사는 게 낫지 않아요?
B: Isn't it better to buy a little at a time whenever you need it, rather than buying a lot at once?

2. -었다/았다/였다 하면

· Meaning and Usage

This is added to an action verb to indicate that when a certain situation occurs or when a specific action is taken, the following action is inevitable.

· Examples

수철 씨는 입만 열었다 하면 거짓말을 한다.
Whenever Soocheol opens his mouth, he lies.
동생은 책만 폈다 하면 잠을 잔다.
Whenever my younger sibling opens a book, they fall asleep.
에릭 씨는 동생을 만났다 하면 같이 밤을 새워 게임을 한다.
When Eric meets his younger brother, they stay up all night playing games together.
예지 씨는 노래방에 갔다 하면 마이크를 손에서 놓지 않는다.
When Yeji goes to a karaoke bar, she doesn't let go of the microphone.

가: 동생이 아직도 전화를 하고 있어요?
A: Is your younger sibling still calling?
나: 네, 제 동생은 전화를 했다 하면 1시간 이상 하거든요.
B: Yes, when my sibling calls, they call for more than an hour.

가: 저희 부모님은 항상 정치 이야기를 하세요.
A: My parents always talk about politics.
나: 다른 어른들도 모이셨다 하면 정치 이야기를 하시더라고요.
B: When other adults gather together, they're always talking about politics.

▶읽어 봅시다

Q. 작은 일에도 너무 큰 상처를 받습니다.
ID: 봄
저는 항상 작은 일에도 쉽게 상처를 받습니다. 어렸을 때 가족의 사랑을 별로 받지 못하고 외롭게 자라서 그런지 상대방의 작은 거절에도 너무나 큰 상처를 받습니다. 거절을 당했다 하면 나를 미워해서 그러는 것 같고 실망하는 마음이 오래 가서 힘듭니다. 이런 제 자신의 성격을 고쳐보려고 노력하는 중이지만 쉽지 않습니다. 어떻게 하면 좋을까요?

A. 타인에게 너무 큰 것을 기대하지 마세요.
봄 님, 쉽게 상처받는 자신의 마음을 알고 개선하고자 하시는군요. 먼저 저 사람이 내게 상처 준다고 느껴질 때마다 그것이 사실인지 확인해 보십시오. 그 사람을 직접 만나거나 전화로 안부를 물어보면 예상외로 상대방은 봄 님에 대해 어떤 감정도 없을 때가 많습니다. 봄 님이 항상 자기 자신을 생각하듯이 타인들도 저마다 자신을 먼저 생각하기 때문입니다.
또한 우리는 어떤 문제가 생기면 그 원인을 외부에서 찾는 습관이 있습니다. '저 사람이 내게 상처를 주었다, 저 사람이 나를 미워한다.'라고 생각합니다. 하지만 그렇게 생각하는 것은 관계의 주도권을 상대에게 넘겨주는 행위입니다. 봄 님은 자신의 삶을 주도적으로 관리하고 이끌어나갈 수 있는 성인입니다. 이렇게 생각을 바꿔보세요. "내가 저 사람에게 상처를 받았다", 내가 저 사람에게 미움을 받는다." 똑같은 현상에 대해 표현만 다르게 한 것이 아닙니다. 상황을 이해하는 기본적인 태도에서 분명히 차이가 납니다. 미움을 받는다는 사실을 알면 원인을 밝혀서 문제를 해결할 수 있습니다. 이런 태도가 인생의 주도권을 쥐고 살아가는 첫걸음입니다.
봄 님은 세상에 대해 너무 큰 것을 기대하고 있습니다. 세상 그 누구도 봄 님이 마음속으로 기대하는 종류의 사랑과 보살핌을 줄 수는 없습니다. 세상으로부터 사랑을 받기를 기대하는 마음이 쉽게 상처를 입는 이유입니다. 봄 님, 문제의 원인이 내면에 있듯이 해결책 또한 우리의 내부에 있습니다. 가장 좋은 방법은 봄 님이 기대하는 그 사랑을 스스로에게 베푸는 것입니다. 좋은 것이 있을 때 남에게 주거나 남의 기쁨을 먼저 생각할 게 아니라 좋은 것일수록 자신에게 주고 자신의 행복과 활기를 느껴보는 것이 중요합니다. 나를 사랑하지 않는 사람은 남도 사랑할 수 없고 사랑을 받을 수도 없다는 말, 기억하시기 바랍니다.
Q. Even the smallest things hurt me.

ID: Spring
I always get easily hurt by small things. I didn't receive much love from my family when I was young, and I grew up feeling lonely. Maybe that's why even small rejections from others hurt me greatly. When I'm rejected, it feels like they hate me, and the disappointment lingers, making it hard for me. I'm trying to change this aspect of my personality, but it's not easy. What should I do?

A: Don't expect too much from others.
Spring, it seems you are aware of how easily hurt you get and want to improve. First, when you feel someone has hurt you, check if it's true. When you meet someone in person or ask how they're doing over the phone, you'll unexpectedly find that they often don't have any feelings toward you. Just like you, other people also think of themselves first.
Additionally, when problems arise, we have a habit of looking for external causes. We think, "That person hurt me, that person hates me." However, such thinking gives the other person control over the relationship. You are an adult who can actively manage and lead your life. Try changing your perspective like this: "I was hurt by that person", "I am hated by that person". It's not just a different way of expressing the same situation. There is a clear difference in the basic attitude toward understanding the situation. If you know you're hated, you can solve the problem by identifying the cause. This shift in attitude is the first step to taking control of your life.
Spring, you expect too much from the world. No one in the world can provide the type of love and care you expect in your heart. Expecting love from the world is why you easily get hurt.
Spring, just as the root of your problems lies within you, so does the solution. The best way to address this is to give yourself the love you're looking for. Instead of giving to others when something good happens or thinking of others' happiness first, focus on giving yourself the good things and experiencing your own happiness and vitality. Remember, someone who doesn't love themselves cannot love others or receive love from them.

▶들어 봅시다

앵커: 인간의 몸은 기후의 영향을 받는다고 하지요. 한대 기후에 사는 사람과 열대 기후에 사는 사람은 손과 발에 흐르는 피의 양도 다르다고 합니다. 김진수 기자가 좀 더 구체적으로 알아보았습니다.

기자: 한대 기후 지역에 사는 사람들은 열대 지역에 사는 사람보다 손과 발에 흐르는 피의 양이 많다고 합니다. 이는 추위를 이기기 쉽게 하기 위해서라고 합니다. 그리고 열대 지방 사람들은 땀샘의 수가 추운 지방 사람보다 많은데, 이는 땀을 많이 흘려서 체온이 높아지는 것을 방지하기 위해서라고 합니다.
기후는 사람의 성격에도 영향을 주는데, 햇빛이 강한 곳에 사는 사람들은 일반적으로 밝고 명랑하지만 기후 때문에 다소 게으른 경향이 있고, 햇빛이 별로 나지 않고 추운 곳에 사는 사람들은 좀 어둡고 우울하지만 끈기가 있다고 합니다. 유럽의 경우, 독일 북부의 사람들은 좀 어둡고 무뚝뚝하지만 햇빛이 강한 남쪽으로 갈수록 밝고 명랑하며 흥분을 잘한다고 합니다. 그리고 온난한 기후에 사는 사람들은 야외에서의 생활이 많아서 활동적이지만, 아주 춥거나 아주 더운 지방에 사는 사람들은 날씨 변화가 단순하기 때문에 좀 덜 활동적이라고 합니다.

Anchor: It's said that the human body is affected by the climate. The amount of blood flowing through the hands and feet differs between people living in a cold climate and people living in a tropical climate. Reporter Kim Jinsoo looked into this in more detail.

Reporter: People living in cold climate regions have more blood flowing in their hands and feet compared to those living in tropical areas. This is to make it easier to withstand the cold. Also, people in tropical regions have more sweat glands than those in colder regions, which is said to prevent their body temperature from rising due to excessive sweating.
The climate also influences a person's personality. People living in places with strong sunlight are generally bright and cheerful but tend to be somewhat lazy due to the climate, while people living in cold places without much sunlight tend to be a bit dark and gloomy, but more persistent. In Europe, people in northern Germany are somewhat dark and brusque, but as

you go south where the sun is stronger, they are brighter, cheerful, and easily excited. People in warm climates are more active because they spend much time outdoors, while those in extremely cold or hot regions are less active because the weather changes are relatively simple.

Unit 5

Section 1. I want to exchange it

고객: 서울전자 고객 센터지요? 지난주에 거기서 벽걸이 텔레비전을 샀는데 교환을 했으면 좋겠어요. 우리 거실에 놓기에는 너무 커서요.
Customer: Is this the Seoul Electronics customer center? I bought a wall-mounted TV there last week, and I'd like to exchange it. It's too big for our living room.
직원: 지난주에 사셨다고요? 이미 설치한 물건은 교환이 안 됩니다.
Employee: You bought it last week? Items that have already been installed cannot be exchanged.
고객: 산 지 나흘밖에 안 되었는데요. 사용하지도 않았고요.
Customer: It's only been four days since I bought it. I haven't even used it.
직원: 설치한 후에는 교환이나 반품은 안 된다고 분명히 말씀드렸을 텐데요.
Employee: I'm sure we clearly explained that exchanges or returns are not possible after installation.
고객: 다른 방법은 없나요? 설치를 해 놓고 보니 거실 분위기에는 맞지 않아서요. 매장에서 볼 때하고는 다르던데요.
Customer: Is there any other option? After installing it, we realized it doesn't fit the living room ambience. It looked different than when we saw it in the store.
직원: 죄송하지만 지금은 도와 드릴 방법이 없습니다.
Employee: I'm sorry, but we can't assist you with that right now.

문법

1. -기에는

· Meaning and Usage

This is used to indicate "at what point or under what circumstances".

· Examples

이 케이크는 저 혼자 먹기에는 너무 커요. 좀 작은 걸로 주세요.
This cake is too big for me to eat alone. Please give me a smaller one.
이 방은 혼자 쓰기에는 좀 크고 두 사람이 쓰기에는 좀 작아요.
This room is a bit large for one person, and a bit small for two people.
요즘 날씨가 좀 춥긴 하지만 이제 10월인데 겨울옷을 입기에는 좀 이르지 않아요?
Although the weather is a bit chilly these days, it's only October, so isn't it a bit early to wear winter clothes?
오피스텔은 혼자 생활하기에는 편리하지만 가족들이 함께 생활하기에는 불편하다.
An officetel is convenient for living alone, but inconvenient for families to live together.
가: 이 소설책은 재미있지만 외국인 학생이 읽기에는 좀 어려울 것 같아요.
A: This novel is interesting, but it might be a bit difficult for foreign students to read.
나: 그래요? 그럼 제가 읽을 만한 한국어 책 좀 추천해 주세요.
B: Really? Then could you recommend some Korean books for me to read?

가: 아르바이트를 열심히 하네요. 공부하면서 일하기가 힘들지 않아요?
A: You're working hard at your part-time job. Isn't it difficult to work while studying?
나: 부모님한테서 용돈을 받기에는 이제 나이가 좀 많잖아요.
B: I'm getting a bit too old to rely on my parents for allowance.

2. -고 보니

· Meaning and Usage

It is used to indicate that you didn't know something before an action or event, but afterward, you have come to realize the new information or outcome that follows.

· Examples

나는 내가 잘못한 것이 하나도 없다고 생각했는데 네 얘기를 듣고 보니 내가 잘못한 것 같다.

I thought I hadn't done anything wrong, but after hearing what you said, it seems like I was wrong.
결혼하면 정말 행복할 거라고 생각했는데 결혼하고 보니 기대와는 달리 어려운 일들이 많아요.
I thought I would be really happy when I got married, but after getting married, contrary to my expectations, there are many difficult things.
그 친구에게 얘기를 해 주는 게 더 좋을 줄 알았는데 막상 말하고 보니 괜히 말한 것 같아요.
I thought it would be better to talk to that friend, but after speaking, it seems I shouldn't have.
그 사람은 겉보기에는 아주 차가워 보였는데 막상 만나고 보니 마음이 따뜻한 사람이었다.
That person seemed very cold on the outside, but after meeting them, they turned out to be a warm-hearted person.

가: 학교 근처로 이사했다면서요?
A: I heard you moved near the school?
나: 네, 이사를 하고 보니 정말 잘했다는 생각이 들어요.
B: Yes, after moving, I think I made a very good decision.

가: 유학 생활은 어때?
A: How's life abroad?
나: 유학 생활이 힘들 거라고 예상은 했지만 막상 유학 생활을 시작하고 보니 생각보다 더 외롭고 힘들어.
B: I expected studying abroad to be tough, but once I started, it turned out to be lonelier and harder than I thought.

▶읽어 봅시다

온라인 쇼핑 좋아하세요?

인터넷 쇼핑은 매장까지 안 가도 인터넷만 연결되어 있으면 어디에서든지 마음에 드는 물건을 고를 수 있고 집까지 물건을 배송도 해 주기 때문에 매우 편리하다. 그래서 인터넷 쇼핑을 이용하는 사람들이 늘고 있지만 피해를 입는 소비자도 많아지고 있다.
매장에서 직접 살 수 없다 보니 홈페이지의 광고 내용만을 믿고 치수나 색상을 선택해서 물건을 살 수밖에 없다. 그런데 물건을 받고 보면 품질이나 색상 등이 홈페이지에 올라온 내용과 달라서 반품을 하게 되는 경우가 종종 있다.
온라인 쇼핑몰은 저렴한 가격으로 소비자를 유혹하다 보니 품질이 떨어지거나 하자가 있는 경우가 많고, 물건을 쉽게 살 수는 있는데 교환이나 환불이 되지 않는 경우도 많다. 또한 물건값을 지불한 후 시간이 지나도 배송이 안 되고 판매자와 연락을 해 보면 연결이 안 된다는 사례도 적지 않다.
대부분의 사람들이 인터넷 쇼핑몰에서 피해를 입게 되면 쇼핑몰에 전화를 하거나 게시판에 글을 올려 문제를 해결하려고 하는 경우가 많다. 하지만 쇼핑몰 측에서 무시를 하거나 해결해 주지 않는 경우에는 한국소비자원이나 해당 지역의 소비자 보호 센터를 이용해 도움을 청하는 것이 좋다. 만약 쇼핑몰에 속아서 피해를 입었을 경우에는 같은 피해를 입은 사람들과 함께 대응하는 것도 좋은 방법이다.
무엇보다도 이런 일을 당하기 전에 예방하는 것이 더 중요하다. 온라인 쇼핑몰을 이용할 때에는 휴대폰 번호만 올라가 있는 쇼핑몰, 고객 게시판이 없는 쇼핑몰, 고가의 제품을 지나치게 낮은 가격으로 판매하는 쇼핑몰, 현금 결제를 바라는 쇼핑몰은 될 수 있으면 피하는 것이 좋다.

Do you like online shopping?

Internet shopping is very convenient because without having to go to the store, you can choose products you like from anywhere as long as you have an internet connection and they will deliver the goods to your home.
So, although the number of people using online shopping is increasing, the number of consumers who suffer losses is also increasing.
Since you can't buy things directly in stores, you can only select sizes or colors by trusting the content of the website's advertisements. However, when you receive the product, you often return it because the quality or color differs from what was posted on the website.
Online shopping malls entice consumers with low prices, which often results in poor quality or defective products, and while products can be easily purchased, there are many cases where exchanges and refunds are not possible. In addition, there are many cases where, after paying for the product, it isn't delivered even after time has passed, and when you try to contact the seller, you can't reach them.
When most people suffer losses from online shopping malls, they often call the shopping mall or post on forums to try and resolve the problem. However, if the shopping mall ignores or doesn't resolve the issue, it's best to seek help from the Korea Consumer Agency or the local Consumer Protection Center. If an online shopping mall has scammed you, it's also a good idea to work together with others who have suffered the same loss.
Above all, it is more important to prevent something like this before it happens. When

using online shopping malls, it's advisable to avoid malls that only display a mobile phone number, those without a customer bulletin board, those that sell high-value products at excessively low prices, and those that require cash payments, if possible.

▶들어 봅시다

직원: 안녕하십니까? 세연 백화점 고객 센터입니다. 고객님, 무엇을 도와 드릴까요?

고객: 제가 어제 거기서 망고를 한 상자 샀는데요. 교환이나 환불이 가능할까요?

직원: 무슨 문제가 있습니까?

고객: 망고가 좀 비싸지만 맛있다고 해서 사 가지고 왔는데 집에 와서 먹어 보니까 별로 달지도 않고 맛도 없어요. 너무 익어서 금방 상할 것 같고요. 게다가 흠이 있는 것도 몇 개 있어요.

직원: 불편을 드려 죄송합니다. 판매 상품에 하자가 있는 경우에는 고객님이 원하시는 대로 교환이나 환불을 해 드립니다. 어떻게 해 드릴까요?

고객: 교환을 하려면 제가 다시 백화점에 가야 하나요?

직원: 아닙니다. 댁으로 새 물건을 보내 드릴 수 있습니다. 교환해 드릴까요?

고객: 그럼 그렇게 해 주세요. 그런데 언제 받을 수 있을까요?

직원: 먼저 받으실 분의 성함과 주소를 말씀해 주시겠습니까? 그럼 배달 기사님이 지금 이 번호로 연락을 드릴 거예요. 지금 오전이라서 시간 약속만 되시면 오늘 바로 받으실 수 있을 겁니다. 그리고 문제가 있는 망고는 상자 그대로 배달 기사님에게 주시면 됩니다.

Employee: Hello. This is the Seyon Department Store Customer Center. How may I help you, sir?

Customer: I bought a box of mangoes from your store yesterday. Is it possible to exchange or get a refund?

Employee: What seems to be the problem?

Customer: The mangoes were a bit expensive, but I bought them because I heard they were delicious. However, when I tried them at home, they weren't very sweet, and the taste wasn't good. They seem overly ripe and likely to spoil quickly. Some of them are even bruised. Employee: I apologize for any inconvenience. We can exchange or refund the product at your request if the product has a defect. How would you like to proceed?

Customer: Do I need to return to the department store for an exchange?

Employee No. We can send the new products to your address. Would you like to proceed with an exchange?

Customer: Yes, please. But when can I expect to receive them?

Employee: Could you please provide your name and address? Our delivery driver will contact you at this number. Since it's still morning, if you set a time, you should be able to receive the items today. You can give the problematic mangoes to the delivery person in their original box.

Unit 5

Section 2. How can I relax when it's so noisy?

직원: 여보세요, 연세 아파트 관리 사무소입니다.

Employee: Hello, this is the Yonsei Apartment management office.

주민: 안녕하세요? 전 지난주에 이사 온 사람인데요. 저녁마다 아파트 스피커에서 나오는 음악 소리가 너무 시끄러워서 전화드렸어요.

Resident: Hello. I moved in last week, and I'm calling because the music from the apartment speakers in the evenings is too loud.

직원: 죄송합니다. 우리 아파트에서는 그 시간에 산책이나 운동을 하시는 주민들을 위해 음악을 켜 놓습니다.

Employee. I apologize. In our apartment complex, we play music at that time for residents who want to take a walk or exercise.

주민: 그래도 밤 아홉 시까지 음악을 틀어 놓는 건 너무 심하지요. 그렇게 시끄러워서야 어디 집에서 휴식을 취할 수 있겠어요?

Resident: Even so, playing music until 9 PM is excessive. How can I relax in my own home when it's this noisy?

직원: 시간은 지난번 주민 회의에서 결정된 겁니다. 전체 회의에서 정해진 것이기 때문에 어쩔 수가 없습니다.

Employee: The time was determined in the last resident meeting. It was decided at the general meeting, so there's nothing we can do.

주민: 전체 회의에서 결정되었다고 해도 개인의 피해를 무시하면 안 되지 않습니까?

Resident: Even if it was decided at the general

meeting, shouldn't individual damages not be ignored?

문법

1. -어서야/아서야/여서야 어디 -겠어요?

· Meaning and Usage

This is used to strongly indicate that the content of the following sentence can never happen in the same situation as the previous sentence.

· Examples

이렇게 물가가 많이 올라서야 어디 살 수 있겠어요?
With the cost of living going up so much like this, how can we afford to live?
이렇게 교통이 복잡해서야 어디 차를 갖고 다니겠어요?
With traffic being so chaotic like this, how can you drive a car?
이렇게 날씨가 추워서야 어디 밖에 나갈 수 있겠어요?
With the weather being this cold, how can we go outside?
그렇게 일이 많아서야 어디 밥 먹을 시간이라도 낼 수 있겠어요?
With so much work to do, can you even find time to eat?

가: 저는 여자 앞에만 서면 말을 한마디도 못 해요.
A: I can't say a word when I'm in front of a woman.
나: 그렇게 부끄럼을 타서야 어디 여자 친구를 사귈 수 있겠어요?
B: If you're this shy, how can you ever get a girlfriend?

가: 영수는 오늘도 학교 끝나자마자 컴퓨터 앞에서 게임만 하고 있어요. 정말 걱정이에요.
A: Youngsoo is just playing games in front of the computer right after school today. I'm really worried.
나: 어휴! 저렇게 공부를 안 해서야 어디 대학교에 들어갈 수 있겠어요?
B: Ugh! With such little effort into his studies, how does he expect to get into university?

2. -는다고/ㄴ다고/다고 해도

· Meaning and Usage

This is used when asserting the content of the following sentence without being restricted by the content of the previous sentence. It can also be shortened to '-는다 해도'. After action verbs with a final consonant except for 'ㄹ', '-는다고' is used, and for action verbs ending with a vowel or 'ㄹ', '-ㄴ다고' is used. After a descriptive verb or '-었', '-다고' is used.

· Examples

아무리 피곤하고 졸린다고 해도 그렇게 커피를 많이 마시면 몸에 해로워요.
No matter how tired and sleepy you are, drinking that much coffee is harmful for your body.
날씨가 아무리 춥다고 해도 저는 내일 등산을 갈 거예요.
No matter how cold the weather is, I'm going hiking tomorrow.
건강이 좀 좋아졌다고 해도 무리하면 안 돼요.
Even if your health has improved a bit, you shouldn't push yourself.
친한 친구라고 해도 이해하기 힘든 일이 있어요.
Even if you are close friends, there are things that are difficult to understand.

가: 시험을 보기에는 아직 준비가 덜 된 것 같은데 그래도 시험을 보시려고요?
A: It seems you're not fully prepared for the exam, but are you still going to take it?
나: 시험에 떨어진다고 해도 경험으로 한번 보려고 해요.
B: Even if I fail the exam, I want to try it for the experience.

가: 요즘은 바빠서 부모님께 전화도 못 드려요.
A: I'm so busy these days that I haven't been able to call my parents.
나: 아무리 바쁘다고 해도 부모님께는 연락을 드려야지요.
B: No matter how busy you are, you should still contact your parents.

▶ 읽어 봅시다

우리 주변에는 많은 경고문이 있다. 대개 짧은 글이지만 이 속에는 우리가 살아가는 모습이 담겨 있다. 바로 내 집 앞 골목에서 '쓰레기를 버리지 마시오. 발견 즉시 신고함'이라는 강력한 내용이 담긴 문구를 만난다. 아무리 귀찮다고 해도 요일과 시간에 맞춰 쓰레기를 내놓아야 하는데 그 규칙을 지키지 않아 주택가 골목길을 지저분하게 만드는 이들에 대한 경고이다.
집에서 지하철역까지 걷다 보면 여기저기에 '주차 금지'라고 써 놓은 것을 볼 수 있다. 남의 집 주차장 앞, 남의 가게 앞에 차를 잘못 세우면 무슨 일이 생길지 모른다. 가끔 길가에서 주차 문제로 싸우는 이들은 "여기 이렇게 써 놓은 거 못 봤어요?", "잠깐 세웠는데 뭘 그러세요?", "잠깐이라니요?", "제가 얼마나 기다렸는지 아세요? 전화번호는 남겼어야지요!" 그러다 금방 싸움으로 바뀌기도 한다. 주차 공간이 부족하기 때문에 자주 일어나는 일들이다.
'낙서 금지! 취사 금지! 촬영 금지!'
우리가 만나는 '금지'들이 얼마나 되는지 한번 꼽아 보자. 내가 가는 길에 경고는 계속 이어진다. 하지만 모두가 딱딱하고 위협적인 문구로 이루어진 건 아니다. 경고 같기도 하고 호소 같기도 한 색다른 문구들도 눈에 들어온다. 산책을 하러 가는 공원에는 토끼의 귀를 잡아당기고 있는 그림과 함께 '공원의 동물들을 건드리지 맙시다!'라고 쓰여 있는 팻말도 있다. 공원 화장실에서는 '아름다운 사람은 머문 자리도 아름답습니다.'라는 글을 볼 수 있는데 읽는 이의 자존심을 건드려 마음을 움직여 보려는 시도로 보인다. 잔디밭에는? '잔디가 아파요!' 이런 문구를 보고도 아무렇지도 않게 잔디를 밟을 수 있을까? 대학 도서관에 갔더니 한층 세련된 경고문이 붙어 있다.
'도서관에서 음식물을 먹으면 안 된다고요? 네, 그렇습니다. 안 됩니다.'
'일반 열람실에서 노트북 컴퓨터를 쓰면 안 된다고요? 네, 그렇습니다.
안 됩니다.'
이렇게 문답식으로 도서관에서 지켜야 할 것들을 설명하고 있으니 친절해 보이기도 한다. 사람들이 어울려 살아가는 이 사회에서는 개인의 이익을 위해서나 타인에게 피해를 주지 않기 위해 혹은 모두의 안전을 지키고 가치 있는 것들을 보호할 수 있도록 다양한 경고와 호소들이 필요할 것이다. 전달하고 싶은 메시지가 있는 이들은 사람들이 잘 따르도록 더욱 설득력 있는 말과 방법을 찾아야 한다. 때로는 엄격하게 때로는 부드럽게, 때로는 인정에 사정하기도 하면서 말이다. 꼭 필요한 것이 아니라면, 우리가 사는 사회에서 부닥치게 되는 경고문이 점차 줄어들어 경고가 필요 없는 세상이 되기를 꿈꿔 본다.
There are many warning signs around us. Although they are usually short messages, you can see how we live within them. In the alley right in front of my house, a warning sign reads, "Do not litter. Report immediately upon discovery". No matter how troublesome it is, you must put out the trash on the right day and time. This is a warning to those who do not follow the rules and make the residential alleyway messy.
When you walk from your house to the subway station, you can see "No Parking" written here and there. If you park your car incorrectly in front of someone else's house parking lot or in front of someone else's store, you never know what might happen. People who sometimes fight over parking on the street say, "Didn't you see it written here?", "I only stopped for a moment, what's your problem?", "Just for a moment?", "Do you know how long I've been waiting? You should have left your phone number!" These arguments can quickly turn into fights. This happens often due to the lack of parking spaces.
"No graffiti! No Cooking! No filming!"
Let's look at how many "prohibitions" we encounter. The warnings keep coming as I go. However, not all of them are made up of strict and threatening phrases. Some signs have unconventional phrases serving as both warnings and appeals. In a park where I go for a walk, there is a picture of a rabbit with its ear being pulled and a sign that says, "Do not disturb the animals in the park!". In the park restroom, there's a message that reads, "A beautiful person also leaves a beautiful trace", which appears to be an attempt to move the readers' hearts by touching their pride. On the grass field? There's a sign that reads "The grass is in pain!" Even after reading this message, can you carelessly step on the grass? When I went to the university library, a more sophisticated warning sign was posted there.
"I'm not allowed to eat food in the library? Yes, that's right. You're not allowed."
"Are you saying I can't use a laptop in the general reading room? Yes, that's right. You can't."
This question-and-answer format explains what should be followed in the library in a friendly manner. In a society where people live together, various warnings and appeals are necessary to protect the interests of individuals, avoid harming others, keep everyone safe, and protect valuable things. Those who want to convey a message should find more persuasive words and methods to ensure people follow the rules. Sometimes strict, sometimes gentle, and sometimes with compassion. Unless it is absolutely necessary, I dream of a world where the number of warnings we encounter in our society will gradually decrease, and there will be no need for warnings.

▶ 들어 봅시다

남자: 아파트에 거주하는 사람들이 늘면서 주민들 간의 말다툼도 많아지고 있는데요. 주차 문제나 층간 소음 등 공동생활을 하면서 생기는 갈등은 여러 가지가 있지만 최근에는 아파트에서 반려동물을 키우면서 생기는 문제가 자주 발생하고 있습니다. 먼저 연세 아파트 부녀회장님을 모시고 이야기를 들어보겠습니다. 요즘 반려동물을 키우는 주민들에 대한 불평이 많다면서요?

여자: 네, 아파트가 반려동물을 키우기에 좋은 환경은 아니잖아요. 공공 주택이니까 주민들 불평이 많을 수밖에 없어요.

남자: 주로 어떤 이유 때문인가요?

여자: 개가 짖는 소리가 시끄러울 뿐만 아니라 냄새도 많이 나다 보니 쾌적한 주거 환경에 해가 되지요. 게다가 개한테 물리는 사고도 있고요.

남자: 개를 키우는 사람들 중에는 주민들에게 피해를 끼치지 않도록 노력하는 사람들도 많지 않습니까?

여자: 모두가 그렇게 조심하면 불평하는 사람도 없고 얼마나 좋겠어요? 하지만 개를 데리고 산책할 때 비닐 봉투도 안 가지고 나오는 사람이 얼마나 많은데요.

남자: 부녀회에서 그 문제를 해결하기 위해 정하신 규칙 같은 건 없습니까?

여자: 부녀회에서 규칙을 정해서 안내도 하지만 무시하는 사람들이 많아요. 법 규정을 만들어 벌금을 내게 해야 문제가 해결될 것 같습니다. 그렇지 않으면 많은 주민들이 계속 피해를 보게 될 거예요.

남자: 규칙이 있어도 지켜지지 않는다면 의미가 없을 겁니다. 반려동물이 아무리 소중하다고 해도 주변 사람들에게 불편함을 주고 있지는 않은지 반려동물을 키우는 사람들 스스로가 조심하는 일이 무엇보다 중요할 것 같습니다. 오늘 말씀 감사합니다.

Man: As the number of residents in apartments increases, disputes between residents are also rising. Various conflicts arise from communal living, such as parking issues and noise between floors, but recently, problems arising from pet ownership in apartments have become quite common. First, let's talk to the president of the Yonsei Apartment Women's Association. I've heard there are many complaints about residents who own pets these days.

Woman: Yes, apartment complexes are not really a pet-friendly environment. It's a public housing, so there's bound to be a lot of complaints from the residents.

Man: What are the main reasons for these complaints?

Woman: It's not just the noise of barking dogs; there's also the issue of the strong odors they produce, which can be disruptive to the pleasant living environment. Moreover, there have been incidents of dogs biting people.

Man: Aren't there many pet owners who make efforts not to cause harm to other residents?

Woman: If everyone were that considerate, there would be no complaints. How great would that be? However, there are many people who don't even bring plastic bags when they take their dogs for a walk.

Man: Are there any regulations established by the women's association to resolve this problem?

Woman: The women's association has set rules and provides guidance, but many people ignore them. I believe that creating legal regulations and imposing fines may be the solution. Otherwise, many residents will continue to suffer.

Man: Rules are meaningless if they are not followed. No matter how precious pets are, it's important for pet owners themselves to be careful not to cause inconvenience to those around them. Thank you for speaking with us today.

Unit 6

Section 1. Shall we go to karaoke to relieve stress?

수영: 시험이 끝났으니 스트레스도 풀 겸 오늘 노래방에 갈까요?

Sooyoung: Now that exams are over, do you want to go to the karaoke bar today to relieve some stress?

엠마: 네, 좋아요. 한국 사람들은 노래방을 좋아한다던데 수영 씨도 노래방에 자주 가세요?

Emma: Yes, that sounds great. I heard that Koreans like karaoke. Do you often go to karaoke bars, Sooyoung?

수영: 친구들을 만나면 영화도 자주 보지만 친구들과 스트레스도 풀 겸 노래방에 갈 때도 많아요.

Sooyoung: When I meet my friends, we often watch movies, but also frequently go to karaoke to relieve stress.

엠마: 그런 걸 보면 한국 사람들은 노래 부르는 걸 아주 좋아하나 봐요.

Emma: It seems Korean people really enjoy singing.

수영: 한국 사람들은 모였다 하면 음식도 잘 먹고 신나게 놀아야 모임이 잘 끝났다고 생각하지요. 그런데 즐길 만한 놀이가 그렇게 많지는 않아요.

Sooyoung: When Korean people gather together, they believe they should eat well and enjoy themselves for the gathering to end well. But there aren't that many fun activities.

엠마: 맞아요. 저도 친구들을 만나서 주로 영화를 보거나 차를 마시는 거 말고는 별로 할 게 없어요. 그래서 앞으로 사람들이 즐길 수 있는 놀이 종류나 공간을 더 개발해야 된다고 생각해요.

Emma: That's right. Besides watching movies and drinking tea with friends, there aren't many other options. So, I think we need to develop more types of activities and spaces for people to enjoy in the future.

문법

1. -을/ㄹ 겸

· Meaning and Usage

This is used to indicate that the purpose of the action in the following sentence is more than two. It can be used repeatedly as in '-을 겸 -을 겸'.

· Form

After action verbs with a final consonant, '-을 겸' is used, and for action verbs ending with a vowel or 'ㄹ', '-ㄹ 겸' is used.

· Examples

돈도 벌 겸 경험도 쌓을 겸 아르바이트를 합니다.
I'm working part time to earn money and gain experience.
책장 정리도 할 겸 방 청소도 할 겸 대청소를 할까 해요.
I'm thinking of doing some general cleaning to organize the bookshelf and clean my room.
한국말도 배울 겸 한국 문화도 배울 겸 한국에 왔어요.
I came to Korea to learn the Korean language and Korean culture.
휴가도 보낼 겸 친척들도 만날 겸 제주도에 다녀왔어요.
I went to Jeju island to spend my vacation and meet relatives.
지난 주말에는 스트레스도 풀 겸 오랜만에 영화도 볼 겸 영화관에 갔다 왔어요.
Last weekend, I went to the movie theater to relieve stress and watch a movie for the first time in a while.

가: 공원에 갈 거예요?
A: Are you going to the park?
나: 네, 소화도 시킬 겸 산책도 할 겸 가려고 해요.
B: Yes, I'm going to digest my meal and take a walk.

가: 어제 명동에 갔어요?
A: Did you go to Myeongdong yesterday?
나: 쇼핑도 할 겸 친구 선물도 살 겸 다녀 왔어요.
B: I went to do some shopping and buy a gift for a friend.

2. -는다던데/ㄴ다던데/다던데

· Meaning and Usage

This is an abbreviation of '-다고 하던데' and is used when recalling indirectly heard information from the past. It can also be used as the closing form of a sentence in casual/intimate speech.

· Form

After action verbs with a final consonant except for 'ㄹ', '-는다던데' is used, and for action verbs ending with a vowel or 'ㄹ', '-ㄴ다던데' is used. After descriptive verbs, '-다던데' is used.

· Examples

오늘은 하루 종일 비가 온다던데 어딜 가려고 하니?
They said it's going to rain all day today. Where are you going?
김 선생님께서 여행을 가신다던데 어디로 가시는지 아세요?
I heard that Mr. Kim is going on a trip. Do you know where he's going?
내일은 더 춥다던데 옷을 따뜻하게 입고 나가세요.
They say it's going to be colder tomorrow, so dress warm when you go out.
요즘 장사가 잘 안된다던데 왜 사업을 시작하려고 하세요?
I heard that business is bad lately. Why are you trying to start a new business?
이번에 새로 개봉한 영화가 재미있다던데 같이 보러 가실래요?
I heard the recently released movie is fun. Do you

want to watch it together?

가: 요즘 이 뮤지컬 공연이 인기가 많다던데 같이 보러 갈래요?
A: I heard that this musical performance is very popular these days. Do you want to go see it together?
나: 그래요? 토요일에 같이 봅시다.
B: Really? Let's see it together on Saturday.

가: 백화점에 가는 사람들이 많네요.
A: There are a lot of people going to the department store.
나: 오늘 2층 여성복 매장에서 세일을 한다던데 우리도 가 볼까요?
B: I heard they're having a sale on the 2nd floor women's clothing section today. Should we go check it out?

▶읽어 봅시다

7월 26일 날씨 무더움

어제 1박 2일로 과 동기 엠티를 다녀왔다. 평소 수업하고 아르바이트 등으로 바빠서 얼굴 보기도 어려웠던 동기들과 오랜만에 즐거운 시간을 보냈다. 족구, 닭싸움, 수건돌리기를 하면서 저녁 내기도 하고 늦은 밤에는 방에서 진실게임을 하면서 깔깔 웃기도 했다. 게임과 놀이를 하다가 보니 어린 시절이 생각났다.

나는 어렸을 때 형들하고 밖에 나가서 노는 것을 좋아했다. 여동생하고 누나는 인형 놀이를 좋아해서 항상 인형을 가지고 소꿉놀이를 하곤 했다. 가끔 같이 놀 때는 학교 놀이를 했는데, 제일 큰 누나는 항상 선생님 역할을 했고 나와 다른 형제들은 모두 학생 역할을 했다.

초등학교 때는 수업이 끝난 후 학교에 남아서 자주 놀았는데 우리는 항상 운동장에서 놀거나 산에 가서 뛰어놀곤 했다. 그리고 여자 아이들은 고무줄 놀이를 하거나 소꿉놀이를 많이 했다.

중학교 때는 친구들과 시간을 보낼 겸 운동 시합을 자주 했다. 축구 시합을 하다가 바지가 찢어져 어머니께 많이 혼났던 기억이 난다. 학교에서 소풍을 가면 수건돌리기나 닭싸움을 하며 재미있게 놀았다.

고등학교에 들어가면서 점점 놀 수 있는 시간이 부족해졌다. 그러다가 우연히 아버지에게서 바둑을 배우게 되었다. 친구들 중에는 할아버지에게서 장기를 배우는 아이들도 있었다.

대학교에 들어가면서 고향을 떠나 서울로 오게 되었다. 첫 학기에는 신입생 환영회, 과별 모임 등으로 친구들과 어울릴 일이 많았다. 도서관에서 공부를 하다가 피시방에 가서 시간을 보내는 경우도 있었는데 여러 가지 게임을 하며 머리를 식히기도 했다. 그러다가 가끔 엠티나 여행을 가게 되면 다시 가끔 어렸을 때 했던 놀이를 하게 되는 것이다. 다음 달 동아리 엠티 때는 모두 같이 고무줄놀이를 해 볼까?

July 26th, Weather: Hot

Yesterday, I went to an MT with my classmates for 2 days and 1 night. I had a great time with my friends, whom I hadn't seen for a long time due to our busy schedules, including classes and part-time jobs. We made dinner bets while playing foot volleyball, chicken fights, and "drop-the-handkerchief," and late at night, we had a good laugh playing truth or dare in our rooms. Playing games and having fun made me reminisce about my childhood.

When I was young, I loved going outside and playing with my older brothers. My younger sister and older sister enjoyed playing with dolls, so they would always play house with their dolls. Occasionally, when we played together, we'd act out school scenes. My eldest sister would always be the teacher, and the rest of us siblings would play the role of students.

In elementary school, after classes, we often stayed at school to play and usually played in the schoolyard or ran around in the mountains. The girls would play with jump ropes or play house.

In middle school, I often competed in sports to spend time with friends. I remember a time when I was scolded by my mother because I tore my pants while playing soccer. During school picnics, we had fun playing "drop-the-handkerchief" or having chicken fights.

As I entered high school, I had less and less time to play. Then, by chance, I learned how to play baduk from my father. Some of my friends learned janggi (Korean chess) from their grandfathers.

When I started university, I left my hometown and came to Seoul. In my first semester, I had many opportunities to socialize with my friends through freshmen welcoming events and department gatherings. While studying at the library, there were times when I'd go to a PC bang to hang out and play various games to clear my mind. Then, sometimes, when we go on MTs or trips, I find myself revisiting some of the games I used to enjoy as a kid. Maybe we should all try playing jump rope again for our club MT next month?

▶들어 봅시다

여자: 주말에 서울 시청 광장에서 케이팝(K-POP) 공연이 있다던데 같이 갈래요?
남자: 와, 재미있겠네요. 그런데 요즘 같이 계절이 아름다운 때에 오랜만에 기분 전환도 할 겸 설악산에 단풍 구경 가는 건 어때요? 한국은 가을에 단풍이 정말 예뻐서 구경하러 가는 사람들이 많다고 하던데요.
여자: 설악산까지 길이 너무 막히지 않을까요? 사람들이 몰릴 것 같은데.
남자: 그래도 가을에만 갈 수 있는 단풍 축제인데 한국에 있는 동안 한 번은 가 보고 싶어요.
여자: 축제도 해요?
남자: 네, 단풍 구경뿐만 아니라 불꽃놀이, 전통 음식 시식, 전통술 시음 같은 이벤트가 있어서 즐길 거리가 아주 많대요. 이번 주 월요일부터 다음 주 일요일까지 하고요.
여자: 너무 재미있겠는데요? 붐빌 것 같기는 하지만 그래도 머리도 식힐 겸 멀리 한번 갔다 오는 것도 나쁘지 않겠네요. 서울 시내에만 있으면 좀 답답하잖아요.
남자: 좋아요. 그럼 우리 스트레스도 풀 겸 설악산에 갔다 와요. 케이팝(K-POP) 공연은 다음에 가기로 하고요.

Woman: I heard there's a K-Pop performance at Seoul City Hall Plaza this weekend. Would you like to go together?
Man: Wow, that sounds like fun. But why don't we go see the autumn leaves at Seoraksan for a change of scenery during such a beautiful season? They say many people go to see the fall foliage in Korea because it is really beautiful.
Woman: Won't the roads to Seoraksan be too congested? I'm afraid there will be a lot of people.
Man: Still, it's an autumn foliage festival that you can only enjoy during the fall, and I've always wanted to go while I'm in Korea.
Woman: They have a festival too?
Man: Yes, besides the autumn foliage viewing, there are many events to enjoy like fireworks, trying traditional foods, and tasting traditional liquors. It's from this Monday until next Sunday.
Woman: That sounds so fun. It might be crowded, but it wouldn't be a bad idea to go somewhere a little far to cool off. It can get a bit stuffy just staying in the city of Seoul.
Man: Great! Then let's go to Seoraksan to relieve some stress. We'll save the K-Pop performance for next time.

Unit 6

Section 2. I'm used to hot food now

선희: 뜨거우니까 천천히 조심해서 드세요.
Seonhee: It's hot, so please eat slowly and carefully.
제임스: 네, 고마워요. 하지만 이젠 저도 뜨거운 음식에 많이 익숙해졌는걸요. 한국 사람들은 맵고 뜨거운 음식을 아주 잘 먹는 것 같아요.
James: Thank you. But now, I've become quite accustomed to hot food. It seems like Koreans are very good at eating spicy and hot food.
선희: 그래서 뜨거운 음식을 먹을 때는 후후 불어 가면서 먹어야 해요. 그러다 보면 먹을 때 소리가 나기도 하지요.
Seonhee: That's why when you eat hot food, you should blow on it while eating. Sometimes, this makes a sound when you eat.
제임스: 그리고 먹으면서 시원하다고 말할 때는 재미있어요. 어떻게 뜨거운 음식을 먹는데 시원하다고 하는 거지요?
James: It's also amusing that you say it feels refreshing while eating. How can eating hot food feel refreshing?
선희: 그건 맵고 뜨거운 음식을 먹으면서 땀을 흘리고 나면 기분이 상쾌해지기 때문에 그런 것 같아요. 저도 어렸을 때는 몰랐는데 지금은 그 기분을 알 수 있어요.
Seonhee: I think it's because after sweating while eating spicy and hot food, you feel refreshed. I didn't know it when I was young, but now I understand how it feels.
제임스: 한국에 처음 왔을 때에 비하면 한국 문화를 많이 이해하게 됐지만 아직 그런 느낌까지는 완전히 알기 어려워요.
James: Compared to when I first came to Korea, I've come to understand Korean culture a lot, but it's still difficult to fully grasp that feeling.

문법

1. -는걸요/은걸요/ㄴ걸요

· Meaning and Usage

This is used to make a gentle rebuttal when adding

to someone else's statement or responding to a question.

· Form

After an action verb, '-는걸요' is used. After a descriptive verb with a final consonant except for 'ㄹ', '-은걸요' is used, and for a descriptive verb ending with a vowel or 'ㄹ', '-ㄴ걸요' is used.

· Examples

당연히 제가 할 일인걸요.
Of course it's something I should do.
초대해 주셔서 오히려 제가 감사한걸요.
I'm all the more grateful for your invitation.
맵기는요. 하나도 안 매운걸요.
What do you mean spicy? It's not spicy at all.
일이 많아서 쉬지도 못했는걸요.
I couldn't rest because I had a lot of work to do.

가: 식사가 모자라면 말씀하세요.
A: Please let me know if you need more food.
나: 아니에요. 이걸로도 충분한걸요.
B: No, this is more than enough.

가: 더우면 에어컨을 켜세요.
A: If it's too hot, turn on the air conditioning.
나: 아니에요. 그렇게 덥지 않은걸요.
B: No, it's not that hot.

2. 에 비하면

· Meaning and Usage

This is used when using one as a reference to judge the other.

· Examples

나이에 비하면 키가 큰 편이에요.
Compared to my age, I'm on the taller side.
이 옷은 값에 비하면 질이 좋은 편이에요.
This clothing is of good quality compared to its price.
지은 죄에 비하면 이 정도 벌은 아무것도 아니야.
Considering the crime committed, this level of punishment is nothing.
소방관은 보수에 비하면 위험성이 너무 높은 직업이에요.
Being a firefighter is a job with too many risks compared to the compensation.
지금까지 공부한 노력에 비하면 이 정도의 성적은 그리 좋은 편이 아니에요.
Considering the effort put into studying so far, these grades are not that good.

가: 이번 시험 결과는 어땠어요?
A: How were the results of this exam?
나: 지난 시험 결과에 비하면 점수가 많이 올랐어요.
B: Compared to the previous exam, my score improved significantly.

가: 새로 산 휴대전화가 어때요?
A: How is your new cell phone?
나: 이전에 쓰던 휴대전화에 비하면 정말 좋아요.
B: Compared to the one I used before, it's really good.

▶읽어 봅시다

음식 속에 숫자가 있다

옛날에 비하면 요즘 우리는 음식을 먹으면서 그 음식에 어떤 의미가 담겨 있는지 잘 생각하지 않는 것 같다. 그런데 음식에 관한 책들을 읽다 보면 우리 조상들은 특별한 의미를 담아 음식을 만들어 먹었다는 것을 알 수 있다. 특히 음식의 숫자와 색과 관련된 의미는 정말 흥미롭다.

특히 우리 조상들은 특별한 날에 만든 떡은 가족끼리만 먹는 것이 아니라 이웃들과 나누어 먹어야 한다고 생각하여 명절이나 생일, 결혼식 날에 반드시 떡을 준비했다. 예를 들어 아이가 태어난 지 100일째 되는 날에는 백일 떡을 했는데 백일 떡은 백 집에 돌려야 아이가 건강하게 오래 살 수 있다고 믿었다.

예로부터 아홉이라는 숫자는 완전하고 충만하다는 것을 상징하며 부와 행운을 나타내기도 한다. 한국에서는 대보름날에 아홉 가지 나물을 먹는 풍습이 있다. 한국에서 아홉은 모든 걱정을 이겨낸다는 의미를 가지고 있었다. 보름밥을 먹는 것도 그해에 풍년이 들어 굶지 않고 배부르게 잘 지낼 수 있기를 바라는 마음을 표현한 것이다. 또한 이날은 세 집 이상 성이 다른 집에서 지은 밥을 먹어야 그 해에 운이 좋다고 하여 하루 세 번 먹는 밥을 아홉 번 먹기도 했다. 혼례를 올릴 때는 폐백 음식으로 아홉 가지 음식을 담은 구절판을 마련했다. 구절판은 육류, 해조류, 견과류의 특성과 모양을 살려 아홉 개의 나무 칸을 하나의 큰 그릇에 끼워 넣어서 만든다. 노란색, 붉은색, 녹색, 흰색, 검정색의 음식이 골고루 들어가게 만든 구절판의 음식은 8칸에 나누어 넣은 음식 재료를 가운데 칸에 있는 밀전병에 싸 먹는다. 여기에는 서로 생각이 다른 사람들도 화합한다는 상징적인 의미가 있어서 구절판은 오래전부터 정치가들의 회식에서 빠지지 않는 음식이었다고 한다.

이러한 음식들을 보면 우리 조상들이 숫자뿐만 아니라 색, 영양까지 생각하며 음식을 해 먹었다는 것을 알게 된다. 예로부터 음식은 단순히 배를 채우는 용도만이 아니라 여러 의미를 담아온 것이다.

In Food, There Are Numbers

Compared to the past, nowadays we often don't think about the meanings behind the food we eat. However, when reading books about food, we can discover that our ancestors prepared and ate food with special meanings. In particular, the significance of numbers and colors in relation to food is quite intriguing. Our ancestors believed that rice cakes made on special days should not only be eaten within the family but also shared with neighbors, so they always prepared rice cakes on holidays, birthdays, and weddings. For example, on the 100th day after a child was born, they would prepare Baekil tteok, and it was believed that offering it to one hundred homes would ensure the child's long and healthy life.

From ancient times, the number nine symbolized completeness and abundance, representing wealth and good fortune in Korea. On Daeboreum(the first full moon of the lunar new year), there is a custom of eating nine different kinds of vegetables. In Korea, nine meant overcoming all worries. Eating Boreum (full moon) rice on this day expressed hope for a year of good harvest so that one can live well without going hungry. Also, on this day, it was said that eating rice cooked by three or more families with different last names would bring good luck, so people ate nine meals which they regularly eat three times a day. When holding a wedding, Gujeolpan, a dish containing nine kinds of food, was prepared as a part of the Pyebaek feast. Gujeolpan is made by inserting nine wooden compartments into one large bowl, taking advantage of the characteristics and shapes of meat, seafood, and nuts. The food, which is made up of yellow, red, green, white, and black ingredients, is evenly divided into eight compartments, and eaten by wrapping them in a wheat pancake placed in the middle compartment. It is said that Gujeolpan has been a staple food at politicians' dinner parties for a long time because it has a symbolic meaning of uniting people with different viewpoints.

Looking at these foods, we can understand that our ancestors prepared food with not only numbers in mind but also colors and nutrition. From ancient times, food has carried meanings beyond simply filling the stomach.

▶들어 봅시다

민철: 오늘은 여러 나라의 음식 문화에 대해 이야기해 보려고 합니다. 음식의 재료나 조리법이 나라마다 다르지요? 한국은 떡이나 국수, 두부, 식혜 같은 곡물을 이용한 조리법이 많이 발달했습니다. 그리고 된장과 간장 같은 저장 식품이 발달했지요. 한약에서 약의 재료로 사용하는 것을 음식에 이용해서 건강을 생각하기도 하고요. 일본은 음식 재료나 요리 방식이 한국과 많이 다릅니까?

리사: 비슷한 부분도 있고 다른 부분도 있어요. 일본 요리는 다시마나 맛술 같은 천연 조미료로 맛을 내지요. 그리고 음식 재료가 가진 자연 그대로의 모양과 색을 살려서 요리하려고 해요.

웨이: 중국은 녹말을 사용해서 요리하는 음식이 많고 기름에 튀기거나 볶는 음식이 많아요. 그리고 조리 기구도 간단하지요. 하지만 여러 가지 재료를 함께 사용하고 장식을 하기 때문에 시각적으로 아주 화려해요.

엠마: 프랑스는 소스의 종류가 다양하고 포도주하고 치즈, 빵 등이 발달했어요. 그리고 지방에 따라 특색이 있는 요리를 발전시켰지요. 프랑스 요리도 시각적 효과를 중요하게 생각해요.

민철: 음식이 다른 만큼 각 나라의 음식 문화와 식사 예절도 다를 텐데요. 한국은 음식이 처음부터 다 한 상에 차려져 나옵니다. 요즘은 가족들이 식사하면서 대화를 하지만 전통적으로 식사 시간에 큰 소리로 얘기를 하거나 시끄럽게 하지 않았습니다. 그리고 아침을 중요하게 생각해서 잘 먹어야 한다고 했습니다.

리사: 한국에서는 그릇을 들고 먹으면 안 되지만 일본에서는 밥그릇을 왼손에 들고 젓가락으로 밥을 먹고, 국그릇은 양손으로 들어서 입에 대고 국물을 마셔요. 또 일본은 생선을 많이 먹는데 생선을 먹을 때는 머리 쪽에서 꼬리 쪽으로 먹어야 해요.

웨이: 중국은 큰 접시에 나온 음식을 여러 사람이 나눠 먹습니다. 숟가락은 국물이 있는 탕을 먹을 때 사용하고 다른 음식이나 밥, 국수를 먹을 때는 젓가락을 사용합니다. 손님을 초대했을 경우에는 그날의 가장 중요한 손님을 안쪽에 앉히고 주인은 문 쪽에 앉는 것이 예의입니다.

엠마: 프랑스에서는 한국과 달리 식사 시간에 대화를 많이 하면서 식사를 충분히 즐깁니다. 그리고 아침은 간단히 먹지만 점심과 저녁을 중요하게 생각해요. 그래서 공식적으로 점심시간이 12시부터 2시까지예요.

Mincheol: Today, I'd like to talk about the food cultures of various countries. Do the ingredients and cooking methods for food vary from country to country? In Korea, many recipes using grains like rice cakes, noodles, tofu, and sikhye have been developed. Preserved foods such as soybean paste and soy sauce have also developed. Some even incorporate medicinal ingredients from traditional herbal Korean medicine to promote health. Is Japanese food very different from Korean food regarding ingredients and cooking methods?

Lisa: There are both similarities and differences. Japanese cuisine often uses natural flavorings like kelp and cooking wine to enhance the taste. They also focus on preserving the natural appearance and colors of food.

Wei: In China, many dishes are cooked using starch, and deep-frying or stir-frying is common. Cooking utensils are simple, but using various ingredients and decorative garnishes makes Chinese cuisine visually stunning.

Emma: In France, there's a wide variety of sauces, and the wine, cheese, and bread have evolved greatly. Different regions have their own distinctive dishes. French cuisine also places great emphasis on visual presentation.

Mincheol: Given that food varies, each country has its own food culture and dining etiquette. In Korea, we traditionally place all the food on the table at once. Nowadays, families engage in conversations while eating, but traditionally they did not talk loudly or make any noise during meals. Additionally, breakfast is considered an important meal, so one should eat well in the morning.

Lisa: In Korea, you shouldn't hold your bowl when you eat, but in Japan, you hold the rice bowl in your left hand and eat with chopsticks, and when eating soup, you bring the bowl to your mouth with both hands and drink. Also, Japan eats a lot of fish, and when it comes to fish, you should eat it from head to tail.

Wei: In China, food is served on large plates and is shared among several people. Soup is consumed using a spoon, while chopsticks are used for eating other foods, including rice and noodles. When inviting guests, it's customary to seat the most important guest on the inner side, with the host sitting closer to the door as a sign of courtesy.

Emma: In France, unlike Korea, people talk a lot while dining and enjoy their meals thoroughly. While breakfast is relatively light, lunch and dinner are considered important meals. So, lunchtime formally ranges from 12 PM to 2 PM.

Unit 7

Section 1. It's hard to understand what they're saying

수지: 며칠 전에 버스를 타고 가면서 고등학생들이 하는 말을 우연히 듣게 되었는데 정말 알아듣기 어렵던데요. 세대 차이를 많이 느꼈어요.

Suji: A few days ago, while riding the bus, I overheard some high school students talking, and it was really hard to understand. I felt a significant generation gap.

다니엘: 아니, 뭐라고들 했는데 세대 차이가 난다고 그러세요?

Daniel: Well, what did they say that made you feel such a generation gap?

수지: 대화 내용은 주로 인터넷이나 연예인 이야기인데 사용하는 단어들을 많이 못 알아듣겠던데요. 게다가 서로 이야기하면서도 동시에 휴대 전화로 문자를 주고받는 모습도 놀라웠어요.

Suji: Their conversation was mainly about the internet and celebrities, but I couldn't understand many of the words they were using. Moreover, I was amazed to see them talking to each other while simultaneously exchanging text messages on their cell phones.

다니엘: 요즘 새롭게 나오는 인터넷 용어들은 이해하기가 좀 어려워요.

Daniel: It's a bit difficult to understand new Internet terms these days.

수지: 다니엘 씨 나라에서도 세대 간에 쓰는 말이 달라요?

Suji: Daniel, is there also a difference in the language used between generations in your country?

다니엘: 한국이건 다른 나라건 다 마찬가지일 거라고 생각해요. 좀 더 있으면 세대간 번역이 필요하다고들 할지도 모르지요.

Daniel: I think it's the same in Korea or any other country. In the future, there might be a need for intergenerational translation.

문법

1. -건 -건

· Meaning and Usage

This is an abbreviation of '-거나 -거나,' and is used to list comparable or relative content and to indicate that the result is the same regardless.

· Examples

월급이 많건 적건 하는 일은 똑같아요.
Whether the salary is high or low, the work is the same.
운전을 잘 하건 못 하건 스쿨존에서는 더욱 조심해야 합니다.
Whether you're a good driver or not, you must be extra careful in school zones.
돈이 있건 없건 어떤 가치관을 가지고 사느냐가 중요합니다.
Whether you have money or not, what's important is the values you live by.
한국어를 배웠건 안 배웠건 우리 학교에 입학하려면 시험을 봐야 합니다.
Whether you have learned Korean or not, you have to take an entrance exam to get into our school.
가: 그 사람이 동의를 안 하면 어떻게 하지요?
A: What should we do if that person doesn't agree?
나: 그 사람이 동의를 하건 안 하건 계획대로 일을 진행합시다.
B: Whether that person agrees or not, let's proceed as planned.
가: 맛있는 음식을 만들어 드리고 싶은데 뭘 드시고 싶으세요?
A: I want to make you some delicious food. What would you like to eat?
나: 한국 요리건 중국 요리건 돼지고기만 안 들어 있으면 돼요.
B: Whether it's Korean or Chinese cuisine, as long as it doesn't contain pork, it's fine.

2. -는다고들/ㄴ다고들/다고들 하다

· Meaning and Usage

The '들' is added to the quotation '-는다고,' and this is used when quoting what many people generally say. After action verbs with a final consonant except for 'ㄹ', '-는다고들' is used, and for action verbs ending with a vowel or 'ㄹ', '-ㄴ다고들' is used. After descriptive verbs or '-었-', '-다고들' is used.

· Examples

올해 대학교 입학시험은 아주 어려웠다고들 해요.
They say this year's college entrance exam was very difficult.
요즘은 조기 유학을 떠나는 아이들이 많아졌다고들 합니다.
They say that more children are going abroad to study at an early age these days.
앞으로 지구 온난화 때문에 날씨가 점점 더워질 거라고들 합니다.
They say that in the future, the weather will get warmer due to global warming.
방학을 이용해 외국으로 배낭여행을 떠나는 대학생들이 많다고들 해요.
They say many college students go backpacking abroad during vacation.

가: 여기는 굉장히 복잡한 것 같아요.
A: This place seems very complicated.
나: 여기가 서울에서 가장 번화한 곳이라고들 합니다.
B: They say this is the busiest place in Seoul.

가: 한국에서는 신혼여행지로 어디가 유명해요?
A: What's a famous honeymoon destination in Korea?
나: 신혼여행지로는 제주도가 제일 좋다고들 합니다.
B: Jeju Island is said to be the best honeymoon destination.

▶읽어 봅시다

요즘 청소년들은 인터넷 채팅, 에스엔에스, 이메일, 문자 메시지 등을 이용하면서 독특한 언어를 사용하고 있다. 이러한 통신 언어의 특징을 살펴보면 다음과 같다.
첫째, 통신 언어는 실제 말하는 것을 그대로 흉내 내어 소리 나는 대로 적는 경우가 많다. 예를 들어 '좋아'를 소리 나는 대로 '조아'로 적거나 '그런데'를 줄여서 '근데'로 적는다.
둘째, 통신 언어에는 그것을 쓰는 사람의 개성을 그대로 보이거나 자신들만의 통신 언어를 사용해서 서로가 아주 친하다는 것을 표시한다고들 한다. 예를 들어 웃음소리를 'ㅎㅎ, ㅋㅋ'로 한다거나 새로운 단어를 만들기도 한다.
셋째, 문자로 이야기할 때는 표정도 볼 수 없고 상대방의 느낌을 알 수 없기 때문에 이것을 대신하기 위해 이모티콘을 사용하기도 한다. 지금 화가 나 있다거나 웃는 표정 등을 -_-^, ^_^ 등의 기호를 이용해 표시하기도 한다.
이밖에 이러한 통신 언어의 특성이 어우러져서 다양한 신조어들이 매일 생겨나고 있다. 말을 글로 빠르게 전달하기 위해서 줄임말을 많이 사용하는데 초성만을 나열하여 의미를 전달하기도 한다. 예를 들어 '인정'을 'ㅇㅈ'으로 표현한다. 또한 '오저치고' '오늘 저녁은 치킨 고(go)'와 같이 말을 줄이기 위해서 한국어와 외국어를 섞기도 하는 등 점점 다양해지고 있다.
이러한 통신 언어가 나타나게 된 이유는 빨리 자신의 생각이나 느낌을 전하기 위해서라고 할 수 있다. 또 청소년들이 그들만의 문화를 만들고 자신들끼리만 그 문화를 함께 나누고 친밀감을 느끼기 위해서라고 할 수 있다.
이러한 통신 언어에 대해 어떤 사람들은 한국어의 문법이 파괴되고 어른들과 청소년들이 서로의 생각을 이해할 수 없게 될 것이라고 걱정하기도 한다. 또 어떤 사람들은 통신 언어는 청소년의 개성을 나타내는 것이고 생각이나 느낌을 아주 짧게 전할 수 있기 때문에 오히려 효율적이라고 한다.
그러나 통신 언어가 일상적인 언어에까지 영향을 미치고 있는 것은 큰일이라고 할 수 있다. 초등학생들은 편지나 일기, 일상생활에서 통신 언어를 그대로 사용하기도 하고 통신 언어를 많이 사용하는 학생들의 경우에는 생각하는 능력이 단순해지고 짧아질 수도 있다.
These days, teenagers are using unique languages while using internet chatting, SNS, emails, text messages, and more. The characteristics of these communication languages are as follows:
First, communication language often imitates spoken language, and many words are written as they sound. For example, "좋아" (good) is often written as "조아," and "그런데" (but) is shortened to "근데."
Second, this language allows individuals to express their personalities or indicate closeness through unique communication styles. For example, laughter might be represented as "ㅎㅎ, ㅋㅋ," or new words are created.
Third, when conversing through text, you cannot see facial expressions or know the other person's feelings, so emoticons are used to replace them. You can convey emotions like anger or happiness through symbols like "-_-^" or "^_^".
In addition, the combination of these features has led to the creation of various neologisms. To convey meaning more quickly in text, abbreviations are commonly used, sometimes listing only the initial consonants. For example, "인정"(admit) is expressed as "ㅇㅈ". Furthermore, it is becoming more diverse like mixing Korean and foreign languages to abbreviate phrases, such as "오저치고" ("오늘 저녁은 치킨 고," meaning "let's have chicken for dinner").
The reason behind the emergence of this communication language is the desire to convey one's thoughts and feelings quickly. It can also be said that teenagers use this language to create their own culture and share it to build camaraderie.
Regarding, this communication language, some people worry that it may destroy Korean grammar and make it impossible for adults and teenagers to understand each other. On the other hand, some argue that it is a way for teenagers to express their individuality and allows for thoughts and feelings to be conveyed quickly, which is actually very efficient.
However, the influence of communication language on everyday language is a significant concern. Elementary school students sometimes use this style in letters, diaries, and everyday life, and students who frequently use this language might experience a simplified and shortened ability to think.

▶들어 봅시다

앵커: 요즘 인터넷 사용이 늘면서 인터넷상의 언어폭력이 큰 문제가 되고 있습니다. 오늘은 선플 운동을 하고 있는 박정아 선생님을 모시고 이야기 나눠 보겠습니다. 선플 운동이 무엇인가요?
박정아: 선플이란 다른 사람에게 상처를 주지 않는 선한 댓글, 착한 댓글을 의미합니다. 관련 교육과 홍보를 통해 인터넷상의 언어폭력을 줄이자는 목적으로 다양한 활동을 하고 있습니다. 특히 인터넷 사용 연령이 점점 낮아지고 있어서 초등학생 교육을 많이 하고 있습니다.
앵커: 어떻게 이 운동을 시작하게 되었나요?
박정아: 10여 년 전 한 유명 가수가 인터넷 댓글 때문에 괴로워하다가 연예계를 떠났다는 방송을 보고 관심을 갖게 되었습니다. 제가 학교에서 학생들을 가르치고 있는데 제 학생들에게 선플을 다는 숙

제를 준 것이 시작이었습니다. 인터넷상에서 고통받고 괴로워하는 분들에게 용기와 희망을 주는 좋은 댓글을 써서 올리도록 했습니다.

앵커: 학생들의 반응은 어땠나요?

박정아: 학생들은 생각보다 빨리 배웠습니다. 나쁜 글이 사람을 죽일 수도 있고 좋은 글이 사람을 살릴 수도 있다는 걸 직접 느끼면서 선플 운동에 더욱 열심히 참여했어요. 그리고 이런 과정을 통해 인터넷 예절 교육의 필요성을 절실히 느꼈습니다. 언어폭력은 댓글뿐만 아니라 온라인 게임을 하면서도 많이 발생하는데요. 게임에서 졌다는 이유만으로 입에 담을 수 없는 심한 말을 합니다. 어렸을 때부터 교육을 해서 나쁜 습관이 생기지 않도록 하는 것이 무엇보다 중요하다고 봅니다.

앵커: 인터넷 언어 예절에서 가장 중요한 것은 무엇일까요?

박정아: 인터넷에서 대화하건 만나서 대화하건 사람과 사람의 만남이라는 것을 느끼는 것입니다. 직접 만났을 때 인사를 잘해야 하고, 나쁜 말이나 행동으로 다른 사람의 기분을 상하게 하지 않아야 하고, 거짓말을 하거나 거짓 정보를 알리지 않아야 하는 것처럼 대화방이나 게시판에서도 상대를 배려하는 마음을 잊지 말아야 하는 거지요.

앵커: 마주 보고 할 수 없는 일은 인터넷상에서도 하지 말라는 말씀이군요. 오늘 함께해 주셔서 고맙습니다. 시청자 여러분, 모두 건강한 인터넷 생활을 하시기 바랍니다.

Anchor: These days, online verbal aggression has become a significant issue with the increasing use of the internet. Today, we have invited teacher Park Jeongah, who is participating in the "positive comment" movement. Can you tell us what the "positive comment" movement is?

Park Jeongah: "Positive comment" refers to kind, good-natured comments that don't cause harm to others. Through related education and promotion, we are carrying out various activities with the goal of reducing verbal violence on the Internet. Since internet users are getting younger, we focus on educating elementary school students.

Anchor: How did you get started with this movement?

Park Jeongah: About ten years ago, I watched a TV show where a famous singer left the entertainment industry due to the pain caused by internet comments, and this caught my attention. I was teaching students at school and decided to give my students an assignment to write "positive comments." I encouraged them to post good comments that provide courage and hope to those who are suffering from online negativity.

Anchor: How did your students react?

Park Jeongah: The students learned faster than expected. Realizing firsthand that hurtful comments can kill a person and good comments can save a life, they participated more actively in the "positive comment" movement. Through this process, I strongly felt the need for Internet etiquette education. Verbal abuse not only occurs in comments but is also prevalent while playing online games. Just because they lost a game, people say unspeakable harsh words. I think educating children from an early age is crucial to prevent them from developing bad habits.

Anchor: What is the most important aspect of Internet language etiquette?

Park Jeongah: I feel that it is to recognize that whether it's a face-to-face conversation or an online interaction, it is still an encounter between two people. Just as you would greet someone politely when meeting them in person, you shouldn't use negative language or behavior to hurt their feelings, nor tell lies or provide false information, and you must never forget to be considerate of others in chat rooms or online forums.

Anchor: So, the message is not to do online what you wouldn't do in person. Thank you for joining us today. To our viewers, we hope you all have a healthy internet life.

Unit 7

Section 2. Technology is improving day by day

엠마: 지난주에 발표 자료를 준비하기 위해서 "미래의 생활"이라는 전시회에 다녀왔어요.

Emma: I went to an exhibition called "Future

Living" last week to prepare for my presentation.

서준: 그래요? 기술이 나날이 발전하고 있으니까 미래에는 우리 생활이 더욱 더 편리해질 것 같은데 뭐 특별한 게 있었어요?

Seojoon: Really? As technology is advancing day by day, our lives will likely become more convenient in the future. Did you see anything special there?

엠마: 신기한 게 많았어요. 냉장고만 해도 지금보다 더 편리해져서 냉장고 문을 열지 않고도 안에 뭐가 있는지 알 수 있어요.

Emma: There were many amazing things. Refrigerators have become more convenient than ever, so you can see what's inside without opening the refrigerator door.

서준: 어떻게 그럴 수 있지요?

Seojoon: How is that possible?

엠마: 냉장고 문에 안에 있는 재료의 목록뿐만 아니라 소비기한, 산지 같은 정보가 표시돼요. 게다가 재료가 다 떨어지면 주문까지 할 수 있도록 해 줘요.

Emma: The refrigerator door displays not only the list of ingredients inside but also information like expiration dates and where the ingredients come from. Moreover, it can even place orders when your supplies run low.

서준: 아니! 이렇게 세상이 변해 가다가는 사람들이 할 일이 너무 없어지는 거 아니에요?

Seojoon: Wow! If the world keeps changing like this, won't people have too little to do?

문법

1. 만 해도

· Meaning and Usage

When added to a noun, this is used to mean "just by giving this case as an example without considering various other cases". It can also be combined with certain particles, such as '까지만 해도', '으로만 해도', and '에서만 해도'.

· Examples

10년 전만 해도 신촌이 이렇게 복잡하지 않았어요.
Just 10 years ago, Sinchon wasn't this crowded.
몇 달 전만 해도 한국말은 인삿말밖에 몰랐어요.
Just a few months ago, the only Korean I knew was greetings.
학기 초만 해도 열심히 했는데...
I worked hard at the beginning of the semester...
자동차만 해도 작년에 비하면 수출이 20% 증가했다.
Exports of automobiles alone increased by 20% compared to last year.

가: 한국 생활에 많이 익숙해졌나요?
A: Have you gotten used to life in Korea?
나: 네, 한 달 전만 해도 모든 게 낯설었는데 이제 좀 적응이 됐어요.
B: Yes, just a month ago, everything was unfamiliar, but now I'm used to it.

가: 자동차 유지비가 많이 들지요?
A: Is the cost of maintaining a car high?
나: 네, 기름값만 해도 한 달에 30만 원 이상 들어요.
B: Yes, the price of gas alone costs more than 300,000 won per month.

2. -다가는

· Meaning and Usage

This is used to indicate that when a situation or fact described in the preceding sentence continues, it leads to an undesirable result as stated in the following sentence. Usually, the content in the following sentence is not favorable, and it is used to caution or advise the listener. When adverbs like '이렇게', '그렇게', and '저렇게' are used in the preceding sentence, it sounds more natural.

· Examples

시간을 낭비하다가는 후회하게 될 거예요.
If you waste your time, you will regret it.
그렇게 편식하다가는 영양이 부족해질 거예요.
If you continue to be a picky eater, you will become nutritionally deficient.
그렇게 놀기만 하다가는 성적이 떨어지기 쉬워.
If you keep playing like this, your grades will easily drop.
이렇게 돈을 막 쓰다가는 금방 파산할 거예요.
If you keep spending money recklessly, you will soon go bankrupt.

가: 그렇게 불규칙한 생활을 하다가는 건강이 나빠질 거예요.
A: If you lead such an irregular lifestyle, your health will deteriorate.
나: 그렇죠? 오늘부터 잠자는 시간이라도 정해서 지켜야겠어요.
B: Right? Starting from today, I should set a fixed sleeping schedule and stick to it.

가: 저는 듣기 싫은 말은 안 듣는 편이에요.
A: I tend to ignore words I don't want to hear.
나: 듣기 싫다고 다른 사람 말을 안 듣다가는 나중에 후회하게 될지도 몰라요.
B: If don't listen to others because you don't want to, you might regret it later.

▶읽어 봅시다

상상하는 모든 것이 현실로!

미래학자 앨빈 토플러는 '미래는 예측하는 것이 아니라 상상하는 것이다.'라는 유명한 말을 남겼다. 그의 말처럼 인간은 많은 것을 상상했고 현실로 이루어졌다.
400년 전 레오나르도 다빈치가 상상했던 헬리콥터 스케치는 지금도 미술관에서 볼 수 있는데, 이제 가장 흔히 볼 수 있는 항공기 중 하나가 되었다. 그의 상상은 수많은 스케치를 남겼고 심지어 현대인들이 모두 하나씩 들고 다니는 스마트폰처럼 보이는 것도 있다.
대중매체에서 최초로 휴대 전화가 표현된 것은 1966년이었다. 미국 드라마 '스타트렉'에서 휴대할 수 있는 통신기기로 처음 등장했었다. 그리고 실제로 휴대 전화가 세상에 나온 것은 1983년이다. 무게가 1kg, 길이가 33cm로 벽돌처럼 크고 단지 음성 통화만 가능한 것이었지만 첨단 기술이었기 때문에 그 당시 가격이 400만 원이 넘었다고 한다. 그 후 휴대 전화는 기술 개발이 거듭되면서 지금의 스마트폰이 되었고 다양한 기능으로 현대인의 일상생활을 완전히 바꿔 놓았다.
우리는 어린 시절 '과학 상상화 그리기 대회'라도 열리면 마음껏 상상의 나래를 폈다. 하늘을 나는 자동차, 해저 도시, 순간 이동이 가능한 엘리베이터, 인공 태양 등은 그림의 단골 소재였다. 그때만 해도 상상의 소재였을 뿐인데 하늘을 나는 자동차는 곧 현실이 되어 상용 서비스 도입이 가능해진다고 한다.
또 영화뿐만 아니라 책이나 만화의 단골 소재였던 로봇과 인공 지능은 이미 우리 실생활에 깊숙이 들어와 있다. 기술이 발전하면서 로봇은 점점 인간의 모습을 닮아가고 있고 인공 지능은 스스로 학습할 수 있는 수준에 이르렀다. 생각보다 발전 속도가 너무 빨라서 잠시 개발을 멈추기로 했다고도 한다. 매일 신문에는 인공 지능이 인간을 공격하게 되지 않을까 우려하는 기사가 하나둘 눈에 띈다. 우리가 상상한 것들이 미래가 되었지만 인간을 두렵게 하는 상상은 현실이 되지 않기를 바란다.

* 앨빈 토플러(Alvin Toffler, 1928년 10월 3일 ~ 2016년 6월 27일)

Everything Imagined Becomes Reality!

Futurist Alvin Toffler left us with the famous saying, "The future is not about predicting, but about imagining". Just as he said, humans have imagined many things that have become a reality.
A sketch of a helicopter imagined by Leonardo da Vinci four hundred years ago can still be seen in museums today, and it has become one of the most commonly seen aircraft. His imagination left numerous sketches, some of which even look like smartphones that modern people carry around.
The first time a mobile phone was depicted in mass media was in 1966. It first appeared in the American drama "Star Trek" as a portable communication device. In reality, the first mobile phone was introduced in 1983. It was as big as a brick, weighing 1 kg and measuring 33 cm in length, and it could only make voice calls, however, because it was cutting-edge technology, it cost over 4 million won at the time. Since then, as technology continued to develop, mobile phones have transformed into today's smartphones, completely changing the daily lives of modern people with their various features.
When a "Science Imagination Drawing Contest" was held in our childhood, we let our imaginations run wild. Flying cars, underwater cities, elevators that could teleport, artificial suns, and so on were common themes in our drawings. At that time, these were just products of our imagination, but flying cars will soon become a reality and be introduced into commercial services.
Moreover, robots and artificial intelligence, which have been regular subjects of movies, books, and comics, have already been deeply integrated into our daily lives. As technology advances, robots increasingly resemble humans, and artificial intelligence has reached a level where it can learn on its own. The pace of development is so fast that they have even considered briefly pausing development.
Every day, we see articles in the newspaper raising concerns that artificial intelligence might become a threat to humans. While our imaginings have become part of the future, let's hope that the imaginations that frighten humanity do not become reality.

* Alvin Toffler (October 3, 1928 - June 27, 2016)

▶들어 봅시다

서준: 제가 오늘 휴대 전화를 안 가지고 와서 그러는데 선희 씨 전화번호 혹시 기억하세요?

리사: 잠깐만요. 저도 휴대 전화에 저장된 것을 봐야 할 것 같아요. 휴대 전화가 없었을 때는 전화번호를 다 외웠는데 요즘은 못 외워요.

서준: 맞아요. 저도 휴대 전화가 없으면 친구들한테 전화를 못 걸어요. 아는 번호가 없거든요. 노래 가사도 요즘은 잘 못 외우는데 노래방에 가서 항상 가사를 보면서 노래를 불러서 그런가 봐요.

리사: 여러 가지 기술이 발달하면서 외워야 하는 부담이 없어진 것은 좋지만 기억력이 예전에 비해 많이 나빠진 것 같아요.

서준: 어떤 능력이든지 계속 사용해야 되는데 안 쓰니까 그런 것 같아요.

리사: 휴대 전화 때문에 나빠진 게 기억력만은 아닌 것 같아요. 눈도 많이 나빠졌어요. 휴대를 할 수 있으니까 언제 어디서나 항상 보게 되는 데다가 화면까지 작아서 눈이 느끼는 피로가 더 커요.

서준: 맞아요. 저만 해도 자는 시간 빼고는 계속 휴대 전화를 보는 것 같아요. 기계가 발달해서 편리해진 점도 있지만 과다하게 사용할 경우 부작용이 크다는 걸 잊지 말아야겠어요.

리사: 눈은 감고 있을 때만 쉴 수 있대요. 오늘부터 휴대 전화를 보는 대신에 잠시라도 눈을 감고 명상을 해 봐야겠어요.

Seojoon: I didn't bring my cell phone today. Do you remember Seonhee's phone number?

Lisa: Just a moment. I might need to check what's saved on my cell phone. I used to memorize all my phone numbers when I didn't have a cell phone, but I can't these days.

Seojoon: That's right. I can't make calls to my friends if I don't have my cell phone. I don't know any numbers. I also find it hard to memorize song lyrics these days, and I think it's because I always sing while looking at the lyrics when I go to karaoke.

Lisa: It's good that various technologies have developed, relieving us from the burden of memorizing, but it feels like our memory has gotten a lot worse than before.

Seojoon: I think it's because we need to keep using whatever ability we have, but we don't.

Lisa: I don't think it's just our memory that's worsened because of cell phones. My eyesight has worsened too. Since you can carry it around, you're always looking at it anytime, anywhere, and the small screen adds to eye strain.

Seojoon: You're right. I feel like I'm constantly checking my cell phone except when I'm sleeping. While technology has made our lives more convenient, we shouldn't forget that excessive use can have significant side effects.

Lisa: They say your eyes can rest only when they're closed. Starting today, instead of looking at my cell phone, I'll try to close my eyes and meditate, even for a moment.

Unit 8

Section 1. It's hard to live without double income these days

제임스: 결혼 정보 회사가 뭐예요? 신문과 잡지에 광고가 많이 나오던데요.

James: What is a marriage information company? I've seen a lot of advertisements in newspapers and magazines.

선희: 쉽게 말하면 중매회사예요. 결혼 적령기의 남녀들에게 배우자를 소개시켜 주는 회사지요.

Seonhee: In simple terms, it's a matchmaking company. They introduce potential spouses to men and women of marriageable age.

제임스: 이용하는 사람들이 많은가 봐요. 그런 광고가 자주 나오는 걸 보면.

James: It seems like many people are using it, judging by how often those advertisements appear.

선희: 아무래도 결혼 정보 회사를 이용하면 자기가 원하는 조건을 갖춘 배우자를 만나기가 쉬우니까요.

Seonhee: It's probably because using a marriage information company makes it easier to meet a spouse who meets the criteria you desire.

제임스: 얼마 전에 신세대 결혼관에 대한 기사를 읽었는데 그 기사에 의하면 요즘 젊은이들의 결혼관이 예전하고는 많이 달라졌대요.

James: I recently read an article about the new generation's view on marriage, and according to that article, young people's perspectives on marriage are quite different from before.

선희: 맞아요. 나도 전에 비슷한 기사가 난 걸 본 적이 있어요. 요즘은 맞벌이를 안 하고서는 생활하기가 어려워

서 그런지 젊은 남자들이 직장을 가진 여성을 선호한다고 하더군요.

Seonhee: That's right. I've also seen similar articles before. Nowadays, it seems that young men prefer women who have jobs, possibly because it's difficult to make a living without dual income.

문법

1. 에 의하면

· Meaning and Usage

This is used to identify the source of the quoted content when quoting a fact in the following sentence. It is followed by a quotation.

· Examples

일기예보에 의하면 곧 장마철이 시작된대요.
According to the weather forecast, the rainy season will begin soon.
박 선생님 말씀에 의하면 다음 시험은 좀 어려울 거래요.
According to what Mr. Park said, the next exam is going to be a bit difficult.
통계에 의하면 우리나라 초등학생들의 신체 발달 지수가 높아졌대요.
According to the statistics, the physical development index of elementary school students in our country has increased.
외신에 의하면 캘리포니아에서 큰 지진이 일어나 부상자가 많이 발생했대요.
According to foreign media, there was a major earthquake in California and many people were injured.

가: 주식이 다시 오를까요?
A: Do you think the stocks will rise again?
나: 글쎄요, 신문 기사에 의하면 요즘 주식 값이 자꾸 떨어진대요.
B: Well, according to the newspaper article, stock prices keep falling these days.

가: 오늘 오후에 시내에 갈 일이 있는데 차가 밀릴까 봐 걱정이에요.
A: I have to go to the city this afternoon, and I'm worried I'll get stuck in traffic.
나: 아침 뉴스에 의하면 시내에서 마라톤 대회가 열린다던데 지하철을 이용하세요.
B: According to the morning news, there's a marathon held in the city today, so you should use the subway.

2. -고서는

· Meaning and Usage

This means "and after the action has ended," and is used to indicate a temporal relationship between the action in the preceding sentence and what happens afterward. It also means "keeping the condition of the previous sentence as it is," and is natural for the subsequent sentence to be in the negative form.

· Examples

인사만 나누고서는 그냥 헤어졌어요.
We just exchanged greetings and then parted ways.
저녁을 먹고서는 아무 말도 없이 나갔어요.
After dinner, they left without saying a word.
신발을 신고서는 들어갈 수 없어요.
You can't enter with your shoes on.
하루라도 안 보고서는 견딜 수 없어요.
I can't bear not seeing you even for a day.

가: 왜 아직도 집에 안 가셨어요?
A: Why haven't you gone home yet?
나: 이 일을 다 안 끝내고서는 퇴근할 수 없어요.
B: I can't leave work until I finish everything.

가: 한옥에 들어갈 때는 신발을 벗어야 해요?
A: Do you have to take off your shoes when entering a hanok?
나: 네, 신발을 신고서는 들어갈 수 없어요.
B: Yes, you can't go in with shoes on.

▶읽어 봅시다

사회 변화에 따라 다양한 가족 형태도 인정해야

가족이란 무엇일까? 일반적으로 가족이란 부부와 그 자녀, 부양해야 할 부모라는 혈연 중심의 집단이다. 그러나 최근에는 맞벌이, 입양, 이혼이나 재혼, 아동의 조기유학이 늘면서 이제 우리도 다양한 형태의 가족을 인정해야 한다는 의견이 많다. 여기에서 말하는 다양한 형태의 가족에는 한부모 가족, 비혼모 가족, 무자녀 부부 가족, 입양 가족, 독신 가족, 재혼 가족, 공동체가족 등이 있다.
이영숙 · 김민철 씨 부부는 결혼한 지 6년이 지나도 아이가 생기지 않아 큰 고통을 겪었다. 그러나 이 씨는 용기를 내어 입양기관을 방문한 후에 남편을 설득한 끝에 2살 된 남자 아이를 입양했다. 건강하게 자라 유치원생이 된 아들을 보면서 이 씨 부부는 이보다 더 큰 행복은 없을 거라고 했다.
결혼한 지 4년이 된 의사 최준호 씨는 앞으로도 아이를 갖지 않기로 아내와 합의했다면서 우리 사회가 자녀 없이 사는 것을 하나의 선택으로 인정해 주기를 바란다고 했다. 최 씨가 이런 결정을 한 것은 직장생활과 육아를 병행하는 것이 어려울 것 같다는 아내의 생각을 존중해서였다. 그는 결혼한 부부에게 반드시 아이가 있어야 한다는 편견에서 벗어나야 한다고 주장한다.

최근에는 공동체 가족들이 함께 모여 사는 곳도 점차 증가하고 있다. 10대 가출 청소년이나 부모가 없는 청소년 5~6명이 이들을 돌보는 교사와 함께 공동체 가정을 이루어 생활하는 경우가 그 예이다. 공동체 가정을 운영하는 강영호 씨는 구성원 간에 유대감과 서로의 필요성을 느끼고 있다면 핏줄로 이어지지 않아도 가족으로 볼 수 있다고 말한다. 공동체 가정은 혈연보다는 관계를 중심으로 한 새로운 가족 형태인 것이다.

이제 우리는 내 자식과 내 조상만을 강조하는 혈연중심주의에서 벗어날 필요가 있다. 우리는 다양한 가족 형태의 뜻을 이해해야 하고 관계를 중심으로 한 새로운 가족제도를 인정해야 하는 시대에 살고 있다. 따라서 이들의 권리를 보장해 주고 지원할 법과 제도가 마련되어야 한다.

세연신문 권재호 기자

As society changes, diverse family structures should be acknowledged

What is a family? In general, a family is a blood-related group consisting of a couple, their children, and parents who need to be cared for. Recently, however, with the increase in dual-income households, adoption, divorce, remarriage, and early overseas education for children, many now argue that we should recognize various forms of families. The diverse forms of families mentioned here include single-parent families, unmarried mother families, childless couples, adoptive families, single-person households, stepfamilies, and communal families.

A couple, Lee Youngsook and Kim Mincheol, who have been married for six years, experienced great pain when they couldn't have a child. However, Lee found the courage to visit an adoption agency and, after convincing her husband, adopted a 2-year-old boy. Seeing their son grow up healthy and become a kindergarten student, the couple said there would be no greater happiness than this.

Dr. Choi Junho, a doctor who has been married for four years, has agreed with his wife to not have children in the future, and hopes that Korean society will recognize living without children as a valid choice. Choi made this decision because he respected his wife's belief that balancing work and parenting would be difficult. He argues that society should move away from the bias that insists that married couples must have children.

Recently, there has been a gradual increase in communal families where community members live together. This includes cases where 5 to 6 teenage runaways or orphaned teenagers live together in a communal home with teachers taking care of them. Kang Youngho, who operates a community family, says that as long as members feel a sense of connection and mutual need, they can be considered a family even if they are not related by blood. Communal families represent a new family form that centers on relationships rather than blood ties.

Now, we need to break away from blood-tie-centric thinking that emphasizes only our children and our ancestors. We live in an era where we must understand the meanings of various family types and acknowledge a new family system centered on relationships. Consequently, we should establish laws and systems that guarantee their rights and support them.

Seyeon Newspaper, Reporter Kwon Jaeho

▶들어 봅시다

여자: 다음 뉴스입니다. 최근 결혼에 대한 가치관이 달라진 젊은 세대가 많아졌다고 하는데요. 김진영 기자가 알아보았습니다.

남자: 네, 한국 리서치는 20대에서 40대 성인 1000여 명을 대상으로 국민들의 결혼관을 알아보기 위한 조사를 했습니다. 질문 내용은 결혼은 반드시 해야 하는 것인지, 결혼 적령기는 언제로 생각하는지와 혼전 동거, 이혼에 대한 것이었습니다.

여자: 세대에 따라 결혼에 대한 가치관이 많이 달라졌다고 하지요?

남자: 네, 조사 결과에 의하면 '반드시 결혼해야 한다고 생각하는지, 아니면 반드시 결혼할 필요는 없다고 생각하는지'에 대한 질문에 절반이 넘는 53.7%가 반드시 결혼할 필요는 없다고 응답했는데요. 이는 재작년 같은 시기에 조사한 결과보다 16.5% 높아진 수치로 갈수록 결혼 필요성에 대한 인식이 약해지고 있는 것으로 보입니다. 특히 남자보다 여자가 20%정도 높았으며, 연령별로는 30대와 40대에서 높게 나타났습니다.

여자: 그렇군요. 결혼 적령기에 대한 조사 결과도 있었나요?

남자: 네, 남자의 결혼 적령기는 평균 33.1세, 여자는 30.5세로 나타났는데. 이는 2년 전과 비교하여 각각 0.3세, 0.5세가 상승한 수치였습니다.

여자: 결혼 적령기는 아주 많이 높아지지 않았군요. 혼전 동거나 이혼에 대한 의견은 어떤지요?

남자: 혼전 동거에 대해 괜찮다는 의견과 절대 안 된다는 의견이 팽팽하게 맞섰습니다. 남자와 연령이 높은 응답자일수록 괜찮다고 생각하는 비율이 높았으며, 교육 수준에 따라서도 차이가 있는 것으로 나타났습니다. 한편 이혼에 대한 조사 결과는 응답자 10명 중 6명 이상이 이혼할 수도 있다고 응답하여 절대로 이혼은 안 된다는 응답보다 두 배가량 많았는데요. 특히 20대의 이혼은 안 된다는 응답 비율은 50대의 절반 수준에 그쳐 세대 간에 큰 차이가 있는 것으로 나타났으며, 이에 따라 미래에는 그동안의 보수적인 가치관이 약해질 것으로 예상됩니다.

Woman: Here's the next news item. It's been said that the values surrounding marriage have changed among the younger generation. Reporter Kim Jinyoung investigated this.

Man: Yes, Korea Research conducted a survey of over a thousand adults in their 20s to 40s to understand people's views on marriage. The questions were about whether they thought marriage was a must, at what age they considered the right time to get married, premarital cohabitation, and divorce.

Woman: So, the values surrounding marriage differ among different generations?

Man: Yes, according to the survey results, when asked " Do you think marriage is necessary or not?", more than half (53.7%) responded that it is not necessary to get married. This figure is 16.5% higher than the results of a survey conducted at the same time two years ago, and it appears that the perception of the necessity of marriage is weakening. In particular, it was 20% higher in women than in men, and higher among people in their 30s and 40s.

Woman: I see. Were there any results on the ideal age for marriage?

Man: Yes, the average ideal age for men was 33.1 years, while for women, it was 30.5 years. These figures showed an increase of 0.3 years and 0.5 years, respectively, when compared to the data from two years ago.

Woman: The ideal age for marriage doesn't seem to have increased much. What about opinions on premarital cohabitation and divorce?

Man: Opinions on premarital cohabitation were sharply divided between those who thought it was okay and those who thought it was absolutely not. Men and older respondents were more likely to think it was okay, and there were also differences based on the respondents' education levels. When it comes to divorce, over six out of ten respondents believed that divorce could be an option, which was twice as many as those who believed that divorce should never happen. Particularly, the proportion of respondents in their 20s who said that divorce should never happen was only half that of those in their 50s, indicating a significant generational gap. Therefore, it's expected that conservative values will weaken in the future.

Unit 8

Section 2. Mistakes can occur due to misinformation

엠마: 한국의 여가 문화에 대해 발표를 하려고 하는데 참고할 만한 책이 있으면 좀 소개해 주세요.

Emma: I'm planning to give a presentation about leisure culture in Korea. Could you recommend any books I could use as references?

서준: 내가 가지고 있는 자료가 있는데 그것만으로는 부족할 것 같아요. 신문이나 인터넷 사이트에서 찾아보면 좀 더 정보를 얻을 수 있을 거예요.

Seojoon: I have some materials, but I don't think it will be enough. You can find more information by checking newspapers or websites.

엠마: 신문에서도 그런 정보를 얻을 수 있어요?

Emma: You can get that kind of information from newspapers?

서준: 네, 금요일에는 보통 주말에 갈 만한 여행지나 공연

정보 등에 관한 기사가 많이 나와요. 그러니 신문도 참고가 될 거예요.

Seojoon: Yes. On Fridays, there are usually many articles about weekend travel destinations or information about performances. So, newspapers can also be a valuable resource.

엠마: 그럼 신문도 잘 봐야겠군요. 그런데 인터넷 사이트에는 정확하지 않은 정보도 꽤 있어서 신뢰하기 어려운 것도 있어요.

Emma: Then I guess I should read the newspaper as well. However, on the internet, there is quite a bit of inaccurate information, making it difficult to trust everything.

서준: 맞아요. 잘못하면 그런 정보로 인해 실수하는 수가 있어요. 그러니까 찾은 정보를 무조건 믿으면 안 되고 다시 확인해야 돼요.

Seojoon: That's true. If you're not careful, you might make mistakes based on such information. So, you shouldn't blindly trust the information you find and always cross-check it.

문법

1. 만으로는

· Meaning and Usage

This is a compound particle that combines the particles '만' and '으로'. It is added to nouns or noun phrases. Meaning "only to that extent" and "having only that and nothing else", it is followed by expressions that mean "to be insufficient" or "to be impossible."

· Examples

이것만으로는 부족합니다.
This alone is not enough.
외모만으로 사람을 평가하지 마세요.
Don't judge people solely based on their appearance.
학교 공부만으로 부족해서 학교 수업 후 학원에 다녀요.
Studying at school isn't enough, so I go to hagwon (academy) after school.
자신감만으로는 그 일을 하기가 어려울 거예요.
Doing that job with confidence alone will be difficult.

가: 이 일을 이 인원으로 해결할 수 있을까요?
A: Can we handle this task with this number of people?
나: 어려울 것 같네요. 이 일은 몇 사람의 노력만으로는 해결하기 힘들어요.
B: It seems difficult. This task can't be resolved with the efforts of just a few people.

가: 그분은 성실해 보이는데 아닌가요?
A: He seems diligent, doesn't he?
나: 저도 그럴 줄 알았는데 아니더라고요. 겉모습만으로는 사람을 판단하기 어려워요.
B: I thought so too, but it turned out he wasn't. It's difficult to judge a person based on their appearance alone.

2. -는 수가 있다

· Meaning and Usage

This is used to indicate a possibility that may sometimes arise in special cases.

· Examples

기상 상태가 나쁘면 비행기가 연착이 되는 수가 있어요.
If the weather conditions are bad, the flight may be delayed.
당황하면 아는 것도 대답 못 하는 수가 있어요.
When you get flustered, you might not be able to answer even what you know.
그렇게 공부를 안 하다가는 낙제하는 수가 있으니 공부 좀 해라.
If you don't study like this, there's a chance you might fail, so study hard.

가: 서두르세요. 늦게 가면 공연장에 못 들어가는 수가 있어요.
A: Hurry up. If we go late, we might not be able to enter the concert hall.
나: 그래요? 빨리 출발해야겠어요.
B: Really? We should leave quickly then.

가: 요즘 걱정이 많아서 잠을 잘 못 자요.
A: I've been so worried lately that I can't sleep well.
나: 걱정을 많이 하면 밤에 잠을 잘 못 자는 수가 있어요.
B: If you worry too much, you won't be able to sleep well at night.

▶읽어 봅시다

진짜 진짜 정보야?

인터넷으로 기사나 정보를 찾아보는 현대인이라면 누구나 무엇이 진짜 뉴스이고 무엇이 가짜 뉴스인지 명확하지 않아 혼란을 느낀 적이 있을 것이다. 때로는 출처가 분명하고 정확한 정보를 전달해 주는 뉴스를 찾기 위해 여러번 확인을 해야 할 때도 있는데 이처럼 가짜 뉴스를 걸러내려는 시도는 인간뿐만 아니라 새들에게서도 볼 수 있다.
미국 한 대학교에서 참새 과의 소형 조류인 검은모자쇠박새와 붉은가슴동고비에 대해 조사를 했다. 결과에 따르면 이 새들이 가까운 곳에 있는 동료에게 울음소리로 위험을 알릴 때 어떤 동물이 근처에 있는지는 직접 스스로 확인하기 전까지 전달하지 않는다는 것을 알아냈다. 또한 위험한 다른 새나 동물이 근처에 있다는 정보를 듣더라도 그 정보만으로는 더 이상의 행동을 취하지 않았다고 한다.
이 새들은 울음소리로 '위험해, 먹이가 필요해!' 등의 의사 표현을 할 수 있는데 직접 본 정보를 전달할 때와 전해 들은 정보를 전달할 때 새소리를 비교한 결과 두 소리 간의 차이가 있는 것으로 나타났다. 붉은가슴동고비는 먼저 직접 보거나 들은 정보나 위험을 알릴 때 짧고 긴박한 울음소리를 냈으며 위험의 정도가 높을수록 더 짧고 긴박하게 소리를 냈다. 그러나 다른 새들의 울음소리를 듣고 다시 전달하는 새들은 매우 일반적인 '알림'과 같은 울음소리만 냈다고 한다.
이와 같은 효과적인 뉴스 전달 방법은 위험한 환경에서 살아남아야 하는 작은 새들이 더 중요하고, 덜 중요한 정보를 정확하게 나누어 생존 확률을 높이기 위해 선택한 방법으로 보인다. 가짜 뉴스에 현혹되어 잘못된 판단을 내리지 않으려는 매우 현명한 전략이다.

Is this really real information?

Any modern person searching for articles or information on the Internet has probably felt confused because it's unclear what's real news and what's fake news. Sometimes you have to check multiple times to find news that has a clear source and delivers accurate information buy this attempt to filter out fake news can be seen not only in humans but also in birds.
A university in the United States studied two small bird species of the sparrow family: the black-capped chickadee and the red-breasted nuthatch. According to the results, when these birds make alarm calls to alert nearby companions of danger, they do not communicate which specific animal is near until they check for themselves. Even when they hear about the presence of a dangerous bird or animal, they don't take further action based on that information alone.
These birds can express their thoughts through cries, such as "It's dangerous" or "I need food", however, it was found that there are differences in the sounds they make when communicating firsthand and secondhand information. When conveying information it has seen or heard directly or is warning about danger, the red-breasted nuthatch first makes a short, urgent call, and the higher the degree of danger, the shorter and more urgent the sound. On the other hand, birds that hear and relay the cries of other birds only make very general "alarm"-like calls.
This effective method of news delivery appears to been chosen by small birds that have to survive in dangerous environments to increase their chances of survival by accurately dividing more important and less important information. It's a wise strategy to avoid being misled by fake news and making wrong judgments.

▶들어 봅시다

여자: 요즘 피부가 안 좋아져서 인터넷에서 하라는 대로 해 봤다가 부작용 때문에 정말 고생을 했어.
남자: 그래? 무슨 일이 있었는데?
여자: 인터넷에서 알려준 재료로 팩을 만들어서 붙였는데 얼굴이 빨갛게 부어오르고 너무 가려워진 거야. 그래서 병원에 갔더니 내 피부에 맞지 않는 재료를 사용해서 그렇게 됐다고 하더라. 이주일 넘게 치료를 받았지만 증상이 심해져서 정말 힘들었어.
남자: 그랬구나. 인터넷 정보만 믿었다가는 그런 일이 생기는 수가 있더라.
여자: 너도 그런 적이 있었어?
남자: 얼마 전에 너무 피곤해서 어떤 식품이 좋을지 검색을 하다가 한 블로그에서 건강보조식품을 먹고 건강이 좋아졌다는 글을 봤거든. 그래서 나도 그 약을 사서 먹기 시작했는데 약을 먹은 지 두 달쯤 되면서부터 가슴이 뛰고 어지럼증이 심해졌어. 전에도 가끔 어지럼증이 있어서 심각하게 생각하지 않았는데 어느 날 갑자기 쓰러진 거야. 그래서 병원에 입원을 했는데 의사 선생님이 그 약이 내 몸에 맞지 않고 오히려 독이 된 거라고 하셨어.
여자: 정말 큰일 날 뻔했네. 약을 사기 전에 후기를 안 읽어봤어?
남자: 물론 읽어봤지. 효과가 너무 좋다는 내용이고 별점도 최고로 높아서 무조건 믿었지.
여자: 인터넷 글이나 상품 후기, 별점을 그대로 믿으면 안 돼. 정확한 정보가 아닐 수도 있으니까. 우리 어머니는 다리가 아파서 인터넷에서 알려 준 대로

한 달 동안 꾸준히 운동했는데 증상이 더 심해져서 걷기가 힘들어지셨어. 그래서 병원에 가서 의사 선생님께 동영상을 보여 드렸더니 잘못된 운동 방법 때문에 몸에 무리가 온 거라고 하셨어.

남자: 정보는 홍수처럼 넘치는데 그 중에 어떤 게 진짜 좋은 정보인지 잘 가려내는 건 정말 어려운 일인 것 같아.

Woman: Lately, I've been having some skin trouble, so I tried doing what was recommended on the internet, but I had a really hard time because of the side effects.

Man: Really? What happened?

Woman: I made a facial mask with ingredients I found online and applied it, but my face got red, swollen, and itchy. So, I went to the hospital, and they said it was because I used ingredients that weren't suitable for my skin. I had to undergo treatment for over two weeks, but it was really tough because my symptoms worsened.

Man: I see. Relying solely on Internet information seems to lead to such situations.

Woman: Have you ever experienced something like that?

Man: A while ago, I was so tired I searched for what foods might help me feel better, and I found a blog post about someone who took dietary supplements and claimed their health improved. So, I bought the same supplement and started taking it, but after about two months, my heart started racing, and I felt dizzy. I'd had dizziness from time to time before, so I didn't take it seriously, but one day I suddenly collapsed. I was admitted to the hospital, and the doctor said that the supplement wasn't suitable for my body and had actually become toxic.

Woman: That was really close. Didn't you read the reviews before buying the medicine?

Man: Of course I did. The reviews talked about how great the effects were and had the highest star rating, so I trusted it blindly.

Woman: You shouldn't believe everything you read online, whether it's articles, product reviews, or star ratings. It may not always be accurate. For instance, my mom had leg pain, so she followed the exercise routine she found online for a month, but her symptoms got worse, and she had difficulty walking. So, she went to the hospital and showed the video to a doctor, and he said the wrong exercise methods had strained her body.

Man: Information is overflowing like a flood, but sifting through it to find what's genuinely good information is a truly challenging task.

Unit 9

Section 1. It feels like we're talking face to face

수지: 얼마 안 있으면 연말연시인데 이럴 때는 가족이 더 그립겠어요.

Suji: End-of-year holidays are coming soon. You must miss your family even more at times like this.

엠마: 아무래도 그렇지요. 그런데 저는 가족들하고 자주 영상 통화를 하다 보니 멀리 떨어져 산다는 기분이 별로 안 들어요. 마치 마주 보고 대화하는 것처럼 느껴져서요.

Emma: I suppose so. However, since I often make video calls with my family, I don't really feel like we're far apart. It feels like we're having face-to-face conversations.

수지: 하긴 저도 동생이 유학 가 있을 때 자주 연락을 주고받았는데 오히려 같이 있을 때보다 더 가까워지는 느낌이었어요. 그런데 엠마 씨, 요즘 인터넷 강의도 듣는다면서요?

Suji: Well, I also used to keep in touch with my younger sibling a lot when they went to study abroad, and it actually made me feel closer to them than when we were together. By the way, Emma, I heard you've been taking online courses lately?

엠마: 네, 하나라도 더 배우려고 듣기 시작했는데 생각보다 힘드네요.

Emma: Yes, I started taking them to learn more, but it's harder than I thought.

수지: 고생 끝에 낙이 온다고 분명히 좋은 결과가 있을 거예요.
Suji: They say that hard work pays off, and I'm sure you'll achieve good results.
엠마: 그랬으면 좋겠어요. 아무튼 인터넷 덕분에 편리해진 게 많아요.
Emma: I hope so. Anyway, many things have become more convenient thanks to the Internet.

문법

1. 마치 -는/은/을 것처럼

· Meaning and Usage

This is used to compare something to another thing, and means "almost the same". After '마치', the words '처럼', '같이', and '같다' are used.

· Examples

마이클 씨는 한국말 발음이 좋아서 마치 한국 사람이 말하는 것처럼 들려요.
Michael's Korean pronunciation is so good that it sounds like a native Korean is speaking.
좋아하는 가수를 직접 만났을 때 마치 꿈을 꾸는 것처럼 행복했어요.
When I met my favorite singer in person, I was so happy that it felt like I was dreaming.
언니를 보면 마치 젊었을 때의 엄마를 보는 것처럼 엄마를 많이 닮았어요.
When I see my older sister, she resembles my mom so much that it's as if I'm seeing my mom when she was younger.
두 형제가 만나는 모습이 너무 슬퍼서 마치 영화의 한 장면을 보고 있는 것처럼 느껴졌어요.
The sight of the two brothers meeting was so touching that it felt like watching a scene from a movie.

가: 요즘 사람들은 여유가 없어 보여요.
A: People these days don't seem to have much time to spare.
나: 맞아요. 마치 무엇에 쫓기는 것처럼 급하게 뛰어다녀요.
B: You're right. They run around quickly as if they're being chased by something.

가: 두 사람이 무슨 말을 하던가요?
A: What did the two of them say?
나: 마치 약속이라도 한 것처럼 저한테 똑같은 충고를 했어요.
B: They gave me the same advice as if they'd promised to do so in advance.

2. -는다고/ㄴ다고/다고, 이라고/라고

· Meaning and Usage

This is used when quoting other people's words, proverbs, and idiomatic expressions. After action verbs with a final consonant except for 'ㄹ', '-는다고' is used, and for action verbs ending with a vowel or 'ㄹ', '-ㄴ다고' is used. After descriptive verbs, '-다고' is used. For nouns, '이라고' or '라고' is used.

· Examples

선생님 말씀대로 지각은 습관이 된다고 점점 자주 지각을 하게 되네요.
Just as the teacher said that tardiness becomes a habit, I'm gradually becoming late more often.
낮말은 새가 듣고 밤말은 쥐가 듣는다고 말조심해야 해요.
They say that birds hear what you say during the day and rats listen to what you say at night, so you should be careful about what you say.
고생 끝에 낙이 온다고 조금만 참고 견디면 틀림없이 좋은 결과가 있을 거예요.
They say happiness comes after hardship, so if you have patience and persevere, you will surely achieve good results.
금강산도 식후경이라고 밥부터 먹을까요?
They say that everything is better on a full stomach ("sightseeing at Geumgang Mountain must wait until after the meal"), so should we go eat first?

가: 제가 어렸을 때부터 일을 미루는 버릇이 있었는데 고치기가 힘드네요.
A: I've had the habit of procrastinating since I was a child, and it's hard to change.
나: 세 살 버릇이 여든까지 간다고 어릴 때 버릇을 잘 들여야 해요.
B: They say habits from three years old last until eighty, so it's important to develop good habits from an early age.

가: 한 번 확인했는데 다시 또 확인하라고요?
A: I already checked it once, but you want me to check again?
나: 돌다리도 두들겨 보고 건너라고 항상 조심하는 게 좋아요.
B: Like how they say to test the stepping stones before crossing the river, it's always good to be cautious.

▶**읽어 봅시다**

인터넷 전자 메일이 생기면서 동서양의 주소를 적는 문화 차이는 의미를 잃게 되었다. 골뱅이(@)만 달면 자기가 사는 나라와 도시, 자기 집 번지까지도 필요 없다. 자신의 아이디(ID)와 사용하는 메일 서버명만 적으면 그만이다. 그러면 자신이 지구 시민이 된 것을 확인하고, 국가나 소속 집단을 통하지 않고서도 세계와 직접 만나게 되는 짜릿한 쾌감을 맛볼 수 있다. 골뱅이만 달면 산도 강물도 없어진다. 편지 봉투도 우체부 아저씨의 배달 가방도 없다. 도대체 이 신기한 골뱅이는 어디에서 온 것일까?

한국에서 골뱅이라는 기호, @는 나라마다 부르는 이름이 다르다. 흥미롭게도 프랑스와 이탈리아 사람들은 우리와 비슷하게 @를 '달팽이'라고 부른다. 그런데 독일 사람들은 그것을 '원숭이 꼬리'라고 부른다. 그리고 동유럽 폴란드나 루마니아 사람들은 꼬리를 달지 않고 그냥 '작은 원숭이'라고 부른다. 그러니까 나라가 달라지면 @의 모양이 원숭이 꼬리로 보이기도 하고 원숭이의 귀로 보이기도 하는 모양이다. 터키에서는 '귀'라고 부르니 말이다.

더욱 재미있는 것은 북유럽의 핀란드에 가면 '원숭이 꼬리'가 '고양이 꼬리'로 바뀌게 되고, 러시아로 가면 그것이 원숭이와는 앙숙인 '개(소바카)'로 불린다는 사실이다.

아시아는 아시아대로 다르다. 중국 사람들은 쥐에다 노(老)자를 붙여 '라오수' 또는 '라오수하오'라 부른다. 일본은 태풍의 나라답게 '나루토(소용돌이)'라고 한다. 혹은 일본식 영어로 '앳 마크'라고도 한다.

아무리 봐도 달팽이나 원숭이 꼬리로는 보이지 않는다. 더구나 오리, 개 그리고 쥐 모양과는 닮은 데가 없는데 그들의 눈에는 그렇게 보이는 모양이니 문화란 참으로 신기한 것이다. 더욱 재미있는 것은 스웨덴에서는 '코끼리의 몸통'이라고 부른다는 사실이다. 어떻게 '달팽이'에서 '코끼리'까지 크기가 그렇게 달라질 수 있는지 놀랍기만 하다.

팔이 안으로 굽는다고 인터넷 사용국 중에서 @와 제일 가까운 이름은 우리나라의 골뱅인 것 같다. 골뱅이의 위 단면을 찍은 사진을 보여 주면 모양이나 크기까지 어느 나라 사람이든 무릎을 칠 것 같다.

With the advent of the Internet E-mail, the cultural differences in writing addresses between the East and West have lost their meaning. As long as you add a "golbaengi" (@), you don't even need the address of your country, city, or home. All you need is your username (ID) and the name of your email server. Then, you can confirm that you have become a citizen of Earth and experience the thrill of directly connecting with the world without going through a nation or group. By adding the golbaengi, mountains and rivers disappear. There is no envelope or a postman's delivery bag. So, where did this mysterious golbaengi come from?

The symbol @, called "golbaengi" in Korea, is called differently from country to country. Interestingly, people in France and Italy also refer to @ as a "snail", similar to us. However, Germans call it "monkey tail". In Eastern Europe, people in Poland or Romania don't attach a tail and just call it a "little monkey." So, depending on the country, the @ symbol can look like a monkey's tail or ear. In Turkey, it's called an "ear".

What's even more amusing is that in Finland, Northern Europe, the "monkey tail" transforms into a "cat tail," and in Russia, it's referred to as "dog" (sobaka), which is the enemy of monkeys.

Asia has its own unique names. Chinese people add the character "lao"(老) to the word "mouse", calling it "laosu" or "laosuhao."

Japan, a country of typhoons, calls it "naruto"(whirlpool). In Japanese-style English, it is called "at mark."

No matter how you look at it, it doesn't really resemble a snail or a monkey's tail. Moreover, cultural perspectives are truly amazing because although it doesn't look like a duck, dog, or mouse, it appears that way in people's eyes.

What's even more interesting is that in Sweden, it's called "elephant trunk." How it can vary in size from a "snail" to an "elephant" is truly remarkable.

As the saying "arms bend inwardly"("men are blind in their own cause"/"blood is thicker than water") goes, among Internet-using countries, the name closest to @ seems to be Korea's golbaengi. If you show a picture of the upper cross-section of a golbaengi to people from any country, the shape and size will surely enlighten them.

▶**들어 봅시다**

서준: 발 없는 말이 천 리 간다고 뉴스나 소문은 정말 빨리 퍼지는 것 같아. 특히 인터넷에 뉴스가 나오고 댓글이 올라오는 속도를 보면 정말 놀라워.

선희: 그리고 정보의 양도 많아져서 이렇게 가다가는 나중에 정보의 홍수 속에 길을 잃을 게 틀림없어.

서준: 맞아. 이제는 정보가 넘쳐서 어떤 정보가 좋은 정보인지 제대로 선별하기도 힘들어. 앞으로 정보를 선별해 주는 직업이 생길지도 몰라.

선희: 일부 사람들은 다른 사람에게 피해를 줄 수 있는 정보를 사실인지 아닌지 확인도 하지 않고 들은 그대로 인터넷에 올리는데, 정말 큰 문제야. 잘못된 정보가 마치 사실인 듯 알려져서 사람들이 피해를 보게 되니까. 그리고 요즘에는 사람들의 관심을 끌기 위해 만들어진 가짜 뉴스도 정말 많은 것 같아.

서준: 그래. 정보를 믿을 수 없다는 건 정말 심각한 문제지. 이제 인터넷이라는 기술을 어떻게 이용하느냐는 각자의 책임이라고 생각해. 인터넷으로 사람들에게 도움을 주는 사람이 있는가 하면 반대로 사람들에게 해를 끼치는 사람도 있으니까 인터넷을 이용할 때 정말 주의해야 할 것 같아.

Seojoon: As the saying "Words without feet travel a thousand miles" goes, news and rumors spread really quickly. It's especially astonishing to see the speed at which news is reported and comments are posted on the internet.

Seonhee: With the increasing volume of information, if we continue like this, we will definitely get lost in the flood of information in the future.

Seojoon: You're right. Nowadays, there's so much information that it's becoming difficult to filter out which information is good information properly. There might even be jobs created in the future for sorting information.

Seonhee: Some people post information that can cause harm to others on the internet just as they'd heard it without even checking whether it's true or not, which is a big problem. Incorrect information can spread as if it were fact, causing people to suffer. Also, it seems like a lot of fake news is being created these days just to capture people's attention.

Seojoon: Yes. Not being able to trust information is a serious issue. I think it's everyone's responsibility to consider how we use Internet technology. Since some people use it to help people while others use it to harm people, we need to be really careful when using the internet.

Unit 9

Section 2. Reading newspapers enriches your imagination

수영: 신문에 재미있는 기사라도 났어요? 아까부터 뭘 그렇게 열심히 봐요?

Sooyoung: Did an interesting article come out in the newspaper? Why have you been reading it so attentively?

리사: 어느 국어학자에 대한 기사가 났는데 그분은 아침 일과를 여러 종류의 신문을 읽는 것으로 시작한대요.

Lisa: There was an article about a Korean linguist who starts morning routine by reading various types of newspapers.

수영: 저같이 신문을 거의 안 보는 사람이 있는가 하면 그런 사람도 있군요.

Sooyoung: I guess there are people like me who barely read the newspaper, and there are also people like that.

리사: 요즘 젊은 세대들은 신문을 많이 안 읽는대요. 신문을 읽으면 정보도 얻을 수 있고 상식도 풍부해져서 좋을 텐데요. 저는 신문을 안 보면 하루 일과 중에서 뭔가 빠뜨린 것 같아요.

Lisa; They say that younger generations don't read newspapers much these days. It's good to read newspapers because it allows you to gain information and become more knowledgeable. If I don't read the newspaper, I feel like something is missing in my daily routine.

수영: 그래서 리사 씨가 상식이 풍부하군요. 리사 씨는 호기심이 많은 사람인 게 틀림없어요.

Sooyoung: That's why you're so knowledgeable, Lisa. You must be a very curious person.

리사: 맞아요. 저는 하루라도 신문을 안 보면 무슨 일이 일어났는지 아주 궁금해요.

Lisa: That's right. If I don't read the newspaper even for a day, I get very curious about what happened.

문법

1. -는가/은가/ㄴ가 하면

· Meaning and Usage

This is used with a verb when the content of the preceding clause and the following clause is relative, or when the facts of the following clause is added to the content of the preceding clause.

· **Examples**

열심히 공부하는 학생이 있는가 하면 열심히 놀기만 하는 학생도 있어요.
Some students study hard, while others just play hard.
이 세상에는 나쁜 사람이 있는가 하면 반대로 착하게 살아가는 사람도 있어요.
There are bad people in this world, but on the contrary, there are also those who live virtuously.
그 사람은 가끔 자기 자랑을 하는가 하면 자기의 무능력을 탓하기도 해요.
That person sometimes boasts about themselves while also blaming their own incompetence.
어떤 날은 날씨가 맑은가 하면 어떤 날은 비가 온다.
Some days the weather is clear, and some days it rains.

가: 세상은 참 불공평한 것 같아요.
A: The world seems quite unfair.
나: 맞아요. 굶어 죽는 사람이 있는가 하면 음식을 버리는 사람들도 많아요.
B: You're right. Some people are starving, while others waste food.

가: 한국 사람들은 모두 드라마를 좋아하나요?
A: Do all Koreans like dramas?
나: 꼭 그렇지는 않아요. 드라마를 좋아하는 사람이 있는가 하면 드라마를 안 보는 사람도 있거든요.
B: Not necessarily. There are people who enjoy dramas, but there are also those who don't watch them.

2. -는/은/을 게 틀림없다

· **Meaning and Usage**

This is used with the meaning of "it is clear that something is a certain way" or "there is no doubt that something is a certain way."

· **Examples**

많이 놀면서도 공부를 잘하는 걸 보면 똑똑한 아이인 게 틀림없어요.
Seeing that she is good at studying even while playing a lot, it's certain that she is a smart kid.
그 사람 행동을 보면 거짓말을 하고 있는 게 틀림없어요.
If you look at that person's behavior, it's evident that they are lying.
미나 씨가 안색이 안 좋아요. 어디 아픈 게 틀림없어요.
Mina doesn't look well. She must be sick.
아직도 안 오는 걸 보면 무슨 일이 생긴 게 틀림없는 것 같아요.
Seeing that they still haven't arrived, something must have happened.

가: 마리아 씨한테 무슨 일이 있나 봐요.
A: Something must be going on with Maria.
나: 표정이 어두운 걸 보면 걱정거리가 있는 게 틀림없어요.
B: Her dark expression must mean that she is worried about something.

가: 영수 씨가 이번 시험은 잘 볼까요?
A: Will Youngsoo do well on this exam?
나: 날마다 공부만 하는 걸 보니 이번에는 합격할 게 틀림없어요.
B: Judging by how he does nothing but study every day, I'm sure he will pass this time.

▶읽어 봅시다

신문은 보도 기능, 지도 기능, 오락 기능, 광고 기능의 네 가지 기능을 가지고 있다. 먼저 보도 기능이란 독자들에게 정치, 기후, 사고, 전쟁, 교육 등 사회에서 일어나는 사건들에 대한 정보를 객관적으로 보도하는 것을 말하는 것으로서 신문의 가장 중요한 기능이다.
다음으로 지도 기능이란 독자를 설득하고 가르쳐서 올바른 태도나 행동을 하도록 하는 신문의 기능을 말한다. 즉, 지도 기능이란 신문사에서 독자에게 의견을 제시하는 것으로서 여기에는 사설, 논설, 시사만평 등이 포함된다.
그런가 하면 신문은 독자들에게 즐거움을 주는 오락 기능도 있다. 예를 들어 만화, 소설, 스포츠나 연예, 혹은 취미 관계 등의 기사가 이러한 오락적 목적으로 사용된다.
마지막으로 광고 기능이란 독자들에게 상품 및 시장에 대한 정보를 제공해 주고 또한 기업인들은 그들의 상품을 일반 사람들에게 알려 주도록 돕는 것을 말한다.
미국의 주요 신문의 지면에서 이 네 가지 기능이 차지하는 비중을 조사한 결과 보도 기능이 20%, 지도 기능이 4%, 오락 기능이 16% 그리고 광고 기능이 60%를 차지하고 있었다고 한다. 우리나라 경우에는 대체로 일간신문의 경우 보도 기능이 35%, 지도 기능이 4%, 오락 기능이 21%, 그리고 광고 기능이 40% 정도를 차지하고 있다.
Newspapers serve four primary functions: reporting, guidance, entertainment, and advertising. First, the reporting function involves objectively reporting information about events occurring in society such as politics, weather, accidents, war, and education, to readers, and is considered the most important

function of newspapers.
Next, the guidance function refers to the role of newspapers in persuading and educating readers to adopt the correct attitudes and behaviors. In other words, the guidance function is when a newspaper presents opinions to readers, including editorials, opinion pieces, and editorial cartoons.
Moreover, newspapers also have an entertainment function that gives pleasure to readers. For example, comics, novels, sports, show business, and hobby-related articles are used for the purpose of entertainment.
Lastly, the advertising function refers to providing readers with information about products and markets and assisting businesses in promoting their products to the general public.
As a result of examining the proportion of these four functions on the pages of major U.S. newspapers, it was found that reporting accounted for 20%, guidance was 4%, entertainment was 16%, and advertising took up 60% of the content. In South Korea, daily newspapers typically allocate about 35% of their content to reporting, 4% to guiding, 21% to entertaining, and 40% to advertising.

▶들어 봅시다

사회자: 시민언론단체 김민수 대표님이 말씀하신 의견에 대해서 하나신문 박성수 기자의 의견을 들어 보겠습니다.

박 기자: 네. 하나신문의 박성수 기자입니다. 한국의 종이 신문 구독률은 계속 감소하는 반면 인터넷으로 신문 기사를 본다는 사람의 수는 계속 증가하고 있습니다. 왜 그럴까요? 바로 인터넷 포털 사이트에서 각종 신문 기사를 쉽게 볼 수 있기 때문입니다.

김민수: 저는 인터넷 사이트의 신문 기사 제공 서비스가 나쁘지 않다고 생각합니다. 정보가 넘쳐 나는 사회에서 바쁜 현대인들이 모든 신문과 방송 뉴스를 다 챙겨 볼 수는 없습니다. 따라서 원하는 정보만 빠르게 볼 수 있는 인터넷 포털 사이트의 신문 기사 제공은 아주 편리한 서비스임에 틀림없습니다.

박 기자: 그런 기능에 물론 장점도 있겠지만 큰 문제점이 두 가지 있습니다. 우선 사이트 이용자들이 신문 기사를 홈페이지나 광고에 실어서 상업적인 목적으로 이용한다는 것입니다. 이것은 저작권 침해입니다. 또한 호기심을 끄는 기사들만 싣다 보니 청소년들이 보지 말아야 할 기사를 보게 되고 이것은 청소년 범죄의 원인이 되기도 합니다.

김민수: 그런 문제가 없다고 말씀드리지는 않겠습니다. 하지만 신문사들이 신문의 지면을 자꾸 늘리다 보니 보지 않아도 될 기사가 너무 많습니다. 광고 면처럼요. 그러다 보니 종이 신문의 구독률이 떨어질 수밖에 없지요.

박 기자: 신문 구독률이 떨어지니까 신문사 입장에서는 수입이 줄게 되어서 광고 면을 늘릴 수밖에 없는 게 아닐까요?

김민수: 신문의 광고 면이 많아지는 것이 구독률 감소 때문이라고 하는 것은 신문사의 변명일 뿐이라고 생각합니다. 그리고 포털 사이트에서 인기 있는 신문사의 기사를 자주 읽다 보면 아마 그 신문사의 종이 신문도 구독하게 될 겁니다.

Moderator: Now, let's hear the opinion of Hana News reporter Park Seongsu regarding the comments made by Kim Minsoo, the representative of the Citizens' Press Association.

Reporter Park: Yes, this is Hana News reporter Park Seongsu. While the print newspaper subscription rate in Korea continues to decline, the number of people reading newspaper articles on the Internet is continuing to increase. Why is this happening? This is because you can easily access various newspaper articles on internet portal sites.

Kim Minsoo: I don't think online newspaper article services are necessarily bad. In a society overflowing with information, busy modern individuals can't keep up with every newspaper and broadcast news. Therefore, providing newspaper articles on Internet portal sites to allow people to quickly view only the information they desire is undoubtedly a very convenient service.

Reporter Park: Certainly, there are advantages to these functions, but there are also two major issues. First, many users of these sites utilize newspaper articles for commercial purposes, either by posting them on their homepage or in advertisements. This is copyright infringement. Additionally, by only publishing articles that pique curiosity, teenagers end up seeing articles they should not read, potentially contributing to juvenile delinquency.

Kim Minsoo: I won't argue that such issues don't exist. However, as newspaper companies keep expanding the size of their papers, there are too many unnecessary articles, like the advertisement page. As a result, the subscription rate for paper newspapers is bound to drop.

Reporter Park: As newspaper subscription rates drop, won't newspaper companies have no choice but to increase their advertising pages because of decreasing incomes?

Kim Min-soo: I believe attributing the increase in advertising sections to the decline in newspaper subscriptions is just an excuse by the newspaper companies. Moreover, if you frequently read articles from popular newspapers on portal sites, you'll probably end up subscribing to the print version of that newspaper.

Unit 10

Section 1. Congratulations on winning the savings award

기자: 저축 상 타신 걸 축하드립니다.

Reporter: Congratulations on receiving the savings award.

아주머니: 아유, 쑥스럽게 뭘. 별로 많지도 않은데 이런 상을 받으니 부끄러울 따름이에요.

Lady: Oh my, this is awkward. I'm embarrassed to receive such an award considering the amount isn't much.

기자: 그렇게 큰돈을 모으신 비결이 뭔가요?

Reporter: What's the secret to saving such a large sum of money?

아주머니: 비결이랄 게 뭐 있나요? 저는 작은 식당을 30년째 운영하고 있는데요. 단돈 만 원이라도 모이면 바로 은행에 가서 저축을 했지요. 하고 싶은 걸 다 하고서는 돈 모으기 어렵거든요.

Lady: There is no special secret. I've been running a small restaurant for 30 years. Whenever I gathered even 10,000 won, I immediately went to the bank to save it. It's hard to save money after doing everything you want to do.

기자: 네, 그렇게 모으신 돈으로 세 명의 자녀분들을 대학까지 다 교육시키시고 정말 대단하세요. 요즘은 형편이 어려운 학생들의 등록금도 대신 내주신다면서요?

Reporter: Yes, with the money you saved, you put all three of your children through college, which is really impressive. I heard that these days, you also help pay tuition for students in need?

아주머니: 이젠 자식 교육도 다 시켰고, 다른 사람에게 많은 도움을 받고 살았으니만큼 나도 나보다 어려운 사람을 도우면서 살아야지요.

Lady: Now that I have educated my children and have received a lot of help from others, I should also live by helping those less fortunate than me.

문법

1. -을/ㄹ 따름이다

· Meaning and Usage

This is used to indicate that there are no other possibilities or situations other than the one mentioned in the sentence, excluding other choices or situations. It is also used to emphasize a situation in a sentence.

· Form

After verbs with a final consonant except for 'ㄹ', '-을 따름이다' is used, and for verbs ending with a vowel or 'ㄹ', '-ㄹ 따름이다' is used.

· Examples

그 남자는 조금도 움직이지 않고 하늘만 올려다볼 따름이었다.

The man didn't move at all and just looked up at the sky.

저에게는 아무 권한도 없습니다. 저는 책임자가 아니고 보조 역할일 따름입니다.

I don't have any authority. I'm not in charge, I'm just an assistant.

내가 이 일을 한 다른 이유는 없어. 다만 너를 위해 이 일을 하고 싶었을 따름이야.

I had no other reason for doing this. I just wanted to do this for you.

제가 그걸 먹고 싶어서 먹은 건 아닙니다. 다만 사람들이 먹으라고 해서 먹었을 따름입니다.

I didn't eat it because I wanted to. I only ate it because people told me to.

가: 도와주셔서 정말 고맙습니다.

A: Thank you so much for your help.

나: 고맙기는요. 오히려 더 많은 도움을 드리지 못해 죄송

할 따름입니다.
B: You don't have to thank me. I'm sorry I couldn't be of more help.

가: 친한 친구가 유학을 간다면서요?
A: I heard your close friend is going to study abroad?
나: 네, 매일 만나던 친구가 멀리 떠난다니까 정말 슬플 따름이에요.
B: Yes, I'm really sad that a friend I see every day is going far away.

2. -으니만큼/니만큼/이니만큼

· Meaning and Usage

This is used when the content of the preceding sentence serves as a reason or cause, leading to a corresponding result in the following sentence.

· Form

After verbs with a final consonant except for 'ㄹ', '-으니만큼' is used, and for verbs ending with a vowel or 'ㄹ', '-니만큼' is used.

· Examples

오늘은 출근 첫날이니만큼 많이 긴장될 겁니다.
Today is your first day at work, so you'll be quite nervous.
이제 너도 한 살 더 먹었으니만큼 철이 좀 들어야지.
Now that you are one year older, you should be more mature.
그 집은 번화가에 있으니만큼 집값이 꽤 비싸다고 해요.
Since the house is on the main street, the price is quite expensive.
그때는 낮에는 돈 벌고 밤에는 야간 대학원에까지 다니던 때이니만큼 집에 돌아오면 자리에 누울 힘도 없었을 때였다.
Back then, I was earning money during the day and going to graduate school at night, so I didn't even have the strength to lie down when I got home.

가: 내일 시험 결과가 발표되는 날이라서 너무 긴장이 돼요.
A: I'm so nervous because tomorrow is the day the test results are announced.
나: 남보다 열심히 노력했으니만큼 좋은 결과가 나올 거예요.
B: You've worked harder than others, so you should get good results.

가: 오늘 비가 많이 오니만큼 운전 조심 하세요.
A: It rained a lot today, so be careful when driving.
나: 네, 그럴게요. 알려줘서 고마워요.
B: Yes, I will. Thank you for letting me know.

▶읽어 봅시다

이달의 저축왕 김정민 씨를 소개합니다.

우리 회사 영업부 김정민 씨는 매달 받는 월급이 항상 부족하다고 느꼈습니다. 월급을 받는 동시에 바로 통장에서 여기저기 돈이 나가 버려서 월급을 받는 기쁨을 즐길 순간도 별로 없습니다. 남들 버는 것만큼은 버는 것 같은데 저축을 할 여유도 없었습니다.
그래서 김정민 씨는 날마다의 수입과 지출을 기록하기 시작했습니다. 출근하면서 습관적으로 들르는 카페의 커피 값부터 매일 쓸 수밖에 없는 식사비, 교통비, 통신비를 하나하나 적었습니다. 혹시 지나치게 과소비를 하는 부분이 있는지 내역을 꼼꼼히 살펴보았더니 쓰지 않아도 될 돈을 생각 없이 쓰고 있었다는 걸 알 수 있었습니다.
지출의 가장 큰 비중을 차지하는 부분은 유흥비, 쇼핑, 취미 생활비 등이었습니다. 정리해 보니 지난 한 달만 해도 술값으로 50만 원, 쇼핑 80만 원, 골프장과 헬스장에서 100만 원. 총 230만 원 정도를 지출한 것을 발견했습니다. 게다가 무이자 할부가 가능하다는 이유로 카드 결제를 많이 이용해서 큰돈이 나가는 것을 느낄 수 없었고, 급할 때는 현금 서비스도 이용하곤 했습니다.
수입과 지출 내역을 보고 충격을 받은 김정민 씨는 그 후로 날마다 가계부를 쓰고 있습니다. 골프장에 가는 횟수를 줄이고 불필요한 쇼핑을 자제하기로 했습니다. 식사도 가벼운 도시락을 사 먹거나 집에서 싸 가기도 합니다. 술 모임도 꼭 필요한 모임이 아니면 가지 않습니다. 또 가능하면 카드 대신 현금으로 결제하려고 노력했습니다. 그 결과 김 씨는 매달 소득의 약 50%인 200만 원을 저축할 수 있게 되었습니다.
김정민 씨는 이렇게 말합니다. "과소비를 줄이고 자신의 소득에 맞는 합리적인 소비를 하려면 무엇보다 자신의 소비 내역을 알 수 있도록 가계부를 날마다 쓰는 것이 좋습니다. 신용 카드 사용을 월수입의 20%가 넘지 않도록 해야 하며, 소득의 50%는 저축을 하도록 목표를 잡는 것이 좋습니다."

Introducing This Month's Savings Champion, Mr. Kim Jeongmin.

Kim Jeongmin of our company's sales department has always felt that his monthly salary isn't enough. He rarely gets to enjoy his paycheck because as soon as it's deposited, the money seems to go out of his bank account here and there. Even though he earns as much as other people, he couldn't afford to save up.

So, Kim Jeongmin started keeping a daily record of his income and expenses. He wrote down every expense, from the price of the coffee he habitually picks up at a café on his way to work to daily necessities like meals, transportation, and communication costs. When carefully examining his records to see if he was overspending, he realized that he was spending money he didn't need to spend without thinking.

The most significant portion of his expenses was on entertainment, shopping, and hobbies. Upon review, he found that in just the past month, he had spent approximately 500,000 won on alcohol, 800,000 won on shopping, and 1 million won on golf and gym expenses. He was spending a total of around 2.3 million won. Moreover, due to the ability to make interest-free installments, he often used credit card payments so he was unaware of the large amount of money that was being spent, and when urgent, he also used cash advance services.

Shocked by his income and expense records, Kim Jeongmin has since kept a household account book every day. He decided to reduce the number of visits to the golf course and refrain from unnecessary shopping. For meals, he buys simple lunch boxes or brings packed lunches from home. He doesn't go to drinking parties either unless it's absolutely necessary. Also, whenever possible, he tries to pay with cash instead of using credit cards. As a result, he was able to save approximately 2 million won per month, which is roughly 50% of his monthly income.

According to Kim Jeongmin, "To reduce over-consumption and to spend reasonably in line with your income, it is best to keep a household account book every day to track your expenses. Ensure that credit card use doesn't exceed 20% of your monthly income, and aim to save 50% of your income."

▶들어 봅시다

남자: 미선 씨는 신용카드보다 현금을 더 자주 쓰는 이유가 있나요?

여자: 현금을 쓰면 돈을 좀 더 합리적으로 쓸 수 있다고 생각해요. 예를 들어 대형 할인점에 갔다가 물건 값이 싸서 계획했던 것보다 더 많은 물건을 사게 되어 신용 카드로 계산을 하게 될 때가 있잖아요?

남자: 네, 처음 계획보다 더 많은 소비를 할 때가 있지요.

여자: 그런데, 만일 신용 카드 없이 현금만 있다면 가지고 있는 돈에 맞게 처음 계획된 것만큼만 사게 돼요. 그리고 현금을 쓰면 어떤 가게에서는 값을 깎아 주기도 하고 서비스도 더 좋고요.

남자: 하지만 신용 카드로 필요한 물건을 무이자로 살 수 있으니까 더 좋지 않나요?

여자: 그런 점도 있지만 그렇다고 해도 물건 값이 더 싸진 것은 아니잖아요? 그래서 저도 예전에는 신용카드를 사용했는데 지금은 사용하지 않아요. 그랬더니 경제적으로 더 넉넉해졌어요. 그리고 정신적으로도 여유가 생겼고요. 이제는 이번 달 카드 금액이 얼마나 많이 나올까 걱정하지 않아도 되고, 카드 금액을 다 내지 못할까 봐 걱정하지 않아도 되니까요.

남자: 그렇군요. 그래도 저는 신용 카드의 장점을 최대한 이용하는 것이 지혜로운 방법인 것 같아요. 갑자기 돈을 써야 할 때 현금이 없어도 신용 카드만 있으면 거의 모든 곳에서 계산을 할 수 있잖아요. 그리고 저는 다음 달 소비 계획을 세울 때 그동안의 지출 목록을 상세히 볼 수 있으니만큼 카드 명세서를 아주 유용하게 사용하곤 해요.

여자: 그런 방법이 있군요. 가계부를 따로 쓰지 않아도 명세서를 활용할 수 있겠어요.

남자: 네, 또 카드로 결제하면 필요한 고가의 물건을 큰 돈을 들이지 않고 나눠 지불할 수 있고요. 그리고 신용 카드마다 물건 값을 깎아 준다거나 포인트 같은 것으로 내가 쓴 금액 중 일부를 돌려받는 서비스도 있어서 자주 이용해요.

여자: 신용 카드도 현금도 좋은 점을 잘 활용하는 것이 중요하겠네요.

Man: Miseon, is there a reason why you use cash more often than credit cards?

Woman: I think using cash allows me to spend money more rationally. For example, there are times when you go to a large discount store to buy more items than you planned because the prices are low, so you end up paying with a credit card, right?

Man: Yes, there are times when I spend more than I initially planned.

Woman: However, if you only have cash and no credit card, you can only buy what you originally planned with the money you have. Additionally, some stores offer discounts and better service when you pay with cash.

Man: But isn't it better to buy the things you need interest-free with a credit card?

Woman: That's true, but it doesn't make the items cheaper, right? So, I used to use credit cards before too, but now I don't. It has made me financially better off. I also have more peace of mind. Now I don't have to worry about how much my credit card bill will be this month or whether I'll be able to pay it all.

Man: I see. Nonetheless, I believe making the most of the advantages of a credit card is a wise approach. When you suddenly need to spend money, even if you don't have cash, you can pay almost anywhere with a credit card. Moreover, when planning next month's expenses, I find reviewing the detailed expenses in the credit card statement useful.

Woman: That's a good approach. I can use the statement without having to keep a separate account book.

Man: Yes, and when you make payments with a credit card, you can divide the cost of high-priced items without spending a large sum of money at once. Additionally, different credit cards offer discounts or services like earning points, which allow you to get back some of the money you spent, so I use them frequently.

Woman: It seems making good use of the advantages of both credit cards and cash is important.

Unit 10

Section 2. I was embarrassed because my credit card was declined

리사: 어제 데이트는 즐거웠어요?

Lisa: Did you enjoy your date yesterday?

서준: 말도 마세요. 괜히 기분 내려고 호텔 식당에 갔다가 제 신용 카드로 결제가 안 되는 바람에 얼마나 당황했는지 몰라요.

Seojoon: Don't even mention it. I went to the hotel restaurant as a treat, but I was so embarrassed because my credit card was declined.

리사: 아니, 결제가 왜 안 됐는데요?

Lisa: What do you mean it got declined?

서준: 제가 최근에 돈을 좀 무절제하게 썼거든요. 그랬더니 제 카드의 사용한도가 넘어 쓸 수가 없었어요.

Seojoon: I've been reckless with my spending recently. As a result, I exceeded my credit card limit so I couldn't use it.

리사: 저도 그럴까 봐 결제 알림 서비스를 신청했어요. 그러면 제가 얼마를 썼는지 결제할 때마다 바로 알 수 있거든요.

Lisa: I was worried the same thing might happen to me, so I signed up for the payment notification service. This way, I can instantly know how much I've spent each time I make a payment.

서준: 저도 그렇게 했으면야 어제 같은 일은 없었겠죠. 아무튼 이번 일이 저한테는 아주 좋은 교훈이 됐어요.

Seojoon: If only I had done that, something like yesterday wouldn't have happened. Anyway, this experience was a valuable lesson for me.

문법

1. -는 바람에

· Meaning and Usage

This is used when the preceding sentence causes a negative impact on the result described in the following sentence.

· Examples

사람들이 갑자기 입구로 몰리는 바람에 사고가 발생했다.
The sudden rush of people to the entrance caused an accident.

갑자기 비가 내리는 바람에 예정된 행사를 모두 취소했다.
Due to the sudden rain, all scheduled events were canceled.

지원자가 늘어나는 바람에 채점하는 데 시간이 많이 걸렸다.
Because the number of applicants increased, grading took a long time.

그녀는 아버지의 회사가 부도가 나는 바람에 시골로 내려와 살게 되었다.
After her father's company went bankrupt, she moved to the countryside.

가: 왜 지갑을 집에 두고 왔어요?
A: Why did you leave your wallet at home?
나: 서둘러서 나오는 바람에 집에 지갑을 놓고 나왔어요.
B: I was in such a hurry that I left my wallet at home.

가: 어제 전화를 해도 안 받던데요.
A: I tried calling you yesterday, but you didn't answer.
나: 휴대 전화를 잃어버리는 바람에 전화를 못 받았어요.
B: I lost my cell phone, so I couldn't answer the phone.

2. -었으면야/았으면야/였으면야

· Meaning and Usage

This is used to express assumptions about past events. The preceding sentence presents an assumption about the opposite of a past event, while the following sentence presents an unfulfilled event that is the opposite of the current truth. The particle "야", which adds emphasis, serves to strengthen the meaning of the assumption "-었으면".

· Examples

좋은 사람을 만났으면야 결혼했을 거예요.
If I had met a good person, I would have gotten married.
실수만 하지 않았으면야 제가 당연히 합격을 했을 거예요.
If I hadn't made any mistakes, I would have definitely passed.
그때 저에게 위로 한마디라도 해 주었으면야 제가 이렇게 섭섭하지는 않았을 겁니다.
If you had at least said a word of comfort to me then, I wouldn't have been so upset.
미리 나한테 의논을 했으면야 내가 그 일을 알아서 처리해 주었을 텐데 왜 의논을 하지 않았어?
If you had discussed it with me in advance, I would have taken care of it. Why didn't you discuss it with me?

가: 옷이 너무 얇지 않아요?
A: Aren't the clothes too thin?
나: 날씨가 이렇게 추워질 줄 알았으면야 저도 두꺼운 옷을 입었을 거예요.
B: If I had known the weather was going to be this cold, I would have worn thicker clothes.

가: 미리 예매하지 그랬어요?
A: Why didn't you book a ticket in advance?
나: 그러게요. 미리 예매했으면야 이렇게 오래 기다리지 않아도 됐을 텐데요.
B: You're right. If I had booked in advance, I wouldn't have had to wait this long.

▶읽어 봅시다

합리적인 깍쟁이가 되는 법

사람들은 나를 짠돌이라고 부른다. 깍쟁이라고 부르기도 한다. 돈을 잘 쓰지 않고 지나치게 아낀다며 다들 나를 그렇게 부르는데 나는 그 말이 듣기 싫지만은 않다. 알뜰하게 생활한다고 해서 나처럼 절약하는 사람들을 알뜰족이라고도 부른다.

나는 아낄 수 있는 곳에는 철저히 아낀다는 원칙을 가지고 소비를 한다. 나의 비법을 공개하자면 첫째, 쿠폰이나 할인 카드를 활용한다. 생일이나 특별한 날 패밀리 레스토랑을 찾기 전에 할인 쿠폰과 할인 카드를 챙긴다. 적게는 10%에서 많게는 30%까지 저렴한 가격에 식사를 할 수 있다. 게다가 무료로 제공되는 빵이나 음료를 한두 번 리필해 마시면 실제로 계산하는 돈은 얼마 되지 않는다. 그래서 사람들은 우리를 쿠폰족, 리필족이라 부른다. 둘째, 신용 카드의 혜택을 다양하게 누린다. 꼭 하나의 카드만 사용할 필요는 없다. 카드사마다 특별한 혜택이 다르기 때문에 혜택을 받을 수 있는 최저 금액만큼만 사용하고 카드의 혜택은 모두 누리는 것이다. 셋째, 가계부를 쓴다. 인터넷 가계부를 이용할 경우 사람들의 생일이나 취향을 기록할 수 있어서 인맥 관리도 되고, 일기장으로도 이용할 수 있어서 일석이조 아니 '일석삼사조'이다. 또한 인터넷 가계부는 은행 계좌의 입출금 내역이 자동으로 입력되니만큼 매우 편리하다.

내가 이렇게 아껴 쓴다고 해서 소비 자체를 싫어하는 것은 아니다. 다만 아낄 수 있는 부분을 철저하게 아껴서 내가 정말 좋아하는 일에 과감하게 투자한다. 최근엔 사진 찍기에 취미를 붙여 카메라에 관심이 많이 생겼다. 취미로 사진 공부를 시작한 이후 더 좋은 사진을 찍기 위해 전문가용 렌즈를 구입하기도 하고 카메라 가방 등을 구입하기도 한다. 물론 인터넷으로 사용 후기나 구입 방법을 자세히 검색해 보고 신중하게 구입한다. 인턴 사원인 내 월급으로 이 모든 것을 구입하기는 힘드니까 절약할 수 있는 곳에서 최대한 절약해 내 취미 생활을 하는 것이다. 불필요한 소비를 줄이고 투자하고 싶은 곳에 과감히 투자하는 이런 나의 소비 생활이 무조건 아끼기만 하는 사람들이나 값비싼 브랜드의 명품만을 선호하는 명품족에 비해 더 합리적이고 실용적이라고 나는 생각한다.

How to Become a Reasonable Miser

People call me a penny-pincher or a miser. Everyone calls me this because I don't spend money well and am too frugal, but I don't hate being called that. People who save money like me are also called "thrifty people" because they live frugally.

I spend with the principle of rigorously saving where I can. Let me reveal my secrets. First, I make use of coupons and discount cards. Before heading to a family restaurant for special

occasions or birthdays, I make sure to bring discount coupons and discount cards. I can eat a meal at a discount of as little as 10% to as much as 30%. Additionally, if you refill your free bread or drink once or Twice, the actual cost is quite low. This is why people call us "coupon enthusiasts" or "refill enthusiasts". Second, I maximize the benefits of credit cards. You don't need to stick to using just one card. Since different credit card companies offer different perks, I spend just the minimum amount required to take full advantage of those benefits. Third, I keep a household ledger. With an online ledger, I can record people's birthdays and preferences, which helps me manage my relationships, I can even use it as a diary, so it's like killing not two but three or four birds with one stone. Furthermore, online ledgers automatically import bank account transaction details, making them very convenient.
Just because I'm frugal doesn't mean I hate spending altogether. I simply save rigorously in areas where I can so that I can confidently invest in what I truly enjoy. Recently, I've become very interested in cameras as I have taken up photography as a hobby. Since starting to study photography as a hobby, I've purchased professional lenses and camera bags to capture better photos. Of course, I make my purchases carefully after searching the Internet for user reviews and purchase methods in detail. As a intern, it's difficult to afford all these things with my starting salary, so I try to save where I can as much as possible, and then pursue my hobbies. I believe that my spending habit of reducing unnecessary expenses and investing boldly where I want to invest is more rational and practical compared to people who only save or those who prefer expensive luxury brands.

▶들어 봅시다

앵커: 요즘 지갑에 현금 넣고 다니는 사람 찾기 쉽지 않죠. 대부분 신용 카드를 사용하고 있는데요. 경제연구원의 최은우 소장님을 모시고 신용카드의 장점과 올바른 신용카드 사용법에 대해 여쭈어 보겠습니다.

소장: 신용카드의 장점이라 하면 말씀하신 대로 우선 현금을 소지할 필요가 없다는 것입니다. 국내뿐만 아니라 해외 어디를 가도 신용카드 하나만 있으면 불편함이 없습니다. 또한 원하는 제품이나 서비스는 바로 받고 지불은 나중에 해도 된다는 점입니다. 당장 현금이 없는 경우에는 유용하게 사용될 수 있겠지요. 구매 금액을 몇 개월씩 할부로 나누어낼 수 있으니 편리하고요.

앵커: 맞습니다. 더구나 요즘은 핸드폰에 카드 앱을 깔아서 사용하면 되니 카드조차 가지고 다니지 않아도 되는 시대가 되었지요. 이렇게 사용이 편리해질수록 조심해야 하는 부분도 생각해야 하겠죠?

소장: 그렇습니다. 카드를 사용하면 무엇보다 당장 현금을 사용하지 않아도 된다는 생각에 과소비를 하기 쉽지요. 자신이 사용한 돈을 갚지 못하게 되어 신용불량자가 되어 사회생활에 큰 문제가 생기는 사람들도 많아지고 있습니다. 또한 카드를 도난당하거나 분실해서 피해를 입을 수도 있습니다. 더욱 심각한 것은 개인 정보가 유출되거나 범죄에 악용되는 바람에 큰 피해를 입는 경우가 있으므로 매우 주의해야 합니다.

앵커: 똑똑하게 카드를 사용하는 방법을 알려주시겠습니까?

소장: 올바르게 신용카드를 사용하자면 될 수 있는 대로 카드를 하나만 쓰는 것이 좋습니다. 카드사마다 제공하는 혜택이 달라서 여러 개의 카드를 사용하는 사람들이 많은데요. 신용 포인트를 최대한 높이기 위해서는 하나의 카드를 사용하는 것이 좋습니다. 또한 카드사에서 제공하는 각종 할인 쿠폰은 최대한 이용하고 고가의 물건일 경우 무이자 할부 서비스를 이용하도록 하십시오. 무엇보다 자신의 소득 수준에 맞춰서 카드를 사용하는 것이 중요하다는 걸 명심해야 합니다.

Anchor: Nowadays, it's not easy to find people who carry cash in their wallets. Most people use credit cards. Today, we have Director Choi Eunwoo from the Economic Research Institute to talk about the advantages of credit cards and the correct way to use them.

Director: One of the advantages of credit cards is, as you mentioned, the fact that you don't need to carry cash. Whether in Korea or anywhere abroad, having just one credit card is quite convenient. Additionally, you can get the products or services you want immediately and pay for them later. It can be useful when you don't have cash on hand. You can also split the purchase amount into several monthly installments, which is convenient.

Anchor: That's right. Furthermore, these days,

you can install card apps on your phone, so it has become an era where you don't even have to carry your cards around. However, with such convenience, there are also things to be careful about, right?

Director: That's correct. When using a card, it's easy to overspend thinking that you don't have to pay with cash right away. There are a growing number of people becoming credit delinquents, facing major problems in their social lives because they can't repay the money they've spent. Also, you can suffer significant losses if your card is lost or stolen. Even more seriously, there are cases where personal information is leaked or abused for criminal activities, resulting in great damage, so you must be very cautious.

Anchor: Could you share some smart ways to use credit cards?

Director: To use credit cards properly, it's better to stick to just one card as much as possible. Many people use multiple cards because different card companies offer different benefits. To maximize your credit score, we recommend using one card. Also, make the most of various discount coupons provided by card companies, and for high-value items, use interest-free installment services. Above all, you should keep in mind that it's important to use your cards according to your income level.

1과

복고 열풍

'유행은 돌고 돈다'는 말이 있다. 그 말을 실감하듯이 최근 1990년대 말부터 2000년대 초반에 인기를 얻었던 패션 아이템이 다시 유행하고 있다. 예전에 인형 뽑기가 한창 유행할 때 인기 있었던 캐릭터 인형이나 열쇠고리를 달고 다니는 청소년들이 많이 눈에 띈다. 유행이 지난 패션 소품을 착용하면 촌스럽다는 평을 듣곤 하지만 유행은 다시 돌고 돌아 부모님 세대가 선택했던 물건들이 다시 시장을 점령하고 있는 것이다. 헐렁한 하의와 몸에 꼭 맞는 상의를 착용하던 옛 패션이 요즘 인기 있는 아이돌이 착용하면서 최고의 패션으로 통하는 것도 같은 예이다.

이러한 복고 열풍은 패션 아이템뿐만 아니라 광고계까지 섭렵하고 있다. 20세기 말에 유행하던 대중가요를 배경 음악으로 하는 광고가 나오고 그 시절 유행했던 영화들을 패러디한 장면들을 통해 추억을 불러일으킨다. 낯선 듯 새로운 세기말 트렌드가 요즘 세대에게는 흥미롭게 다가오며 오히려 복고를 자신만의 스타일로 즐기는 경향을 보이고 있으며 이러한 열풍은 앞으로도 계속될 것으로 보인다. 우리 모두 과거에 유행했던 그 시절 아이템을 오랜만에 꺼내보고 소중한 추억까지 함께해 보는 시간 가져보면 어떨까?

Retro Trend

There is a saying that "fashions come and go." Just as this saying suggests, fashion items that gained popularity in the late 1990s and early 2000s have recently made a comeback. You can frequently spot teenagers hanging character dolls and keychains that were popular during the peak of the claw machine craze. People may sometimes criticize those who wear out-of-date fashion accessories as being tacky, but fashion trends have a way of coming full circle, and items favored by our parents' generation are once again dominating the market. For example, the old-fashioned style of wearing loose-fitting bottoms and form-fitting tops is now considered the best fashion worn by popular idols today.

This retro trend has not only influenced fashion items but also made its way into the advertising industry. Advertisements now feature background music from popular songs of the late 20th century and parody scenes from movies that were popular back then to evoke nostalgia. The new, seemingly unfamiliar end-of-the-century trend fascinates today's generation, who are embracing the retro style as their own, and this trend is expected to continue. Why don't we take the time to dig out items that were popular in the past and reminisce about our cherished memories together?

2과

재미있는 지명을 가진 곳

듣기만 해도 웃음이 나오는 재미있는 지명을 가진 지역이 있다. 먼저 전라남도에 이름만 들어도 귀를 의심케 하는 방광마을이 있다. 신라 경덕왕 이후에 생긴 지명으로 판관이 살았다고 하여 판관마을이라고 불리다가 방광으로 개칭되었다고 한다. 지리산 근처에 자리 잡은 방광마을 주변에는 아름다운 숲이 조성돼 있어 경치가 좋기로도 유명하다. 울산시에는 마치 다른 나라에 와 있는 듯한 착각을 들게 하는 발리를 만나볼 수 있다. 이 지명은 조선 성종 때 한 승려가 바랑(승려가 등에 지고 다니는 자루 모양의 큰 주머니)을 앞산에 묻고 갔다고 해서 '바리방', '발방'으로 불리다가 '발리'가 되었다고 한다. 인도네시아의 유명한 휴양지는 아니지만 이곳 발리 또한 아름다운 정원과 온천이 있어 휴식을 취하기에 더할 나위 없이 좋은 장소이다.

전라북도에 위치한 '대가리'는 머리를 속되게 부르는 말로 웃음을 자아내지만, 클 대(大)에 아름다울 가(佳) 자를 써서 아주 아름다운 마을이라는 뜻을 담고 있다. 멋진 일출과 일몰을 촬영할 수 있는 장소로도 잘 알려져 있다. 이와는 반대로 '사탄마을'이라는 무시무시한 곳도 있다. 전라도에 위치한 이곳은 땅이 원래 모래밭으로 되어 있어 붙여졌다고 한다. 마지막으로 특이한 지명을 가진 지역을 말할 때 빼놓을 수 없는 '방구마을'은 광주광역시에 위치해 있다. 5.18 광주민주화운동의 역사를 한눈에 담아볼 수 있는 곳이며 자연을 즐기며 평온한 분위기에서 산책하고 휴식을 취하고 싶은 여행객들이 많이 찾고 있다고 한다.

Places with Interesting Names

There are places with amusing names that bring a smile to your face just by hearing them. First, in Jeollanam-do, there's a place called "Banggwang Village," and the name alone will have you doubting your ears. The name, created after King Gyeongdeok of Silla, was initially called "Pangwan Village" because an official named Pangwan lived there, but was later renamed "Banggwang." Located near Jirisan, "Banggwang village" is surrounded by beautiful forests and is famous for its wonderful scenery. In Ulsan, you can find "Bali," which makes you feel like you're in a different country. The name of this place originated during the reign of King Seongjong of the Joseon Dynasty when a monk buried his "barang" (a large sack-shaped pouch that monks used to carry on their backs) in Mountain in front; it was called "Baribang," "Balbang," and eventually became "Bali". While not as famous as Indonesia's famous resort, "Bali" is also a great place to relax, with lovely gardens and hot springs.

"Daegari," a place in Jeollabuk-do, may make people laugh

as it's a vulgar term for the head, but the characters "dae" (big) and "ga" (beautiful) actually mean "very beautiful village." It's also well-known as a place to take pictures of stunning sunrises and sunsets. On the contrary, there is also a scary place called "Satan Village." This place, located in Jeolla-do, got its name since the land was originally made of sand. Lastly, when discussing places with unusual names, we can't leave out "Banggu Village" in Gwangju Metropolitan City. It's a place where you can get a glimpse of the history of the May 18th Gwangju Democratization Movement and is popular among travelers who want to take walks and relax in a peaceful atmosphere while enjoying nature.

3과

한국의 주거 문화

서울의 한가운데를 지나는 한강 주변에는 아파트가 많습니다. 그런데 아파트들을 잘 살펴보면 집의 정면이 모두 남쪽입니다. 한국 사람들은 남향집을 좋아합니다. 집 정면의 창문이 남쪽으로 나 있는 남향집은 여름에는 해가 짧게 들어와 덥지 않고 겨울에는 해가 길게 들어와 춥지 않기 때문입니다. 그리고 한국에서는 집을 지을 때 배산임수(背山臨水)인 곳에 지어야 좋다고 했습니다. 배산임수(背山臨水)란 집을 지을 때 뒤에는 산이나 언덕이 있고, 앞에는 강 같은 물이 있어야 한다는 것입니다. 또한 북쪽에 산을 두고 남쪽에 강을 두면 겨울에 북서풍이 부는 것을 막고 여름에 남동풍을 집 안으로 들어오게 할 수 있기 때문에 좋습니다. 이를 위해서는 남쪽에 창문을 내는 것이 좋았지요.

여러분도 지금 살고 있는 집의 창문 방향을 확인해 보세요. 남향입니까?

Korea's residential culture

There are many apartment buildings near the Han River, which cuts through the center of Seoul. But when you look closely at the apartments, you'll find that the front of the houses is all facing south. Korean people like south-facing homes. This is because for south-facing homes where windows at the front of the houses are facing south, less sunlight comes into the home during summer, so it is less hot, while during winter, sunlight enters the house for a longer period of time throughout the day, making it less cold. When houses are built in Korea, they follow the principle of Baesanimsu, which literally means that the ideal house is built with a mountain or hills behind it and a waterway, like a river, in the front. Also, if the house has a mountain to the north and a river to the south, in the winter, it can block the northwestern winds and let in the southeastern winds in the summer. For this reason, it is good to have a south-facing windows.

Why don't you check the windows of the house you are living in now? Are they facing south?

4과

면접 합격률 1위 MBTI 유형은?

최근 MBTI가 대세이다. 분류 기준에 따라 성격을 16가지 유형으로 나누는데 인터넷으로 쉽게 검사를 해 볼 수 있어 혈액형을 모르는 사람은 있어도 MBTI를 모르는 사람은 거의 없을 정도이다.

그런데 재미로 즐기는 정도가 아니라 MBTI가 채용 현장에까지 반영되고 있다. 예를 들어 'MBTI 유형을 소개하고 본인과 적합하다고 생각되는 직무 분야를 작성할 것'을 자기소개서 항목에 필수로 기재하도록 하는 기업도 있다. 합격률이 높을 것 같은 MBTI 유형은 ENFP와 ENFJ이고, 반대로 합격 가능성이 낮을 것 같은 유형으로는 INTP와 INFP 유형이라고도 한다.

하지만 인터넷에 떠도는 MBTI 검사는 신뢰도와 타당성을 확보한 정식 검사가 아니다. 외향적 성격을 뜻하는 'E' 유형이 취업에 유리하다는 말이 있지만 실제 영업 현장에서 내성적 성격(I)이 더욱 더 잘하는 사례가 많다. 기업 채용 면접에서 중요한 요소는 전공의 직무 관련성, 직무 관련 프로젝트, 직무 관련 근무 경험, 직무 관련 전문성, 업무에 대한 이해도 등 직무 적합성이 되어야 할 것이다. 개인의 성향을 채용에 반영하는 것은 조심해야 하지 않을까.

Which MBTI Type Has the Highest Interview Success Rate?

Recently, MBTI has become a trend. Personalities are classified into 16 types based on certain criteria, and tests can be easily performed on the internet, so although there are people who don't know their blood type, there are almost no people who don't know their MBTI.

Yet, MBTI isn't just for fun but is also being integrated into the hiring process. For instance, some companies make it mandatory to "introduce your MBTI type and specify the job field you believe you are suitable for" in the self-introduction section of resumes. MBTI types that are likely to have a higher acceptance rate are ENFP and ENFJ, while the types considered to have lower chances of getting hired are INTP and INFP.

However, MBTI tests floating around on the internet are not official tests with guaranteed reliability and validity. There's a notion that extroverted "E" types have an advantage in employment, but there are many cases where introverted "I" individuals perform better in the actual sales field. Important factors in corporate recruitment interviews should be related to job compatibility, such as the relevance of one's major, job-related projects, job-related work experience, professional expertise, and understanding of the job. We should be careful about applying an individual's personal disposition to the hiring process.

5과

한국소비자원을 아십니까?

요즘에는 휴대폰 하나로 어떤 물품이든 구매할 수 있고 1인 가구가 늘어나면서 마트나 편의점에서 물품을 구매하는 형태도 보편화되고 있다. 이렇게 물품을 구매하고 나서 여러 이유들로 환불이 필요한 때가 있다. 특히 소비자가 전자상거래를 통해 직접 보고 구매하지 못한 물품일 경우에 환불을 요구하는 경우가 많다.

한국소비자원은 소비자의 권리를 보호하기 위해 법적으로 이에 대한 규정을 정해 놓은 기관이다. 따라서 판매자가 적법한 환불 요구에 응하지 않을 경우 정당하게 신고를 할 수 있다. 한국소비자원 홈페이지에 있는 환불 규정을 살펴보고 주문 취소, 반품, 환불이 가능한 경우를 확인할 수 있고 인터넷 쇼핑몰에서 신용카드나 전자상품권을 결제했을 경우 등 여러 상황도 살펴볼 수 있다. 간단한 문제는 판매자와 구매자 간에 원만하게 합의를 보는 것이 좋겠지만 판매자가 소비자보호법을 지키지 않을 경우 한국소비자원을 찾아보자.

Do you know about the Korea Consumer Agency?

These days, you can purchase almost anything with just a mobile phone, and as the number of single-person households increases, buying goods at marts or convenience stores has become more widespread. After purchasing goods, there may be instances where a refund is needed for various reasons. In particular, when consumers buy items through e-commerce that they haven't seen in person, they often request refunds.

The Korea Consumer Agency is an organization that has established legal regulations to protect consumer rights. Therefore, if sellers do not respond to legitimate refund requests, consumers have the right to file a complaint. By looking at refund regulations on the Korea Consumer Agency's website, you can check when order cancellations, returns, and refunds are possible, and look into various situations, such as when you made payments with credit cards or electronic gift cards at online shopping malls. While it's a good idea to resolve minor issues by reaching an amicable agreement between the seller and buyer, if the seller doesn't comply with the Consumer Protection Act, contact the Korea Consumer Agency.

6과

한국의 '방' 문화

한국을 대표하는 문화 중 하나는 '방' 문화다. 한국의 방 문화는 접근성이 높은 번화가에서 저렴한 가격으로 다양한 문화적 욕구를 충족시킬 수 있는 일상적인 문화 소비 공간의 특성을 가지고 있다. 주변을 둘러보면 거의 모든 건물에서 방을 하나 이상 찾을 수 있다.

가장 많이 눈에 띄는 노래방은 많은 사람들이 들어갈 수 있는 대형 노래방부터 혼자 노래하기 좋은 동전노래방까지 다양하다. 서류 작업이나 영상 감상에도 적합하지만 컴퓨터 게임에 초점이 맞추어져 있기 때문에 PC방에서 시간을 보내는 어린이나 청소년들이 많다. 친구들이나 연인들의 데이트 장소로 인기 있는 보드게임방과 제한된 시간 내에 단서를 발견하여 추리를 통해서 밀실을 탈출하는 방탈출카페도 많아졌다. 카페 분위기에서 만화책이나 잡지, 소설을 읽고 다양한 음식까지 주문해서 먹을 수 있는 만화방도 여기저기에 있다. 그리고 한국 드라마에도 자주 등장하는 한국의 방 문화 중의 대표는 찜질방이다. 목욕, 사우나, 마사지, 식당, 수면실, 작은 만화방, PC방까지 한 곳에 갖추고 있어 남녀노소가 즐길 수 있을 뿐만 아니라 식혜와 냉커피, 구운 달걀을 먹으며 수건으로 양머리를 하고 하루를 푹 쉬는 찜질방은 외국인 관광객이 뽑은 이색 체험 1위이다.

Korea's 'Bang' Culture

One of the representative cultures of Korea is the "room" culture. Korea's room culture has the characteristics of an everyday cultural consumption space that can satisfy various cultural needs at affordable prices in accessible downtown areas. If you look around, you can find at least one room in almost every building.

The most notable are karaoke rooms, which range from large karaoke rooms that can accommodate many people to coin karaoke rooms that are good for singing alone. While PC rooms are suitable for doing paperwork or watching videos, since the focus is on computer games, many children and teenagers spend time there. Board game rooms that are popular as dating spots for friends and couples, as well as escape rooms where people discover clues and use deduction to escape locked rooms within a limited time, have also increased.

There are also comic book cafes here and there where you can read comics, magazines, and novels in a cafe atmosphere and order and eat various foods. The representative of Korea's room culture, which is frequently depicted in Korean dramas, is the jjimjilbang (Korean sauna). Not only can people of all ages enjoy the experience as it has a bath, sauna, massage, restaurant, sleeping room, small comic book room, and PC room all in one place, but it is also a place where you can relax for a day eating sikhye (sweet rice drink), iced coffee, and roasted eggs while wearing sheep-head towels. The jjimjilbang is ranked as the number one unique experience chosen by foreign tourists.

7과

한국 최초의 전화기

한국 최초의 전화기는 1896년 덕수궁 내부에 설치되었으며 '덕률풍'이라고 불렸습니다. '덕률풍'은 전화기의 영어 이름인 '텔레폰'과 비슷한 소리의 한자를 가지고 와서 붙인 이름이라고 합니다. 그 당시의 왕은 고종이었는데 고종은 궁에 생긴 전화로 신하들과 나라의 일을 의논하였습니다. 왕의 목소리가 들리는 전화기는 신하들에게 왕과 같은 의미였습니다. 따라서 왕이 전화를 하면 신하들은 큰 절을 네 번 올린 뒤 무릎을 꿇고 전화를 받았다고 합니다.
이 '덕률풍' 덕분에 목숨을 건진 사람도 있습니다. 바로 백범 김구 선생입니다. 김구는 정치가이며 독립운동가로 한국 사람들에게 존경을 받는 사람입니다. 당시 22살이었던 그는 정치적인 이유로 억울하게 사형 선고를 받고 집행을 기다리고 있었는데 전화가 개통된 지 3일 후 이 전화를 통하여 사형 집행을 중지하라는 왕의 명령이 전달되었습니다. 이것이 '덕률풍'의 첫 통화라고 합니다. 전화의 개통이 조금 늦었더라면 김구는 훗날 독립운동가가 되지 못했을 것입니다.

The First Telephone of Korea

The first telephone in Korea was installed inside Deoksugung Palace in 1896 and was named "Deokryulpung." It is said that "Deokryulpung" is a name derived from Chinese characters that sound similar to "telephone", the English word for telephone. The king at that time was King Gojong, who discussed the country's affairs with his subjects through a telephone in the palace. Telephone, with which the king's voice could be heard, held the same significance as the king himself to his subjects. Therefore, when the king made a phone call, his subjects would bow deeply four times and kneel to answer the phone.
There was even a person whose life was saved thanks to the "Deokryulpung." That person was none other than Baekbeom Kim Gu. Kim Gu is a politician and independence activist who is respected by Korean people. At the age of 22, Kim Gu was unjustly sentenced to death for political reasons and was awaiting execution. However, three days after the telephone was installed, the king's order to stop the execution was delivered through this phone. This is said to be the first call made through "Deokryulpung."" If the activation of the telephone had been delayed a little, Kim Gu might not have become a future independence activist.

8과

결혼정보회사

요즘 젊은 남녀들은 싱글의 삶을 충분히 즐긴 후 30대 중후반에 결혼하기를 희망하고 있어 평균 결혼 나이가 점점 높아지고 있다. 그러다 보니 자연스러운 만남으로 배우자감을 찾지 못하게 되거나 자기 이상향의 조건이나 현실적인 부분 등을 고려해서 결혼정보회사를 찾는 미혼남녀들이 늘고 있다. 결혼정보회사를 이용할 때에는 회원 가입을 하고 이성을 소개받는 명목으로 회비를 낸다. 가입할 때는 자신의 개인정보와 원하는 이성상에 대한 조건을 알려주게 되어 일정 기간 동안 서로의 조건에 가까운 상대방을 매칭해 준다. 한 결혼정보회사의 통계 분석 결과에 따르면 남자는 36세에 연 소득 약 4700만 원, 4년제 대졸, 175cm, 일반 사무직원의 경우 성공 확률이 높았고 여자는 33세에 연 소득 약 3500만 원, 4년제 대졸, 163cm, 일반 사무직원이었다고 한다. 결혼정보회사의 소개로 처음 만나 결혼까지 걸리는 시간은 평균 10개월이었다. 간혹 서비스와 계약 관련한 일들로 피해를 입는 경우가 있으므로 신뢰성 있는 회사인지 잘 꼼꼼하게 잘 확인하는 주의가 필요하다.

Marriage Information Companies

These days, many young men and women hope to get married in their mid to late 30s after fully enjoying single life, which is causing the average age of marriage to rise. As a result, an increasing number of single men and women are turning to marriage information companies when they are unable to find a suitable partner through natural encounters or need to consider factors like the conditions of their ideal type and practical aspects. When using marriage information companies, people sign up as members and pay membership fees under the pretext of being introduced to potential partners. When registering, they provide personal information and the conditions for their desired partner, and over a certain period, the company matches them with potential partners whose conditions align. According to the statistical analysis of one marriage information company, men around 36 years old with an annual income of approximately 47 million won, a 4-year college degree, a height of 175 cm, and working in general office jobs had a higher success rate. Women around 33 years old with an annual income of approximately 35 million won, a 4-year college degree, a height of 163 cm, and working in general office jobs were also more successful. The average time it took to get married after first meeting through the marriage introduction service was 10 months. Occasionally, there are cases where people suffer losses related to service and contract matters, so it's important to carefully check whether the company is trustworthy.

9과

유익한 생활 정보

전통적으로 한국의 시장에는 가게 주인이 단골을 만들기 위해 손님에게 할인을 해 준다거나 덤으로 물건을 몇 개 더 주는 문화가 있다. 요즘은 이러한 에누리와 덤 문화가 '적립 카드'와 '회원 카드'의 형태로 일반 가게에도 많이 퍼지고 있다. 예를 들어 카페 적립 카드는 커피 한 잔에 하나씩 찍어 주는 도장을 정해진 숫자만큼 모으면 한 잔을 무료로 받을 수 있는 제도이다. 도장 쿠폰은 카페뿐만 아니라 미용실, 중국집, PC방 등 많은 가게에서 사용하고 있다. 또한 휴대 전화 통신사 회원 카드가 있다면 커피숍, 빵집, 극장, 편의점 등을 이용할 때 할인을 받을 수 있다. 여러분도 자주 이용하는 커피숍이나 빵집에서 계산을 하기 전에 이렇게 말해 보자. "여기 적립 카드 있어요?" "쿠폰에 도장 찍어 주세요." "10개 다 모았는데요." "통신사 카드 할인이 되나요?" 가게에 따라서 카드 형태가 종이, 플라스틱, 모바일 앱 등으로 다양하므로 미리미리 잘 챙겨서 똑똑한 소비자가 되어 보자.

Useful Lifestyle Information

Traditionally, there is a culture in Korean marketplaces where storeowners give discounts or free gifts to customers to induce them to become regular customers. Thesedays, this kind of discount and free gift culture is being spread to other stores in the form of "savings cards" and "membership cards." For example, with a cafésavings card, you get a stamp for every cup of coffee you purchase and once you reach a certain number of stamps, you can get a free cup of coffee. This kind of stamp coupon isn't just for cafes; hair salons, Chinese restaurants, PC rooms, and many other stores use this system. Also, if you have a membership card from your cell phone telecommunications company, you can get discounts at coffee shops, bakeries, theaters, and convenience stores. When making a purchase at a coffee shop or bakery where you're a regular customer, try asking before paying, "Can I get a telecommunications membership card discount?" "Do you offer savings cards here?" "Please stamp this coupon." or "I've received all ten stamps." Each store has different forms of cards—some are paper, some plastic, and some even use mobile apps. Make sure you learn about these benefits ahead of time so you can become a smart consumer.

10과

쇼핑 트렌드 - 가성비

물건 가격이 3000원 이하인 매장, 편의점 도시락, 로드숍 화장품, 유명 저가 의류. 이들의 공통점은 바로 저렴한 가격에 비해서 품질이 좋다는 점이다. 인터넷에 자주 접속하는 현대인이 가격 대비 만족도가 높은 제품에 대해 자발적으로 입소문을 내기 시작하면서 이러한 '가성비' 높은 제품의 경쟁력이 커지고 있다. 88만원 세대, N포 세대, 비혼주의라는 말이 유행하게 된 최근의 경제 불황도 저가 상품 소비층 형성에 영향을 미쳤다. 친구가 가지고 있는 물건에 대해서 "그거 어디서 샀어? 그거 얼마 주고 샀어? 가성비 진짜 좋다."와 같이 말하면서 관심을 보인다면 자연스럽게 대화를 이어 나갈 수 있을 것이다.

Korean Culture: Shopping trend, "Bang for the Buck"

Stores with products that are 3,000 won and under, convenience store meals, road shop cosmetics, famous bargain clothes. The common factor shared by all of these things is that they feature good quality compared to how much they cost. As modern-day individuals who frequently access the internet naturally share information about products with a high rate of satisfaction compared to their price, these "bang for the buck" products are growing in popularity. The current economic slump, characterized by catchphrases like " 880,000 won generation,""generation that has given up N number of things,"and "anti-marriage,"is also playing a role in the growing consumer base of these kinds of low-end products. You will be able to carry on a natural conversation with your friends if you look at the products they own and ask, "Where did you buy that? How much was it? Wow, that's great bang for the buck."

어휘 색인

ㄱ			
가계부	household ledger	10과 1항	과제1
가난	poverty	1과1항	과제1
가맹점	affiliated store	10과 2항	주제어휘
가사	housework	2과 2항	대화어휘
가사	lyrics	7과 2항	과제2
가시	thorn	4과 1항	과제1
가정하다	to suppose	2과 1항	주제어휘
각자	each/respective	9과 1항	과제2
간	between	7과 1항	대화어휘
간판	sign	3과 1항	과제2
갈다	to grind	1과 2항	과제1
갈등	conflict	5과 2항	과제2
감소하다	to decrease	9과 2항	과제2
강강술래	Korean circle dance	6과 1항	주제어휘
갖추다	to prepare/possess	8과 1항	대화어휘
갚다	to repay	10과 2항	과제2
개발하다	to develop	6과 1항	대화어휘
개선하다	to improve	4과 2항	과제1
개성	individuality	7과 1항	과제1
객관적	objective	9과 2항	과제1
거절하다	to refuse	7과 1항	주제어휘
거점	foothold	7과 2항	과제1
건강보조식품	dietary supplement	8과 2항	과제2
건드리다	to touch/disturb	5과 2항	과제1
걸러내다	to filter something out	8과 2항	과제1
검색	search	9과 1항	주제어휘
겁	fear	3과 1항	대화어휘
격려하다	to encourage	7과 1항	주제어휘
견과류	nuts	6과 2항	과제1
결과적으로	consequently	2과 1항	과제2
결혼관	outlook on marriage	8과 1항	대화어휘
겹치다	to stack (together)	1과 2항	과제1
경고문	warning	5과 2항	과제1
고가	high price	10과 1항	주제어휘
고객 센터	customer service	5과 1항	대화어휘
고대	ancient	7과 2항	주제어휘
고무줄놀이	jump rope	6과 1항	과제1
고생 끝에 낙이 오다	every cloud has a silver lining/there's a light at the end of the tunnel	9과 1항	대화어휘
고소하다	to be nutty	6과 2항	주제어휘
고층 건물	high-rise building	3과 1항	주제어휘
고통	pain	7과 1항	과제2
곡물	grain	6과 2항	과제2
골뱅이	sea snail	9과 1항	과제1
공간	space	6과 1항	대화어휘
공격하다	to attack	7과 2항	과제1
공공	public	5과 2항	과제2
공동생활	communalism/cohabitation	5과 2항	과제2
공동체	community	8과 1항	과제1
공식적	to be official/formal	6과 2항	과제2

냉방병	air-conditioningitis (over-exposure to air conditioning)	1과 2항	과제1
넉넉해지다	to be more abundant	10과 1항	과제2
널뛰기	Korean seesaw	6과 1항	주제어휘
넘치다	to overflow	9과 1항	과제2
네티즌	netizen	9과 1항	주제어휘
녹말	starch	6과 2항	과제2
논설	editorial	9과 2항	과제1
농담하다	to joke	7과 1항	주제어휘
느긋하다	to be relaxed	4과 1항	주제어휘
느끼하다	to be oily	6과 2항	주제어휘
늘다	to grow/increase	1과 2항	주제어휘

ㄷ			
단돈	a small amount of money	10과 1항	대화어휘
단련하다	to train	3과 1항	과제1
단면	cross section	9과 1항	과제1
단순하다	to be simple	7과 1항	과제1
단짝 친구	best friend	1과 1항	과제2
단층	a one story (building)	1과 2항	대화어휘
달다	to hang/put	9과 1항	과제1
달리	otherwise/unlike	4과 2항	대화어휘
달콤하다	to be sweet	6과 2항	주제어휘
닭싸움	chicken fight	6과 1항	과제1
닮다	to resemble	2과 2항	과제2
담백하다	to be light/clean (in taste)	6과 2항	주제어휘
당황스럽다	to be embarrassed	3과 2항	주제어휘
닿다	to touch, come in contact (with)	1과 2항	과제1
대보름	full moon/Daeboreum (the day of the first full moon of the lunar year)	6과 2항	과제1
대수롭다	to be important	4과 2항	과제1
대신	instead/stead	10과 1항	대화어휘
대응하다	to respond	5과 1항	과제1
대체로	generally	9과 2항	과제1
대체하다	to substitute	2과 2항	과제1
대통령	the President	2과 1항	과제2
댓글	comment	7과 1항	과제2
덕을 보다	to benefit (from)	9과 1항	대화어휘
덜렁거리다	to be careless	4과 1항	주제어휘
데우다	to heat (up)	1과 1항	과제1
도구	tool	1과 2항	과제1
도난	burglary	10과 2항	과제2
도시 근교	suburbs	3과 1항	주제어휘
도심	downtown	3과 1항	주제어휘
도우미	guide/helper	1과 2항	과제2
도입	introduction	7과 2항	과제1
독	poison	8과 2항	과제2
독신	unmarried	8과 1항	과제1
독자 투고	reader submission/opinion piece	9과 2항	주제어휘
독주회	solo, recital	1과 1항	과제2
독특하다	to be unique/unusual	7과 1항	과제1
둥글다	to be round	1과 2항	과제1
드디어	finally	2과 2항	대화어휘
등장하다	to appear	7과 2항	과제1

발표되다	to be published/announced	2과 2항	주제어휘
밝혀지다	to be revealed	2과 2항	주제어휘
배우자	spouse	8과 1항	대화어휘
백성	subjects/the people	2과 1항	과제1
번지	house number	9과 1항	과제1
번화하다	to be busy/bustling	3과 1항	주제어휘
벌금	fine/penalty	5과 2항	과제2
베풀다	to give/oblige	4과 2항	과제1
벽걸이	wall-hanging	5과 1항	대화어휘
변덕스럽다	to be unpredictable	4과 1항	주제어휘
변화하다	to change	2과 2항	과제1
별점	star review	8과 2항	과제2
병행하다	to do more than two things at once	8과 1항	과제1
보다	to see/have	5과 2항	주제어휘
보도	report	9과 2항	과제1
보살피다	to look after	4과 2항	과제1
부녀회	women's society	5과 2항	과제2
부담스럽다	to be burdensome	3과 2항	주제어휘
부딪치다	to hit/confront	3과 1항	과제1
부어오르다	to swell up	8과 2항	과제2
부유하다	to be wealthy	4과 2항	주제어휘
부작용	side effect	7과 2항	과제2
부정하다	to deny	4과 1항	과제2
부족하다	to be insufficient	4과 2항	대화어휘
부치다	to fan (oneself with a fan)	1과 2항	과제1
분명히	clearly	5과 1항	대화어휘
분석	analysis	8과 2항	주제어휘
불과하다	just/to be nothing but	1과 1항	과제1
불꽃놀이	fireworks	6과 1항	과제2
불평	complaint	5과 2항	과제2
블로그	blog	9과 1항	주제어휘
비난하다	to criticize	7과 1항	주제어휘
비리다	to be fishy	6과 2항	주제어휘
비법	secret	10과 2항	과제1
비중	importance/weight	9과 2항	과제1
빈곤하다	to be poor	4과 2항	주제어휘
빠뜨리다	to miss/omit	9과 2항	대화어휘
뿌듯하다	to be filled with joy/pride	3과 2항	주제어휘

ㅅ			
사건	incident	9과 2항	과제1
사례	example/case	5과 1항	과제1
사설	editorial	9과 2항	주제어휘
사정	situation	2과 1항	주제어휘
산지	origin/place of production	7과 2항	대화어휘
상상	imagination	1과 1항	주제어휘
상상의 나래를 펴다	to stretch one's imagination	7과 2항	과제1
상상하다	to imagine	2과 1항	주제어휘
상세히	in detail	10과 1항	과제2
상업적	commercial	9과 2항	과제2
상용	common use	7과 2항	과제1
상징적	symbolic	6과 2항	과제1
상처	injury/wound	7과 1항	과제2
상품	product	9과 2항	과제1

상하다	go bad/ to be rotten	5과 1항	과제2
새콤하다	to be sour	6과 2항	주제어휘
색다르다	to be different/unusual	5과 2항	과제1
색상	color	5과 1항	과제1
생존	survival	8과 2항	과제1
서늘하다	to be cool/chilly	4과 2항	주제어휘
서버	server	9과 1항	과제1
선별하다	to select	9과 1항	과제2
선플 운동	Positive Comment Movement	7과 1항	과제2
선하다	to be good	7과 1항	과제2
선호하다	to prefer	8과 1항	대화어휘
설치하다	to install	5과 1항	대화어휘
세기	century	7과 2항	주제어휘
세대	generation	7과 2항	주제어휘
세대 차이	generation gap	7과 1항	대화어휘
세련되다	to be refined	5과 2항	과제1
소극적	to be passive	4과 1항	과제2
소꿉놀이	playing house	6과 1항	과제1
소득	income	10과 2항	과제2
소비 기한	expiration date	7과 2항	대화어휘
소속	affiliation	9과 1항	과제1
소심하다	to be timid	4과 1항	주제어휘
소재	subject/material	7과 2항	과제1
소형	small	2과 2항	과제2
속다	to be deceived	5과 1항	과제1
속도	speed	9과 1항	과제2
손해	harm/damage	5과 2항	주제어휘
솔직하다	to be honest	4과 1항	주제어휘
수건돌리기	drop-the-handkerchief	6과 1항	과제1
수도	capital	2과 1항	과제1
수입	import	10과 1항	주제어휘
수줍음	shyness	4과 1항	대화어휘
순수하다	to be pure	3과 2항	과제1
스님	buddhist monk	2과 1항	과제1
승진시키다	to promote	3과 2항	과제1
시각적	visual	6과 2항	과제2
시대	period/era	7과 2항	주제어휘
시범 운행	trial run	7과 2항	과제1
시사	current events	9과 2항	과제1
시설	facilities	3과 1항	대화어휘
시식	tasting (food)	6과 1항	과제2
시음	tasting/sampling (drink)	6과 1항	과제2
시절	days, years	7과 2항	주제어휘
식혜	sweet rice punch	6과 2항	과제2
식히다	to cool (off)	1과 2항	과제1
신기록	new record	2과 2항	주제어휘
신기술	new technology	2과 2항	주제어휘
신뢰하다	to trust	8과 2항	대화어휘
신상품	new product (newly-developed)	2과 2항	주제어휘
신세대	new generation	8과 1항	대화어휘
신용불량자	credit delinquent/a person of bad credit	10과 2항	과제2
신제품	new product (newly-launched)	2과 2항	주제어휘
신조어	neologism	7과 1항	과제1
신중하다	to be careful	10과 2항	과제1

신형	new model	2과 2항	주제어휘
실망시키다	to disappoint	3과 2항	과제1
실현	realization/fulfillment	2과 2항	과제2
싸우다	to fight	4과 2항	대화어휘
씁쓸하다	to be bitter	6과 2항	주제어휘
쑥스럽다	to be shy/embarrassed	10과 1항	대화어휘
씨름	Korean wrestling	6과 1항	주제어휘

ㅇ			
악용되다	to be abused	10과 2항	과제2
안정	stability	3과 1항	과제1
안정적	to be stable	8과 1항	대화어휘
안타깝다	to be regrettable/sad	3과 2항	주제어휘
알뜰하다	to be frugal	10과 2항	과제1
알려지다	to become known	2과 2항	주제어휘
앙숙	enemy	9과 1항	과제1
양쪽	both sides	1과 2항	대화어휘
어느덧	before you know it	3과 1항	과제1
어느새	in no time	2과 1항	대화어휘
어우러지다	to mix (with)	7과 1항	과제1
어지럼증	dizziness	8과 2항	과제2
어쩔 수 없다	to have no choice	5과 2항	대화어휘
언어폭력	verbal violence	7과 1항	과제2
얻다	to gain	8과 2항	대화어휘
엎드리다	to lie face down	2과 1항	과제1
역할	role	6과 1항	과제1
연날리기	kite-flying	6과 1항	주제어휘
연령층	an age group	1과 1항	과제1
연말연시	year-end and New Year's	9과 1항	대화어휘
연회비	annual membership fee	10과 2항	주제어휘
열대	tropical regions	4과 2항	과제2
영양소	nutrients	1과 2항	과제1
영향	influence	3과 2항	대화어휘
예방하다	to prevent	5과 1항	과제1
예상하다	to expect	2과 1항	주제어휘
예측하다	to predict	7과 2항	과제1
옛날	long ago	7과 2항	주제어휘
오가다	to come and go	7과 2항	과제1
오감	five senses	4과 1항	과제1
오락	entertainment	9과 2항	과제1
올바르다	to be correct/proper	9과 2항	과제1
완벽하다	to be perfect	2과 2항	대화어휘
완전히	completely	6과 2항	대화어휘
외동딸	only daughter	4과 2항	대화어휘
외부	the outside	4과 2항	과제1
외향적	extroverted	4과 1항	주제어휘
용어	term	7과 1항	대화어휘
우려하다	to be concerned	7과 2항	과제1
우왕좌왕	disordered/to run about in confusion	8과 2항	과제1
원칙	principle	10과 2항	과제1
원통형	cylindrical type	1과 2항	과제1
유난히	particularly	1과 1항	대화어휘
유대감	bond	8과 1항	과제1
유래	origin	2과 1항	과제1

제공하다	to provide	9과 2항	과제1
제기차기	a game of "yut"	6과 1항	주제어휘
제시하다	to present/suggest	9과 2항	과제1
조기 유학	studying abroad at an early age	8과 1항	과제1
족구	foot volleyball	6과 1항	과제1
주도권	leadership	4과 2항	과제1
주로	mostly	6과 1항	대화어휘
주민	residen	5과 2항	대화어휘
주택가	residential area	3과 1항	주제어휘
죽부인	body-length tubular frame of woven bamboo	1과 2항	과제1
준비	preparation	1과 1항	주제어휘
줄다리기	tug-of-war	6과 1항	주제어휘
줄임말	abbreviation	7과 1항	과제1
중매	matchmaking	8과 1항	대화어휘
중세	the middle ages	7과 2항	주제어휘
즐겁다	to be pleasant/enjoyable	4과 2항	대화어휘
즐기다	to enjoy	6과 1항	대화어휘
증가하다	to increase	3과 1항	과제2
지금	now	7과 2항	주제어휘
지도	guidance	9과 2항	과제1
지면	paper	9과 2항	과제1
지명	place name	2과 1항	과제1
지불하다	to pay	5과 1항	과제1
지위	status	2과 1항	과제1
지적	comment/pointing out	10과 1항	과제1
지출	expense	10과 1항	주제어휘
진행 요원	marshal/staff	1과 1항	과제1
질	quality	5과 1항	과제1
질병	disease	2과 2항	과제1
짖다	to bark	5과 2항	과제2
짜릿하다	to be thrilling	9과 1항	과제1
짜증스럽다	to be irritated/irritating	3과 2항	주제어휘
짠돌이	penny-pincher	10과 2항	과제1
짭짤하다	to be salty	6과 2항	주제어휘

ㅊ			
차남	second son	4과 2항	주제어휘
차지하다	to possess/take up	9과 2항	과제1
참여하다	to participate	7과 1항	과제2
책임	responsibility	9과 1항	과제2
천연	natural	6과 2항	과제2
천재	genius	2과 1항	과제2
철저히	thoroughly	10과 2항	과제1
첨단	cutting edge	1과 2항	과제2
첫인상	first impression	4과 1항	대화어휘
초성	initial sound	7과 1항	과제1
초조하다	to be anxious	3과 2항	주제어휘
추억하다	to reminisce	1과 1항	대화어휘
추측하다	to guess	2과 1항	주제어휘
출처	source	8과 2항	과제1
충만하다	to be full/abundant	6과 2항	과제1
취하다	to take (a rest)	5과 2항	대화어휘
층간 소음	noise between floors	5과 2항	과제2
치아	teeth	2과 2항	과제1

할부	monthly installment plan	10과 2항	주제어휘
할부	monthly installment plan	10과 1항	과제1
합리적	rational	10과 1항	과제1
항공기	aircraft	1과 2항	과제2
해	harm	5과 2항	주제어휘
해저	the ocean floor/undersea	7과 2항	과제1
해조류	seaweed/marine plants	6과 2항	과제1
향상되다	to improve	1과 2항	주제어휘
현대	modern/today	7과 2항	주제어휘
현대식	modern (style)	3과 1항	과제2
현실	reality	7과 2항	과제1
현재	present	7과 2항	주제어휘
혈연 중심	blood relation-centered	8과 1항	과제1
형태	shape, form	4과 1항	과제1
형편	circumstances	10과 1항	대화어휘
호기심	curiosity	9과 2항	과제2
호소	to appeal	5과 2항	과제1
혹은	and/or	5과 2항	과제1
혼기	marriageable age	8과 1항	주제어휘
혼담	proposal of marriage	8과 1항	주제어휘
혼란	confusion	8과 2항	과제1
혼수	dowry	8과 1항	주제어휘
혼이 나다	to have a hard time	3과 1항	과제1
홍보	public relations	7과 1항	과제2
홍수	flood	9과 1항	과제2
화려하다	to be fancy	1과 2항	대화어휘
화제	topic (of conversation)/viral hit	2과 2항	과제2
화창하다	to be sunny	4과 2항	주제어휘
화합하다	to harmonize/unite	6과 2항	과제1
확률	probability	8과 2항	과제1
활기차다	to be active	3과 1항	과제1
활달하다	to be outgoing	4과 1항	대화어휘
회상	remembrance/flashback	1과 1항	주제어휘
효율적	efficient	3과 2항	과제2
후기	review/comments	8과 2항	과제2
후회	regret	1과 1항	주제어휘
후후	to huff/blow	6과 2항	대화어휘
훈련하다	to train	2과 2항	과제1
훗날	the future/later on	7과 2항	주제어휘
휠체어	wheelchair	2과 2항	과제1
휴대하다	to carry	7과 2항	과제1
흉내	imitation	7과 1항	과제1
흔하다	to be common	10과 1항	대화어휘
흘리다	to shed/spill	6과 2항	대화어휘
흠	flaw/bruise (in fruits)	5과 1항	과제2

문법 색인